Datenschutz-Berater

Datenschutz bei Microsoft 365 und Copilot

Rechtliche Begründung, interne Freigabe, Datenschutz-Folgenabschätzung und Compliance-Prozesse

Dr. Olaf Koglin

Fachmedien Recht und Wirtschaft | dfv Mediengruppe | Frankfurt am Main

Bibliografische Information der Deutschen Nationalbibliothek

Die Deutsche Nationalbibliothek verzeichnet diese Publikation in der Deutschen Nationalbibliografie; detaillierte bibliografische Daten sind im Internet über http://dnb.de abrufbar.

ISBN 978-3-8005-1957-6

dfv Mediengruppe

www.ruw.de

Druck: Beltz Grafische Betriebe GmbH, 99947 Bad Langensalza

Printed in Germany

Zur Verwendung dieses Buchs

Dieses Werk enthält für Ihren konkreten Einsatz von Microsoft 365 Muster, also generische Dokumente. Anpassungen an die eigene individuelle Sach- und Rechtslage, darauf basierende Risikobewertungen und die Festlegung entsprechender Maßnahmen sind vom Verantwortlichen durchzuführen. Zur einfacheren Suche in einem digitalen Format sind hierfür in Mustertexten Bearbeiterhinweise mit einem # markiert und in eckige Klammern gestellt [#Berarbeiterhinweis].

Soweit nicht anders angegeben, wurden URLs zuletzt im Zeitraum Dezember 2024/Januar 2025 aufgerufen. Das Manuskript basiert größtenteils auf dem Stand von Ende Januar 2025. Letzte Aktualisierungen einschließlich der DPA-Fassung vom 01.04.2025 erfolgten bis Anfang April 2025.

Zu unpräzisen Begriffen in diesem Buch: Die weibliche oder männliche Form sowie Formulierungen im Plural schließen hier stets sämtliche Personen (w/m/d) mit ein. Viele rechtliche Pflichten, die Verantwortliche treffen, sind auch von Auftragsverarbeitern zu erfüllen. Letztere werden dabei in diesem Buch nicht zusätzlich genannt. Statt des Begriffs des Verantwortlichen werden häufig auch rechtlich unpräzise Formulierungen wie Unternehmen, Behörde oder Organisation verwendet. Dies erfolgt bewusst und zur anschaulicheren Darstellung. Entsprechendes gilt u. a. für Begriffe wie „Geschäftsführer“ als Synonym für Organe.

Die „Standardvertragsklauseln“ heißen korrekt Standarddatenschutzklauseln. Dennoch wird hier die verbreitete Abkürzung SCC verwendet. Auch wird in diesem Buch bisweilen von einem „europäischen Gesetzgebungsprozess“ gesprochen, obschon es natürlich nicht den Kontinent Europa, sondern die Europäische Union betrifft. Unterabsätze wie in Art. 6 Abs. 1 DSGVO werden z. T. als „S. 1“ oder gar nicht näher zitiert. Es wird gebeten, diese und ähnliche Präzisionsdefizite zugunsten der besseren Lesbarkeit zu entschuldigen.

Für alle

„Für alle" – so hatte ich das Vorwort zu meiner ersten Monografie überschrieben. Es war meine Dissertation, in der ich Rechtsfragen von Open Source Software analysiert hatte. Damals waren die Open-Source-Community, zu der ich zählte, und Microsoft Erzfeinde. Das Geschäftsmodell von Microsoft war die Lizenzierung von „proprietärer Software", und proprietäre Software wurde durch die „Free Software"-Bewegung in Frage gestellt. Damals galten Konzerne als sichere Quelle für Software, und Kollektive, die ohne Bezahlung Freie Software programmierten, als obskure Konstruktion aus Hacker-Kreisen. Ein Großteil meiner persönlichen Arbeit und der des „Instituts für Rechtsfragen der Freien und Open Source Software" (ifrOSS) bestand darin, Argumentationen gegen diese Bedenken aufzuzeigen und darzulegen, weshalb Open Source Software ohne unangemessene Risiken eingesetzt werden kann.

In den über 20 Jahren, die seitdem vergangen sind, hat sich die Welt verändert: Heute gelten Konzerne und insbesondere die „Hyperscaler" aus den USA als obskures Feindbild, während nationale Anbieter und Open Source Software von Aufsichtsbehörden gerne als goldener Weg propagiert werden. Das Geschäftsmodell von Microsoft besteht nicht mehr vorrangig aus dem Verkauf von Softwarelizenzen, sondern aus Cloud Services wie Azure und der Software-as-a-Service-Lösung „Microsoft 365". Ein Großteil meiner persönlichen Arbeit und der meines Startups LegalCheck besteht darin, Argumentationen gegen die Bedenken der Aufsichtsbehörden aufzuzeigen und darzulegen, weshalb Microsoft 365 und Copilot ohne unangemessene Risiken eingesetzt werden können.

Habe ich mich nun vom Saulus vom Paulus gewandelt, oder mag ich es nur, gegen die „herrschende Meinung" zu argumentieren – vor allem, wenn sie vom Staat vorgetragen wird oder von jenen, die die Deutungshoheit für sich in Anspruch nehmen? Oder versuchte ich in beiden Fällen lediglich, ungeklärte Rechtsfragen rechtswissenschaftlich zu analysieren? Ich weiß es nicht. Zumindest aber hoffe ich, mit diesem Buch die rechtliche Betrachtung des Einsatzes von Microsoft 365 und Copilot auf juristische, datenschutzrechtliche Themen zu begrenzen und von (industrie-)politischen Aspekten wie der „digitalen Souveränität" zu befreien.

Dabei freue ich mich auf Gegenrede und wissenschaftliche Diskussionen, zu denen viele der in diesem Buch angesprochenen Themen Anlass geben werden – von A bis Z wie der Auftragsvereinbarung und ihren Details, den Grenzen des Telekommunikationsrechts, dem Umgang mit Restrisiken und den (eigenen) Zwecken der Datenverarbeitung. Daher hoffe ich, dass dieses Buch nicht nur von jenen gelesen wird, die ohnehin Microsoft-Produkte einsetzen oder für sie argumentieren, sondern gerade auch von jenen, die andere Auffassungen vertreten. In diesem Sinne ist die Widmung auch dieses Werks wieder: **Für alle.**

Für alle gleichermaßen? Nicht ganz. An einen Menschen möchte ich speziell erinnern: Herrn Prof. Dr. Spindler hatte ich im Vorwort zu meiner Dissertation besonders gedankt, und dazu hatte ich allen Grund. Er war stets an neuen Themen interessiert, und hat junge Menschen wie damals mich gerne und selbstlos gefördert. Leider ist Gerald Spindler 2023 viel zu früh verstorben. Ich weiß nicht, ob er gewollt hätte, dass ein so produktbezogenes Buch wie dieses ihm gewidmet wird. Zumindest aber möchte ich mit diesem Vorwort seiner gedenken.

Das Buch enthält viele Inhalte und Bewertungen aus meiner Beschäftigung mit Microsoft-Verträgen und -produkten in der Rolle des Inhouse-Datenschützers, als Rechtsanwalt, Autor und durch LegalCheck. Es war mit dem Verlag ursprünglich als knapp 100-seitiges, kleines Praxishandbuch geplant. Mit der Ausarbeitung und ständigen Vertiefung von Manuskriptteilen, der Übernahme von Inhalten aus meinen Vorträgen und Einarbeitung von aktuellen Themen wurde es immer länger. Auch bei Abgabe der Druckfassung denke ich bei fast jedem Absatz und jedem Argument, dass es noch so viel zu vertiefen, produktseitig oder technisch zu ergänzen, an Argumenten und Gegenargumenten zu verfeinern, und mit anderen Produkten oder Rechtsgebieten zu vergleichen gäbe.

Doch an einem bestimmten Punkt muss bei einem Manuskript der „Code Freeze“ stattfinden, und ich möchte jetzt schon beim Verlag und den zahlreichen Kunden, die das Buch vorbestellt hatten, für die Verzögerung um Entschuldigung bitten. Danken möchte ich in diesem Zusammenhang dem dfv Verlag und Torsten Kutschke für die Aufnahme in diese Reihe sowie Patrick Orth für die gute Betreuung und das professionelle Nudging zur baldigen Abgabe. Ein ganz besonderer Dank geht an Nadine Grüttner für das unermüdliche Nachtragen von Ergänzungen oder Änderungen, und für die vielen guten Ideen. Für viele angenehme Veranstaltungen und tiefgehende rechtliche und technische Diskussionen, bei denen ich sehr viel lernen durfte, möchte ich ganz herzlich Dr. Stefan Brink, Dom Côté, Prof. Dr. Alexander Golland, Stephan Hansen-Oest, Prof. Niko Härting, Raphael Köllner, Dr. Kevin Leibold, Johannes Nehlsen, Wiebke Löck, Iris Phan, Dr. Carlo Piltz, Phillip Reck, Frederick Richter, Heiko Roth, Prof. Dr. Kay Schumann, Ralf Wigand und – ganz besonders – Herrn Michael Will danken. Nicht unerwähnt lassen möchte ich an dieser Stelle auch Stefan Hessel und den immer unkomplizierten und offenen Austausch unter uns. Sehr dankbar für die Unterstützung, Anregungen und Korrekturen bin ich Karol Czuba und Josefine Schulte sowie Jessica Preiß.

Für alle

Vor allem aber möchte ich meinen tollen Mandanten, Kunden und früheren Kollegen danken, mit denen ich zu diesen Themen in immer wieder anders gearteten Projekten zusammenarbeiten konnte. Ohne Euch/Sie hätte dieses Buch nicht diesem Umfang und das breite Spektrum an Unterthemen.

Last but not least geht eine aufrichtige Bitte um Entschuldigung und großer Dank an meine Familie, die ich durch dieses Buchprojekt an viel zu vielen Abenden, Ferientagen und Wochenenden vernachlässigt habe. Love you, EMGI!

Berlin, April 2025 *Olaf Koglin*

Grußwort von Dr. Stefan Brink

Wer als Datenschützer den Einsatz von Microsoft 365 und Copilot analysiert, der sieht sich mit einer Fülle von Fragen konfrontiert: Was hat sich an der weltweit verbreiteten „Standard-Software" dadurch verändert, dass sie als Software as a Service aus der Cloud heraus angeboten wird? Welche Datenflüsse sind zu erwarten, welche nicht? Lässt sich das Produkt in einem Sinne beherrschen, der mit dem Anspruch der Datenschutz-Grundverordnung vereinbar ist, Rechenschaft (!) über alle (!) Datenverarbeitungen abzulegen? Und wie gelingt das bei den Anwendungen, die auf Künstliche Intelligenz setzen?

Das sind gebotene Fragen – aber die Aufgabe von uns Datenschützern besteht eben nicht nur darin, die richtigen Fragen zu stellen; vielmehr müssen wir uns auch und sogar vorrangig darum bemühen, gute, vertretbare und vor allem hilfreiche Antworten auf diese Fragen zu finden. Und dass dieses Buch genau dazu beiträgt, gute Antworten auf notwendige Fragen zu finden, zeichnet es aus.

Berlin, im Januar 2025 *Dr. Stefan Brink*[*]

---

* Geschäftsführender Direktor des wissenschaftlichen Instituts für die Digitalisierung der Arbeitswelt wida/Berlin; Landesbeauftragter für den Datenschutz und die Informationsfreiheit Baden-Württemberg a. D.

Grußwort von Frederick Richter

Suchen Sie ein Buch zu einer komplexen Datenschutzaufgabe, in dem es nicht nur darum geht, was alles für Bedenken bestehen und was alles für Risiken drohen und was alles einer Lösung im Weg stehen mag? Dann sollten Sie sich vielleicht dem vorliegenden Werk nähern. Denn darin wird recht unbeirrt auf ein Ziel zugesteuert: Den Einsatz eines kommerziellen Produkts eines internationalen Anbieters in datenschutzgerechter Weise unter vertretbarem Aufwand zu ermöglichen. Aufwand erfordert das Gehen des Weges zu diesem Ziel unbestritten, doch nimmt der Autor die Ratsuchenden so konkret an die Hand, dass jener sich meistern lässt.

Fallstricke mag es vor einem datenschutzkonformen Einsatz von vernetzten Microsoft-Produkten durchaus ein paar geben. Auch die Warnungen von Aufsichtsbehörden tragen nicht dazu bei, dieses Compliance-Thema beschwingt anzugehen. Doch mit Ratgebern wie dem vorliegenden lassen sich die Aufgaben beherzt in Angriff nehmen: Die Kritikpunkte der Datenschutzbehörden werden alle aufgegriffen und bewertet, um aufzuzeigen, wie mit ihnen in der Praxis umgegangen werden kann. Wer sich mit den Argumenten auseinandersetzt und sodann zeigt, wie der eigene Einsatz des Microsoft-Produkts risikodämpfend vorgenommen wird, sollte gegen Pauschalkritik gut gewappnet sein.

Frederick Richter, LL.M.
Vorstand der Stiftung Datenschutz

Grußwort von Michael Will

Ein ganzes Buch über Microsoft 365, nur zum Datenschutz, noch dazu beachtlichen Umfangs? War das wirklich nötig?

Gute Gründe sich mit diesem Werk und seinem Thema, den nicht wenigen datenschutzrechtlichen Fragen rund um den Einsatz von Microsoft 365 und seine KI-Komponente Copilot zu beschäftigen, gibt es freilich genug. Beginnend mit der fast ubiquitären Verbreitung des Produkts, seinen fast unerschöpflich anmutenden Funktionalitäten bis hin zu den aus Sicht der Datenschutzpraxis natürlich im Mittelpunkt stehenden unterschiedlichsten Verarbeitungstätigkeiten, die mit und manchmal auch erst Dank Microsoft 365 durchgeführt werden, ergibt sich eine Vielzahl von Fragestellungen, die die kommenden Seiten angehen. Dabei handelt es sich fast immer um Prüfpunkte und mitunter gar um Herausforderungen, die zudem Microsoft 365 nicht exklusiv mit sich bringt, sondern die genauso auch die datenschutzrechtliche Beurteilung anderer Software-as-a-Service-Angebote bestimmen.

Es ist deshalb das besondere Verdienst des Autors, mit einem genauen Blick immer wieder auch den systematischen Kontext der jeweiligen Fragestellungen und ihre teilweise bereits umfangreichere Diskussionsgeschichte durch die verschiedenen Akteure des Datenschutzes wie Beratern, Praxisvertretern oder die deutschen und europäischen Datenschutzaufsichtsbehörden mit in den Blick zu nehmen. Für all' die, die sich ihrer datenschutzrechtlichen Verantwortung beim Einsatz von Microsoft 365 für ihre Verarbeitungstätigkeiten entschlossen stellen wollen, versprechen die folgenden Seiten auf diese Weise facettenreiche Erkenntnisse sowie hoffentlich zielführende Hinweise zu guten und alltagstauglichen, datenschutzgerechten Lösungen.

Ansbach, im März 2025

Michael Will
Präsident des Bayerischen Landesamts
für Datenschutzaufsicht

Inhaltsverzeichnis

Abkürzungsverzeichnis

a. A.	andere(r) Ansicht
a. a. O.	am angegebenen Ort
a. E.	am Ende
a. F.	alte Fassung
Abb.	Abb.
ABl.	Amtsblatt
Abs.	Absatz
AEUV	Vertrag über die Arbeitsweise der Europäischen Union
AktG	Aktiengesetz
allg.	allgemein
Alt.	Alternative
Art.	Artikel
Aufl.	Auflage
AVV	Auftragsverarbeitungs-Vereinbarung
BW	Baden-Württemberg
BayBG	Bayerisches Beamtengesetz
Bay	Bayern
BayLDA	Bayerisches Landesamt für Datenschutzaufsicht
BayLfD	Bayerische(r) Landesbeauftragte für den Datenschutz
BDSG	Bundesdatenschutzgesetz
BeckOK DatenschutzR	Beck'scher Online-Kommentar Datenschutzrecht, hrsg. v. Wolff/Brink
Bln	Berlin
betr.	betreffend
BfDI	Bundesbeauftragte(r) für den Datenschutz und die Informationsfreiheit
BGB	Bürgerliches Gesetzbuch
BGH	Bundesgerichtshof
BlnBfDI	Berliner Beauftragte(r) für Datenschutz und Informationsfreiheit
Bbg	Brandenburg
Brem	Bremen
BSI	Bundesamt für Sicherheit in der Informationstechnik

BT-Drucks.	Bundestagsdrucksache
BVerfG	Bundesverfassungsgericht
BVerfGE	Entscheidungssammlung des Bundesverfassungsgerichts
bzw.	beziehungsweise
c't	Magazin für Computertechnik
ca.	circa
Corp.	Corporation
d. h.	das heißt
ders.	derselbe
dies.	dieselbe(n)
DPA	Data Protection Addendum
DPF	Data Privacy Framework
DPIA	Data Protection Impact Assessment
DSB	Datenschutz-Berater (Zeitschrift)
DSFA	Datenschutz-Folgenabschätzung
DSGVO	Datenschutz-Grundverordnung
DSK	Datenschutzkonferenz
DSRITB	Deutsche Stiftung für Recht und Informatik Tagungsband
E2EE	End-to-End-Encryption
EA	Enterprise Agreement
EAID	Europäische Akademie für Informationsfreiheit und Datenschutz e. V.
EDPS	European Data Protection Supervisor
EDSA	Europäischer Datenschutzausschuss
EDSB	Europäischer Datenschutzbeauftragter
EG	Europäische Gemeinschaft
Einl.	Einleitung
ErwG	Erwägungsgrund
etc.	et cetera
EU	Europäische Union
EuGH	Gerichtshof der Europäischen Union
f./ff.	folgende
FAZ	Frankfurter Allgemeine Zeitung

Fn.	Fußnote
gem.	gemäß
GG	Grundgesetz für die Bundesrepublik Deutschland
ggf.	gegebenenfalls
ggü.	gegenüber
GmbHG	Gesetz betreffend die Gesellschaften mit beschränkter Haftung
GRCh	Charta der Grundrechte der Europäischen Union
grds.	grundsätzlich
Hmb	Hamburg
Hess	Hessen
Hrsg.	Herausgeber
hrsg.	herausgegeben
i. d. F.	in der Fassung
i. d. R.	in der Regel
i. R. d.	im Rahmen des/der
i. R. v.	im Rahmen von
i. S. d.	im Sinne des/der
i. S. v.	im Sinne von
i. V. m.	in Verbindung mit
IAM	Identity & Access Management
ISMS	Informationssicherheits-Managementsystem
IWGDPT	International Working Group on Data Protection in Technology
IWRZ	Zeitschrift für Internationales Wirtschaftsrecht
K&R	Kommunikation und Recht (Zeitschrift)
Kap.	Kapitel
KI-VO	Verordnung über künstliche Intelligenz
KMU	kleine und mittelständische Unternehmen
LfD	Landesbeauftragte(r) für den Datenschutz
LfDI BW	Landesbeauftragte(r) für den Datenschutz und die Informationsfreiheit Baden-Württemberg
LG	Landgericht
lit.	littera (Buchstabe)
Ltd.	Limited

m. w. N.	mit weiteren Nachweisen
M365	Microsoft 365
MV	Mecklenburg-Vorpommern
MIOL	Microsoft Ireland Operations Ltd.
MMR	Zeitschrift für das Recht der Digitalisierung, Datenwirtschaft und IT
MSA	Microsoft Customer Agreement
MSN	Microsoft Network
MüKo-StGB	Münchener Kommentar zum Strafgesetzbuch, herausg. v. Erb/Schäfer
n. F.	neue Fassung
Nds	Niedersachsen
NK-StGB	Nomos Kommentar zum Strafgesetzbuch hrsg. v. Kindhäuser/Neumann/Paeffgen/Saliger
No.	Number (Nummer)
NRW	Nordrhein-Westfalen
Nr.	Nummer
o. Ä.	oder Ähnliche(s)
OLG	Oberlandesgericht
pdf	portable document format
PGP	Pretty Good Privacy
PIA	Privacy Impact Assessment
RDi	Recht Digital (Zeitschrift)
RhPf	Rheinland-Pfalz
RL	Richtlinie
Rn.	Randnummer
S.	Satz/Seite
s.	siehe
s. o.	siehe oben
Saarl	Saarland
SaaS	Software as a Service
Sächs	Sachsen
LSA	Sachsen-Anhalt
SCC	Standard Contractual Clauses
SchlH	Schleswig-Holstein

SDK	Standarddatenschutzklauseln
SGB	Sozialgesetzbuch
SMTP	Simple Mail Transport Protocol
sog.	sogenannt
StGB	Strafgesetzbuch
Thür	Thüringen
TIA	Transfer Impact Assessment
TKG	Telekommunikationsgesetz
TLS	Transport Layer Security
TOMs	Technische und organisatorische Maßnahmen
u. a.	unter anderem
u. Ä.	und Ähnliches
UA	Unterabsatz
ULD	Unabhängiges Landeszentrum für Datenschutz Schleswig-Holstein
unstr.	unstrittig
Urt.	Urteil
usw.	und so weiter
v.	von/vom
vgl.	vergleiche
VO	Verordnung
WRV	Weimarer Reichsverfassung
z. B.	zum Beispiel
z. T.	zum Teil
ZD	Zeitschrift für Datenschutz
ZD-Aktuell	Zeitschrift für Datenschutzrecht
ZEuP	Zeitschrift für Europäisches Privatrecht
Ziff.	Ziffer
ZPO	Zivilprozessordnung

1. Kapitel: Überblick über die zentralen Themen

„Das ist alles sehr kompliziert und ich habe da Bedenken“ ist ein häufiger Start bei der Darstellung von komplexen juristischen Themen. 1

Hier soll mit dem entgegengesetzten Ansatz gestartet werden: „Eigentlich ist alles sehr einfach.“ Denn Datenschutz bei Microsoft 365 und Copilot kann recht übersichtlich in drei Punkten zusammengefasst werden: 2

- Es gibt keine rechtlich eindeutige und unbestrittene pauschale Antwort auf die Frage, ob Microsoft 365 und Copilot rechtskonform eingesetzt werden können. Diese Situation haben Juristen[1] nicht nur bei Microsoft-Produkten, sondern bei fast allen Themen, die neue Rechtsgebiete und komplexe Anwendungsfälle betreffen.
- Mit dieser Unsicherheit muss man umgehen können. Diese Situation haben Juristen und Unternehmer bei sehr vielen Themen, und dafür gibt es Lösungen.
- Mit einer tragfähigen Begründung und angemessener Dokumentation können Microsoft 365 und Copilot in den meisten Anwendungsfällen mit minimalen Restrisiken eingesetzt werden.

Dieses Buch soll bei allen drei Punkten Lösungen bieten, indem es die Kritik der Aufsichtsbehörden ausführlich aufarbeitet, eine eigene rechtliche Bewertung vornimmt, und sich auch ausführlich dem Umgang mit Unklarheiten und Restrisiken widmet – sowohl aus datenschutzrechtlicher Sicht als auch aus Management-Perspektive. Zum Überblick und zur konkreten Umsetzung werden zahlreiche Checklisten und Musterdokumente zur Verfügung gestellt, darunter eine Datenschutz-Folgenabschätzung und ein Transfer Impact Assessment. 3

1.1 Einführung

Der Einsatz von Microsoft 365 als SaaS-Produkt eines US-amerikanischen Anbieters begegnet bekanntlich etlichen datenschutzrechtlichen Bedenken und Risiken. Bei der sachlichen Analyse der Vor- und Nachteile ist zwischen Bedenken oder Meinungen einerseits – auch wenn sie von Aufsichtsbehörden vorgebracht werden – und rechtlichen Fakten andererseits zu unterscheiden. Zudem sind neben den rein datenschutzrechtlichen Argumenten auch die möglichen Alternativen sowie die gesetzlichen Anforderungen an Entscheidungen von Geschäftsführern bzw. Vorständen zu berücksichtigen. 4

---

1 Die männliche Form und Formulierungen im Plural schließen in diesem Buch stets auch weibliche und diverse Personen mit ein.

1.2 Datenschutzrechtlicher Rahmen

5 Bei der Nutzung von Microsoft 365 können Microsoft-Gesellschaften in den USA (und ggf. auch US-amerikanische Behörden) Zugriff auf Teile der in Microsoft 365 gespeicherten Daten haben. Dadurch liegt datenschutzrechtlich die Möglichkeit einer Übermittlung von personenbezogenen Daten in die USA vor. Dies gilt auch dann, wenn als Datenstandort EU-Regionen ausgewählt werden. Unerheblich ist hierbei auch, ob der Vertrag mit einer europäischen oder einer US-amerikanischen Microsoft-Gesellschaft geschlossen wird.

6 Zu trennen ist zunächst zwischen der bloßen Möglichkeit einer Übermittlung in die USA und dem tatsächlichen Vorliegen einer solchen Übermittlung. Für den Fall einer Übermittlung in die USA ist nach Art. 44 ff. DSGVO eine entsprechende rechtliche Grundlage erforderlich. Die zentrale Frage beim Transfer von personenbezogenen Daten in sog. Drittländer (also Staaten außerhalb der EU) ist unter der DSGVO, ob im Zielland ein Datenschutzniveau herrscht, das mit dem der DSGVO vergleichbar ist, oder ob ein solches Niveau zumindest durch zusätzliche Garantien erreicht werden kann. Dies wurde mit dem 2023 beschlossenen EU-US Data Privacy Framework („DPF") geklärt. Weitere Aspekte wurden zusätzlich im Transfer Impact Assessment (Kap. 9, Rn. 582) geklärt.

7 Zwar hat sich die Rechtssicherheit in Bezug auf die USA durch das DPF erhöht, selbst wenn weiterhin die Standarddatenschutzklauseln verwendet werden. Gleichwohl ist zu konstatieren, dass schon die grundsätzliche Frage, ob in der EU die Services von Cloud-Anbietern aus den USA verwendet werden dürfen, nicht mit absoluter rechtlicher Verbindlichkeit beantwortet werden kann. Zusammen mit der Komplexität einer Software-Suite wie Microsoft 365, die neben den zahllosen Produkten (wie Outlook Online für Mails, Teams für Videokonferenzen und „Collaboration" sowie Copilot-Varianten für AI-Anwendungen) eine große Zahl an Konfigurationsmöglichkeiten und z. T. lizenzabhängigen Sicherheitsfeatures bereitstellt, ist eine pauschale und rechtssichere Bewertung kaum seriös möglich.

1.3 Datenschutzrechtliche Risiken

8 Seitens der Datenschutz-Aufsichtsbehörden gibt es, wie meist bei Dienstleistern aus den USA, starke Kritik und Bedenken. Insofern muss ausdrücklich und unmissverständlich vor dem realen Risiko von aufsichtsbehördlichen Maßnahmen gegen den Einsatz von Microsoft 365 gewarnt werden.

So wendete sich z. B. die Aufsichtsbehörde Baden-Württembergs Ende April 2022 gegen den Einsatz von Teams an Schulen,[2] obwohl sie dessen Einführung in den Jahren davor noch kooperativ begleitet hatte. Bei Schulen liegt freilich eine datenschutzrechtlich besonders sensible Situation vor (Schulpflicht, Minderjährige). Und zugleich hält die besagte Aufsichtsbehörde eine Tür offen und äußerte, dass Schulen, die Microsoft 365 dennoch einsetzen wollen, den rechtskonformen Betrieb selbst sicherstellen und dies dokumentieren müssen – es scheint also selbst für Schulen nicht ausgeschlossen zu sein. **9**

Im November 2022 veröffentlichte dann die Datenschutzkonferenz (DSK) einen Abschlussbericht, wonach der Einsatz von Microsoft 365 datenschutzkonform kaum möglich sei. Der Bericht kam einer Produktwarnung nahe,[3] die Prüfung jedoch wurde in erster Linie auf EDSA-Papiere, Positionen der DSK oder der einzelnen deutschen Aufsichtsbehörden sowie einiger Entscheidungen des EuGH und weniger deutscher Gerichte gestützt. Entgegengesetzte Auffassungen außerhalb des Kosmos der Datenschutzbehörden wurden hierbei weitgehend ignoriert. Ähnlich war es im September 2023 bei einer Positionierung einzelner Aufsichtsbehörden zu Microsoft 365, wo eher praxisferne Ratschläge für umfangreiche Nachverhandlungen gegeben wurden. Doch es gibt auch positive Stellungnahmen: Im Mai 2024 hat die niedersächsische Datenschutzaufsicht den Einsatz von Teams zumindest mit einer Zusatzvereinbarung für akzeptabel gehalten. Nachdem der Europäische Datenschutzbeauftragte der EU-Kommission ihren bisherigen Einsatz von M365 untersagen wollte, liegen nun dem Europäischen Gericht zwei Klagen vor (Kap. 3.3.8, Rn. 113). **10**

Dies spiegelt nur einzelne der zahlreichen Äußerungen der Aufsichtsbehörden wider. Letztere vertreten aufgrund ihrer gesetzlichen Rolle eine eher strenge Auslegung des Datenschutzrechts. Die neutrale und rechtlich einzig verbindliche Entscheidung hierüber käme indes von einem Gericht, und eine höchstrichterliche Entscheidung zur Nutzung von Microsoft 365 existiert nicht. Doch selbst eine solche hätte wohl nur begrenzte Aussagekraft: Bis zu einer Entscheidung durch den BGH oder EuGH – und es ist fest davon auszugehen, dass Microsoft ein faktisches Produktverbot bis zur höchsten Instanz anfechten würde – würden sich die Konfigurationsmöglichkeiten, die Sicherheitsfeatures, die AGB und auch die rechtlichen Rahmenbedingungen für den transatlantischen Datentransfer (wie durch das erwähnte EU-US Data Privacy Framework) sicherlich so verändern, dass ein Urteil über die ursprüngliche Rechtslage wenig Aussagekraft über die dann aktuelle Situa- **11**

2 https://www.baden-wuerttemberg.datenschutz.de/nutzung-von-ms-365-an-schulen.
3 Vgl. *Benedikt/Schwartmann/Kranig*, Microsoft 365 – so sollte Datenschutzaufsicht nicht sein, FAZ, 12.12.2022.

tion hätte. So gesehen wird es wohl niemals eine verbindliche Entscheidung geben, die konkret eine jeweils aktuelle Version von Microsoft 365 untersagt. Hierzu kommt, dass Aufsichtsbehörden nicht ein Produkt, sondern die konkrete Verarbeitung personenbezogener Daten zu bewerten haben.

12 Neben der Frage des Drittlandtransfers werden insb. von den Aufsichtsbehörden etliche weitere Probleme und Risiken aufgezählt. Dies betrifft zum großen Teil Aspekte bei der sog. Auftragsvereinbarung. Die dazu erforderliche Vereinbarung („AVV") genüge nicht den gesetzlichen Anforderungen des Art. 28 DSGVO, u. a. sei die Dokumentation der zu verarbeitenden Daten nicht ausreichend. Auch diese rechtliche Bewertung ist nicht zwingend; letztendlich hat sogar die niedersächsische Aufsichtsbehörde die Microsoft-Dokumentation für akzeptabel befunden.

13 Somit besteht, vor allem aus Sicht der Aufsichtsbehörden, beim Einsatz von Microsoft 365 eine Reihe von Risiken. Trotz der äußerst kritischen und ablehnenden Stellungnahmen durch Behörden und Berater gibt es auch eine Reihe von Argumenten und juristischen Stellungnahmen, nach denen die Nutzung von US-Clouds unter Berücksichtigung der gesetzlichen Voraussetzung zulässig ist. Denn die Regelungen der Art. 44 ff. DSGVO öffnen ja gerade den Weg, Daten nach außerhalb der EU zu übermitteln. Mit der entsprechenden Konfiguration und „EU Data Boundary" bleiben die Daten ohnehin weitestgehend in der EU. Und selbst Behörden und andere öffentliche Stellen nutzen M365.

14 Die in einer Management Summary abbildbare Zusammenfassung ist daher: Es gibt keine Rechtssicherheit – weder in die eine noch in die andere Richtung. Keineswegs ist die Nutzung von Microsoft 365 eindeutig zulässig, risikofrei oder unproblematisch. Andererseits steht auch nicht fest, dass der Einsatz eindeutig unzulässig ist.

1.4 Markt und Alternativen zu Microsoft 365

15 Externen Beratern fällt es angesichts dieser Rechtslage und der Warnungen der Aufsichtsbehörden leicht, von der Nutzung solcher US-Cloud-Dienstleistungen abzuraten. Im Unternehmen (bzw. der Behörde oder anderen Organisation des Verantwortlichen) selbst reicht es hingegen nicht, lediglich von Produkten abzuraten oder Bedenken anzumelden. Hier stellt sich zugleich immer die Frage nach möglichen Alternativen:

16 Andere US-amerikanische Cloud-Anbieter – wie Google Workspace (ehemals G Suite) – unterliegen vergleichbaren datenschutzrechtlichen Bedenken und sind insofern keine problemlösende Alternative zu Microsoft 365. Noch weniger problemlösend wären Angebote aus anderen Nicht-EU-

Ländern, etwa das chinesische WPS Office. Mehr Hoffnung macht(e) eine Kooperation zwischen der Deutschen Telekom und Microsoft, bei der die Daten und die SaaS-Software ursprünglich in Rechenzentren der Deutschen Telekom gehostet wurden. Inzwischen werden aber auch hier die Microsoft-Rechenzentren genutzt,[4] so dass diese Lösung beim datenschutzrechtlichen Problem des US-Anbieters keinen entscheidenden Vorteil bringt.

Somit bliebe zur Umgehung der datenschutzrechtlichen Bedenken nur die Möglichkeit, die benötigten Lösungen klassisch on premise zu hosten und/oder ausschließlich Rechenzentren zu verwenden, die in der EU liegen und bei denen keine US-Unternehmen beteiligt sind. Da es keinen EU-Anbieter mit einem vergleichbaren Produktportfolio gibt, würde sich damit jedoch die IT-Strategie fundamental verändern: Statt einer zentralen Cloud-Lösung für alle Büroanwendungen gäbe es eine Vielzahl von einzelnen Lösungen mit begrenztem Umfang – etwa ein lokal gehosteter Exchange-Server für E-Mails, separat davon für Textverarbeitungen auf den Endgeräten z. B. OpenOffice, und für Videokonferenzen eine Lösung wie Jitsi. Dies hätte nicht nur elementaren Einfluss auf die User Experience, sondern auch auf die IT-Sicherheit: Die zentrale Nutzer- und Konfigurationsverwaltung von Microsoft 365 würde ersetzt durch einzelne Systeme, die separat von Experten betreut werden müssten. Die Folge wären Defizite u. a. beim kurzfristigen Einspielen von sicherheitsrelevanten Patches und Updates sowie beim Identity & Access Management (IAM), so dass eine Reduzierung der IT-Sicherheit wahrscheinlich wäre. **17**

1.5 Entscheidung der Geschäftsleitung und Business Judgment Rule

Anders als externe (Datenschutz-)Berater kann die Geschäftsleitung sich also bei aufsichtsbehördlichen Bedenken nicht einfach folgenlos gegen ein System (wie Microsoft 365) entscheiden, sondern muss auch die Konsequenzen einer etwaigen Ablehnung in Kauf nehmen bzw. diese gestalten. Da der komplette Verzicht auf E-Mails und Office-Software nicht in Betracht kommt, müsste man sich bei einer Ablehnung von Microsoft 365 also zugleich für eine Alternative entscheiden. **18**

In diesem Fall erscheint es wie die Wahl zwischen einer IT-seitig sehr professionellen und weltweit verbreiteten, aber mit etlichen datenschutzrechtlichen Bedenken behafteten Cloud-Lösung einerseits oder andererseits einer Vielzahl von einzelnen Systemen, von denen jedes einzelne nicht so in der **19**

4 https://geschaeftskunden.telekom.de/hilfe-und-service/cloud-software/microsoft-365/datenspeicherung-microsoft-365.

Kritik der Aufsichtsbehörden steht wie Microsoft 365, aber jedes für sich auch erhebliche, noch zu analysierende Datenschutzfragen aufwirft, und die vor allem in der Gesamtheit zu einer wesentlich weniger professionellen IT-Landschaft führen, die ihrerseits wieder zu Einbußen in der IT-Sicherheit und damit auch im Datenschutz führt.

20 Hier ist es gerade Aufgabe des (Top-)Managements, unternehmerische Entscheidungen zu treffen und auch bei zwei jeweils nicht optimalen Alternativen eine für das Unternehmen gute oder zumindest akzeptable Ausgangslage zu schaffen. Im Rahmen der Business Judgment Rule liegt daher keine Pflichtverletzung von Vorständen und Geschäftsführen vor, wenn ein Entscheider „bei einer unternehmerischen Entscheidung vernünftigerweise annehmen durfte, auf der Grundlage angemessener Information zum Wohle der Gesellschaft zu handeln" (für die Aktiengesellschaft: §93 Abs. 1 S. 2 AktG). Voraussetzung hierfür ist u. a., dass die Entscheidung auf angemessenen Informationen basiert und der Weg nicht (eindeutig) rechtswidrig ist (Kap. 5, Rn. 376).

21 Wichtig ist daher, dass eine entsprechende Entscheidung nicht nur auf einem pauschalen Argument wie „das nutzen doch alle" oder einem uninformierten „Cloud ist so kompliziert, wir nutzen es einfach" basiert, sondern eine informierte Entscheidung zugunsten des Unternehmens darstellt. Bei einer komplexen und dauerhaften Thematik wie der Cloud-Nutzung sollte dies auch nicht nur eine einmalige und binäre Ja/Nein-Entscheidung sein, sondern in zeitlicher Hinsicht laufend überprüft werden und in inhaltlicher Hinsicht eine möglichst große Reduzierung der Risiken angestrebt werden. Zu letzterem zählen u. a. eine sorgfältige rechtliche Prüfung und Dokumentation, eine detaillierte und angemessene Konfiguration, Reduktion der zu verarbeitenden Daten (Datensparsamkeit) sowie weitere rechtliche, technische und organisatorische Maßnahmen (Kap. 6.5, Rn. 430).

1.6 Maßnahmen zur Risikominimierung

22 Vor diesem Hintergrund werden datenschutzseitig umfangreiche rechtliche, technische und organisatorische Maßnahmen empfohlen. Diese müssen der Organisation und dem konkreten Risiko angemessen sein und werden ab Kap. 6 (Rn. 413) aufgeführt. Da die Hauptkritik der Datenschutzkonferenz in 2022 die angeblich nicht ausreichende Dokumentation betraf, ist auch anzuraten, eine Datenschutz-Folgenabschätzung nicht nur in den zwingend erforderlichen Fällen durchzuführen, sondern mit dem in Kap. 7 (Rn. 437 ff.) vorgelegten ausführlichen Muster auch vorsorglich in Fällen unterhalb dieser Erforderlichkeit.

2. Kapitel: Herangehensweise und Prüfungsumfang beim Microsoft 365-Projekt

Die einzelfallbezogene datenschutzrechtliche Bewertung basiert auf einer Beschreibung des Verantwortlichen und der konkreten Nutzung von Microsoft 365 (im Folgenden „M365"). 23

Damit stehen Projektverantwortliche häufig bereits vor dem ersten Henne-Ei-Problem: Vor Klärung der datenschutzrechtlichen Fragen kann (oder sollte) nicht entschieden werden, welche M365-Dienste konkret eingesetzt werden dürfen. In ähnlicher Weise wird diese Problematik bei der Datenschutz-Folgenabschätzung nach Art. 35 DSGVO (ab Rn. 437) auftreten. Daher sollte die hier durchzuführende Beschreibung eher als initialer Projektplan – oder auch als Wunschliste – verstanden werden, die im Rahmen der Einführung von M365 u. a. durch das Projektmanagement und die Datenschutz-Folgenabschätzung angepasst werden wird. Nicht nur in der Softwareerstellung, sondern auch beim Projektmanagement für die M365-Einführung empfiehlt sich hierbei eine agile Vorgehensweise. Dabei werden nicht zunächst sämtliche Anforderungen definiert, bewertet und schließlich umgesetzt, sondern im Lauf des Projekts werden aufkommende Probleme und Lösungen abgearbeitet. 24

Dieser Ansatz kann auch für die Datenschutz-Folgenabschätzung selbst angewandt werden, bei der dann laufende Einzelentscheidungen an ein spezielles Gremium delegiert werden (siehe Kap. 7.3.2.5, Rn. 476). 25

2.1 Projektmanagement zum Datenschutz bei der Microsoft 365-Migration

Im Rahmen der Einführung einer komplexen SaaS-Lösung wie M365 werden viele interessante Fragen auftreten. Zum (datenschutzseitigen) Projektmanagement gehört daher, sich hierbei nicht von Nebenaspekten ablenken zu lassen und den Fokus auf die relevanten Fragestellungen zu setzen. Damit zusammenhängend gehört zum Datenschutz-Projektmanagement auch entsprechendes Stakeholder Management, damit allen Beteiligten bewusst ist, dass im Rahmen des M365-Projekts nicht sämtliche akademischen Rechtsfragen – vom Drittlandtransfer bis zum Löschkonzept – geklärt sind, und dass der Verantwortliche und seine Projektleitung damit einverstanden sind, hiermit zusammenhängende Randrisiken zu übernehmen oder separat zu klären, um den Projektfortschritt nicht zu gefährden. 26

2.2 Eingrenzung der Themen: In Scope/Out of Scope

27 Die Trennlinie zwischen Datenschutzfragen, die „In Scope" bzw. „Out of Scope" sind, sollten die spezifischen Risiken sein, die sich aus einer Cloud-Lösung eines US-amerikanischen Anbieters und aus der Komplexität dieser Lösung ergeben. Dies sind vor allem:

- Aspekte der Nutzung „der Cloud" bzw. von Software as a Service (SaaS);
- Drittlandtransfer, insb. in die USA;
- Das Vertragswerk mit Microsoft hinsichtlich des Datenschutzes (das sog. Data Protection Addendum, kurz DPA);
- Die von der DSK und anderen Aufsichtsbehörden vorgebrachte Kritik an Microsoft 365.

28 Als relevant ist in jedem Fall auch die spezifische Situation des Verantwortlichen einzustufen, etwa:

- Anwendbare Regulierung und Spezialnormen;
- Verarbeitung von Gesundheits- und/oder Sozialdaten, Bankdaten etc.;
- Zwang zur Nutzung, wie bei Schulen und Versorgern;
- Jugendliche/Kinder.

29 Hierbei können auch mehrere Kategorien zusammentreffen, etwa der „Nutzungszwang" durch die Schulpflicht mit der Gruppe der Minderjährigen.

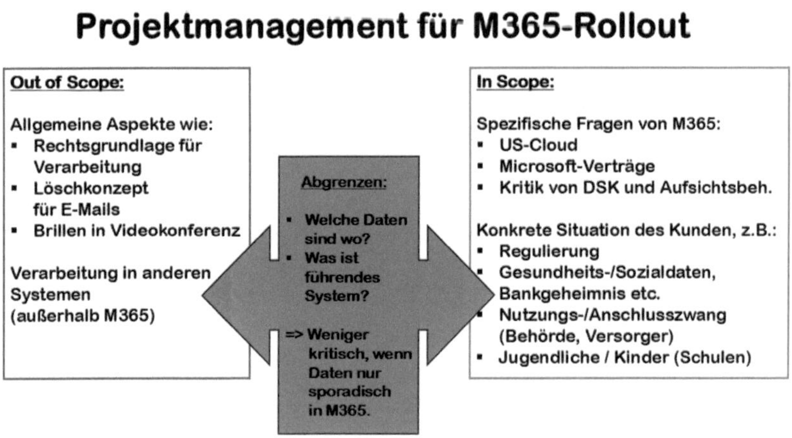

Abbildung 1: Projektmanagement für M365-Rollout mit Abgrenzung „Out of Scope"

30 Von den relevanten Aspekten abzugrenzen sind vor allem Fragen, die in sehr ähnlicher Weise auch auftreten, wenn dieselbe Datenverarbeitung nicht

in M365, sondern auf einem klassischen „on premise“ betriebenen System durchgeführt würde.

Falls sich ein Verantwortlicher bislang keine Gedanken dazu gemacht hat, ob und ggf. welche Rechtsgrundlage er für seine Verarbeitung von E-Mails oder für die Durchführung von Videokonferenzen heranziehen kann, sollte er dies durchaus nachholen. Bei vertiefter Beschäftigung mit diesen Fragen wird er feststellen, dass man sich schon lange mit der Vorfrage aufhalten kann, in welchen Fällen das Telekommunikations(datenschutz)recht anwendbar ist. Der Verantwortliche sollte bis zur abschließenden und rechtssicheren Beantwortung solcher Themen nicht sein Digitalisierungsprojekt stoppen, sondern diese Fragen separat klären. Das Gleiche gilt, wenn Lösch- und Archivierungskonzepte für E-Mail-Konten nicht existieren, oder wenn die Privatnutzung und „Bring Your Own Device“ noch nicht durch Konzernrichtlinien geregelt sind. **31**

Auch der Umstand, dass das Tragen einer Brille in einer Videokonferenz ein Gesundheitsdatum i. S. d. Art. 9 Abs. 1 DSGVO darstellt, lässt sich ausführlich erörtern. Mit der Lindenapotheken-Entscheidung des EuGH (C-21/23) dürfte klar sein, dass die Definition und Zuordnung der besonderen Arten personenbezogener Daten nach Art. 9 DSGVO recht weit auszulegen ist. Am Datenschutz-Stammtisch kann man ergänzen, dass schon die an eine Videokonferenz-Teilnehmerin gerichtete und freundschaftlich gemeinte Aussage „Viele Grüße an Deinen Mann“ eine Art.-9-Information enthält: In diesem Fall die heterosexuelle Orientierung der Teilnehmerin und ihres Ehegatten; die Qualifikation als Art.-9-Datum hängt dabei nicht davon ab, ob die betreffende Information zutreffend ist.[5] In der Datenschutz-Runde wäre damit fortzufahren, dass bei angeschalteter Kamera ohnehin jede gezeigte Hautfarbe die „rassische und ethnische Herkunft“ i. S. d. Art. 9 Abs. 1 DSGVO signalisiert. **32**

Diese Aspekte lenken jedoch von den spezifischen Datenschutzfragen zu M365 ab und sollten daher als „Out of Scope“ für die Bewertung von M365 behandelt werden. **33**

Ähnliches gilt für Daten, die in einem anderen System als „führendem System“ verarbeitet werden. Werden sie ausschließlich in anderen Systemen gehalten, sind sie offensichtlich für die M365-Bewertung irrelevant. Häufiger wird es, z. B. bei Behörden oder Krankenhäusern, aber so sein, dass ein anderes Fachsystem das führende ist, aber nicht ausgeschlossen werden kann, dass Bürger bzw. Patienten sich z. B. per E-Mail an Ansprechpartner **34**

---

5 Vgl. Kühling/Buchner/*Weichert*, DS-GVO/BDSG, Art. 9 DS-GVO Rn. 13. Zur Wahrscheinlichkeit der Zuordnung von Person und Art.-9-Datum EuGH vom 04.10.2024, Rechtssache C-21/23 (Linden-Apotheke): Eine lediglich mögliche Zuordnung ist ausreichend.

des Verantwortlichen wenden und auf diesem Weg deren Daten in M365 hineingelangen. Auch muss stets die Möglichkeit in Betracht gezogen werden, dass ein Betroffener sich per E-Mail an die generische Datenschutz-Adresse oder einen Hinweisgeber-Ansprechpartner wendet.

35 Für diese Fallgruppen ist zumindest zu konstatieren, dass es bei Abwägungen und Bewertungen deutlich weniger kritisch ist, wenn Daten nur sporadisch in M365 verarbeitet werden, als wenn M365 für sie das führende System wäre.

2.3 Datenklassifizierung zur Bewertung „Out of Scope"

36 Die Kategorisierung von bestimmten Daten als „Out of Scope" der Verarbeitung in M365 kann auch durch die Klassifizierung von Daten in bestimmte Risiko- oder Vertraulichkeitsstufen erfolgen. Die Datenklassifizierung ist grundsätzlich ein professioneller Ansatz, der dem Stand der Technik entspricht. So ist z. B. auch in der Datenschutz-Folgenabschätzung, die die Freie und Hansestadt Hamburg 2023 für den Einsatz von Microsoft 365 durchgeführt hat, eine Datenklassifizierung in fünf Klassen vorgesehen. Ohne persönliche (private) Daten umfasst sie vier, ohne die aus Vertraulichkeitssicht belanglosen öffentlichen Daten nur noch drei Klassen. Die beiden höchsten Klassen – Vertraulich und Streng Vertraulich – dürfen nicht in M365 gespeichert werden:

Hamburg

		• Darüber hinaus werden die verarbeiteten Inhaltsdaten nach dem Datenklassifizierungskonzept des Verantwortlichen (FHH) in die folgenden Vertraulichkeitsklassen eingeteilt: – „**Persönlich**“: Inhalt, der nicht mit den Geschäftsaktivitäten oder -interessen der FHH zusammenhängt. Beispiele: persönliche E-Mails, Fotos, Hobbys usw. – „**Öffentlich**“: Inhalt, der für die öffentliche Offenlegung oder Nutzung bestimmt oder geeignet ist. Beispiele: Pressemitteilungen, Marketingmaterialien, Produktbroschüren usw. – „**Normal**“: Inhalt, der für interne Geschäftszwecke und -abläufe verwendet wird, aber keine sensiblen oder vertraulichen Informationen enthält. Beispiele: Sitzungsordnungen, Projektpläne, Newsletter usw. – „**Vertraulich**“: Inhalt, der sensible oder vertrauliche Informationen enthält, die auf autorisiertes Personal oder Partner beschränkt sind. Beispiele: Finanzberichte, Verträge, Kundendaten, Geschäftsgeheimnisse usw. – „**Streng vertraulich**“: Inhalt, der hochsensible oder vertrauliche Informationen enthält, die auf eine sehr begrenzte Gruppe von autorisiertem Personal oder Partnern beschränkt sind. Beispiele: Führungskräfteentscheidungen, Rechtsstreitigkeiten usw. • Streng vertrauliche und vertrauliche Daten dürfen nicht in Microsoft 365 gespeichert werden.

Abbildung 2: Datenklassifizierung und Vorgaben in Datenschutz-Folgenabschätzung (Auszug).[6] © Freie und Hansestadt Hamburg bzw. die jeweiligen Autoren/Rechteinhaber.

Dies klingt sehr durchdacht, dürfte aber – wenn man die Definitionen sehr genau nimmt – in der Praxis zu Problemen führen. Denn schon „Verträge“ werden hier als „Vertraulich“ klassifiziert. Somit wären Rechts- und Einkaufsabteilungen wohl faktisch von der Nutzung von M365 ausgeschlossen; ebenso die mit Lizenzen befassten Teile der IT. Streng genommen müsste wohl dafür gesorgt werden, dass jede E-Mail-Bestätigung zu Verträgen, etwa bei kostenlosen Webinaren oder anderen völlig unkritischen Bestellungen, nicht in M365 erfasst wird, sondern in einer parallelen Infrastruktur. Dies zeigt, dass eine präzise Abgrenzung meist schwierig ist[7] und in der Praxis wohl stets ein „Streuverlust“ in Kauf genommen werden muss, der entgegen einem ursprünglichen und vorsichtigen Plan doch in M365 landet. 37

6 Datenschutz-Folgenabschätzung zu M365 der Freien und Hansestadt Hamburg (S. 34). Das Dokument wurde durch FragdenStaat.de veröffentlicht, https://fragdenstaat.de/anfrage/einsatz-von-microsoft-365-in-der-fhh-1/940117/anhang/dsfa_geschwaerzt.pdf (Kurzlink https://use365.ms/DSFA-HH).

7 Es wäre wohl keine bessere Lösung, zwischen unkritischen Kleinverträgen und vertraulichen dienstlichen Verträgen zu differenzieren, und hierfür allen Mitarbeitenden einen komplexen Kriterienkatalog zur Entscheidung bereitzustellen.

Dies ist vergleichbar mit den Daten aus dem vorherigen Abschnitt, die nur sporadisch in M365 verarbeitet werden.[8]

2.4 Umgang mit ausgegrenzten Themen

38 Themen und mögliche Risiken, die mit diesem Projektansatz zunächst außen vor bleiben, können entweder später aufgegriffen werden oder dauerhaft als „Out of Scope“ des M365-Projekts definiert bleiben. Dies wird vom Thema, dem Risiko, der Größe und Branche des Verantwortlichen, und letztlich auch mit seinem Compliance-Ansatz einhergehen.

39 Wichtig ist, im Rahmen der Datenschutz-Folgenabschätzung und damit zusammenhängender Freigaben transparent zu dokumentieren, welche Themen im Rahmen des Projekts abgearbeitet wurden und welche (Grundsatz-) Themen – etwa die Rechtsgrundlage zur allgemeinen Verarbeitung von E-Mails oder deren Lösch- und Archivierungskonzept – nicht abgedeckt sind.

---

8 Kap. 2.2 (Rn. 30) am Ende.

3. Kapitel: Risiken beim Einsatz von Microsoft 365, insb. aus Sicht der Aufsichtsbehörden

3.1 Grundsätze der DSGVO und Problemfelder bei SaaS

Beim Einsatz von Software as a Service (SaaS), die von einem US-amerikanischen Konzern als Auftragsverarbeiter nach Art. 28 DSGVO angeboten und erbracht wird, sind anhand der Datenschutzgrundsätze des Art. 5 DSGVO die folgenden allgemeinen Risiken aus Sicht des europäischen Datenschutzrechts zu berücksichtigen: 40

3.1.1 Rechtmäßigkeit der Datenverarbeitung (Art. 5 Abs. 1 lit. a DSGVO)

Datentransfers in die USA und andere Drittländer (Art. 44 ff. DSGVO): 41
Beim Einsatz von Software as a Service, der von einem US-amerikanischen Unternehmen mit Niederlassungen und Subunternehmen auch außerhalb der EU erbracht wird, liegt es nahe, dass es zu Übermittlungen personenbezogener Daten an ein Drittland kommt (neben dem Staat oder seiner Regierung sind damit auch alle anderen datenverarbeitenden Stellen in diesem Staat gemeint).[9] Drittland ist dabei zunächst jedes Land, das nicht Mitglied der EU, also nicht Vertragspartner des EU-Vertrags ist. Eine Ausnahme bilden die drei EWR-Staaten (Island, Liechtenstein, Norwegen), in welchen mit Beschluss Nr. 154/2018 des Gemeinsamen EWR-Ausschusses vom 06.07.2018 die DSGVO unmittelbare Geltung besitzt. Sie gelten daher nicht als Drittland.[10] Für alle anderen Länder, namentlich die USA, besteht daher grundsätzlich ein Risiko unzulässiger Übermittlungen personenbezogener Daten (vgl. Art. 44 ff. DSGVO), dem durch Bereitstellung entsprechender Übermittlungsgrundlagen (Art. 45 ff. DSGVO) zu begegnen ist, sofern es zur Übermittlung personenbezogener Daten in dieses Land kommt.

Verarbeitung der Daten durch einen Auftragsverarbeiter zu „eigenen Zwecken“: Setzt ein Verantwortlicher (Art. 4 Nr. 7 DSGVO) zur Erreichung seiner Verarbeitungszwecke einen Dienstleister als Auftragsverarbeiter gem. Art. 28 DSGVO ein, so muss er dafür Sorge tragen, dass dieser die ihm anvertrauten personenbezogenen Daten ausschließlich im Rahmen der verbindlich vorgegebenen Zwecke des Verantwortlichen (vgl. Art. 28 Abs. 3 S. 1 DSGVO) verarbeitet und keine eigenen Zwecke setzt und verfolgt. 42

9 Vgl. BeckOK DatenschutzR/*Beck*, 42. Edition 1.11.2022, Art. 44 DS-GVO Rn. 20.

10 Nach Art. 1 (f) gelten die drei Staaten unmittelbar als „Mitgliedstaat(en)“ und nicht nur als Staaten mit einem adäquaten Datenschutzniveau. ABl. 2018 L 183, 23 (https://eur-lex.europa.eu/legal-content/DE/TXT/PDF/?uri=CELEX:22018D1022).

„Missbraucht" der Auftragsverarbeiter diese Daten weisungswidrig für eigene Zwecke, so wird er selbst zum Verantwortlichen (vgl. Art. 28 Abs. 10 DSGVO). Unter dem Stichwort der „eigenen Zwecke von Microsoft" ist dies seit Jahren einer der Hauptkritikpunkte gegen Microsoft. Gleichwohl steht fest, dass der Auftragsverarbeiter für die Vertragsabwicklung Daten in eigener Verantwortung verarbeiten kann (und muss). Auch wird der Dienstleister für Zwecke der IT-Sicherheit in begrenztem Umfang Kundenaktivitäten und die damit verbundenen Daten analysieren müssen. Den Begriff der „eigenen Zwecke" gibt es in den Datenschutz-Vertragsunterlagen von Microsoft – dem DPA (Kap. 4.3.3, Rn. 203) – nicht (mehr).

3.1.2 Transparenz der Datenverarbeitung (Art. 5 Abs. 1 lit. a DSGVO)

43 Beim Einsatz von Software as a Service, der technisch bedingt mit Datenflüssen außerhalb des unmittelbaren Einwirkungskreises des Verantwortlichen verbunden ist, besteht das Risiko, dass durch die nur schwer nachvollziehbaren und in enormer Frequenz erfolgenden Datenflüsse weder für den Verantwortlichen, schon gar nicht für den Betroffenen und selbst nicht immer für den Dienstleister nachvollziehbar sind, was mit Einbußen bei der Transparenz der Datenverarbeitung verbunden sein kann.

3.1.3 Erforderlichkeit der Datenverarbeitung (Art. 5 Abs. 1 lit. c DSGVO)

44 Beim Einsatz von Software as a Service kommt es durch den Einsatz von standardisierten Dienstleistungen durch spezialisierte Dienstleister typischerweise zu Datenflüssen, die für Kunden, Auditoren und Dritte nur schwer nachvollziehbar sind. Hinter ungeklärten Datenflüssen kann sich immer das Risiko von Datenverarbeitungen verbergen, die nicht im Rahmen der legitimen Verarbeitungszwecke des Verantwortlichen erfolgen. Dies kann sowohl zu einer über das notwendige Maß hinausgehenden Datenverarbeitung führen als auch (letztlich oft damit zusammenhängend) zu einer jenseits der Zwecke des Verantwortlichen stattfindenden Verarbeitung. Beides kann einen Verstoß gegen den Grundsatz der Erforderlichkeit und der Datenminimierung darstellen. Die Gretchenfrage liegt darin, welche nicht unmittelbar mit der Leistungserbringung zusammenhängenden Tätigkeiten, wie zu Zwecken von IT-Sicherheit, Produktanalyse und -Verbesserung, Abrechnungen und sonstiger Kundenbetreuung, als erforderlich angesehen werden. Hierzu wird es wohl in weiten Auslegungsbereichen zwei Meinungen geben können.

3.1.4 Integrität und Vertraulichkeit (Art. 5 Abs. 1 lit. f, Art. 32 Abs. 1 lit. a DSGVO)

Bei jeder Verarbeitung personenbezogener Daten besteht das Risiko unbefugter oder unrechtmäßiger Verarbeitung; eine angemessene Sicherheit ist durch geeignete technische und organisatorische Maßnahmen herzustellen. Hierzu zählen insbesondere Maßnahmen der Verschlüsselung (Art. 32 Abs. 1 lit. a DSGVO), die „unter Berücksichtigung des Stands der Technik, der Implementierungskosten und der Art, des Umfangs, der Umstände und der Zwecke der Verarbeitung sowie der unterschiedlichen Eintrittswahrscheinlichkeit und Schwere des Risikos für die Rechte und Freiheiten natürlicher Personen“ (Art. 32 Abs. 1 DSGVO) einzusetzen sind. **45**

3.1.5 Rechenschaftspflicht (Art. 5 Abs. 2 DSGVO)

Der Verantwortliche ist gem. Art. 5 Abs. 2 DSGVO für die Einhaltung des Absatzes 1 verantwortlich und muss dessen Einhaltung nachweisen können („Rechenschaftspflicht“). Risiken im Sinne von Abs. 1 schlagen sich dabei zugleich auf die Möglichkeiten des Nachweises rechtmäßigen Handelns des Verantwortlichen nieder; dies gilt insbesondere für den Einsatz von Auftragsverarbeitern, bei Transparenzdefiziten (Art. 5 Abs. 1 lit. a DSGVO) und bei schwer nachvollziehbaren bzw. ungeklärten Datenflüssen (Art. 5 Abs. 1 lit. a und c DSGVO). Das Risiko des Verantwortlichen, den Nachweis rechtmäßigen Handelns schuldig zu bleiben, steigt mit der Komplexität von Datenverarbeitungen und der Ausweitung des Kreises der eingesetzten Datenverarbeiter. **46**

3.2 DSK & Co.: Struktur und Relevanz der Datenschutzaufsicht in EU und DE

Die Datenschutzaufsicht ist für die Bundesrepublik Deutschland doppelt föderal strukturiert: Auf der Ebene zwischen EU und den Mitgliedstaaten ist sie dergestalt föderal, dass jeder EU-Mitgliedstaat seine eigene Datenschutzaufsicht hat. Innerhalb der Bundesrepublik ist sie nochmals föderal gestaltet, so dass jedes Bundesland eine (im Fall des Freistaates Bayern sogar zwei) eigene Aufsichtsbehörde(n) hat, und der Bund zuständigkeitsbedingt eine weitere Aufsichtsbehörde vorhält. Hinzu kommen weitere sog. spezifische Aufsichtsbehörden sowie informelle Zusammenschlüsse von Aufsichtsbehörden. **47**

3.2.1 Aufbau der Datenschutzaufsicht in der EU: EDSA und EDSB

48 Jeder Mitgliedstaat der Europäischen Union hat eine oder mehrere Aufsichtsbehörden (Art. 51 Abs. 1 DSGVO). Auf EU-Ebene wurde zudem gem. Art. 68 Abs. 1 DSGVO der Europäische Datenschutzausschuss eingerichtet (EDSA oder engl. „European Data Protection Board", EDPB). Er dient primär der Abstimmung zwischen den nationalen Aufsichtsbehörden, worüber er auch Positionspapiere publiziert. Der EDSA tritt jedoch nicht durch Maßnahmen oder zentrale EU-Bußgelder in Erscheinung.[11]

49 Mitglieder des EDSA sind zunächst die Aufsichtsbehörden der 27 EU-Staaten, wobei aus Mitgliedstaaten mit mehreren Aufsichtsbehörden (namentlich Deutschland) nur eine Behörde teilnimmt und stimmberechtigt ist.[12] Hinzu kommen der EDSB sowie – ohne Stimmrecht – die Aufsichtsbehörden der EWR-Länder Island, Liechtenstein und Norwegen.[13]

50 Vorgänger des EDSA war die sog. Art.-29-Datenschutzgruppe (teilweise und unter Bezug auf Art. 29 Abs. 1, letzter HS DS-RL auch nur als Art.-29-Gruppe bezeichnet). Sie war vor Geltung der DSGVO ein unabhängiger Zusammenschluss von Aufsichtsbehörden, wobei Rechtsgrundlage und Namensgeber Art. 29 der damaligen Datenschutz-Richtlinie[14] war. Gem. Art. 29 Abs. 1 S. 1 DS-RL war „eine Gruppe für den Schutz von Personen bei der Verarbeitung personenbezogener Daten" einzusetzen, was dem Gremium ihre Bezeichnung gegeben hat. Etliche Papiere der Gruppe wurden vom EDSA unter der DSGVO übernommen.

51 Der EDSA ist nicht zu verwechseln mit dem Europäischen Datenschutzbeauftragten (EDSB oder engl. „European Data Protection Supervisor", EDPS). Letzterem obliegt die Aufsicht über die Organe und Einrichtungen der EU. Hintergrund ist, dass diese nicht der DSGVO unterliegen und auch nicht ihrer „kleinen Schwester", der Richtlinie zum Datenschutz bei Strafverfolgung und Strafvollstreckung.[15] Vielmehr gilt für Organe und Einrich-

---

11 Zum EDSA, seinen Aufgaben und weiteren diesbezüglichen Regelungen siehe Art. 68 ff. DSGVO.

12 Dies ist als „gemeinsamer Vertreter" und „zentrale Anlaufstelle" der/die Bundesbeauftragte (BfDI). Als Stellvertreterin oder Stellvertreter wählt der Bundesrat den/die Leiter(in) einer Landesaufsichtsbehörde (§ 17 Abs. 1 S. 1, 2 BDSG).

13 https://www.edpb.europa.eu/about-edpb/about-edpb/members_en.

14 Richtlinie 95/46/EG vom 24.10.1995 (Datenschutz-Richtlinie, DS-RL).

15 Richtlinie (EU) 2016/680 vom 27.04.2016 zum Schutz natürlicher Personen bei der Verarbeitung personenbezogener Daten durch die zuständigen Behörden zum Zwecke der Verhütung, Ermittlung, Aufdeckung oder Verfolgung von Straftaten oder der Strafvollstreckung sowie zum freien Datenverkehr und zur Aufhebung des Rahmenbeschlusses 2008/977/JI des Rates. Häufig wird sie auch als Richtlinie zum Datenschutz

tungen der EU die „VO (EU) 2018/1725 zum Schutz natürlicher Personen bei der Verarbeitung personenbezogener Daten durch die Organe, Einrichtungen und sonstigen Stellen der Union“ (kurz EU-Datenschutzverordnung für Institutionen und Einrichtungen oder EU-DSV); die Regelungen zum EDSB und seine Befugnisse des EDSB finden sich in Art. 52 ff. EU-DSV. Diese Verordnung wurde 2018 – also erst Jahre nach der DSGVO – erlassen.[16] Der (damalige)[17] EDSB ist 2024 dadurch in Erscheinung getreten, dass er gegen die EU-Kommission eine Verfügung erlassen hat, da diese M365 einsetzt und dies in seinen Augen unrechtmäßig war (siehe hierzu Kap. 3.3.8, Rn. 113).

3.2.2 Aufbau der Datenschutzaufsicht in Deutschland: Zahlreiche Aufsichtsbehörden

Auf der zweiten Ebene der Datenschutzstruktur findet sich das föderalisti- **52**
sche System der Bundesrepublik: Datenschutz obliegt weitgehend der Gesetzgebungskompetenz der Länder. Insoweit sind für die Datenschutzaufsicht 16 Bundesländer zuständig. Dabei hat der Freistaat Bayern die Aufsicht in zwei Aufsichtsbehörden aufgeteilt: „Der Bayerische Landesbeauftragte für den Datenschutz“ mit Sitz in München (BayLfD) ist für die öffentlichen Stellen (verkürzt also für die Aufsicht über Behörden) zuständig, während das „Bayerische Landesamt für Datenschutzaufsicht“ mit Sitz in Ansbach (BayLDA) für die nicht-öffentlichen Stellen (also vor allem für Unternehmen und privatrechtliche Organisationen) zuständig ist.[18] Somit gibt es für die 16 deutschen Bundesländer 17 Landes-Datenschutzaufsichtsbehörden.

---

in Justiz und Strafverfolgung bezeichnet (JI-RL); dabei darf aber nicht übersehen werden, dass sie nur für die Straf-, aber nicht für die sonstige Justiz gilt. In Deutschland wurde sie insb. durch §§ 22 ff. BDSG umgesetzt.

16 Verordnung (EU) 2018/1725 vom 23.10.2018 zum Schutz natürlicher Personen bei der Verarbeitung personenbezogener Daten durch die Organe, Einrichtungen und sonstigen Stellen der Union, zum freien Datenverkehr und zur Aufhebung der Verordnung (EG) Nr. 45/2001 und des Beschlusses Nr. 1247/2002/EG VO 2018/1725.

17 Die offizielle Amtszeit von *Wojciech Wiewiórowski* endete im Dezember 2024. Am 16.01.2025 wurde *Bruno Gencarelli* vom Ausschuss für bürgerliche Freiheiten, Justiz und Inneres des Europäischen Parlamentes („LIBE Committee“) zum neuen EDSB gewählt; https://www.europarl.europa.eu/news/it/press-room/20250108IPR26254/meps-choose-bruno-gencarelli-as-top-candidate-for-eu-data-protection-watchdog. Bei Druckschluss war unklar, ob er oder der bisherige Amtsinhaber benannt wird.

18 Unklar ist dabei, welche der beiden Landesaufsichtsbehörden für Kirchen und Religionsgemeinschaften zuständig ist, die nicht einer spezifischen Aufsicht nach Art. 91 DSGVO unterliegen: Sie sind in gewisser Weise keine öffentliche Stelle, aber auch keine nicht-öffentliche Stelle. Eingehend *Wilde*, Regelungslücken bei öffentlich-rechtlichen Religions- und Weltanschauungsgemeinschaften, ZD-Aktuell 2023, S. 01320; Überblick bei https://artikel91.eu/2023/10/18/datenschutzaufsichtsfreie-raeume-fuer-

53 Hinzu kommt die bzw. der Bundesbeauftragte für den Datenschutz und die Informationsfreiheit (BfDI). Bei der Bundesbeauftragten handelt es sich nicht um eine höhere Instanz gegenüber den Landes-Datenschutzaufsichtsbehörden, wie es beim Bundesgerichtshof gegenüber den Gerichten der Bundesländer der Fall ist. Zuschreibungen wie Deutschlands „oberste Datenschützerin" sind daher falsch.[19] Vielmehr ist die Bundesbeauftragte eine gleich „hohe" Datenschutzbehörde, die lediglich spezielle Zuständigkeiten hat. Dies ist zunächst die Aufsicht über Datenverarbeitungen durch öffentliche Stellen des Bundes. Hinzu kommt die Zuständigkeit für den Datenschutz bei Telekommunikationsdienstleistungen (vgl. § 9 Abs. 1 BDSG), da die Telekommunikation nach Art. 73 Abs. 1 Nr. 7 GG der ausschließlichen Gesetzgebung des Bundes unterliegt.[20] Mit den 17 Landes-Aufsichtsbehörden und der Bundesbeauftragten existieren somit 18 gleichberechtigte staatliche Datenschutz-Aufsichtsbehörden in Deutschland.

54 Hinzu kommen noch spezifische Aufsichtsbehörden für Kirchen und Religionsgemeinschaften nach Art. 91 DSGVO sowie sektorale Datenschutzaufsichtsbehörden für Medien und Rundfunk.[21]

3.2.3 Datenschutzkonferenz (DSK), „Berlin Group" und weitere inoffizielle Gruppierungen

55 Die 18 staatlichen (Haupt-)Aufsichtsbehörden haben sich informell zur „Datenschutzkonferenz" als „Gremium der unabhängigen deutschen Datenschutzaufsichtsbehörden des Bundes und der Länder" zusammengeschlossen.[22] Als „DSK" stimmen sie sich ab, veröffentlichen die Beschlüsse ihrer Konferenzen und publizieren gemeinsam weitere Dokumente wie Orientierungshilfen und Anwendungshinweise. Die DSK ist jedoch selbst keine Auf-

religionen-in-bayern. Zum Kirchendatenschutzrecht siehe auch https://stiftungdatenschutz.org/ehrenamt/praxisratgeber/praxisratgeber-detailseite/kirchlicher-datenschutz-352; Textausgabe bei *Golland*, Kirchliches Datenschutzrecht.

19 So aber Spiegel vom 16.05.2024 (https://www.spiegel.de/politik/deutschland/bundestag-louisa-specht-riemenschneider-wird-oberste-datenschuetzerin-a-130ae87c-fcb8-488a-bb95-5570adf88ac3); Handelsblatt vom 17.04.2024 (https://www.handelsblatt.com/politik/deutschland/louisa-specht-riemenschneider-das-ist-die-neue-bundesdatenschuetzerin/100033067.html); FAZ vom 03.12.2024 (https://www.faz.net/aktuell/wirtschaft/laehmender-datenschutz-110133838.html).

20 Die Abgrenzung zwischen Telekommunikationsrecht und allgemeinem Datenschutzrecht ist u. a. bei Videokonferenzen schwierig und gleichzeitig für die Zuständigkeit der Aufsichtsbehörde elementar wichtig. Zu den verschiedenen Auffassungen siehe Kap. 3.3.9.5 (Rn. 155).

21 Ein Überblick findet sich im „Virtuellen Datenschutzbüro" des ULD Schleswig-Holstein unter www.datenschutz.de/projektpartner.

22 https://www.datenschutzkonferenz-online.de.

sichtsbehörde und nicht rechtsfähig;[23] sie selbst kann keine aufsichtsbehördlichen Maßnahmen ergreifen. Siehe hierzu auch Kap. 4.3 (Rn. 243).

Zudem betreibt die DSK das Portal „YoungData", nach seiner Selbstbeschreibung „Das Jugendportal zum Thema Datenschutz und Informationsfreiheit".[24] Hier wird die Zielgruppe gewarnt mit Hinweisen wie: „Hackerangriffe: Teams-Daten in Gefahr/Wer die Plattform Microsoft Teams nutzt, sollte sich aktuell Gedanken um die Sicherheit seiner Daten machen."[25] **56**

Parallel zur DSK existiert das „Virtuelle Datenschutzbüro" (auch „Virtuelles Datenschutzbüro")[26], bei dem als sog. Projektpartner die DSK-Mitglieder und weitere Datenschutz-Aufsichtsbehörden beteiligt sind. Es ist bei der schleswig-holsteinischen Aufsichtsbehörde (ULD) verankert, betreibt die Website www.datenschutz.de und tritt nicht so aktiv in Erscheinung wie die DSK. **57**

Eine weitere Gruppierung von Aufsichtsbehörden ist die selbsternannte „Berlin Group". So nennt sich die „Internationale Arbeitsgruppe für Datenschutz in der Technologie" („International Working Group on Data Protection in Technology", kurz IWGDPT). Ihr gehören neben der bzw. dem BfDI weitere Aufsichtsbehörden an. Die IWGDPT hat eine eigene .org-Domain registriert,[27] erreichbar ist aber nur eine Landing Page auf der Internetpräsenz der BfDI.[28] Laut ihrer Selbstbeschreibung handelt es sich um eine heterogene, länderübergreifende Zusammensetzung „mit Teilnehmenden von Datenschutzaufsichtsbehörden, Regierungsstellen, internationalen Organisationen und Nicht-Regierungsorganisationen sowie aus der Forschung und der Wissenschaft." Ziel sind „möglichst umfassende und datenschutzfreundliche Empfehlungen zu neuen Technologien"[29] (in der englischen Fassung der Gruppe sogar im Superlativ: „in order to achieve the most comprehensive and data protection-friendly recommendations"). Angestrebt werden nach der Selbstbeschreibung also nicht angemessene, vielleicht auch für KMU umsetzbare Maßnahmen, die sich im Mittelfeld der vertretbaren Meinungen **58**

---

23 Zum Vergleich lesenswert hinsichtlich der Rechtsnatur der Ständigen Konferenz der Innenminister und -senatoren der Länder (Innenministerkonferenz, IMK) und mit besten Dank an Herrn *Michael Will* für den Hinweis auf dieses Gutachten *Martini*, Die Innenministerkonferenz als Gegenstand des Informationsrechts, 2015, https://www.innenministerkonferenz.de/IMK/DE/termine/to-beschluesse/2015-06-24_26/anlage23.pdf.

24 https://youngdata.de.

25 https://youngdata.de/n/hackerangriffe-teams-daten-in-gefahr.

26 Auf https://www.datenschutz.de/ finden sich beide Bezeichnungen.

27 https://www.iwgdpt.org/.

28 https://www.bfdi.bund.de/DE/Fachthemen/Gremienarbeit/Berlin-Group/Berlin-Group-node.html.

29 https://www.bfdi.bund.de/DE/Fachthemen/Gremienarbeit/Berlin-Group/Berlin-Group-node.html.

und Auslegungen befinden, sondern möglichst datenschutzstarke (und damit andere Aspekte wie Usability und Kosten ggf. besonders zurückdrängende) Maßnahmen.

59 Diese Gruppierungen haben nur begrenzte oder gar keine rechtlichen Grundlagen für ihre Existenz. Noch weniger als bei den Aufsichtsbehörden haben ihre Positionen eine rechtliche Relevanz. Häufig ist schwer feststellbar, in welcher Rechtsform hier agiert wird, etwa als BGB-Gesellschaft oder – falls das verfassungs- und verwaltungsrechtlich überhaupt möglich sein sollte – als behördlicher Zusammenschluss sui generis. Im Impressum von DSK und „YoungData" wird jeweils auf diejenige Aufsichtsbehörde verwiesen, die den DSK-Vorsitz innehält. Hier verbergen sich sicherlich spannende datenschutzrechtliche Fragen, die nicht zum Fokus dieses Buchs gehören – etwa, ob bei DSK & Co. eine gemeinsame Verantwortlichkeit i. S. d. Art. 26 DSGVO vorliegen könnte und ob die beteiligten Aufsichtsbehörden bei der von ihnen gern vorgenommen engen Auslegung von Art. 6 Abs. 1 lit. c und e DSGVO überhaupt eine rechtliche Grundlage haben, um personenbezogene Daten zu Zwecken von DSK-Konferenzen, YoungData-Webseiten und IWGDPT-Kooperationen zu verarbeiten.

60 Von diesen mehr oder weniger inoffiziellen Zusammenkünften der Aufsichtsbehörden nochmals zu trennen sind Institutionen wie die Europäische Akademie für Informationsfreiheit und Datenschutz e. V. (EAID)[30] oder die Stiftung Datenschutz,[31] die keine staatlichen oder aufsichtsbehördlichen Einrichtungen sind.

3.2.4 Rechtliche Natur der Aufsichtsbehörden in der Gewaltenteilung

61 Die Aufsichtsbehörden sind fachlich unabhängig. Fachlich unterliegen sie also keinen Weisungen durch höhere Behörden oder Ministerien, wie es bei „normalen" Behörden wie einem Bauamt, der Polizei oder der Finanzverwaltung der Fall ist. Selbstverständlich sind sie aber an Recht und Gesetz gebunden, müssen also sowohl das Datenschutz- als auch das allgemeine Verwaltungsrecht und natürlich auch die Verfassungen respektieren. Dies gilt sowohl für das nationale Recht, also Landes- und Bundesrecht mit ihren Verfassungen, als auch für das Recht der EU mit den EU-Verträgen und der EU-Grundrechtecharta als sog. Primärrecht und darunter – was viele Anwender der DSGVO übersehen – dem sog. Sekundärrecht der EU, zu dem Verordnungen wie die DSGVO und Richtlinien gehören.[32]

30 https://www.eaid-berlin.de/.
31 https://stiftungdatenschutz.org/.
32 Hierzu ausführlich Kap. 4.1 (Rn. 186).

Im Rahmen der Gewaltenteilung in Legislative, Exekutive und Judikative ist inzwischen wohl unstreitig und auch von den Aufsichtsbehörden anerkannt, dass die Datenschutz-Aufsichtsbehörden zur Exekutive gehören.[33] **62**

Daher steht fest – und wird aber häufig übersehen – dass Publikationen wie „Orientierungshilfen" oder „Handreichungen" von Aufsichtsbehörden keine Verbindlichkeit wie bei einem Akt der Legislative oder einem (höchstrichterlichen) Urteil haben können. Sie geben lediglich die Auffassung der jeweiligen Behörde über die aus ihrer Sicht zutreffende Rechtsauslegung wieder. Das Gleiche gilt auch und erst recht für Institutionen, die selbst keine Aufsichtsbehörde sind, wie der DSK. **63**

3.2.5 Zusammenfassung zu Aufsichtsbehörden und ihren nichtbehördlichen Gruppen

Es existieren also in der Bundesrepublik 18 staatliche Aufsichtsbehörden für den allgemeinen Datenschutz sowie eine schwer zu überblickende Anzahl von spezifischen Aufsichtsbehörden für den konfessionellen Datenschutz und andere sektorale Bereiche. **64**

Hinzu kommen mehrere informelle Zusammenschlüsse, die mit eigenen Namen auftreten und dabei Informationen zum Datenschutz herausgeben, die eine gewisse behördliche Bedeutung und Objektivität in Anspruch nehmen. **65**

Zusammen haben die allgemeinen und spezifischen Aufsichtsbehörden sowie ihre zusätzlichen Gruppen eine kaum zu überblickende Anzahl von Informationen auf Webseiten und Social-Media-Accounts. **66**

Die Rechtsauslegungen der Aufsichtsbehörden sind nicht verbindlich; Publikationen wie „Orientierungshilfen" von der DSK oder einzelnen Aufsichtsbehörden haben also rechtlich keine direkte Bedeutung. **67**

---

33 So auch 41. Tätigkeitsbericht des LfD Hessen für das Jahr 2012, Teil 1.3.3.2 (S. 35), bei dem auch die „Verlegenheitslösung, Datenschutzbehörden als Kontrollinstanzen sui generis zu qualifizieren" behandelt wird (dahingehend *Petri/Tinnefeld*, Völlige Unabhängigkeit der Datenschutzkontrolle, MMR 2009, S. 157 ff.). Hiergegen argumentierte der damalige LfD *Ronellenfitsch* mit der „Notwendigkeit, institutionell und funktionell die Datenschutzkontrolle durch öffentliche Stellen einer der klassischen Staatsgewalten zuzuordnen. Dabei zeigt sich, dass die Datenschutzkontrolle eindeutig nicht zu Gesetzgebung, Rechtsprechung oder Regierung zählt. Es kann sich folglich nach der Subtraktionsmethode nur um Verwaltung handeln, um die planmäßige und dauerhafte Tätigkeit des Staates zur Erreichung seiner Zwecke mit Ausnahme der Gesetzgebung, Rechtsprechung und Regierung" unter Hinweis auf *Ronellenfitsch* in Kühl/Reichold/Ronellenfitsch, Einführung in die Rechtswissenschaft, 2011, § 27 Rn. 4 (zit. nach Hess. LfD a. a. O).

3.3 Darstellung der Auffassung der Aufsichtsbehörden

68 Beschlüsse und Positionierungen zum Produkt Office365/Microsoft 365 haben eine lange Historie. Diese soll nachfolgend dargestellt werden. Die Gegenargumente werden primär im Kap. 4 (Rn. 185) aufgeführt.[34]

3.3.1 Beschluss der Art.-29-Datenschutzgruppe zum Microsoft Online Services DPA (2014)

69 Die Positionen der Aufsichtsbehörden waren nicht immer so Microsoft-kritisch, wie sie heute zu sein scheinen: Vor über zehn Jahren hatte Microsoft der Art.-29-Datenschutzgruppe sein damaliges Datenschutz-Dokument zur Nutzung von Office 365 und anderen Online-Diensten vorgelegt.[35] Ziel war, dass dieses Dokument – der Vor-Vorgänger des heutigen Data Protection Addendum (DPA) – von der Art.-29-Datenschutzgruppe – der Vorgängerin des EDSA[36] – als den damaligen Standardvertragsklauseln entsprechend anerkannt wird, die Microsoft-Bedingungen also als nicht sog. Ad-hoc-Klauseln bewertet werden.[37]

Dear Ms [redacted],

The EU Data Protection Authorities have analyzed the reply of Microsoft (email sent by [redacted] on 6th February 2014) relating to a new version of the *Enterprise Enrollment Addendum Microsoft Online Services Data Processing Agreement*" (hereinafter, "MS Agreement") and its Annex 1 "*Standard Contractual Clauses (processors)*" (Commission Decision 2010/87/EU).

They concluded that the MS Agreement, as it will be modified by Microsoft, will be in line with Standard Contractual Clause 2010/87/EU, and should therefore not be considered as "ad hoc" clauses. In practice, this will reduce the number of national authorizations required to allow the international transfer of data (depending on the national legislation).

The analysis covers the engagements reflected in the model clauses 2010/87/EU but not its Appendixes (description of the transfers of data and of the technical and organizational security measures implemented by the data importer). According to usual implementation of the model clauses, these Appendixes need to be completed by Microsoft and its clients when signing the contract and may be analyzed separately by the Data Protection Authorities.

The Working Party thanks Microsoft for the constructive collaboration that leads to these positive conclusions.

Abbildung 3: Schreiben der Art.-29-Datenschutzgruppe vom 02.04.2014 an Microsoft (Auszug)

---

34 Eine Ausnahme ist die komplexe und von den Aufsichtsbehörden sehr uneinheitlich behandelte Materie von Videokonferenzen und des Telekommunikationsrechts, die direkt in diesem Kapitel beantwortet wird (Kap. 3.3.9, Rn. 135).

35 Dies war das damalige „B116“-Dokument, siehe Kap. 4.2.3 (Rn. 203).

36 Zur Art.-29-Datenschutzgruppe und dem EDSA Kap. 3.2.1 (Rn. 48).

37 Zusammenfassung hierzu bei *Voss/Woodcock/Chung/Kim/Son*, The Year in Review/ Privacy, E-Commerce, and Data Security, Kap. I. C.2, https://www.americanbar.org/content/dam/aba/publications/international-law-year-in-review/2014/inl507.pdf.

Dies hat die Art.-29-Datenschutzgruppe nach Änderungen beschlossen und Microsoft mit Datum vom 02.04.2014 geradezu freudig mitgeteilt.[38] Ausdrücklich wurde dabei für die „konstruktive Zusammenarbeit“ und den positiven Beschluss gedankt. **70**

3.3.2 Der DSK-Beschluss aus 2020

Die Konferenz der unabhängigen Datenschutzaufsichtsbehörden des Bundes und der Länder (kurz DSK) ist ein informeller Zusammenschluss deutscher Aufsichtsbehörden. Mitglieder sind die 17 deutschen Landes-Aufsichtsbehörden sowie die bzw. der Bundesbeauftragte für den Datenschutz und die Informationsfreiheit; nicht aber die konfessionellen und sonstigen sektoralen Datenschutzaufsichten.[39] **71**

Im September 2020 hatte die DSK nach intensiver Prüfung durch ihren Arbeitskreis Verwaltung einen Beschluss zur selben Thematik gefasst.[40] Dieser „AK Verwaltung“ hatte die dem Einsatz des Produktes Microsoft Office 365 damals zugrunde liegenden Online Service Terms (OST) sowie die Datenschutzbestimmungen für Microsoft-Onlinedienste (Data Processing Addendum – DPA; Stand aller Dokumente war Januar 2020) hinsichtlich der Erfüllung der Anforderungen aus Art. 28 Abs. 3 DSGVO bewertet. Dabei war der AK Verwaltung zum Ergebnis gekommen, **„dass auf Basis dieser Unterlagen kein datenschutzgerechter Einsatz von Microsoft Office 365 möglich“** sei.[41] **72**

Die Datenschutzkonferenz nahm dann im September 2020 diese Bewertung mit knapper Mehrheit zustimmend zur Kenntnis. Dieser Beschluss war innerhalb der DSK heftig umstritten und lediglich mit einer Mehrheit von 9:8 Stimmen gefasst worden.[42] DSK-intern war u. a. die fehlende Anhörung von Microsoft kritisiert worden, aber auch die Pauschalität der getroffenen Aussage für bedenklich erachtet worden. Diese Uneinigkeit und weitere Ungereimtheiten kulminierten dann – einmalig in der Historie der DSK – in einer öffentlichen Stellungnahme von 5 der 8 in der Abstimmung unterlegenen Datenschutz-Aufsichtsbehörden (Hervorhebung durch Fettdruck nur **73**

38 Schreiben der Article 29 Working Party vom 02.04.2014, https://ec.europa.eu/justice/article-29/documentation/other-document/files/2014/20140402_microsoft.pdf.

39 Siehe zur Struktur der DSK Kap. 3.2 (Rn. 47).

40 3. Zwischenkonferenz der unabhängigen Datenschutzaufsichtsbehörden des Bundes und der Länder, Videokonferenz am 22.09.2020, TOP 9 – Protokoll vom 29.09.2020 https://www.datenschutzkonferenz-online.de/media/pr/20201030_protokoll_3_zwischenkonferenz.pdf.

41 https://datenschutzkonferenz-online.de/media/dskb/2022_24_11_festlegung_MS365_zusammenfassung.pdf; S. 1.

42 Protokoll und weitere Links siehe bit.ly/DSB-M365-Links.

hier; die Stellungnahme wurde durch beide bayerischen Aufsichtsbehörden mitgetragen):[43]

> „Die Datenschutzaufsichtsbehörden Baden-Württembergs, Bayerns, Hessens und des Saarlands stellen klar, dass auch sie bei Microsoft Office 365 erhebliche datenschutzrechtliche Verbesserungspotenziale sehen, gerade auch mit Blick auf die jüngste Entscheidung des Europäischen Gerichtshofs zu internationalen Datentransfers vom 16. Juli 2020 (C-311/18 – Schrems II). Sie unterstützen deshalb im Grundsatz die Zielsetzungen des Arbeitskreises, soweit er Ansatzpunkte für datenschutzrechtliche Verbesserungen des Produkts Microsoft Office 365 formuliert. **Seine Gesamtbewertung können sie allerdings schon deshalb nicht teilen, weil sie zu undifferenziert ausfällt.** Überdies hat der Arbeitskreis Verwaltung seine Bewertung auf der Grundlage von Vertragsbestimmungen getroffen, die Microsoft zwischenzeitlich bereits zweimal überarbeitet hat. Schließlich konnten noch nicht die Feststellungen des Europäischen Gerichtshofs zu den Anforderungen der Datenschutz-Grundverordnung an internationale Datentransfers berücksichtigt werden. Vor diesem Hintergrund haben die Datenschutzaufsichtsbehörden Baden-Württembergs, Bayerns, Hessens und des Saarlands die Bewertung des Arbeitskreises Verwaltung vom 15. Juli 2020 zwar als relevante Arbeitsgrundlage, aber noch nicht als entscheidungsreif angesehen."

74 Einige Aufsichtsbehörden betrachteten die Grundaussage zu Microsoft Office 365 also als zu undifferenziert, überholt und nicht entscheidungsreif.

75 In der Folge wurde zusätzlich zum Arbeitskreis Verwaltung die Arbeitsgruppe „Microsoft-Onlinedienste" gegründet, die das Thema erneut prüfte und dazu auch mit Microsoft im intensiven Austausch war.

3.3.3 Der DSK-Beschluss aus 2022

76 Aufbauend auf diesem Beschluss aus dem September 2020 und nach gut zwei Jahren Prüfung traf die DSK im November 2022 eine „Festlegung" zu den datenschutzrechtlichen Dokumenten von Microsoft 365. Hiernach scheint eine DSGVO-konforme Nutzung des Produkts nicht möglich zu sein.

77 Die Beschlüsse und die ihn vorbereitenden Ausarbeitungen wurden von der DSK in folgenden Dokumenten veröffentlicht:

---

43 https://www.lda.bayern.de/media/pm/20201002_office365.pdf.

- **Beschluss („Festlegung“)** der DSK in ihrer Konferenz vom 22.-24.11.2023: Im Protokoll unter TOP 26;[44] identisch vorab bekannt gemacht in der Veröffentlichung der „Festlegung“.[45]
- **Zusammenfassung** der Bewertung der aktuellen Vereinbarung zur Auftragsverarbeitung durch die DSK-Arbeitsgruppe „Microsoft-Onlinedienste“.[46]
- **Abschlussbericht** („Bewertung der aktuellen Vereinbarung zur Auftragsverarbeitung, Stand 2. November 2022“, 58 pdf-Seiten).[47]

3.3.3.1 Kritikpunkte der DSK in der beschlossenen „Festlegung“ (2022)

Der Hauptkritikpunkt und zugleich der offizielle Beschluss der DSK („Festlegung“ vom 24.11.2022) lautet wie folgt: **78**

> „Die DSK stellt unter Bezugnahme auf die Zusammenfassung des Berichts fest, dass der Nachweis von Verantwortlichen, Microsoft 365 datenschutzrechtskonform zu betreiben, auf der Grundlage des von Microsoft bereitgestellten „Datenschutznachtrags vom 15. September 2022“ nicht geführt werden kann.
>
> Solange insbesondere die notwendige Transparenz über die Verarbeitung personenbezogener Daten aus der Auftragsverarbeitung für Microsofts eigene Zwecke nicht hergestellt und deren Rechtmäßigkeit nicht belegt wird, kann dieser Nachweis nicht erbracht werden.“

Dieser Beschluss wurde – anders als noch der DSK-Beschluss aus dem Jahr 2020 – von der DSK einstimmig gefällt. Inhalt des formalen Beschlusses ist auch, dass die DSK den Bericht der Arbeitsgruppe DSK „Microsoft-Onlinedienste“ und dessen Zusammenfassung „zur Kenntnis“ nimmt. Die DSK hat also bezüglich der beiden Dokumente „Abschlussbericht“ und „Zusammenfassung“ nicht explizit beschlossen, dass sie diesen Inhalt für zutreffend hält oder sich ihn inhaltlich zu eigen macht. **79**

---

44 https://datenschutzkonferenz-online.de/media/pr/20230202_Protokoll_der_104_DSK.pdf.

45 https://datenschutzkonferenz-online.de/media/dskb/2022_24_11_festlegung_MS365.pdf.

46 https://datenschutzkonferenz-online.de/media/dskb/2022_24_11_festlegung_MS365_zusammenfassung.pdf.

47 https://datenschutzkonferenz-online.de/media/dskb/2022_24_11_festlegung_MS365_abschlussbericht.pdf.

3.3.3.2 Weitere Kritikpunkte der DSK in der „Zusammenfassung“ (2022)

80 Ausführlichere Kritik und auch eine Darstellung der Abläufe finden sich in der „Zusammenfassung“. Dabei ist zu berücksichtigen, dass es sich lediglich um vorbereitende, zusammenfassende oder ergänzende Dokumente handelt. Die Dokumente oder deren Inhalte wurden aber nicht von der DSK beschlossen.

81 Demnach hat Microsoft seit 2020 in den Gesprächen mit der DSK etliche Veränderungen und auch Verbesserungen datenschutzrechtlicher Art vorgenommen. In dem DSK-Dokument „Zusammenfassung“ (dort Ziff. 3) und im Abschlussbericht werden die Nachbesserungen aus den Gesprächen mit Microsoft und die auf dem ursprünglichen Gutachten von 2020 basierenden Kritikpunkte ausgeführt; dies sind zusätzlich zu den o. g.:

1. Offenlegung an Sicherheitsbehörden, FISA 702, CLOUD Act[48] etc. (3.3 der Zusammenfassung bzw. 3.2.3 des Abschlussberichts);
2. Umsetzung von TOMs (3.4 bzw. 3.2.4);
3. Löschung und Rückgabe (3.5 bzw. 3.2.5);
4. Details zu Unterauftragsverarbeitern (3.6 bzw. 3.2.6);
5. Drittlandtransfer (3.7 bzw. 3.2.7).

82 Weitere Kritikpunkte waren die Festlegung der Art und Zwecke der Verarbeitung (Ziff. 3.1 der DSK-Zusammenfassung) sowie die Verwendung von Daten für Microsoft-eigene Geschäftszwecke (Ziff. 3.2).

83 Die Anmerkungen zur Offenlegung an Sicherheitsbehörden und zum Drittlandtransfer haben dabei starke thematische Überschneidungen. Sie gehen insbesondere auf die bekannten Themen FISA 702 und CLOUD Act ein. Dabei handelt es sich um US-amerikanische Gesetze, welche die Überwachung und Herausgabe von Daten an staatliche Stellen regeln. Rechtlich korrekt handelt es sich bei „FISA 702“ um Section 702 des Foreign Intelligence Surveillance Act (FISA) sowie um den Clarifying Lawful Overseas Use of Data Act (CLOUD Act). Die intensive Bezugnahme der DSK auf diese älteren Themen mag daran liegen, dass die Ausarbeitung auf der DSK-Kritik des Arbeitskreises Verwaltung aus 2020 basiert. Auf damals neuere Themen wie das EU-Data-Boundary-Programm von Microsoft, die Executive Order 14086 des US-Präsidenten und den damaligen Entwurf zum EU-US Data Privacy Framework wurde hingegen nicht vertieft eingegangen.[49]

---

48 Hierzu Kap. 9.6.2.1 (Rn. 600).

49 Hierzu u. a. Kap. 9.6.1.4 (Rn. 595).

3.3.4 Stellungnahme des LfDI BW zu M365 an Schulen (2022)

Zeitlich zwischen die beiden DSK-Beschlüsse fielen Hinweise des LfDI BW vom April 2022.[50] Die baden-württembergische Aufsichtsbehörde war bereits seit Herbst 2020 in einen Pilotbetrieb zur Nutzung von M365 durch Lehrer in Baden-Württemberg involviert[51] und galt dabei – vielleicht auch wegen der expliziten Positionierung gegen den DSK-Mehrheitsbeschluss aus 2020 – als offen für eine Nutzung von Teams während des Corona-bedingten Lockdowns. Jedenfalls wurde zunächst keine pauschale Untersagung von M365 vorgenommen. Für die Einführung von M365, die beginnend 2019 und in mehreren Projektphasen vorgesehen war, ließ der Verantwortliche eine ausführliche Datenschutz-Folgenabschätzung erstellen. Das durch eine externe Wirtschaftsprüfungsgesellschaft (jedoch laut Briefkopf nicht durch die mit ihr assoziierte Kanzlei) erstellte Werk besteht aus einem Hauptdokument von 115 (mit Annex-Teil des Hauptdokuments 162) Seiten sowie etlichen weiteren Anlagen; es wurde später über FragdenStaat veröffentlicht.[52] Dort heißt es in der Zusammenfassung (S. 110): **84**

> „Zusammenfassend ist festzuhalten, dass wir bereits vor den vorgeschlagenen Abhilfemaßnahmen bei den von uns modellierten Risiken eine insgesamt mittlere Risikosituation erkennen konnten, die aber punktuell auch ein hohes Risiko aufweist. Vielmehr ist demgegenüber zu sehen, dass durch die Abhilfemaßnahmen die Risiken regelmäßig in den niedrigen bis mittleren Bereich überführt werden. […] Wir beurteilen die Risiken jedoch nicht so hoch, dass diese im Rahmen einer Gesamtrisikoabwägung dem angestrebten Piloten entgegenstehen. Eine etwaige weitere Modifikation des Umfangs bzw. der Funktionalitäten der für die Nutzung geplanten Anwendungen und Dienste, welche ein mittleres Risiko aufweisen, kann jedoch zur Herstellung eines Einvernehmens mit dem LfDI erforderlich werden.“

---

50 „Hinweise des LfDI zur Nutzung von Microsoft 365 durch Schulen“ vom 25.04.2022, https://www.baden-wuerttemberg.datenschutz.de/ms-365-schulen-hinweise-weiteres-vorgehen.

51 Das erste Gespräch hierzu fand zwischen dem Kultusministerium und dem LfDI BW bereits im Juni 2018 statt, wie sich aus der Dokumentation ergibt; siehe über https://fragdenstaat.de/anfrage/bewertungen-und-empfehlungen-des-lfdi-zu-office-365-an-schulen die „Anlage 9 – Zeitlicher Ablauf“ (https://media.frag-den-staat.de/files/foi/639491/2021-04-23_Empfehlung_Anlage_08_Geschwrzt.pdf). Detaillierte Angaben zum zeitlichen Ablauf sind auch in der DSFA enthalten (S. 5 ff.).

52 Geschwärzte Fassung veröffentlicht über https://fragdenstaat.de/anfrage/datenschutz-folgeabschatzungen/; URL zu zip-Datei mit DSFA und zahlreichen Anlagen https://fragdenstaat.de/anfrage/datenschutzfolgeabschatzungen/644906/anhang/DSFA_und_Anlagen.zip. Siehe hierzu auch die auch Übersicht in Kap. 7.4.2.3 (Rn. 524).

85 Im April 2022 kam der LfDI BW dann jedoch zu einer ablehnenden Bewertung und empfahl dem Kultusministerium,

> „von der Nutzung der geprüften Software abzusehen und alternative Lösungen zu fördern. Der mehrmonatige und intensive Praxistest hat gezeigt, dass dieser Versuch der Erstellung einer datenschutzkonformen Konfiguration nicht erfolgreich war, Annahmen sich als nicht zutreffend erwiesen haben und dass der Einsatz von MS 365 im schulischen Kontext zahlreiche datenschutzrechtliche Verstöße mit sich bringt. Dass sich diese künftig – auch unter konstruktiver Mitwirkung von Microsoft – reduzieren oder teilweise beheben lassen, ist nicht ausgeschlossen, aber derzeit nicht absehbar.“[53]

86 Dabei wurden zahlreiche Beispiele für solche Verstöße genannt, etwa:

- Es lägen „für einige Verarbeitungen für den Betrieb an einer Schule keine Rechtsgrundlagen vor – vor allem für Übermittlungen an Microsoft zu eigenen Geschäftstätigkeiten oder Geschäftsinteressen.“
- Die besonders problematischen Telemetrie- und Diagnosedaten konnten im Rahmen des Pilotprojekts nicht vollständig deaktiviert, sondern nur reduziert werden.
- Es bestünden zahlreiche Datentransfers in die USA, die nicht unterbunden werden können. Dies ergebe auch vor dem Hintergrund der Schrems II-Entscheidung des EuGH große Risiken.
- Viele Verarbeitungen seien auch deswegen besonders problematisch, da öffentliche Schulen hoheitlich tätig sind, so dass sie sich gem. Art. 6 Abs. 1 S. 2 DSGVO nicht auf die Rechtsgrundlage des berechtigten Interesses beziehen könnten.

87 Der LfDI BW hatte in der Pressemitteilung selbst darauf hingewiesen, dass seine Stellungnahme und die Anlagen über FragdenStaat verfügbar sind.[54]

3.3.5 „Praxis-Tipps“: Handreichung einiger Aufsichtsbehörden (8-9/2023)

88 Auf Basis des DSK-Beschlusses von 2022 und einiger weiterer zahlreicher Kritikpunkte haben sieben der 18 in der DSK vertretenen Aufsichtsbehörden im Herbst 2023 eine „Handreichung für die Verantwortlichen zum

---

53 Pressestelle des LfDI BW, „Hinweise des LfDI zur Nutzung von Microsoft 365 durch Schulen“ vom 25.04.2022, https://www.baden-wuerttemberg.datenschutz.de/ms-365-schulen-hinweise-weiteres-vorgehen.

54 https://fragdenstaat.de/anfrage/neubewertung-des-lfdi-bezuglich-der-dsfa-von-microsoft-office-365-1/ (Stellungnahme) und https://fragdenstaat.de/anfrage/bewertungen-und-empfehlungen-des-lfdi-zu-office-365-an-schulen/ (Anlagen).

Abschluss einer Auftragsverarbeitungsvereinbarung gem. Art. 28 Abs. 3 DSGVO mit Microsoft für den Einsatz von ‚Microsoft 365'" beschlossen.[55] Die gleichlautenden Papiere wurden nicht gemeinsam und einheitlich publiziert, so dass eine klare Herausgeberangabe und Zitierung nicht möglich ist. In Pressemitteilungen wurden sie auch als „Praxis-Tipps für Verträge mit Microsoft" bezeichnet.[56]

Da das Dokument zunächst vollkommen ohne Behörden- und Herkunftsangaben publiziert wurde,[57] ist es zunächst ironisch mit einem diplomatischen „Non-Paper" vergleichen worden.[58] Daraufhin wurde einer späteren Fassung der niedersächsischen Aufsichtsbehörde ihr Logo eingefügt. Der Fassung des BayLfD wurde ein Deckblatt und eine weitere Seite beigefügt, weshalb diese pdf-Version zwei Seiten länger ist als die Fassung anderer Behörden, wodurch sich in der Zitierung andere Seitenzahlen ergeben.[59] **89**

3.3.5.1 Herausgeber/Beteiligte Behörden

Erst auf Nachfrage des Autors wurde mitgeteilt, dass daran folgende sieben Aufsichtsbehörden beteiligt waren: **90**

- Bayern (BayLfD);
- Hessen;[60]
- Niedersachsen;
- Nordrhein-Westfalen;
- Rheinland-Pfalz;[61]
- Schleswig-Holstein;
- Thüringen.

---

55 https://lfd.niedersachsen.de/download/199434 (Kurzlink https://use365.ms/LfDNI_M365-Tipps_pdf).

56 https://www.lfd.niedersachsen.de/startseite/infothek/presseinformationen/einsatz-von-microsoft-365-praxis-tipps-fur-vertrage-mit-microsoft-225722.html (Kurzlink https://use365.ms/LfDNI_M365-Tipps).

57 So z. B. noch die Fassung der LDI NRW, https://www.ldi.nrw.de/system/files/media/document/file/handreichung_ms_365_clean_formatiert_stand-24.08.2023.pdf.

58 *Koglin*, Die neue aufsichtsbehördliche Handreichung zu Microsoft 365: Praxis-Tipps oder Non-Paper?, DSB 2023, S. 253.

59 https://www.datenschutz-bayern.de/datenschutzreform2018/Handreichung_MS_365.pdf. Im Folgenden wird hinsichtlich der Seitenzahlen die „niedersächsische" Fassung zitiert (https://use365.ms/LfDNI_M365-Tipps_pdf).

60 https://datenschutz.hessen.de/sites/datenschutz.hessen.de/files/2023-09/handreichung_ms_365_clean_formatiert_stand_24.08.2023.pdf

61 https://www.datenschutz.rlp.de/fileadmin/datenschutz/Dokumente/Orientierungshilfen/Handreichung_MS_365_Stand_24.08.2023_RLP.pdf.

91 Da der damals neu im Amt befindliche LfD Niedersachsen einer der ersten mit einer ausführlichen Pressemittelung war, wird das Papier teilweise auch als „niedersächsische Handreichung“ o. Ä. bezeichnet, was insoweit nicht präzise ist.

92 Laut der Website des LDI Rheinland-Pfalz wurde die Handreichung durch eine Arbeitsgruppe der DSK erstellt. Dort heißt es bei den M365-Informationen unter Verlinkung der Handreichung: „Ein weiteres wichtiges Element ist die Anpassung der Auftragsverarbeitungsvereinbarung mit Microsoft. Hierzu gibt es eine durch eine Arbeitsgruppe der DSK erarbeitete Handreichung für die Verantwortlichen zum Abschluss einer Auftragsverarbeitungsvereinbarung gem. Art. 28 Abs. 3 DSGVO mit Microsoft für den Einsatz von ‚Microsoft 365‘“.[62] Dass die Ausarbeitung schließlich nicht von der gesamten DSK beschlossen wurde, lässt wohl Fragen bezüglich ihres Inhalts und ihrer rechtlichen Überzeugungskraft offen.

3.3.5.2 Inhalt und Reaktionen

93 Die Handreichung vom August 2023 basierte auf der schon damals veralteten Rechtslage. Es berücksichtigte weder das längst aktualisierte DPA noch den zuvor (im Juli 2023) erlassenen Kommissionsbeschluss zum EU-US Data Privacy Framework. Die aufsichtsbehördlichen Tipps waren insgesamt eher eine praxisferne Wunschliste als umsetzbare, auf dem damals aktuellen Recht basierende Praxishilfen.[63]

94 Die Handreichung beschreibt auf 21 Seiten Handlungsweisen („ToDo“). Der Fokus liegt – dem Titel des Dokuments entsprechend – auf Nachverhandlungen zum DPA mit dem Vertragspartner Microsoft. Schon dies dürfte es für den überwiegenden Teil der M365-Nutzer praxisfern erscheinen lassen, da Microsoft sich allgemein nur mit Großkunden (und wenig anderen strategisch wichtigen Kunden, z. B. aus dem öffentlichen Bereich) auf Vertragsverhandlungen einlässt. Wer als KMU einige M365-Business-Lizenzen verwendet, wird keine Chance auf Vertragsverhandlungen haben. Dies entspricht dem Geschäftsmodell von SaaS, wo für alle Kunden standardisierte Services zu standardisierten Bedingungen erbracht werden.

95 Inhaltlich geht es weitgehend um bekannte Themen wie die Festlegung von Art und Zweck der Verarbeitung sowie der Art der personenbezogenen Daten (Teil II.1.) und die „Eigene Verantwortlichkeit Microsofts im Rahmen der Verarbeitung“ (Teil II.2.).

---

62 https://www.datenschutz.rlp.de/themen/microsoft-office-365.

63 Hierzu ausführlich *Koglin*, DSB 2023, S. 252 ff.

3.3.5.3 Spezifizierung der Daten und betroffenen Personen

Für die Spezifizierung der Art der personenbezogenen Daten und Kategorien heißt es, so wie es häufig verlangt wird, dass in der AVV konkrete Angaben enthalten sein müssen, die als abschließende Auflistung vereinbart werden muss.[64] Dies ist jedoch in der Praxis kaum möglich: Für verwendungsoffene Systeme, wie der Dateiablage in OneDrive und auch einem E-Mail-Account, kann der Verantwortliche nicht konkret und abschließend definieren, welche Kategorien von Daten und betroffenen Personen verarbeitet werden. **96**

Daher ist es üblich, typische Fälle konkret zu beschreiben, aber weitere Fälle durch allgemeine (und unkonkrete) Formulierungen wie „sämtliche weiteren dort gespeicherten Daten" zu erfassen. Denn sonst wären andere Daten, die ein Mitarbeiter z. B. per E-Mail erhält, nicht vom Geltungsbereich erfasst. Dies würde wohl dazu führen, dass der Auftragsverarbeiter die Daten als eigener Verantwortlicher erfasst. **97**

Solche ergänzenden „Catch-all"-Klauseln werden in der Regel auch von den Aufsichtsbehörden akzeptiert, so auch bei der Analyse von Videokonferenzsystemen durch die Berliner Aufsichtsbehörde (siehe Kap. 3.3.9, Rn. 136). **98**

3.3.5.4 Nutzung von E-Mail-Adressen ohne Namen

In der Handreichung werden in der abschließenden Rubrik „Weitere Hinweise" (Teil II.7.) ergänzende Punkte angeführt, die nicht das DPA bzw. die AVV mit Microsoft betreffen. Hinsichtlich ihrer Verbindlichkeit heißt es lediglich, sie „sollten grundsätzlich von Verantwortlichen in Erwägung gezogen werden". **99**

„Dringend empfohlen" wird dabei die Verwendung von pseudonymen E-Mail-Adressen. Mitarbeitende sollten also nicht verständliche E-Mail-Adressen wie lisa.weber@xyz.de erhalten, sondern kryptische Adressen wie 87efhh0@xyz.de. Dies dürfte auf direktem Weg zu einer Schatten-IT führen, bei der Kollegen sich zu den echten Namen zu den Mailadressen notieren. Dabei ist zu beachten, dass Beschäftigtendaten nach § 26 Abs. 7 BDSG auch dann dem BDSG unterliegen, wenn sie nicht-digital und unsystematisch gespeichert werden (vgl. hingegen zum sachlichen Anwendungsbereich der DSGVO Art. 2 Abs. 1, 2. Alt. DSGVO). Selbst Notizen auf Post-its, die die Namen der entsprechenden Kollegen enthalten, können also dem BDSG unterliegen. Mit dem Wunsch nach pseudonymen E-Mail-Adressen würden also nur inoffizielle Listen und datenschutzrechtliche Folgeprobleme kreiert, ohne dass dem Datenschutz geholfen wäre. Ebenso ist abzusehen, dass es intern und bei eingehenden E-Mails zu zahlreichen Verwechselungen und **100**

64 Handreichung „Praxis-Tipps", S. 8 f. (https://use365.ms/LfDNI_M365-Tipps_pdf).

Fehlläufen käme, was nicht nur bei Personaldaten zu einer Schwemme von Meldungen nach Art. 33 DSGVO führen würde.[65]

So wurden die Vorschläge auch bewertet mit Aussagen wie „Die To-do-Liste ist eine Machtphantasie ohne Praxisbezug.“[66]

3.3.6 LfD Niedersachsen: Einsatz von Teams im Innenministerium ist akzeptabel

101 Nur wenige Monate nach der Veröffentlich der Handreichung, die auch vom LfD Nds mitgetragen wurde, informierte dieser Anfang Mai 2024 in einer Pressemitteilung über den „erfolgreichen Abschluss einer datenschutzrechtlichen Vereinbarung mit Microsoft zur Nutzung von Microsoft Teams“ durch das Niedersächsische Ministerium für Inneres und Sport.[67]

3.3.6.1 Hintergrund

102 Diese Erfolgsmeldung hatte eine Vorgeschichte: Noch im Mai 2023 war in der Presse gemeldet worden, der niedersächsische CIO sei bezüglich der Teams-Nutzung „zurückgepfiffen“ worden.[68] Dabei ging es freilich nicht um die nun freigegebene Teams-Nutzung und auch nicht um eine Intervention seitens des Datenschutzbeauftragten, sondern um die Antwort auf eine Presseanfrage von Table Media durch die Innenministerin.

3.3.6.2 Die niedersächsische „Zusatzvereinbarung“

103 Der nun in Niedersachsen abgeschlossene Vertrag mit Microsoft sah eine Sondervereinbarung mit Microsoft vor, die das DPA modifizierte und vom LfD Nds als „Überarbeitung der datenschutzrechtlichen Regelungen“ des DPA beschrieben wurde.[69] Nicht ganz zutreffend hat sich hierfür in der Folge der Begriff einer „Zusatzvereinbarung“ eingebürgert. Die „niedersächsische Zusatzvereinbarung“ unterliegt einer besonderen Vertraulichkeitsbestimmung, weshalb Details in diesem Buch nicht ausgebreitet werden dürfen. Von Dritten vorgenommene informationsfreiheitsrechtliche Anfragen an das In-

---

65 *Koglin*, DSB 2023, S. 252 (255).

66 *Wieduwilt*, Microsoft in die Knie zwingen? – Eine praxisferne Handreichung zur rechtssicheren Cloud-Nutzung, FAZ v. 26.09.2023, https://www.faz.net/-j9e-bfjn8.

67 https://www.lfd.niedersachsen.de/startseite/themen/auftragsverarbeitung_nach_art_28_ds_gvo/microsoft-teams-in-der-landesverwaltung-niedersachsen-231856.html.

68 https://table.media/bildung/news/it-beauftragter-wird-wegen-microsoft-teams-zurueckgepfiffen.

69 https://www.lfd.niedersachsen.de/startseite/themen/auftragsverarbeitung_nach_art_28_ds_gvo/microsoft-teams-in-der-landesverwaltung-niedersachsen-231856.html.

nenministerium[70] und den LfD Nds[71] wurden abgelehnt, auch weil das Land Niedersachsen kein allgemeines Informationsfreiheitsgesetz erlassen hat.

Microsoft hat in öffentlichen Terminen mehrfach erklärt, dass sich mit der **104** „Zusatzvereinbarung" lediglich die vertraglichen Formulierungen ändern, nicht aber die Art und Weise der Datenverarbeitung. Dies mag zunächst für Überraschung oder gar Entsetzen sorgen. Da aber die Kernkritik der DSK 2022 war, dass mit dem (damaligen) DPA der Nachweis der Rechtmäßigkeit nicht geführt werden kann, ist es folgerichtig, dass allein eine geänderte Vereinbarung diesen angeblichen Mangel heilen kann.

Inhaltlich wurde zur „Zusatzvereinbarung" berichtet, dass im Rahmen der **105** Definition der Kategorien von Daten und betroffenen Personen auch hier eine „Catch-All"-Klausel enthalten ist, die sämtliche personenbezogenen Daten miteinschließt, die der Auftraggeber durch Microsoft verarbeiten lässt.[72]

Es wurde von etlichen Marktteilnehmern erwartet, dass Microsoft Teile **106** aus der niedersächsischen und aus weiteren „Zusatzvereinbarungen" in die kommende DPA-Fassung übernehmen wird. Dies ist mit der neuen Fassung vom 18.02.2025 nicht erfolgt (Kap. 4.2.3.9, Rn. 235).

3.3.6.3 Bewertung des LfD Niedersachsen als akzeptabel

In der Pressemitteilung vom 03.05.2024 hat der LfD Nds das Verhandlungs- **107** ergebnis und damit die Zusatzvereinbarung als „akzeptabel" bezeichnet („Der LfD Niedersachsen hält das Verhandlungsergebnis mit Blick auf die Ausgestaltung der Auftragsverarbeitungsvereinbarung für akzeptabel").[73] Selbstverständlich wurde angefügt, dass weitere Regelungen und Prüfungen aus seiner Sicht wünschenswert seien.[74]

Die Klassifizierung als „akzeptabel" bedeutet aber bereits, dass nach auf- **108** sichtsbehördlicher Bewertung Teams rechtskonform eingesetzt werden kann

70 Anfrage vom 28.04.2024, https://fragdenstaat.de/anfrage/microsoft-teams-in-der-landesverwaltung.

71 Anfrage vom 27.04.2024, https://fragdenstaat.de/anfrage/pruefunterlagen-zu-niedersachsen-wird-vorreiter-bei-der-nutzung-von-microsoft-teams-in-der-landesverwaltung.

72 *Koglin* in Koreng/Lachenmann, Formularhandbuch Datenschutzrecht, G.VI.1. Anm. 10.

73 https://www.lfd.niedersachsen.de/startseite/themen/auftragsverarbeitung_nach_art_28_ds_gvo/microsoft-teams-in-der-landesverwaltung-niedersachsen-231856.html.

74 „Auch nach diesem Verhandlungsergebnis besteht allerdings aus Sicht des LfD ein deutliches Potenzial für datenschutzfreundlichere Regelungen sowie vom Verantwortlichen weiterhin zu prüfende Aspekte, wozu der LfD dem [Ministerium] entsprechende Hinweise gegeben hat.", https://www.lfd.niedersachsen.de/startseite/themen/auftragsverarbeitung_nach_art_28_ds_gvo/microsoft-teams-in-der-landesverwaltung-niedersachsen-231856.html.

und zur Einhaltung der DSGVO und weiterer Datenschutznormen keine weiteren Schritte notwendig sind. Es handelt sich um das, was umgangssprachlich (und die Rolle von Aufsichtsbehörden und betrieblichen Datenschutzbeauftragten verkennend) als Freigabe bezeichnet wird.

109 Dabei ist die spezielle Konstellation festzuhalten, die der Prüfung durch den LfD Nds zugrunde lag:

- Die Bewertung bezieht sich nur auf Teams, nicht auf andere M365-Dienste.
- Dabei geht aus den öffentlichen Dokumenten nicht hervor, ob es sich die Einschätzung auf „Teams im engeren Sinne“, also die Videokonferenzfunktion, bezieht, oder um „Teams im weiteren Sinne“, also auf die gesamte Collaboration-Möglichkeit einschließlich Chat, Dateiablage und der Einbindung weiterer Funktionen. Für letzteres spricht der Umstand, dass der Landesdatenschutzbeauftragte sich zuständig fühlte, während für Telekommunikation ausschließlich die Bundesbeauftragte zuständig ist (eingehend zu dieser Thematik Kap. 3.3.9.5, Rn. 155).
- Die „Freigabe“ gilt nur bei Verwendung der sog. Zusatzvereinbarung und im Kontext der anderen mit dem Land abgeschlossenen Verträge. Die Bewertung des LfD Nds kann daher nicht unmittelbar auf normale Microsoft-Kunden übertragen werden, ohne den Unterschied durch die speziellen Vereinbarungen herausgestellt zu haben. Diese Dokumente sind wiederum nicht öffentlich.

110 Gleichwohl ist es, gerade im Vergleich zu den vorherigen DSK-Positionen und der Handreichung, eine ganz andere Aussage als das bislang von DSK & Co. Vorgetragene: Die Nutzung von M365 und seinen Tools ist nicht nur nicht unmöglich, sondern kann sogar die explizite Bewertung als „akzeptabel“ erhalten. Hierfür sind keine grundsätzlichen Änderungen der Technik erforderlich, sondern „nur“ einige Vertragsanpassungen im DPA.

3.3.7 Weitere Stellungnahmen deutscher Aufsichtsbehörden

111 Insgesamt gibt es von weiteren Aufsichtsbehörden – meist kritische – Stellungnahmen zu Microsoft 365 und den darin enthaltenen Diensten. In fast jedem Jahresbericht von Aufsichtsbehörden findet sich eine Passage zu Microsoft 365 oder Teams. Die Suche nach „Microsoft“ im von der Stiftung Datenschutz betriebenen „DatenschutzArchiv“ ergibt 308 Ergebnisse in den dort vorhandenen Dokumenten der Aufsichtsbehörden.[75]

---

75 https://datenschutzarchiv.org/suche?tx_solr%5Bq%5D=microsoft; Stand Dezember 2024. Diese Zahl beinhaltet freilich auch Mehrfachnennungen zum selben Thema so-

Soweit ersichtlich werden dabei die bekannten Kritikpunkte wiederholt oder im Kontext der jeweiligen Aufsichtsbehörde – etwa dem kirchlichen Datenschutz nach Art. 91 DSGVO – eingeordnet.[76] **112**

3.3.8 Verfahren des EDSB gegen die EU-Kommission und darauffolgende Klagen

Im März 2024 hat der Europäische Datenschutzbeauftragte (EDSB/EDPS) mit einer Pressemitteilung und weiteren Dokumenten Ergebnisse zu einer seit mehreren Jahren erfolgten Untersuchung des M365-Einsatzes bei der Europäischen Kommission bekanntgegeben und ihr einen entsprechenden Verwaltungsbescheid zukommen lassen.[77] Mittlerweile haben sowohl die Kommission als auch Microsoft Klage gegen diesen Bescheid eingereicht. **113**

Neben der für Pressemitteilungen üblichen Zusammenfassung des eigenen Vorgehens und der eigenen Meinung enthält die Veröffentlichung einen dreiseitigen Annex, in dem die angeblichen Verstöße und verlangte Abhilfemaßnahmen aufgelistet sind. Die Schritte basieren auf einer Untersuchung, die der EDSB nach eigener Aussage bereits im Mai 2021 anlässlich der Schrems II-Entscheidung des EuGH[78] begonnen hatte. Verwiesen wird auch auf eine Ausarbeitung des EDSB mit Empfehlungen zum Einsatz von Microsoft-Produkten aus dem Jahr 2020[79] und auf einen Report des Europäischen Datenschutz-Ausschusses aus 2022.[80] **114**

---

wie die Nennung des Namens „Microsoft" in anderen Kontexten als M365, etwa zu Windows 10.

76 Siehe hierzu z. B. die „Position der kirchlichen Datenschutz-Aufsichtsbehörde ‚Der Datenschutzbeauftragte für Kirche und Diakonie' zu den Veröffentlichungen der DSK zu Microsoft-Onlinediensten" vom 05.12.2022, https://dsbkd.de/position-der-kirchlichen-datenschutz-aufsichtsbehoerde-der-datenschutzbeauftragte-fuer-kirche-und-diakonie-zu-den-veroeffentlichungen-der-dsk-zu-microsoft-onlinediensten; zum Einsatz von M365 in der Nordkirche, Vorlage aus 2023, https://www.nordkirche.de/fileadmin/user_upload/Synodenportal/Dokumente_2023/Synode_022023_TOP_2.7_TOP_5.1_Abschlussbericht_zusammen.nordkirche.digital_und_Beschluss.pdf.

77 https://www.edps.europa.eu/system/files/2024-03/EDPS-2024-05-European-Commission_s-use-of-M365-infringes-data-protection-rules-for-EU-institutions-and-bodies_EN.pdf (Kurzlink use365.ms/EDSB_M365-press).

78 EuGH, Entscheidung vom 16.07.2020 – C-311/18.

79 EDSB, EDPS Public Paper on Outcome of own-initiative investigation into EU institutions' use of Microsoft products and services, Juli 2022, https://edps.europa.eu/data-protection/our-work/publications/investigations/outcome-own-initiative-investigation-eu_en.

80 Europäischer Datenschutzausschuss, 2022 Coordinated Enforcement Action Use of cloud-based services by the public sector, Januar 2023, https://edpb.europa.eu/our-work-tools/our-documents/report/coordinated-enforcement-action-use-cloud-based-services-public_en.

115 Zur Änderung des M365-Einsatzes wurde im März eine sehr großzügige Frist bis Dezember 2024 gesetzt.[81] Dies fiel mit dem Ende der (ersten) Amtszeit von *Wojciech Wiewiórowski* als EDSB zusammen.[82]

116 Anschließend haben sowohl die Kommission als auch Microsoft Klage gegen den Beschluss des EDSB eingereicht; zuständiges Gericht ist das Gericht der Europäischen Union (siehe Kap. 3.3.8.4, Rn. 129).

3.3.8.1 Hintergrund: Rechtlicher Rahmen und Rolle des EDSB

117 Die DSGVO und auch ihre „kleine Schwester", die Richtlinie zum Datenschutz bei Strafverfolgung und Strafvollstreckung,[83] sind auf die Datenverarbeitung der Einrichtungen und Organe der EU nicht anwendbar. Zugleich sind nicht die „DSGVO-Aufsichtsbehörden" einschließlich des EDSA zuständig, sondern der EDSB. Basis für den Datenschutz und die Aufsicht ist die VO (EU) 2018/1725 zum Schutz natürlicher Personen bei der Verarbeitung personenbezogener Daten durch die Organe, Einrichtungen und sonstigen Stellen der Union (EU-Datenschutzverordnung für Institutionen und Einrichtungen, EU-DSV). Die Regelungen zum und Befugnisse des EDSB finden sich in Art. 52 ff. EU-DSV. Diese Verordnung wurde erst 2018 erlassen.[84]

118 Nach deren Art. 53 ff. ist für ihren Zuständigkeitsbereich ein Europäischer Datenschutzbeauftragter (engl. „European Data Protection Supervisor", EDPS) als Aufsichtsbehörde vorgesehen. *Wojciech Wiewiórowski* wurde im Dezember 2019 mit einer fünfjährigen Amtszeit als EDSB gewählt; die Amtszeit kann einmal verlängert werden (Art. 53 Abs. 3 der VO). Die offizi-

81 Fristende wurde auf den 09.12.2024 gesetzt.

82 Hierzu Kap. 3.3.8.6 (Rn. 132).

83 Richtlinie (EU) 2016/680 vom 27.04.2016 zum Schutz natürlicher Personen bei der Verarbeitung personenbezogener Daten durch die zuständigen Behörden zum Zwecke der Verhütung, Ermittlung, Aufdeckung oder Verfolgung von Straftaten oder der Strafvollstreckung sowie zum freien Datenverkehr und zur Aufhebung des Rahmenbeschlusses 2008/977/JI des Rates. Teilweise wird sie auch als Richtlinie zum Datenschutz in Justiz und Strafverfolgung bezeichnet. In Deutschland wurde sie insb. durch §§ 22 ff. BDSG umgesetzt.

84 Verordnung (EU) 2018/1725 vom 23.10.2018 zum Schutz natürlicher Personen bei der Verarbeitung personenbezogener Daten durch die Organe, Einrichtungen und sonstigen Stellen der Union, zum freien Datenverkehr und zur Aufhebung der Verordnung (EG) Nr. 45/2001 und des Beschlusses Nr. 1247/2002/EG VO 2018/1725.

elle Amtszeit endete daher im Dezember 2024. Sein Nachfolger würde dann *Bruno Gencarelli*,[85] sofern der Rat diese Entscheidung mitträgt.[86]

Der EDSB ist nicht zu verwechseln mit dem Europäischem Datenschutz- **119** ausschuss (EDSA; engl. „European Data Protection Board“, EDPB) mit der Vorsitzenden *Andrea Jelinek*, welches ein Gremium innerhalb des Geltungsbereichs der DSGVO ist. Der EDSA setzt u. a. die Arbeit der der ehemaligen und nur informellen Art.-29-Gruppe zur Angleichung der Auslegung von DSGVO bzw. der ehemaligen DS-RL fort.[87]

Hierarchisch ist der EDSB keine höhere Datenschutzaufsicht als nationale **120** Aufsichtsbehörden oder als der EDSA; er ist keine Über- oder Meta-Aufsichtsbehörde. Seine besondere Rolle und Zuständigkeit ergibt sich allein aus der Nichtanwendbarkeit der DSGVO und der Richtlinie zum Datenschutz bei Strafverfolgung und -vollstreckung auf Institutionen der EU und der stattdessen erlassenen Verordnung zum Datenschutz bei Einrichtungen und Organen der Union. Zwischen EDSA und EDSB besteht ein Austausch u. a. durch das „EDPS-DPO Network“.[88]

3.3.8.2 Kritik des EDSB an Microsoft 365

Der EDSB ist in den von ihm publizierten Dokumenten auf die bisherigen **121** aufsichtsbehördlichen Vorgänge aus Deutschland (etwa der DSK und dem LfD Nds) ebenso wenig eingegangen wie auf solche aus anderen Mitgliedstaaten.[89]

Die Kritik unterteilt der EDSB in „Corrective Measures“, also von der Kom- **122** mission verlangte Maßnahmen, und inhaltliche „Infringements“ (Rechtsverletzungen). Für die Umsetzung hatte der EDSB eine Frist bis zum 09.12.2024 gewährt. Thematisch überschneiden sich die beiden Teile; sie umfassen insbesondere:

---

85 Am 16.01.2025 wurde *Bruno Gencarelli* vom Ausschuss für bürgerliche Freiheiten, Justiz und Inneres des Europäischen Parlamentes („LIBE Committee“) zum neuen EDSB gewählt; https://www.europarl.europa.eu/news/it/press-room/20250108IPR26254/meps-choose-bruno-gencarelli-as-top-candidate-for-eu-data-protection-watchdog. Ab seiner noch zu erfolgenden formalen Benennung wird die Amtszeit fünf Jahre betragen. Siehe hierzu auch Kap. 3.3.8.6 (Rn. 132).

86 https://netzpolitik.org/2025/parlament-und-rat-uneins-nachfolge-fuer-eu-datenschutzbeauftragten-bleibt-offen.

87 Siehe u. a. https://www.edpb.europa.eu/about-edpb/about-edpb/legal-framework_de.

88 https://www.edps.europa.eu/press-publications/press-news/blog/edps-dpo-network-unified-approach-safeguarding-personal-data-across-eu-institutions_en.

89 Neben den hier dargestellten Positionen der Aufsichtsbehörden existieren auch publizierte Datenschutz-Folgeabschätzungen öffentlicher Stellen, darunter auch eine offiziell veröffentlichte DSFA aus den Niederlanden. Siehe Kap. 7.4.2.3 (Rn. 524).

1. „Corrective Measures“ (S. 3, Ziff. 1; die Angaben beziehen sich jeweils auf das pdf des EDSB)

- Ab dem 09.12.2024 sind Datenflüsse an Microsoft (nebst deren Tochtergesellschaften und Subunternehmen) zu unterlassen, sofern sich diese Gesellschaften in Drittländern ohne Angemessenheitsbeschluss befinden. Die Umsetzung dieser Vorgabe hat die Kommission dem EDSB nachzuweisen (Ziff. 1.1).
- Die Auftragsverarbeitung ist insoweit zu ändern, dass u. a. ein „transfermapping“ durchgeführt wurde, bei dem Datenarten und Empfänger festgestellt werden (1.2.1).
- Die Kommission hat sicherzustellen, dass Übermittlungen in Drittländern nur innerhalb des Auftrags des Verantwortlichen („within the competence of the controller“) durchgeführt werden (1.2.2).
- Sie hat zudem durch vertragliche Vereinbarungen und TOMs sicherzustellen, dass (1.2.3)

  a) personenbezogene Daten nur für eindeutige und festgelegte Zwecke erhoben werden,

  b) Arten der Daten in Relation zum Zweck festgelegt werden

  c) die Verarbeitung nur auf Anweisung der Kommission erfolgt,

  [… und weitere Vorgaben zur Drittlandsthematik erfüllt werden.]

2. „Infringements“ (S. 4 f., Ziff. 2 bis 4)

- Zweckbindung (Ziff. 2): Hier wird u. a. kritisiert, dass die Art der personenbezogenen Daten und die jeweiligen Zwecke der Datenverarbeitung im Vertrag mit Microsoft Irland nicht ausreichend und ausdrücklich festgelegt sei.
- Drittlandtransfer (Ziff. 3): Nach Ansicht des EDSB wäre mehr Klarheit und Dokumentation erforderlich gewesen, u. a. abermals bezüglich Art der Daten und der Verarbeitungszwecke; außerdem werden Details bei der Verwendung der Standarddatenschutzklauseln (SCC) moniert.
- Unberechtigte Zugänglichmachung personenbezogener Daten (Ziff. 4): Diese Kritik betrifft erneut Drittlandtransfers.

3.3.8.3 Entgegnung und Relevanz für den derzeitigen Einsatz von M365

123 Dass viele Aufsichtsbehörden Cloud-Dienstleistungen kritisch sehen und sehr hohe Anforderungen an das Datenschutzniveau in Drittländern stellen, ist bekannt. Die umfangreiche Begründung, die z. B. die DSK bei ihrer Positionierung 2022 erstellt und veröffentlicht hatte, erscheint im Vergleich zu den Dokumenten des EDSB vorbildlich. Die Kritik des EDSB liest sich zäh,

wiederholend und unspezifisch. Woraus sich eine gesetzliche Pflicht zu einem formalen „transfer mapping“ ergeben soll, geht aus der Begründung des EDSB nicht hervor.

Der Fall des EDSB gegen die EU-Kommission zeigt auf, wie solche Verfahren bisweilen laufen: Er hat im März 2024 mittels einer Pressemitteilung öffentlichkeitswirksam bekanntgegeben, dass er in der Nutzung von M365 durch die Europäische Kommission Datenschutzverletzungen sieht und hiergegen vorgeht. Zugleich hat er ein dazugehöriges 180-seitiges Gutachten („EDPS Investigation“) veröffentlicht, das seine rechtliche Analyse und Entscheidung enthält.[90] Die Grenzen zwischen Verwaltungsverfahren und Öffentlichkeitsarbeit scheinen also auch beim EDSB fließend zu sein. **124**

Der EDSB hatte bereits in 2019 und 2020 eine Untersuchung gegen Institutionen der EU durchgeführt und hierbei nach eigenem Bekunden eine Reihe von Verstößen gefunden.[91] Daraufhin wurden die Lizenzverträge mit Microsoft verbessert. Nach Auffassung des EDSB blieben aber Verstöße in drei Kernbereichen, auf die er dann mit seinem Beschluss vom März 2024 einging. Diese drei Themen sind Zweckbindung, Drittlandtransfers und unzulässige Zugänglichmachung von personenbezogenen Daten. **125**

Als „reference date“ für den behaupteten Verstoß wird der 12.05.2021 genannt; auf diesen Stichtag beziehen sich im Wesentlichen die gerügten Verstöße. Der EDSB hat also ein halbes Jahrzehnt lang Untersuchungen durchgeführt, um im März 2024 Datenverarbeitungen zu rügen, die drei Jahre zurückliegen. In dieser Zeit haben sich in der EU bekanntlich maßgebliche Änderungen im Datenschutzrecht ergeben, allen voran das EU-US Data Privacy Framework vom Juli 2023. Es wird in der auf 2021 bezogenen, 180-seitigen EDPS Investigation indes nur am Rande erwähnt (dort Rn. 407). **126**

Die Kombination aus rechtlichen Analysen, die bei Finalisierung nicht auf dem neuesten Stand sind, aber gleichwohl öffentlichkeitswirksam bekanntgegeben werden, ist u. a. auch von den DSK-Stellungnahmen sowie von der „Handreichung“ einzelner Aufsichtsbehörden vom September 2023 bekannt. Gleichwohl macht dies den Adressaten die Kritik an der Behördenauffassung leicht; dies gilt erst recht, wenn sehr allgemeine und auslegungsbedürftige Aspekte wie die Zweckbindung moniert werden. **127**

---

90 https://www.edps.europa.eu/system/files/2024-03/EDPS-2024-05-European-Commission_s-use-of-M365-infringes-data-protection-rules-for-EU-institutions-and-bodies_EN.pdf.

91 EDPS Investigation, S. 7.

3.3.8.4 Klage der EU-Kommission und von Microsoft Irland gegen den Beschluss des EDSB

128 In seinem Beschluss vom März 2024 hat der EDSB der EU-Kommission eine sehr lange, rund neunmonatige Frist gesetzt. Schon im Mai 2024 haben die Kommission und separat auch Microsoft diesbezüglich gegen den EDSB Klagen eingereicht.[92]

129 Gem. Art. 64 Abs. 2 EU-DSV ist für Klagen gegen Entscheidungen des EDSB „der Gerichtshof" zuständig (vgl. zum Aufbau des Gerichtshofs der Europäischen Union Art. 19 des EU-Vertrags). Es handelt sich hier (Rechtssachen mit Aktenzeichen „T") jedoch nicht um eines der bekannten EuGH-Verfahren mit Vorlagefragen eines nationalen Gerichts. Das Gericht der Europäischen Union (auch Europäisches Gericht, früher Gericht Erster Instanz) ist in diesen beiden Rechtssachen – grob vergleichbar einem deutschen Verwaltungsgericht – für die Überprüfung des Bescheids der Behörde EDSB zuständig. Eine tabellarische Aufstellung der in den Klagen aufgeführten Themen folgt in Kap. 3.3.8.7 (Rn. 134).

3.3.8.5 Antwort der EU-Kommission und Pressemitteilung des EDSB vom Dezember 2024

130 Parallel zu den gerichtlichen Verfahren hat die EU-Kommission fristgemäß auf den EDSB-Bescheid vom März 2024 geantwortet, der eine Frist bis zum 09.12.2024 gesetzt hatte. Aus einer Pressemitteilung des EDSB vom 10.12.2024[93] ging hervor, dass die Kommission bereits am 06.12.2024 auf das Schreiben des EDSB geantwortet hat.

131 Inhaltlich teilt der EDSB lediglich mit, dass er die von der Kommission erhaltenen Informationen prüfen wird und dies eine angemessene Weile in Anspruch nehmen wird. Er werde bewerten, ob die Kommission seinen Bescheid vom 08.03.2024 befolgt. Er betont, dass er bei seiner Rechtsauffassung und seiner inhaltlichen Bewertung vom März 2024 bleibt („reiterates that the decision of 8 March 2024 remains fully applicable"). Abschließend weist der EDSB darauf hin, dass er angesichts der beiden laufenden Gerichtsverfahren keine weiteren Kommentare abgeben wird.

3.3.8.6 Zusammenfassung und Bedeutung für die Praxis

132 Zusammengefasst bedeutet dies:

---

92 Rechtssachen T-262/24 v 17.05.2024 (Kommission) und T-265/24 v 21.05.2024 (Microsoft Irland). Der Inhalt der beiden Klagen wird in Kap. 3.3.8.7 (Rn. 134) dargestellt und gegenübergestellt.

93 https://www.edps.europa.eu/press-publications/press-news/press-releases/2024/edps-follows-compliance-european-commissions-use-microsoft-365_en.

- Die Verfahren des und gegen den EDSB unterliegen zwar formal nicht der DSGVO.
- Die allgemeinen Bewertungen und Entscheidungen werden aber unmittelbar auf die DSGVO (und weitere Regelungen wie das Kirchendatenschutzrecht) übertragbar sein.
- Spezifische Kritik am Vertragswerk wird jedoch nicht vollständig auf „normale" M365-Einsätze übertragbar sein, da die Kommission nicht die allgemeinen Fassungen von Enterprise Agreement, Product Terms und DPA verwendet.
- Die Prüfungen des EDSB laufen bereits seit Jahren. Es gibt viel Kritik, aber kaum Neues.
- Wie auch bei vielen anderen aufsichtsbehördlichen Prüfungen (wie z. B. durch die DSK) beziehen sich viele Bewertungen auf veraltete Rechtslagen (so zum Drittlandtransfer) und – zumindest gegenüber Neukunden – veraltete Microsoft-Dokumente, insb. beim DPA.
- Somit können im Großen und Ganzen die Argumente, die bislang gegen die aufsichtsbehördliche Kritik und für einen Einsatz von M365 sprechen, auch weiterhin angeführt werden.
- Es ist abzusehen, dass sich die Verfahren weiterhin in die Länge ziehen werden.
- Microsoft unterstützt Verantwortliche aktiv in entsprechenden Verfahren. Dies ist nicht überraschend, da ein rechtskräftiges Urteil, das den Einsatz von M365 als nicht rechtskonform bezeichnet, ein Fiasko für Microsoft wäre.

Die offizielle Amtszeit von *Wojciech Wiewiórowski* endete im Dezember **133**
2024. Er hatte für eine weitere Amtszeit kandidiert,[94] jedoch wurde am 16.01.2025 *Bruno Gencarelli* vom LIBE-Ausschuss zum neuen EDSB gewählt.[95] Dieser wurde jedoch bislang nicht formal zum EDSB benannt. Es bleibt abzuwarten, was dies für die M365-Verfahren bedeutet.

---

94 https://www.europarl.europa.eu/committees/en/appointment-of-the-european-data-protect/product-details/20250113CHE12861.

95 Am 16.01.2025 wurde *Bruno Gencarelli* vom Ausschuss für bürgerliche Freiheiten, Justiz und Inneres des Europäischen Parlamentes („LIBE Committee") zum neuen EDSB gewählt; https://www.europarl.europa.eu/news/it/press-room/20250108IPR26254/meps-choose-bruno-gencarelli-as-top-candidate-for-eu-data-protection-watchdog. Ab seiner noch zu erfolgenden formalen Benennung wird die Amtszeit – für welchen Kandidaten auch immer – fünf Jahre betragen.

3.3.8.7 Inhalt der Klagen von Kommission und Microsoft gegen den EDSB

134 Im Mai 2024 wurden von der Kommission und von Microsoft Irland jeweils eigene Klagen gegen den EDSB eingereicht. Da es sich um separate Verfahren handelt und auch der die Rollen der Kläger und damit ihre Rechte und Argumentationen unterschiedlich sind, werden nachfolgend die Klagegründe und Verfahrensdetails gegenübergestellt:

C/2024/3925 **Klage, eingereicht am 17. 05.2024** **Kommission v EDSB** **(Rechtssache T-262/24)**	C/2024/3926 **Klage, eingereicht am 21. 05.2024** **Microsoft Ireland Operations v EDSB** **(Rechtssache T-265/24)**
Klägerin: Europäische Kommission *Beklagter:* Europäischer Datenschutzbeauftragter	*Klägerin:* Microsoft Ireland Operations Ltd (Dublin, Irland) *Beklagter:* Europäischer Datenschutzbeauftragter
https://eur-lex.europa.eu/legal-content/DE/TXT/HTML/?uri=OJ:C_202403925	https://eur-lex.europa.eu/legal-content/DE/TXT/HTML/?uri=OJ:C_202403926
Klagegründe und wesentliche Argumente	**Klagegründe und wesentliche Argumente**
1. Fehlerhafte Auslegung und Anwendung von **Art. 4 Abs. 1** lit. b, Art. 6 und Art. 9 EU-DSV durch die Annahme einer Pflicht der Kommission, die **„Arten“ der zu verarbeitenden personenbezogenen Daten abschließend zu definieren**.	1. Rechts- und Tatsachenfehler bei der Feststellung von Verstößen gegen die Zweckbindungsvorschriften der EU-DSV (**Art. 4 Abs. 1 lit. b**, Art. 4 Abs. 3, Art. 6, Art. 9, Art. 26 Abs. 1, Art. 29 Abs. 3 lit. a und Art. 30).
2. Fehlerhafte Auslegung und Anwendung von **Art. 29 Abs. 3** lit. a EU-DSV durch die Feststellung, dass die Kommission in der interinstitutionellen **Lizenzvereinbarung** nicht festgelegt habe, **welche Arten** personenbezogener Daten verarbeitet werden sollten und zu welchen Zwecken.	2. Rechts- und Tatsachenfehler bei der Feststellung von Verstößen gegen die Vorschriften der EU-DSV über **internationale Datenübermittlung** (Art. 4 Abs. 2, Art. 29 Abs. 3 lit. a, Art. 46, Art. 47 und Art. 48 Abs. 1, Art. 48 Abs. 3 Buchst. a).
3. Fehlerhafte Auslegung und Anwendung von **Art. 9** EU-DSV durch die Annahme, er sei im vorliegenden Fall anwendbar, und jedenfalls fehlerhafte Anwendung.	

4. Fehlerhafte Auslegung und Anwendung von **Art. 29 Abs. 3** Buchst. a EU-DSV durch die Feststellung, dass die Kommission **keine hinreichend klar dokumentierten Anweisungen** zur Verfügung gestellt habe.	
5. Fehlerhafte Auslegung und Anwendung der **Art. 4 Abs. 2 und Art. 26 Abs. 1** in Verbindung mit Art. 30 EU-DSV durch die Feststellung, dass die Kommission nicht **sichergestellt** habe, dass Microsoft zur Erbringung ihrer Dienstleistungen personenbezogene Daten **nur nach dokumentierten Anweisungen** der Kommission verarbeite.	
6. Fehlerhafte Auslegung und Anwendung von **Art. 29 Abs. 3** EU-DSV in Bezug auf die Übermittlung personenbezogener Daten an **Drittländer**.	3. Rechts- und Tatsachenfehler bei der Feststellung von Verstößen gegen die Vorschriften EU-DSV über **unbefugte Offenlegung** (Art. 4 Abs. 1 Buchst. f, Art. 29 Abs. 3 lit. a, Art. 33 Abs. 1 und 2, Art. 36, Art. 49).
7. Fehlerhafte Auslegung und Anwendung der **Art. 4 Abs. 2, Art. 46 und Art. 48** EU-DSV durch die Feststellung von Defiziten bei der **Kartographie von Datenübermittlungen**.	
8. Rechts- und Tatsachenfehler bei der Auslegung und Anwendung der **Art. 4 Abs. 2, Art. 46 und Art. 48** EU-DSV.	
9. Fehlerhafte Anwendung der **Art. 4 Abs. 2, Art. 46, Art. 48** Abs. 1 und 3 Buchst. a EU-DSV durch die **Annahme, dass direkte Übermittlungen personenbezogener Daten** zwischen der Kommission und der Microsoft Corporation in den Vereinigten Staaten stattgefunden hätten.	
10. Fehlerhafte Auslegung und Anwendung von **Art. 47** EU-DSV.	

11. Rechts- und Tatsachenfehler bei der Auslegung und Anwendung der **Art. 4 Abs. 1 Buchst. f, Art. 29 Abs. 3** Buchst. a, Art. 33 Abs. 1 und 2 und Art. 36 EU-DSV.	
12. Verstoß gegen die **Begründungspflicht nach Art. 296 AEUV**, fehlende Zuständigkeit und fehlerhafte Auslegung und Anwendung von Art. 52 Abs. 3 EU-DSV durch die Empfehlung an die Kommission, Art. 1, 2 und 5 des Protokolls (Nr. 7) über Vorrechte und Befreiungen der Europäischen Union zu beachten.	
13. Verstoß gegen den **Grundsatz der Verhältnismäßigkeit** durch die Anordnung der Abhilfemaßnahmen des angefochtenen Beschlusses.	4. Rechtsfehler des EDSB dadurch, dass er **unverhältnismäßige Abhilfemaßnahmen** angeordnet habe, die auf unbegründeten Annahmen von Verstößen EU-DSV beruhten, und bevor er die erforderlichen Schritte unternommen habe, um seine Annahmen zu überprüfen und die Auswirkungen seiner vorgeschlagenen Abhilfemaßnahmen zu beurteilen.

3.3.9 Positionen zu Videokonferenzen und Abgrenzung zum Telekommunikationsrecht

135 Insbesondere während des Corona-bedingten Lockdowns und der damit verbundenen Zunahme von Videokonferenzen zu Lehr- und Arbeitszwecken gab es eine Vielzahl von aufsichtsbehördlichen Stellungnahmen zum Einsatz von Teams und anderen Videokonferenzsystemen. Dabei ist auch die Abgrenzung zum Telekommunikationsrecht uneinheitlich, für das andere datenschutzrechtliche Rahmenbedingungen gelten.

3.3.9.1 Überblick über die aufsichtsbehördlichen Stellungnahmen

136 Die damalige Berliner BfDI (BlnBfDI) hat im Juli 2020 mehrere Dokumente veröffentlicht, die eine von ihrem Haus durchgeführte Analyse von Videokonferenz-Systemen beinhaltete. Die Angebote und Datenschutz-Dokumente (wie AVV) wurden dabei analysiert und über eine Ampel-Darstellung mit grün, gelb oder rot bewertet. Im Ergebnis wurden Angebote kleinerer Dienstleister, die Open-Source-basierte Technik einsetzen, häufig mit einer

grünen Ampel bewertet. Angebote US-amerikanischer Konzerne wurden hingegen oft mit rot, also als unzulässig abgestempelt.

Diese faktische Produktwarnung hat zu einer juristischen Auseinanderset- **137**
zung mit Microsoft geführt; mittlerweile sind nicht mehr alle Dokumente auf der Homepage der BlnBfDI verfügbar. Im Februar 2021 wurde eine Ergänzung veröffentlicht. Die Ausarbeitungen bestehen aus folgenden Dokumenten:

- „Hinweise für Berliner Verantwortliche zu Anbietern von Videokonferenz-Diensten", Version 1.0 vom 03.07.2020;[96]
- „Checkliste für die Durchführung von Videokonferenzen während der Kontaktbeschränkungen" vom 03.07.2020;[97]
- „Empfehlungen für die Prüfung von Auftragsverarbeitungsverträgen von Anbietern von Videokonferenz-Diensten" vom 03.07.2020;[98]
- „Mehr ‚Grün': Berliner Datenschutzbeauftragte veröffentlicht aktualisierte Hinweise zu datenschutzgerechten Videokonferenzdiensten" vom 18.02.2021.[99]

Zudem gibt es zu Videokonferenzsystemen folgende aufsichtsbehördlichen **138**
Veröffentlichungen:

- Übersichtsseite des (früheren) BfDI zu „Videokonferenzsysteme";[100]
- DSK – Orientierungshilfe – Videokonferenzsysteme der Datenschutzkonferenz (DSK) vom 23.10.2020;[101]

96 Verfügbar nur über https://datenschutz.sachsen-anhalt.de/fileadmin/Bibliothek/Landesaemter/LfD/Informationen/Hinweise/2021-BlnBDI-Hinweise_Videokonferenz-Dienste.pdf sowie https://www.x-net.at/de/assets/dokumente/20200703-hinweise_berliner_verantwortliche_zu_anbietern_videokonferenz-dienste.pdf.

97 https://www.datenschutz-berlin.de/fileadmin/user_upload/pdf/dokumente/2020-BlnBDI_Checkliste-Videokonferenzen.pdf.

98 https://www.datenschutz-berlin.de/fileadmin/user_upload/pdf/dokumente/2020-BlnBDI_Empfehlungen-Pruefung-Auftragsverarbeitungsvertraege-Videokonferenzdienste.pdf.

99 https://www.datenschutz-berlin.de/fileadmin/user_upload/pdf/pressemitteilungen/2021/20210218-PM-Videokonferenzdienste.pdf; https://fragdenstaat.de/dokumente/150089-druckversion-viel-rot-berliner-datenschutzbeauftragte-aktualisiert-videokonferenz-liste-heise-online/?page=1.

100 https://www.bfdi.bund.de/DE/Fachthemen/Inhalte/Telefon-Internet/Datenschutzpraxis/Videokonferenzsysteme.html.

101 https://www.datenschutzkonferenz-online.de/media/oh/20201023_oh_videokonferenzsysteme.pdf.

- DSK, Checkliste Datenschutz in Videokonferenzsystemen, Stand 11.11.2020 (Bezogen auf die Orientierungshilfe Videokonferenzsysteme vom 23.10.2020);[102]
- „Handreichung zu Online-Prüfungen an Hochschulen“ der LDI NRW vom 06.10.2022;[103]
- LfDI BW, Neue Handreichung „Videokonferenzsysteme – Hinweise zur praktischen Nutzung“ vom 27.10.2023;[104]
- Microsoft 365 insgesamt: LfD Nds und andere, „Einsatz von Microsoft 365: Praxis-Tipps für Verträge mit Microsoft“ vom 22.09.2023, aktualisiert am 06.12.2023.[105]

3.3.9.2 Komplexität und Heterogenität der Anforderungen

139 Konkrete und zugleich allgemeingültige Anforderungen an Videokonferenzsysteme sind schwer festzulegen. Gleichwohl wäre wünschenswert, wenn für die wirtschaftlich bedeutendste Kategorie – also der als Online-Anwendung nutzbaren kommerziellen Videokonferenzangebote unter Ausschluss von on premise oder in einem Rechenzentrum selbst betriebenen Videokonferenzsystemen – einheitliche Anforderungen gestellt würden.

140 Leider scheint es eher so, dass die DSK und einzelne Aufsichtsbehörden gerade zu Corona-Zeiten gerne neue Checklisten, Handreichungen und Praxis-Tipps veröffentlicht haben. Diese Dokumente benennen aber nicht, worin sich ihre Anforderungslisten gegenüber den anderen Veröffentlichungen unterscheiden, und ob sie alternativ oder kumulativ anzuwenden sein sollen.

141 So umfasst die DSK-Checkliste zum Datenschutz in Videokonferenzsystemen (Stand 11.11.2020) gut 70 Prüfungspunkte. Schon dies kann für Vereine, Freelancer, Kleinst- und Kleinunternehmer herausfordernd sein, zumal etliche Fragen sehr komplexe Aspekte und Bewertungen betreffen.

142 Soweit ersichtlich nehmen die „Praxis-Tipps für Verträge mit Microsoft“ des LfD Nds und anderer Behörden hierauf keinen Bezug, sondern formulieren neue Anforderungen und Wünsche. Dies macht es Verantwortlichen und Entscheidern sehr schwer, die (aus Sicht der Datenschutzaufsicht) relevanten Anforderungen zu verstehen und abzugrenzen, welche Forderungen

---

102 https://www.datenschutzkonferenz-online.de/media/oh/20201111_checkliste_oh_videokonferenzsysteme.odt.

103 https://www.ldi.nrw.de/handreichung-zu-online-pruefungen-hochschulen.

104 https://www.baden-wuerttemberg.datenschutz.de/videokonferenzsysteme.

105 https://www.lfd.niedersachsen.de/startseite/infothek/presseinformationen/einsatz-von-microsoft-365-praxis-tipps-fur-vertrage-mit-microsoft-225722.html (Kurzlink https://use365.ms/LfDNI_M365-Tipps). Siehe hierzu Kap. 3.3.5 (Rn. 88 ff.).

eher als wünschenswert zu bezeichnen sind, aber rechtlich nicht zwingend erforderlich sind.

3.3.9.3 Beispiel: End-to-End-Verschlüsselung

Ein Beispiel hierfür ist die wiederkehrende Forderung nach einer sog. End- **143**
to-End-Verschlüsselung. Der heutige Standard ist die simple Transportverschlüsselung, die auch als Transport Layer Security (TLS) bezeichnet wird. Vereinfacht dargestellt werden Daten dabei nur auf dem Weg vom aussendenden User zum nächsten Server verschlüsselt und dort wieder entschlüsselt, dort für die Weiterleitung an den nächsten Server verschlüsselt usw. Dadurch sind die Daten zwar gegen einen Angriff auf oder ein „Mithören" bei den Transportwegen passabel geschützt. Es existieren jedoch zahlreiche Zwischenstationen, auf denen die Daten ungeschützt abgegriffen werden können.

Mit der End-to-End-Verschlüsselung (engl. „End-to-End-Encryption", daher **144**
allg. als E2EE abgekürzt) werden die Daten gleich beim bei Versender so verschlüsselt, dass erst und nur der Empfänger sie entschlüsseln kann. Dies ist aus Sicht der IT- und Informationssicherheit ohne jeden Zweifel das bessere Konzept. Bei der Kommunikation zwischen zwei oder wenigen Kommunikationspartnern kann es – zumindest theoretisch – vergleichsweise einfach durchgeführt werden. In der Praxis verweigert sich die große Mehrheit aller Nutzer seit den 1990er Jahren, für E-Mails verfügbare Verfahren wie Pretty Good Privacy (PGP) einzusetzen.

Wenn bei Videokonferenzen aber Daten in großer Bandbreite an viele **145**
Teilnehmer gesendet werden, kommt die End-to-End-Verschlüsselung bei normaler DSL-Anbindung schnell an Grenzen: Statt die eigene Videoübertragung an den Server des Diensteanbieters (wie Teams oder zoom) zu übermitteln, müssen die Daten für jeden einzelnen Teilnehmer separat verschlüsselt werden; dies benötigt Rechner-Kapazität. Und statt die Videodaten einmal an einen zentralen Server zu übermitteln, müssen sie nun selbst an jeden einzelnen Empfänger übermittelt werden. Dies benötigt entsprechend mehr Bandbreite, wobei gerade im Endanwenderbereich mit asynchronen DSL-Anschlüssen (ADSL) die Upload-Bandbreite stark begrenzt ist. Für den Videoeingang von all den anderen Teilnehmern ist ein spiegelbildlicher Datenfluss erforderlich.

Daher erläutert der LfDI BW in seiner Handreichung „Videokonferenzsyste- **146**
me – Hinweise zur praktischen Nutzung" auch zum Wunsch nach Ende-zu-Ende-Verschlüsselung: „Da es insb. bei größeren Gruppen Performanceprobleme geben kann, ist sie derzeit (noch) nicht marktgängig."

baden-wuerttemberg.datenschutz.de/vks/

	AlfaView	BigBlueButton	Cisco WebEx	GoToMeeting	Jitsi	MS Teams
Möglichkeit, Verschlüsselung Ende-zu-Ende Sie kann auch vor Einblicken des Herstellers schützen. Dieser kontrolliert jedoch auch das System und könnte gezwungen sein, Daten offenzulegen (z.B. netzpolitik.org). Da es insb. bei größeren Gruppen Performanceprobleme geben kann, ist sie derzeit (noch) nicht marktgängig.	nein vgl. alfaview.com	nein	ja laut Anbieter zumindest teilweise bei bestimmten Produktvarianten	unklar • vgl. www.goto.com • assets.cdngetgo.com	ja laut Anbieter zumindest teilweise verfügbar. jitsi.org	nein

Abbildung 4: Screenshot: https://www.baden-wuerttemberg.datenschutz.de/vks/

147 Gleichwohl wird dies in der Checkliste der DSK zumindest für Fälle von hohen Risiken angeraten:

4 Technische und organisatorische Anforderungen **4.1 Sicherheit der Übertragung** Für die Übertragung der Videokonferenzdaten werden mindestens Transportverschlüsselungen nach dem Stand der Technik, entsprechend den einschlägigen Technischen Richtlinien des BSI, genutzt. Sollte ein hohes Risiko bestehen, werden geeignete technische und organisatorische Maßnahmen zur Sicherstellung der Vertraulichkeit der Inhaltsdaten ergriffen (bspw. über Ende-zu-Ende-Verschlüsselung oder über TLS-Verbindungen mit zusätzlichen technischen und organisatorischen Maßnahmen).		

Abbildung 5: Ausschnitt DSK-Checkliste Datenschutz in Videokonferenzsystemen, Stand 11.11.2020[106]

148 Hier haben sowohl die DSK als auch der LfD BW Recht: Ab einem bestimmten Risiko (und bestimmten Angriffsszenarien) ist die bloße TLS-Verschlüsselung nur noch schwer vertretbar. Gleichzeitig gibt es kaum Lösungen; zumindest keine einfachen. Auch die übliche Arbeit aus dem „Home Office" mit dem privaten ADSL-Anschluss und der dabei begrenzten Upload-Bandbreite dürfte dann nicht möglich sein.

149 Dies heißt im Ergebnis: Die Dokumente sind als Empfehlungen gemeint und insoweit seriös und nach dem Stand der Technik erstellt. Sie dürfen aber nicht als verbindliche rechtliche Anforderungen fehlinterpretiert werden. Umgekehrt bedeutet dies auch: Die Nichteinhaltung von Empfehlungen der Checklisten und sonstigen Dokumente hat nicht zur Folge, dass die Datenverarbeitung – hier die Nutzung der Videokonferenz – automatisch unrechtmäßig wird.

106 Quelle/©: Datenschutzkonferenz bzw. die jeweiligen Rechtsträger, Checkliste Datenschutz in Videokonferenzsystemen, Stand 11.11.2020, https://www.datenschutzkonferenz-online.de/media/oh/20201111_checkliste_oh_videokonferenzsysteme.odt.

3.3.9.4 Einheitlicher Bewertungsmaßstab oder zweierlei Maß?

Die zahlreichen Publikationen der Aufsichtsbehörden ermöglichen aber zu- 150
mindest, die gestellten Anforderungen zu vergleichen. Interessant ist dabei, dass an die Konkretisierung der Daten und Zwecke in der AVV ganz andere Anforderungen gestellt werden, als in der Handreichung vom September 2023 und in vielen weiteren Publikationen gefordert wird. Nach letzteren müssen die Angaben beinahe unendlich detailliert sein, was in der Praxis unmöglich ist.

Nach der Bewertung der BlnBfDI genügte z. B. bei einem bestimmten na- 151
tionalen Anbieter diesbezüglich schon die nachfolgend dargestellte kurze Beschreibung in der AVV, um insoweit mit „grün“ bewertet zu werden:[107]

2. Art und Zweck der Verarbeitung, Art der Daten sowie Kategorien betroffener Personen

1. **Art und Zweck der Verarbeitung**

   Zweck der Verarbeitung ist die Bereitstellung von virtuellen Konferenzräumen mit Audio/Video-Konferenz, Chat, Dateiaustausch sowie integrierten Planungs- und Dokumentationswerkzeugen.

   Der Auftragnehmer verarbeitet personenbezogene Daten im Einklang mit den Bestimmungen der Europäischen Datenschutz-Grundverordnung (DSGVO).

   Der Auftragnehmer verpflichtet sich dazu, die ihm zur Verfügung gestellten personenbezogenen Daten ausschließlich zur Erfüllung der vertraglich vereinbarten Dienstleistungen zu verwenden.

2. **Art der Daten**

   Folgende Daten sind Bestandteil der Datenverarbeitung:

   - Personenstammdaten
   Name oder Pseudonym der Teilnehmer,

   - Kommunikationsdaten der Nutzer der Plattform
   IP-Adressen, Audio/Video-Daten, Chatnachrichten der Teilnehmer,

   - Protokolldaten (Server-Logfiles) der Nutzer der Plattform
   Zugriffskontrolle und -überwachung,

   - Sonstige Daten (Dokumente, Bilder und Grafiken) der Nutzer der Plattform
   von den Teilnehmern hochgeladene oder im virtuellen Konferenzraum erstellte Daten.

Abbildung 6: Auszug aus der von der BlnBfDI geprüften AVV eines Anbieters (Version 3 v. 14.12.2020); © beim Anbieter, der hier ungenannt bleiben soll,[108] bzw. den betreffenden Rechteinhabern

107 Hinweise für Berliner Verantwortliche zu Anbietern von Videokonferenzdiensten, S. 5.

108 Ziel dieses Vergleichs ist nicht, andere Anbieter negativ darzustellen oder ihre „grüne“ Bewertung in Abrede zu stellen. Es ist lediglich ein Vergleich der von der Datenschutzaufsicht angelegten Prüfungsmaßstäbe beabsichtigt.

152 Dieser Anbieter nannte in der AVV nur wenige allgemeine Sätze zum Zweck und zur Art der Daten (und kein einziges Wort zu den Kategorien betroffener Personen). Darin enthalten war mit dem letzten Stichpunkt „Sonstige Daten“ auch eine „Catch All“-Formulierung, die alle ungenannten Daten erfassen soll. Mit diesen wenigen Angaben konnte bei der BlnBfDI der Ampelstatus „grün“ erreicht werden:

	☐6	m[redacted]	https://m[redacted].de	m[redacted] – Auftragsverarbeitungs (AV)-Vertrag nach Art. 28 DS-GVO, Version 3 (14.12.2020) [Deutsch]
(v)	☐	Microsoft Teams (unter Geltung der Online Service Terms, etwa als Teil von Microsoft 365 oder in der kostenfreien Version bei Anmeldung in einer Arbeits- oder Organisations-umgebung)	https://www.microsoft.com/de-de/microsoft-365/microsoft-teams/group-chat-software	Anhang zu den Datenschutzbestimmungen für Microsoft-Onlinedienste Januar 2020 [Deutsch] – Dateiversionen (laut Metadaten) vom 3.1.2020 und 9.6.2020 (Version ist im Dokument selbst nicht ersichtlich); Microsoft-Onlinedienste Nachtrag zum Datenschutz, Letzte Aktualisierung: 21. Juli 2020 [Deutsch]; Additional Safeguards Addendum to Standard Contractual Clauses (Reference Copy gemäß Ankündigung November 2020) [Englisch]; Microsoft Online Services Data Protection Addendum, Last updated December 9, 2020 [Englisch]

Abbildung 7: Auszug aus der Bewertung des Anbieters M. und von Teams durch die BlnBfDI 2021; Quelle und © für die Prüfung und Bewertung: BlnBfDI, verfügbar über FragdenStaat[109]

153 Wenn gleiche Maßstäbe auch auf Teams angesetzt werden, können die deutlich ausführlicheren Beschreibungen im DPA mit Microsoft – die dort rund 1,5 Seiten ausmachen und vergleichbar mit „Alle anderen in Artikel 4 DSGVO genannten personenbezogenen Daten“ abschließen – nicht zu der roten Ampel-Bewertung führen, sondern müssten rechtlich ausreichen.

154 Aufsichtsbehörden scheinen bei Videokonferenzsystemen also teils mit zweierlei Maß zu messen, wenn es um die Bewertung der Angaben in der AVV geht.

3.3.9.5 Behördenauffassungen betr. Abgrenzung zur Telekommunikation

155 Ein weiteres schwieriges Feld ist die Abgrenzung zwischen Telekommunikationsrecht und allgemeinen Datenschutzrecht.

156 Die Zuordnung hat nicht nur Auswirkung auf die Anwendung des materiellen Datenschutzrechts, sondern auch für die Zuständigkeit der Aufsichtsbehörde: Grundsätzlich ist Datenschutz in der Hoheit der Länder, so dass die Aufsichtsbehörden der Länder zuständig sind. Für Telekommunikation und Telekommunikationsdatenschutzrecht ist jedoch die Bundesbeauftragte (BfDI) zuständig, die sonst nur für die Aufsicht über die Datenverarbeitung durch den Bund zuständig ist. Soweit die BfDI also (wie bei Bundesbehör-

109 https://fragdenstaat.de/dokumente/150089-druckversion-viel-rot-berliner-datenschutzbeauftragte-aktualisiert-videokonferenz-liste-heise-online/.

den) ohnehin für die allgemeine Datenschutzaufsicht zuständig ist, macht die Differenzierung zum Telekommunikationsrecht somit zumindest für die Zuständigkeit keinen Unterschied.

Die LDI NRW hat sich in der „Handreichung zu Online-Prüfungen an Hochschulen" vom 06.10.2022 ausführlich mit der Anwendbarkeit des Telekommunikationsrechts auf Videokonferenzen auseinandergesetzt. Hiernach (siehe Abschnitt „Empfehlungen", dort Ziff. 3) werden von ihr unter dem TKG i. d. F. vom 01.12.2021 Videokonferenzsysteme nun als Telekommunikationsdienste eingeordnet. Somit sei für die Datenverarbeitung nicht das Unternehmen (oder die sonstige Organisation) verantwortlich, die das Videokonferenzsystem (wie Teams) operativ einsetzt, sondern der kommerzielle Anbieter dieses Systems – hier also die entsprechende Microsoft-Gesellschaft. Folglich muss für die Videokonferenz auch keine Vereinbarung über die Auftragsvereinbarung (AVV) abgeschlossen werden. Konsequenterweise wäre es sogar falsch, eine AVV abzuschließen. Die umfassende Ausarbeitung der Berliner Aufsicht wäre demnach überflüssig und außerhalb ihrer Zuständigkeit gewesen. **157**

Für die Datenverarbeitung in den Randbereichen der Videokonferenz differenziert die LDI NRW wie folgt: **158**

- Die Datenverarbeitung im Vor- und Nachgang der Videokonferenz wird nicht als Telekommunikation qualifiziert. Hierzu gehört z. B. das Versenden des Einwahl-Links per E-Mail. Diese Auffassung überzeugt, da ja auch das entsprechende Versenden einer Telefonnummer nicht als Telekommunikation gilt, auch wenn es der Vorbereitung und Ermöglichung eines Anrufs dient.[110]
- Elemente von „Misch-Diensten" – wie der Chat-Funktion und einer Dateiablage in der Videokonferenz – gelten nicht als Telekommunikation. Sie unterliegen dem allgemeinen Datenschutz. Somit wird hierfür i. d. R. eine AVV erforderlich sein.
- Soweit die Organisation, die die Videokonferenz einsetzt, für bestimmte Datenverarbeitungen nicht selbst verantwortlich ist, muss folgerichtig wiederum **keine AVV** abgeschlossen werden. Dies gilt nach Darstellung der LDI NRW insb. für die Verarbeitung von Metadaten, die dem TKG unterliegen. Gleiches gelte auch für den Transport der Inhaltsdaten.
- Auch dies überzeugt: Wer nicht Verantwortlicher i. S. d. DSGVO ist, kann die Daten auch nicht in seinem Auftrag verarbeiten lassen. Über die Grenzen der Daten, die noch zur Telekommunikation gehören, kann wohl trefflich diskutiert werden.

---

110 Außen vor gelassen ist dabei die Frage, ob die E-Mail selbst bereits einen interpersonellen Telekommunikationsdienst (§ 3 Nr. 24 TKG) und damit gem. § 3 Nr. 59–61 TKG Telekommunikation darstellt.

– Soweit die Videokonferenzsysteme eigenständig betrieben werden (also nicht wie bei Teams als Software as a Service bezogen werden), gelten sie zumindest in den von der LDI NRW betrachteten Fallgruppen der Hochschulen nicht als Telekommunikationsdienst.

159 Andere Aufsichtsbehörden scheinen sich nicht so vertieft mit den Grenzen des Telekommunikationsrechts auseinandergesetzt zu haben und eher stillschweigend ihre Zuständigkeit angenommen zu haben; vgl. insoweit die Dokumente der BlnBfDI. In der „Orientierungshilfe Videokonferenzsysteme“ der DSK vom 23.10.2020[111] wird das Telekommunikationsrecht mit keinem Wort erwähnt.

160 Auch die Justiz des Freistaates Bayern nutzt für die Durchführung von mündlichen Verhandlungen als Videoverhandlung (§ 128a ZPO) Microsoft Teams. Laut deren Website erfolgt dies im Rahmen einer Auftragsverarbeitung mit Microsoft Ireland Operations Ltd. (MIOL), wird also vermutlich nicht als dem Telekommunikationsrecht unterliegend angesehen:[112]

justiz.bayern.de/organisatorisches/datenschutz-video/index.php

Empfänger von personenbezogenen Daten

Inhalte der Videoverhandlung bzw. der Videokonferenz stehen allen Teilnehmenden zur Verfügung. Zudem hat der Anbieter der Videokonferenztechnik Zugang zu den Daten, soweit dies im Rahmen der Auftragsverarbeitung vorgesehen ist.

1. **Microsoft Teams**
   Zur Bereitstellung und Nutzung von Teams ist die Übermittlung personenbezogener Daten an einen Dienstleister notwendig. Mit diesem Dienstleister haben wir eine Vereinbarung zur Datenverarbeitung im Auftrag geschlossen (sog. „Auftragsverarbeitung“ nach Art. 28 DSGVO). Wir bedienen uns dabei folgender **Auftragsverarbeiter**:
   Microsoft Ireland Operations, Ltd. One Microsoft Place, South County Business Park, Leopardstown, Dublin 18, D18 P521.
   Microsoft speichert „ruhende“ Daten auf Servern nur innerhalb der Europäischen Union.Im Übrigen können Kundendaten und personenbezogenen Daten, die Microsoft in unserem Auftrag verarbeitet, auf der Basis der EU-Standardvertragsklauseln auch in Länder außerhalb der Europäischen Union („Drittstaaten“, z. B. USA) übermittelt werden, um die Onlinedienste bereitzustellen und den Service anbieten zu können.
   Nähere Informationen zu Teams und den datenschutzrechtlichen Angaben finden Sie in der Datenschutzerklärung von Microsoft unter https://privacy.microsoft.com/de-de/privacystatement.
2. **Videokonferenzvermittlungssystem**
   Sofern wir nicht Microsoft Teams für die Durchführung einer Videokonferenz nutzen, nutzen wir das Videokonferenzvermittlungssystem des IT-Dienstleistungszentrums des Freistaats Bayern. Das

Abbildung 8: Datenschutzhinweise der bayrischen Justiz zu Videoverhandlungen i. S. d. § 128a ZPO[113]

---

111 https://www.datenschutzkonferenz-online.de/media/oh/20201023_oh_videokonferenzsysteme.pdf.

112 https://www.justiz.bayern.de/organisatorisches/datenschutz-video/index.php.

113 Die Zivilgerichtsbarkeit unterliegt materiell der DSGVO, vgl. EuGH vom 02.03.2023, Rechtssache C-268/21 (Norra Stockholm Bygg AB v Per Nycander AB). Nach Art. 55 Abs. 3 DSGVO ist aber die Zuständigkeit der Datenschutzaufsicht für Gerichte „im Rahmen ihrer justiziellen Tätigkeit“ ausgeschlossen. Die verkürzt als Richtlinie für Justiz und Inneres („JI-Richtlinie“) bezeichnete Richtlinie betrifft hingegen nur die

3.3.9.6 Bewertung und weitere Differenzierung: Connected Experiences, Exchange

Die von der LDI NRW für Videokonferenzen vorgenommene Differenzierung überzeugt im Kern, auch wenn Randthemen sicherlich stets diskutabel bleiben: Die dogmatisch korrekte Differenzierung zu den in den „Misch-Diensten“ enthaltenen Chat-Daten mag zu Ergebnissen führen, die den einheitlichen Lebenssachverhalt der Videokonferenzteilnahme hinsichtlich der rechtlichen Bewertung und der zuständigen Aufsicht auseinanderreißen. Zu bewerten wäre auch, ob lediglich als ergänzende Services empfundene Teile der „Misch-Dienste“ aus dem TK-Recht herausfallen (wie die in der Teams-Konferenz enthaltenen Funktionen für Chat und Dateiablage, deren Inhalte auch noch nach Ende der telekommunikativen Videokonferenz zur Verfügung stehen können) oder dies auch für videokonferenzimmanente Features wie das Handheben oder den Applaus gelten soll, was dem ersten Eindruck nach vielleicht eher abzulehnen wäre (diese könnte nach Auffassung der Autors also eher mit zum Telekommunikationsrecht zählen). **161**

Diese Fragen werden dort noch spannender und für die klassische M365-Diskussion relevanter, wenn die in die Teams-Videokonferenz eingebundenen (optionalen) Connected Experiences und ggf. auch die Einbindung von Drittanbietern näher betrachtet werden. Dies ist zum Beispiel bei den Funktionen für Transkription und Übersetzung der laufenden Videokonferenz der Fall.[114] **162**

Sicherlich bleiben also etliche Detailfragen offen, ggf. auch zu weiteren Over-the-Top-Diensten (sog. OTT-Dienste). Gleichwohl handelt es sich dabei nicht um eine akademische Nebensächlichkeit, sondern um die elementare Vorfrage für die Entscheidung, inwieweit mit Anwendung des Telekommunikationsrechts die DSGVO verdrängt wird und die Zuständigkeit für die Datenschutzaufsicht zur BfDI wechselt. **163**

Auch jenseits der üblichen Audio- und Videokonferenz-Anwendungen gibt es etliche Bereiche, die bei genauer Betrachtung dem Telekommunikationsrecht unterliegen könnten (und bei denen über die Details trefflich diskutiert werden kann). So besteht z. B. in Teams Premium die Möglichkeit, sich in Teams-Videokonferenzen auch per Telefon einzuwählen. **164**

Strafgerichts-barkeit, nicht aber Zivil- und andere Gerichtsbarkeiten (RL 2016/680 27.04.2016 zum Schutz natürlicher Perso-nen bei der Verarbeitung personenbezogener Daten durch die zuständigen Behörden zum Zwecke der Verhü-tung, Ermittlung, Aufdeckung oder Verfolgung von Straftaten oder der Strafvollstreckung sowie zum freien Datenverkehr und zur Aufhebung des Rahmenbeschlusses 2008/977/JI des Rates); vgl. den entsprechenden Ausschluss vom sachlichen Anwendungsbereich der DSGVO in dessen Art. 2 Abs. 2 lit. d.

114 Hierzu ausführlich Kap. 4.4.2.2 ff. (Rn. 276).

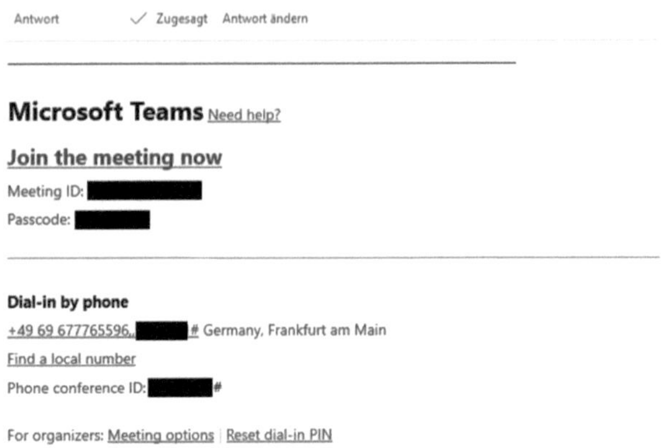

Abbildung 9: Angaben zur Einwahl in Teams mit Telefonnummer („Dial in by phone“)

165 Bei der Einwahl aus dem „echten“ Telefonnetz und weiteren Funktionen zur Einbindung von „richtigen“ Telefonnummern, also Anschlusskennungen i. S. d. § 3 Nr. 3 TKG, liegt die Anwendung des Telekommunikationsrechts zumindest nahe. Diese werden in der Produktwelt von Teams als „PSTN-Konnektivität“ bezeichnet.[115] Dabei gibt es wieder viele Einzelfunktionen und Details, für die sich unterschiedliche Bewertungen ergeben können. Auch bei der Chat-Funktion in Teams kann zumindest geprüft werden, ob es sich um einen Bereich des Telekommunikationsrechts oder „lediglich“ um Digitale Dienste handelt.

166 Bei E-Mail-Servern – also hier der Funktion von Exchange Online – drängt sich die Prüfung geradezu auf, ob ein interpersoneller Kommunikationsdienst i. S. d. § 3 Nr. 24 TKG vorliegt und somit gem. § 3 Nr. 59–61 TKG der Anwendungsbereich des Telekommunikationsrechts gegeben ist. Auch hier muss im Detail differenziert werden, etwa zwischen dem Kernbereich der E-Mail-bezogenen Telekommunikation (IMAP- und POP3-Server) einerseits und andererseits ergänzenden Funktionen, die keine Telekommunikation darstellen (etwa die Speicherung von E-Mail-Adressen in den „Kontakten“ und weiterer Informationen als „Notizen“).

3.3.9.7 Folgen falscher Abgrenzung; Zuständigkeit

167 Eine falsche Abgrenzung kann nicht nur für den Verantwortlichen relevant sein, sondern auch für die Aufsichtsbehörde heikel werden: Soweit sie nicht

115 Überblick und Einstieg bei https://learn.microsoft.com/de-de/microsoftteams/pstn-connectivity.

zuständig ist, kann sie keine Maßnahmen ergreifen. Eingeleitete Maßnahmen wären mangels Zuständigkeit stets rechtswidrig. Streng genommen läge seitens der Aufsichtsbehörde nicht einmal eine Rechtsgrundlage für mit dem Vorgang einhergehende Datenverarbeitung vor, da sie sich mangels Zuständigkeit nicht auf Art. 6 Abs. 1 lit. c oder e DSGVO stützen kann. Ebenso würden lit. a und lit. f offensichtlich ausscheiden. Da also mangels sachlicher Zuständigkeit für das Telekommunikationsrecht keine Rechtsgrundlage für entsprechende Tätigkeiten gegeben ist, dürften in Landesaufsichtsbehörden sogar behördeninterne E-Mails zum Telekommunikationsrecht problematisch sein.[116]

168 Für Anwender und Verantwortliche dürfte hingegen das Risiko aufsichtsbehördlicher Maßnahmen zu Fragen von Videokonferenzen und der (ggf. nicht) dazugehörigen Auftragsverarbeitung begrenzt sein, da die Behörden damit rechnen müssen, dass ihre Zuständigkeit bestritten wird und das weitere Verfahren bis zur Beantwortung von Vorlagefragen durch den EuGH aufgehalten wird. Wie dargestellt umfasst das Telekommunikationsrecht nicht nur Aspekte von Videokonferenzen und Teams, sondern auch die E-Mail-Infrastruktur in Exchange online. Auch bisherige kritische Bewertungen zu Connected Experiences können damit in Frage gestellt werden und bedürfen vor einer inhaltlichen Befassung zunächst einer klaren Positionierung der Datenschutzaufsicht hinsichtlich Geltung des Telekommunikations(datenschutz)rechts und der Zuständigkeit.[117]

169 Die Zuständigkeit der Aufsichtsbehörden ist kein Aspekt, den der Verantwortliche im Rahmen seiner Rechenschaftspflicht klären muss. Vielmehr müssen die Behörden selbst begründen, ob ein Themengebiet zu ihrer Zuständigkeit gehört, welche Details hier vielleicht von der Zuständigkeit ausgespart sind und welche datenschutzrechtliche Rechtsgrundlage sie für die Bearbeitung des Vorgangs heranziehen will.

3.4 Kritik in der rechtswissenschaftlichen Literatur

170 In Fachaufsätzen und der weiteren rechtswissenschaftlichen Literatur wurde die Positionierung der Datenschutzaufsicht zumeist kritisiert (vgl. hierzu das Literaturverzeichnis in Abschnitt 12.2.3). In zwei Fachaufsätzen von *Breyer/Hirschel* wurde hingegen die Auffassung der Aufsichtsbehörden weitgehend kritiklos übernommen.[118]

171 In einem Fachaufsatz von *Fleck* zum Verfahren des EDSB gegen die Kommission wurde im Wesentlichen die Positionen des EDSB wiedergegeben

116 Beachte zur Übermittlung an andere Aufsichtsbehörden jedoch § 40 Abs. 3 S. 1 BDSG.
117 Kap. 3.3.9.6 a. E. (Rn. 161).
118 *Breyer/Hirschel*, K&R 2024, S. 555 ff.; *dies.*, K&R 2024, S. 644.

und bestätigt.[119] „Die festgestellten Verstöße" ließen „das Weiterführen des bisher gelebten Geschäftsmodells [von Microsoft 365] nicht zu."[120] Gleichwohl kommt *Fleck* letztlich zum Schluss, dass „trotz der datenschutzrechtlichen Bedenken bei der Nutzung von Microsoft 365 mit Blick auf die praktische und alltägliche Bedeutung – insbesondere bei öffentlichen Stellen – pragmatische Erwägungen miteinzubeziehen" seien.[121] Wo konkret der Übergang von festgestellten Verstößen zu pragmatischer Handhabung sein soll, wird nicht erläutert oder rechtlich begründet.

172 Weshalb ausgerechnet öffentliche Stellen „pragmatischer" mit der Befolgung des Rechts umgehen dürfen als Unternehmen oder Vereine, ist schwer nachvollziehbar. In der Regel wird eher umgekehrt vom Staat eine besondere Rechtstreue erwartet, während nach ErwG 13 S. 4 DSGVO kleine und mittlere Unternehmen auf die Berücksichtigung ihrer Bedürfnisse hoffen dürfen. Es ist wahr, dass es auch unter den öffentlichen Stellen nicht nur große Behörden mit gut besetzen Rechtsämtern gibt. Viele kleine Behörden, aber auch andere öffentliche Stellen wie staatliche Kindergärten oder Theater hätten eine „Amateur-Klausel" wie ErwG 13 DSGVO nötig. Doch der Gesetzgeber hat eine solche Ausnahme für sie nicht vorgesehen.

173 Unter Verweis auf die DPA-Zusatzvereinbarung für Niedersachsen heißt es dann bei *Fleck* in Bezug auf Microsoft und Teams weiter: „Dass solche Vorhaben rechtssicher umgesetzt werden können, zeigt das Beispiel des Bundeslandes Niedersachsen."[122]

174 Somit scheint mit Zusatzvereinbarungen wie in Niedersachsen auch nach Ansicht von eher kritischen Autoren ein ausdrücklich rechtssicherer Einsatz von Microsoft 365 möglich zu sein.

3.5 Weitere mögliche Kritikpunkte

175 Die vermeintliche Verwendung von personenbezogenen Daten des Kunden durch Microsoft zu „eigenen" Zwecken wird regelmäßig und umfangreich kritisiert. In vielen anderen Bereichen, wo es zu einer Vermischung der Datenverarbeitung zu Zwecken des Kunden und zu Zwecken des Dienstleisters zu kommen scheint, wurde – gerade vom EuGH – schnell eine Bewertung als gemeinsame Verantwortlichkeit gem. Art. 26 DSGVO angenommen. Zentrale Entscheidungen des Gerichtshofs hierzu ergingen in den Rechtssachen *Wirtschaftsakademie Schleswig-Holstein* (betr. Facebook Fanpage)

---

119 *Fleck*, DSB 2024, S. 215.
120 *Fleck*, DSB 2024, S. 215 (216).
121 *Fleck*, DSB 2024, S. 215 (217).
122 *Fleck*, DSB 2024, S. 215 (217).

und *IAB Europe* (betr. der Einwilligungsverwaltung zu Cookies in Kooperation mit einer koordinierenden Stelle).[123]

Es verwundert daher, dass Aspekte einer gemeinsamen Verantwortlichkeit **176**
bislang kaum als Kritikpunkt angebracht wurden. Nachdem sich so viele Aufsichtsbehörden sehr intensiv mit M365 auseinandersetzt haben, kann daraus aber wohl geschlussfolgert werden, dass dies kein größeres Problem darzustellen scheint.

3.6 Zusammenfassung des Spektrums von Meinungen und Freigaben

Es gibt eine Vielzahl kritischer und ablehnender Stellungnahmen verschie- **177**
dener Aufsichtsbehörden, denen in geringem Umfang auch die rechtswissenschaftliche Literatur folgt.

Die Stellungnahmen basieren regelmäßig auf veralteten Sach- und Rechts- **178**
lagen, insbesondere bezüglich der Kommissionsbeschlüsse zum Drittlandtransfer (SCC und DPF) sowie dem Inhalt des jeweils aktuellen DPA.

Zudem sind die vorgetragenen Rechtsauffassungen inhaltlich nicht immer **179**
einheitlich. Wie insbesondere die Analyse der Positionen zu Videokonferenzsystemen und dem Anwendungsbereich des Telekommunikationsrechts gezeigt hat, haben die Aufsichtsbehörden teils stark abweichende Rechtsauffassungen. Häufig ist dies nicht sofort erkennbar, da die Gegenauffassung anderer Behörden nicht ausdrücklich benannt wird, sondern z. B. die Auffassung zum Anwendungsbereich des Telekommunikationsrechts indirekt daraus hervorgeht, dass eine Landesbehörde sich hierzu ausführlich äußert, also sich zuständig fühlt.

Meinungsverschiedenheiten innerhalb der 18 Haupt-Aufsichtsbehörden las- **180**
sen sich indirekt auch dadurch erkennen, dass Meinungen und Positionspapiere nicht einstimmig durch die DSK-Mitglieder beschlossen werden, sondern beim Beschluss in 2020 nur im Rahmen einer „Kampfabstimmung“ herbeigeführt werden konnten. Später, bei den „Praxis-Tipps“ vom September 2023, kamen die Stellungnahmen nur noch von einem kleinen Teil der Aufsichtsbehörden, die sich nicht einmal zu einer gemeinsamen Stellungnahme durchringen konnten.

Grundsätzlich ist zu beachten, dass die Aufsichtsbehörden Teil der Exeku- **181**
tive sind, also weder rechtssetzende (Legislative) noch rechtsentscheidende

---

123 EuGH vom 05.06.2018, Rechtssache C-210/16 (Wirtschaftsakademie); EuGH vom 10.07.2018, Rechtssache C-25-17 (Zeugen Jehovas); EuGH vom 07.03.2024, Rechtssache C-604-22 (IAB Europe).

(Judikative) Gewalt sind. Ihre veröffentlichten Positionen sind nicht verbindlich.

182 Der lediglich beratende und unverbindliche Charakter der Stellungnahmen wurde auch am Beispiel für weitgehend unrealistischen, aber gleichwohl vorgeschlagenen Ratschläge zu einer End-to-End-Verschlüsselung bei bestimmten Videokonferenzen herausgearbeitet.

183 Letztendlich wird die Umsetzung der zahlreichen Tipps und Checklisten selbst von den Aufsichtsbehörden nicht immer vollständig eingefordert. Dies konnte an den umfangreichen, ja ausufernden Forderungen aus den „Praxis-Tipps“[124] festgestellt werden, die von etlichen Aufsichtsbehörden als Handreichung publiziert wurden. Nur wenige Monate nach deren Veröffentlichung hat der LfD Nds das Microsoft-DPA in einer individualisierten Fassung (der sog. Zusatzvereinbarung) als akzeptabel bezeichnet, also den Einsatz für rechtskonform erachtet. Dabei soll nicht verkannt werden, dass es lediglich um den Einsatz von Teams und nicht die gesamten M365-Dienste ging. Immerhin ging es aber um den Betrieb im niedersächsischen Ministerium für Inneres und Sport, also eine öffentliche Stelle mit teilweise besonders vertraulichen Daten.

3.7 Ergebnis

184 Zusammengefasst erscheint der Einsatz von M365 bei erster Betrachtung der aufsichtsbehördlichen Positionen kaum möglich. Bei näherer Analyse zeigt sich aber, dass die Auffassungen der Aufsicht nicht einheitlich sind, meist veraltet waren, sich teils widersprechen und/oder nicht einheitlich von allen deutschen Aufsichtsbehörden vertreten werden, und dass sie ohnehin nicht verbindlich sind. Zudem ist der Einsatz von Teams – unter den genannten besonderen Bedingungen – sogar ausdrücklich akzeptabel.

124 Handreichung für die Verantwortlichen zum Abschluss einer Auftragsverarbeitungsvereinbarung
gem. Art. 28 Abs. 3 DSGVO mit Microsoft für den Einsatz von „Microsoft 365“.

4. Kapitel: Argumentationslinien für einen Einsatz von Microsoft 365

Nach der Zusammenfassung der aufsichtsbehördlichen Kritik an Microsoft 185
365 soll diese mit der geltenden Rechtslage abgeglichen werden. Zudem werden Argumente und Argumentationslinien aufgezeigt, die die Zulässigkeit der Datenverarbeitung mit M365 begründen.

4.1 Überblick über den Rechtsrahmen von Verfassungen und Datenschutzrecht

Die Datenschutz-Grundverordnung ist nicht die einzige und alles andere 186
überragende Norm in der Europäischen Union. Vielmehr gibt es auf der Ebene der EU, des Bundes und der Länder jeweils Verfassungen, die ihrerseits Grundrechte und zahlreiche weitere Vorgaben enthalten, und zahlreiche weitere Gesetze.

4.1.1 Datenschutz-Basics: Verfassungen, Primärrecht und EU-Grundrechte-Charta

Auf Ebene der EU gehört hierzu die EU-Grundrechtecharta (GRCh),[125] auf 187
Bundesebene das Grundgesetz und auf Landesebene die Landesverfassungen. Diese Verfassungen gewähren ihren Bürgern, Unternehmen und sonstigen Organisationen Grundrechte, die sich im Detail unterscheiden. So ist der Schutz personenbezogener Daten nur in der Grundrechte-Charta (Art. 8 GRCh) explizit genannt, jedoch nicht im Grundgesetz, wo er nach dem Volkszählungs-Urteil des Bundesverfassungsgerichts als „Recht auf informationelle Selbstbestimmung" aus dem allgemeinen Persönlichkeitsrecht hervorgeht.[126] Alle Verfassungen eint aber der freiheitlich-demokratische, individualistische und marktwirtschaftliche Ansatz, der dem Einzelnen

---

125 Charta der Grundrechte der Europäischen Union, 2000/C 364/01.

126 „Unter den Bedingungen der modernen Datenverarbeitung wird der Schutz des Einzelnen gegen unbegrenzte Erhebung, Speicherung, Verwendung und Weitergabe seiner persönlichen Daten von dem allgemeinen Persönlichkeitsrecht des GG Art 2 Abs. 1 in Verbindung mit GG Art 1 Abs. 1 umfaßt. Das Grundrecht gewährleistet insoweit die Befugnis des Einzelnen, grundsätzlich selbst über die Preisgabe und Verwendung seiner persönlichen Daten zu bestimmen.", 1. Leitsatz, BVerfG, Urt. v. 15.12.1983, Az. 1 BvR 209/83 u. a. Dabei ist zu beachten, dass es im Volkszählungs-Fall um ein Abwehranspruch des Bürgers gegen den Staat ging, nicht um Rechtsfragen zwischen privaten Stellen.

Menschenwürde und viele Freiheitsrechte einräumt und zugleich das Prinzip der Marktwirtschaft und der unternehmerischen Freiheit umsetzt, also auch Firmen unternehmerische Freiheit und Recht an ihrem Eigentum explizit gewährt (vgl. Art. 16, 17 GRCh; Art. 9 Abs. 1, 12, 14 GG).

188 Dabei liegt auf der Hand, dass einzelne Grundrechte im Widerspruch zueinander stehen können – insbesondere, wenn sie von verschiedenen Grundrechtsakteuren geltend gemacht werden, wie einem Datenverarbeiter und einem Bürger. Auf Ebene der EU wie auch im GG und den Landesverfassungen schlägt nicht ein „Supergrundrecht" pauschal das andere. Nach dem Grundsatz der „praktischen Konkordanz" sind bei einer Kollision von Grundrechten diese abzuwägen und so in Einklang zu bringen, dass beide in ihrer Wesensart möglichst weitgehend verwirklicht werden.[127]

189 Dies gilt für die Ebene zwischen den Grundrechten. Die EU-GRCh gehört mit dem EU-Vertrag (EUV) und dem Vertrag über die Arbeitsweise der Europäischen Union (AEUV, dem Nachfolger des EG-Vertrags) zum sog. Primärrecht der Europäischen Union (vgl. Art. 1 Abs. 2 AEUV), also zum ranghöchsten Recht der EU. Dem untergeordnet ist das Sekundärrecht. Dies besteht aus den „normalen" Gesetzen und Beschlüssen, in der Terminologie der EU die Rechtsakte nach Art. 288 AEUV („Verordnungen, Richtlinien, Beschlüsse, Empfehlungen und Stellungnahmen"). Bekanntlich gelten Verordnungen wie die DSGVO unmittelbar, während Richtlinien wie die ePrivacy-RL oder die NIS-2-Richtlinie erst noch von jedem einzelnen Mitgliedstaat umgesetzt werden müssen – was häufig nicht oder verspätet erfolgt.

4.1.2 Relevanz von Erwägungsgründen

190 Die Rechtsakte der EU sind nach dem 2. (Unter-)Absatz des Art. 296 AEUV „mit einer Begründung zu versehen und nehmen auf die in den Verträgen vorgesehenen Vorschläge, Initiativen, Empfehlungen, Anträge oder Stellungnahmen Bezug." Dies ist der Grund, weshalb die DSGVO und andere EU-Normen vor den Artikeln, also der eigentlichen Norm, ausführliche Erwägungsgründe (ErwG) führen, die teils als ausufernd, als überflüssig (wenn sie den identischen Inhalt haben wie der betreffende Artikel) oder als widersprüchlich (wenn sie einen anderen Inhalt haben als der betreffende Artikel) erscheinen.

191 Leider werden die Erwägungsgründe im europäischen Gesetzgebungsprozess oft dazu missbraucht, nicht durchsetzbare Forderungen im Rahmen von Kompromissen zumindest in einem ErwG unterzubringen. Die ErwG ent-

---

127 Für das Grundgesetz BVerfG, Urt. v. 15.01.1958 (Lüth-Entscheidung), BVerfGE 7, 198.

halten dann nicht wie in Art. 296 AEUV vorgesehen die Begründung für den beschlossenen Rechtsakt, sondern enthalten Aussagen oder Andeutungen, die in der Norm gerade nicht umgesetzt wurden. So lässt sich, salopp gesagt, für fast jede Interpretation ein normatives Argument finden. Dies erschwert eine eindeutige und einheitliche Auslegung des Rechts.

Zugleich gibt es auch durchaus sinnvolle und hilfreiche ErwG, etwa ErwG **192**
26 DSGVO mit seiner Definition zum Personenbezug von Daten. Doch leider scheinen der EuGH und andere Gerichte ihn ungern umzusetzen. Dies führt zur Frage der Relevanz der ErwG für die Auslegung der „echten" Artikel der DSGVO, was den Umfang dieses Buchs sprengen würde. Die Funktion der Begründungspflicht soll primär die Ermöglichung einer externen Kontrolle der Organ der EU sein,[128] also nicht eine Auslegungshilfe oder Ersatz für juristische Kommentare. Sie gehören nicht zum verfügenden Teil des jeweiligen Rechtsaktes und sind daher nicht verbindlich.[129] Gleichwohl haben die Erwägungsgründe große faktische Bedeutung, und der EuGH greift in seinen Entscheidungen regelmäßig auf sie zurück.[130]

4.1.3 DSGVO als Sekundärrecht unter der EU-GRCh

Hierarchisch unterhalb des Primärrechts mit seinen Grundrechten aus der **193**
GRCh folgt das Sekundärrecht, darunter die DSGVO. Die DSGVO ist daher erstens gegenüber anderen Rechtsakten (also insb. anderen Verordnungen und Richtlinien der EU) nicht überlegen, sondern im Einklang mit diesen auszulegen. Dies gilt nicht, soweit eine klare – oder im Fall des Art. 95 DSGVO eher eine schwammige – Regelung zu anderem Sekundärrecht vorliegt.

Zweitens sind DSGVO und weitere sekundäre Rechtsakte nach den Wer- **194**
tungen des Primärrechts auszulegen, hier also insbesondere nach den Grundrechten der EU-GRCh. Ähnlich ist es in der Bundesrepublik, wo das nationale Recht im Lichte der im GG gewährten Grundrechte (und bei Landesrecht zusätzlich nach der jeweiligen Landesverfassung) auszulegen ist und diese nicht verletzen darf.

---

128 Calliess/Ruffert/*Callies*, EUV/AEUV, Art. AEUV 296 Rn. 11. Lesenswert zur Auslegung im Hinblick auf die verschiedenen Sprachfassungen *Colneric*, Auslegung des Gemeinschaftsrechts und gemeinschaftsrechtskonforme Auslegung, ZEuP 2005, S. 225 (insb. 226 ff.).

129 „Die Begründungserwägungen eines Rechtsaktes der Gemeinschaften sind rechtlich nicht verbindlich und können nicht zur Rechtfertigung einer Abweichung von den Bestimmungen des betreffenden Rechtsaktes angeführt werden." (zum damaligen Gemeinschaftsrecht) EuGH, Urt. v. 19.11.1998, Az. C-162/97 (Nilsson u. a.), Rn. 54; Ehmann/Selmayr/*Selmayr/Ehmann*, DS-GVO, Einf. Rn. 97.

130 Ehmann/Selmayr/*Selmayr/Ehmann*, DS-GVO, Einf. Rn. 97 a. E. unter Hinweis auf EuGH, Urt. v. 13.05.2014, C-131/12 (Google Spain).

195 Wie beschrieben gibt es bei dieser Auslegung kein Super-Grundrecht, das andere Grundrechte stets „schlagen“ würde. Vielmehr sind die Grundrechte für den jeweiligen Fall in Einklang zu bringen. Dies kann – auch bei der konkreten Auslegung zur Bewertung des Einsatzes von M365 – zu unterschiedlichen Wertungen führen, die z.B. von den individuellen Situationen von Betroffenen, Mitarbeitenden oder Kunden, Zwecken und Hintergrund, sowie der M365 einsetzenden Stelle abhängt.

4.1.4 Weitere, insb. nationale Normen

196 Neben zahlreichen weiteren Rechtsakten der Union zu Datenschutz und Informationssicherheit existieren auch von Bund, Ländern und weiteren „Herausgebern“ beinahe unüberschaubar viele Normen mit Bezug zum Datenschutz und verwandten Rechtsgebieten. Diese befinden sich zum Teil unterhalb des Geltungsbereichs der DSGVO, müssen also im Einklang mit dieser erlassen und ausgelegt werden. Zum Teil liegen sie außerhalb des Anwendungsbereichs der DSGVO oder gar außerhalb der Zuständigkeit der EU, müssen sich im letzten Fall auch nicht an der GRCh messen lassen.[131]

197 Zu den nicht direkt vom Bundestag erlassenen Normen zählen z.B. die von der kassenärztlichen Bundesvereinigung herausgegebene „Richtlinie nach § 75b SGB V über die Anforderungen zur Gewährleistung der IT-Sicherheit“ in vertragsärztlichen -psychotherapeutischen Praxen[132] oder das ebenfalls für den Gesundheitsdatenschutz relevante „C5-Testat“, das auf dem vom BSI erstellten „Cloud Computing Compliance Criteria Catalogue“ (C5) und einer entsprechenden Auditierung (Testat) von Wirtschaftsprüfern beruht.[133]

4.1.5 Zusammenfassung

198 Somit sind die DSGVO und andere Datenschutz-Normen nicht isoliert heranzuziehen, sondern müssen im Lichte der GRCh und im Einklang mit anderem Sekundärecht ausgelegt werden. Zu den zu berücksichtigen Grundrechten gehören nicht nur das Grundrecht auf Schutz personenbezogener Daten (Art. 8 GRCh), sondern auch zahlreiche weitere Grundrechte, darunter die gleich-

131 Siehe hierzu die Aufteilung des BDSG in seine Teile 2, 3 und 4.

132 https://www.kbv.de/media/sp/RiLi___75b_SGB_V_Anforderungen_Gewaehrleistung_IT-Sicherheit.pdf. Für die vertragsärztliche Versorgung ist die Rechtsgrundlage nicht mehr § 75b SGB V, sondern § 390 Abs. 1 SGB V.

133 https://www.bsi.bund.de/DE/Themen/Unternehmen-und-Organisationen/Informationen-und-Empfehlungen/Empfehlungen-nach-Angriffszielen/Cloud-Computing/Kriterienkatalog-C5/C5_Einfuehrung/C5_Einfuehrung_node.html.

rangigen Grundrechte von Unternehmen. Der Wortlaut der Erwägungsgründe kann nicht unmittelbar zur rechtlichen Bewertung herangezogen werden.

4.2 Überblick über das Vertragswerk zu Microsoft 365

Das Vertragswerk für Microsoft 365 und andere Online-Dienste wird von Microsoft durch die „Product Terms" eingerahmt. Sie sind öffentlich zugänglich, können also nicht nur von Microsoft-Kunden gelesen und überprüft werden.[134] **199**

4.2.1 Product Terms als Rahmen einzelner Dokumente

Aufgrund des früheren Titels „Product and Services Terms" werden sie auch heute teilweise noch als „PST" bezeichnet. Noch früher wurde der Begriff „Online Services Terms" (OST) verwendet; auf ihn wird in der Einleitung der Product Terms immer noch Bezug genommen. Bei den Product Terms handelt es sich nicht um klassische Vertragsdokumente im Sinne von Papier-, Word- oder pdf-Dokumenten, sondern zunächst um eine Website, auf der verschiedene Unterbereiche „aufgeklappt" werden können. **200**

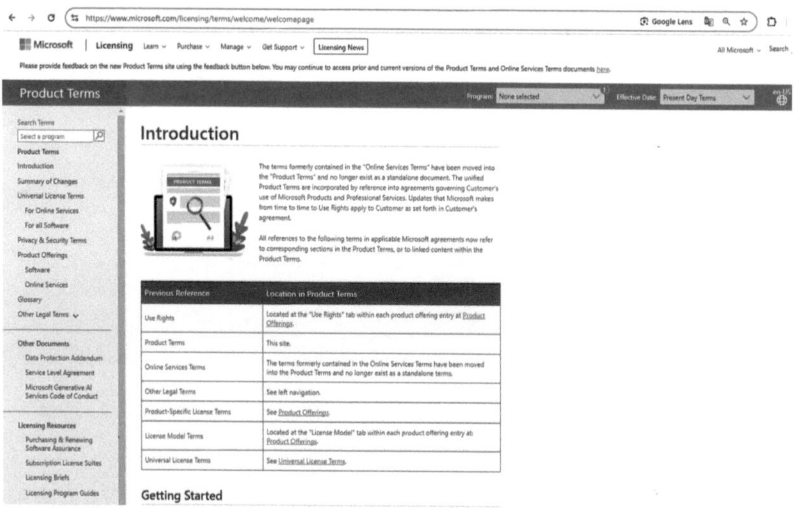

Abbildung 10: Screenshot: Product Terms mit den Unterbereichen (links), darunter auch das Data Protection Addendum[135]

134 Kurzlink https://use365.ms/PT oder https://www.microsoft.com/licensing/terms/.
135 https://www.microsoft.com/licensing/terms/.

4.2.2 Privacy & Security Terms: Definition der Core Services und EU Data Boundary

201 Im Bereich „Privacy & Security Terms“ findet sich eine Einordnung der verschiedenen Produktfamilien (wie Azure, Bing, Microsoft 365) und ihrer jeweiligen Bestandteile zu verschiedenen Aspekten des Datenschutzes und der Datensicherheit von Microsoft. Hier finden sich insb. Ausnahmen von der Anwendbarkeit des Data Protection Addendums, die Qualifikation als „Core Online Services“ und die Einbindung in die Zusage des „EU Data Boundary“. Für detailliertere Informationen kann dabei oben rechts als „Progam“ der Lizenzweg ausgewählt werden, etwa „Enterprise“ (Enterprise Agreement, EA) oder „Microsoft Customer Agreement“ (MSA). Zudem kann ein bestimmter zeitlicher Geltungsbereich angegeben werden:

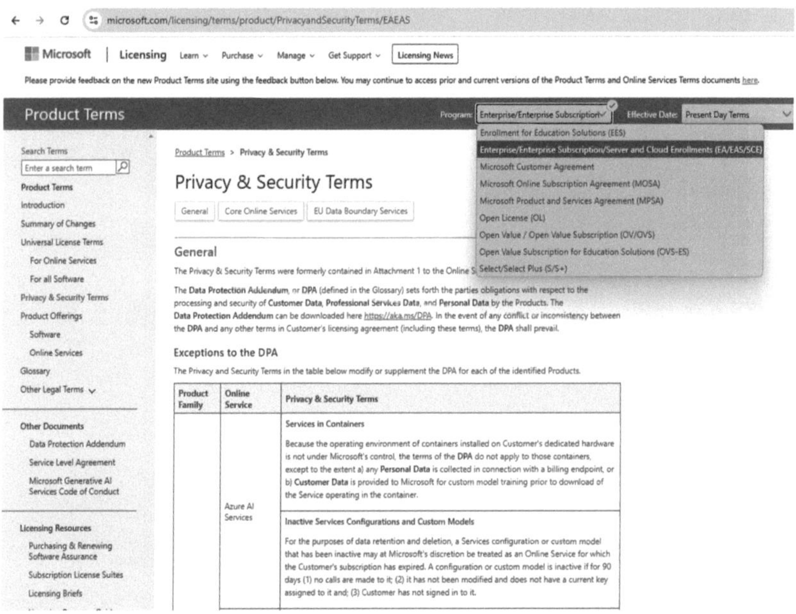

Abbildung 11: Screenshot: Privacy & Security Terms und Auswahl des Lizenzwegs via Drop-Down-Menü

Im weiteren Verlauf der Seite finden sich die Angaben, welche Dienste als **202**
„Core Online Services“[136] bzw. als „EU Data Boundary Services“[137] definiert werden:

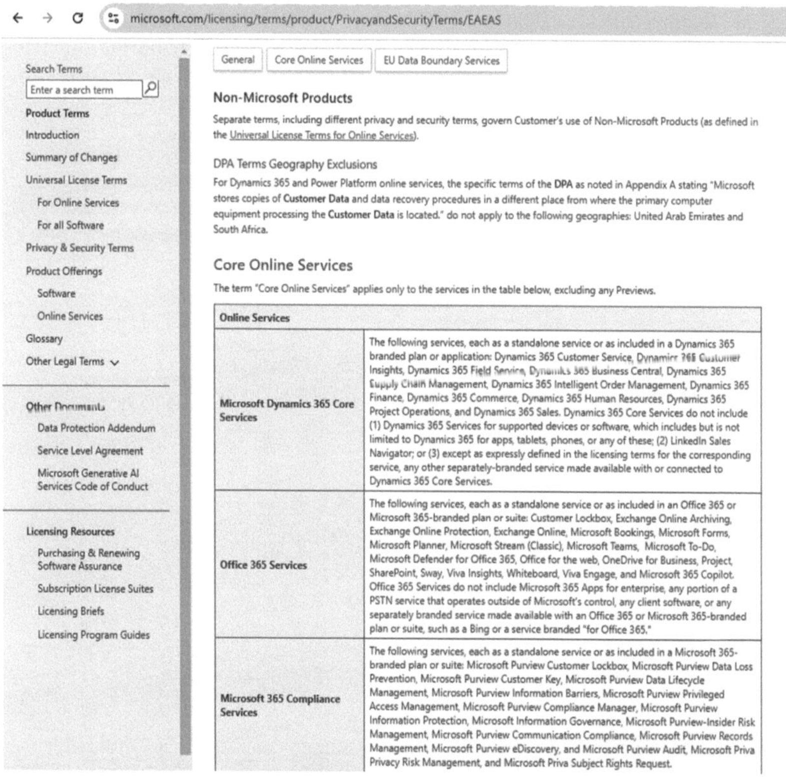

microsoft.com/licensing/terms/product/PrivacyandSecurityTerms/EAEAS

Search Terms

Enter a search term

Product Terms

Introduction

Summary of Changes

Universal License Terms

For Online Services

For all Software

Privacy & Security Terms

Product Offerings

Software

Online Services

Glossary

Other Legal Terms

Other Documents

Data Protection Addendum

Service Level Agreement

Microsoft Generative AI Services Code of Conduct

Licensing Resources

Purchasing & Renewing Software Assurance

Subscription License Suites

Licensing Briefs

Licensing Program Guides

General | Core Online Services | EU Data Boundary Services

Non-Microsoft Products

Separate terms, including different privacy and security terms, govern Customer's use of Non-Microsoft Products (as defined in the Universal License Terms for Online Services).

DPA Terms Geography Exclusions

For Dynamics 365 and Power Platform online services, the specific terms of the **DPA** as noted in Appendix A stating "Microsoft stores copies of **Customer Data** and data recovery procedures in a different place from where the primary computer equipment processing the **Customer Data** is located." do not apply to the following geographies: United Arab Emirates and South Africa.

Core Online Services

The term "Core Online Services" applies only to the services in the table below, excluding any Previews.

Online Services	
Microsoft Dynamics 365 Core Services	The following services, each as a standalone service or as included in a Dynamics 365 branded plan or application: Dynamics 365 Customer Service, Dynamics 365 Customer Insights, Dynamics 365 Field Service, Dynamics 365 Business Central, Dynamics 365 Supply Chain Management, Dynamics 365 Intelligent Order Management, Dynamics 365 Finance, Dynamics 365 Commerce, Dynamics 365 Human Resources, Dynamics 365 Project Operations, and Dynamics 365 Sales. Dynamics 365 Core Services do not include (1) Dynamics 365 Services for supported devices or software, which includes but is not limited to Dynamics 365 for apps, tablets, phones, or any of these; (2) LinkedIn Sales Navigator; or (3) except as expressly defined in the licensing terms for the corresponding service, any other separately-branded service made available with or connected to Dynamics 365 Core Services.
Office 365 Services	The following services, each as a standalone service or as included in an Office 365 or Microsoft 365-branded plan or suite: Customer Lockbox, Exchange Online Archiving, Exchange Online Protection, Exchange Online, Microsoft Bookings, Microsoft Forms, Microsoft Planner, Microsoft Stream (Classic), Microsoft Teams, Microsoft To-Do, Microsoft Defender for Office 365, Office for the web, OneDrive for Business, Project, SharePoint, Sway, Viva Insights, Whiteboard, Viva Engage, and Microsoft 365 Copilot. Office 365 Services do not include Microsoft 365 Apps for enterprise, any portion of a PSTN service that operates outside of Microsoft's control, any client software, or any separately branded service made available with an Office 365 or Microsoft 365-branded plan or suite, such as a Bing or a service branded "for Office 365."
Microsoft 365 Compliance Services	The following services, each as a standalone service or as included in a Microsoft 365-branded plan or suite: Microsoft Purview Customer Lockbox, Microsoft Purview Data Loss Prevention, Microsoft Purview Customer Key, Microsoft Purview Data Lifecycle Management, Microsoft Purview Information Barriers, Microsoft Purview Privileged Access Management, Microsoft Purview Compliance Manager, Microsoft Purview Information Protection, Microsoft Information Governance, Microsoft Purview-Insider Risk Management, Microsoft Purview Communication Compliance, Microsoft Purview Records Management, Microsoft Purview eDiscovery, and Microsoft Purview Audit, Microsoft Priva Privacy Risk Management, and Microsoft Priva Subject Rights Request.

Abbildung 12: Screenshot: Definition der Core Online Services;[138] hier findet sich auch noch der Begriff „Office 365“

136 https://www.microsoft.com/licensing/terms/product/PrivacyandSecurityTerms/all#CoreOnlineServices.

137 https://www.microsoft.com/licensing/terms/product/PrivacyandSecurityTerms/all#EUDataBoundaryServices.

138 https://www.microsoft.com/licensing/terms/product/PrivacyandSecurityTerms/all#CoreOnlineServices.

4.2.3 Das Data Protection Addendum

203 Der Datenschutz wird primär im „Microsoft Products and Services Data Protection Addendum" (kurz Data Protection Addendum oder DPA) betitelten Dokument geregelt, das ebenfalls über einen Unterbereich der Product Terms öffentlich zugänglich ist.[139] Auf der dazugehörigen Landing Page findet sich eine Übersicht der bisherigen DPA-Fassungen in allen veröffentlichten Sprachen.

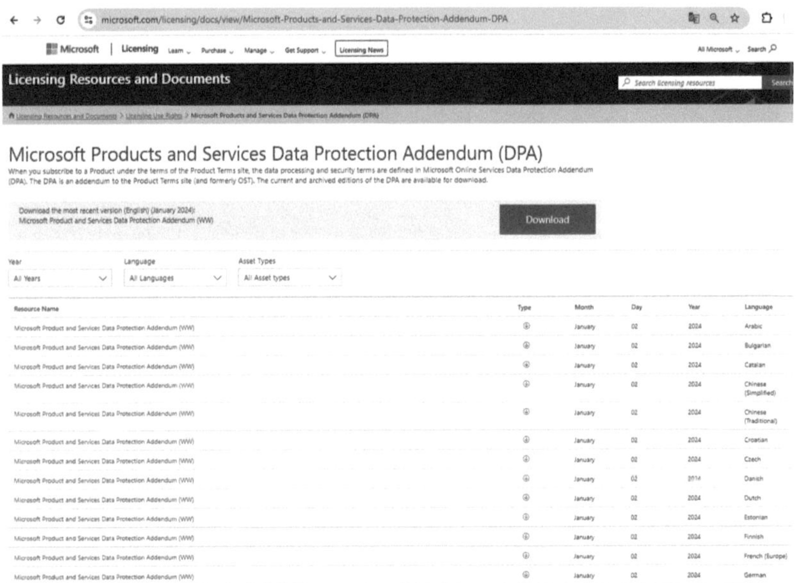

Abbildung 13: Screenshot: Übersicht der Fassungen des Data Protection Addendums

204 Die jeweilige DPA-Fassung wird nicht wie die anderen Teile der Product Terms als (Unter-)Website, sondern als Word-Dokument zur Verfügung gestellt, das je nach Sprache und Version einen Umfang von ca. 20–22 Seiten hat. Im Folgenden soll die deutsche Sprachfassung betrachtet werden. Soweit nicht anders angegeben, handelt es sich um die Fassung vom 02.01.2024. Mit der Fassung vom 18.02.2025 erfolgte lediglich eine sehr

139 Kurzlinks https://use365.ms/DPA oder https://aka.ms/dpa, ausführlich https://www.microsoft.com/licensing/docs/view/Microsoft-Products-and-Services-Data-Protection-Addendum-DPA.

kleine Anpassung (Kap. 4.2.3.9, Rn. 234), so dass alle Anforderungen auch für die aktuelle Fassung gelten.

In verschiedenen Konstellationen wird das DPA von Microsoft auch als Dokument „M471“ eingebracht. Vorgänger war das Dokument „B116“, das noch den Titel „Microsoft Online Services Data Processing Agreement (with EU Standard Contractual Clauses)“ trug. Hierzu wurde im April 2014 von der Art.-29-Datenschutzgruppe, der Vorgängerin des EDSA,[140] bestätigt, dass mit diesem Dokument die Anforderungen der Standardvertragsklauseln (Fassung 2010) umgesetzt werden und es sich nicht um sog. Adhoc-Klauseln handelt.[141] **205**

4.2.3.1 Übersicht zum Data Protection Addendum

Der originale Begriff Data Protection **Addendum** wurde in der deutschen Fassung mit „Nachtrag“ übersetzt. Dies ist sprachlich zumindest unglücklich. Denn beim DPA handelt es sich nicht um eine nachträgliche Vertragsergänzung, sondern um ein von Anfang an mit vereinbartes Zusatzdokument. „Anhang“, „Anlage“[142] oder zumindest „Zusatz“ wären daher bessere Übersetzungen für die deutsche Fassung. **206**

Das DPA enthält zwar eine „klickbare“ Gliederung im Wege der Inhaltsverzeichnis-Funktion von Word, aber leider keine Nummerierung oder andere formale Gliederung. Dies macht es schwer, auf konkrete Passagen zu verweisen. Es besteht aus den folgenden Teilen: **207**

140 Zur Art.-29-Datenschutzgruppe und dem EDSA Kap. 3.2.1 (Rn. 48).

141 Schreiben der Article 29 Working Party vom 02.04.2014, https://ec.europa.eu/justice/article-29/documentation/other-document/files/2014/20140402_microsoft.pdf. Zusammenfassung hierzu bei *Voss/Woodcock/Chung/Kim/Son*, The Year in Review/ Privacy, E-Commerce, and Data Security, Kap. I. C.2, https://www.americanbar.org/content/dam/aba/publications/international-law-year-in-review/2014/inl507.pdf. Siehe hierzu auch Kap. 3.3.1 (Rn. 69).

142 Vielleicht sollten Verwechslungen mit den Begriffen „Appendix“ und „Attachment“ vermieden werden, die innerhalb des DPA verwendet werden und in der deutschen Fassung bereits als „Anhang“ bzw. „Anlage“ bezeichnet sind.

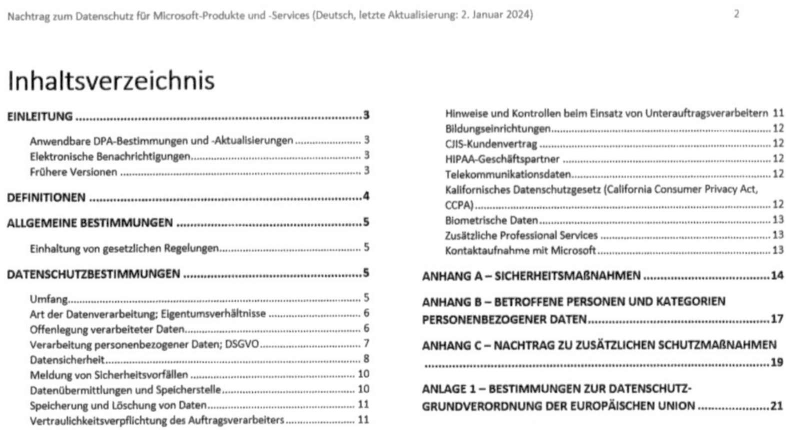
Nachtrag zum Datenschutz für Microsoft-Produkte und -Services (Deutsch, letzte Aktualisierung: 2. Januar 2024) 2

Inhaltsverzeichnis

EINLEITUNG 3
Anwendbare DPA-Bestimmungen und -Aktualisierungen 3
Elektronische Benachrichtigungen 3
Frühere Versionen 3
DEFINITIONEN 4
ALLGEMEINE BESTIMMUNGEN 5
Einhaltung von gesetzlichen Regelungen 5
DATENSCHUTZBESTIMMUNGEN 5
Umfang 5
Art der Datenverarbeitung; Eigentumsverhältnisse 6
Offenlegung verarbeiteter Daten 6
Verarbeitung personenbezogener Daten; DSGVO 7
Datensicherheit 8
Meldung von Sicherheitsvorfällen 10
Datenübermittlungen und Speicherstelle 10
Speicherung und Löschung von Daten 11
Vertraulichkeitsverpflichtung des Auftragsverarbeiters 11
Hinweise und Kontrollen beim Einsatz von Unterauftragsverarbeitern 11
Bildungseinrichtungen 12
CJIS-Kundenvertrag 12
HIPAA-Geschäftspartner 12
Telekommunikationsdaten 12
Kalifornisches Datenschutzgesetz (California Consumer Privacy Act, CCPA) 12
Biometrische Daten 13
Zusätzliche Professional Services 13
Kontaktaufnahme mit Microsoft 13
ANHANG A – SICHERHEITSMAẞNAHMEN 14
ANHANG B – BETROFFENE PERSONEN UND KATEGORIEN PERSONENBEZOGENER DATEN 17
ANHANG C – NACHTRAG ZU ZUSÄTZLICHEN SCHUTZMAẞNAHMEN 19
ANLAGE 1 – BESTIMMUNGEN ZUR DATENSCHUTZ-GRUNDVERORDNUNG DER EUROPÄISCHEN UNION 21

Abbildung 14: Inhaltsverzeichnis des DPA (Deutsche Fassung vom 02.01.2024)

4.2.3.2 Data Protection Addendum: Vertragspartner, Lizenzen und Abschluss

208 Das DPA wird bei Kunden aus der EU in der Regel mit der irischen Microsoft-Gesellschaft „Microsoft Ireland Operations Limited“ (auch als MIOL bezeichnet) geschlossen.

209 Aus dem Dropdown-Menü der Product Terms heraus und darüber aus der DPA-Übersichtsseite ist die Anwendbarkeit des DPA nur für folgende Lizenzen bzw. Vertragswege eindeutig:

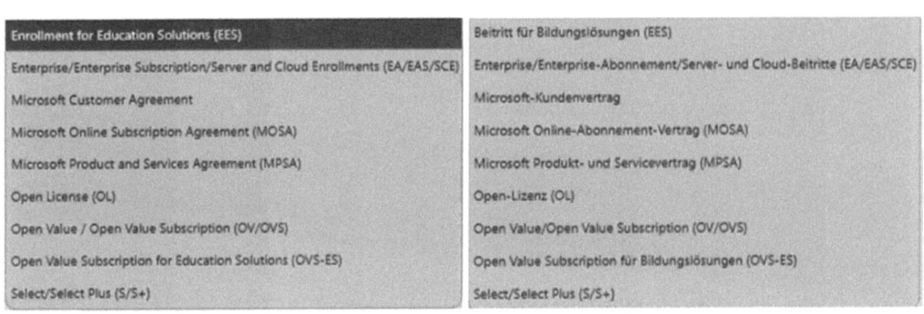

Abbildung 15: Screenshot: Drop-Down bei der Auswahl in den Product Terms

210 Somit ist für andere Lizenzwege unklar, ob das DPA überhaupt anwendbar ist, ob also vor allem die darin enthaltene Vereinbarung über die Auftragsverarbeitung im ordnungsgemäß auf der Grundlage Wege eines Vertrags oder eines anderen Rechtsinstruments i. S. d. Art. 28 Abs. 3 S. 1 DSGVO vereinbart wurde. Aus Sicht von Microsoft erfolgt dies für die nicht ausdrück-

lich geregelten Konstellationen zumindest im Wege einer einseitigen, verbindlichen Zusage. In diese Richtung können folgende Passagen des DPA interpretiert werden:

> „Die Parteien stimmen überein, dass dieser Datenschutznachtrag zu den Produkten und Services von Microsoft (Data Protection Addendum, „DPA“) ihre Verpflichtungen in Bezug auf die Verarbeitung und Sicherheit von Kundendaten, Professional Services-Daten und personenbezogenen Daten im Zusammenhang mit den Produkten und Services festlegt. Das DPA wird durch Bezugnahme in die Produktbestimmungen und andere Microsoft-Verträge aufgenommen.“[143]

Hiernach würde das DPA gemeinsam von den Parteien einbezogen werden. **211**
In Anlage 1 heißt es zudem:

> „Diese Verpflichtungen sind für Microsoft in Bezug auf den Kunden bindend, unabhängig (1) von der Version der Produktbestimmungen und des DPA, die anderweitig für ein bestimmtes Produktabonnement oder eine bestimmte Lizenz gilt, oder (2) von anderen Verträgen, die auf diese Anlage verweisen.“[144]

Laut dieser Zusage, die in ihrer Rangfolge allen anderen Teilen des DPA und **212**
der Product Terms vorgeht, scheint es sich um eine Zusage für alle Kunden zu handeln. Der Begriff des „Kunden“ ist im DPA nicht explizit definiert. Aus Abs. 2 S. 1 der Einleitung heraus kann jedoch auch interpretiert werden, dass nur Kunden mit Volumenlizenzvertrag gemeint sind.[145]

Somit scheint zwar in der Tat eine gewisse Zusage zur AVV-Anwendung **213**
vorzuliegen. Auch geht Anlage 1 den anderen Regelungen des DPA vor.[146] Allerdings erscheint im Hinblick darauf, dass zwischen Auftraggeber und Auftragnehmer Klarheit über das Vorliegen einer Auftragsverarbeitung und seiner Bedingungen geben sollte, bedenklich, sich allein auf diese Interpretation zu stützen. Auch das Berufen auf die Unklarheitenregel des § 305c Abs. 2 BGB[147] dürfte vor diesem Hintergrund und für die Erfüllung der Rechenschaftspflicht zumindest risikobehaftet sein.

---

143 DPA, Einleitung, Abs. 1 S. 1 und 2.

144 Anlage 1 zum DPA (sog. „DSGVO-Bestimmungen“, im Kern Zusagen in Bezug auf Art. 28 DSGVO), Abs. 1 S. 2.

145 „Bei Konflikten oder Widersprüchen zwischen […] und anderen Bestimmungen des Volumenlizenzvertrags des Kunden […] („Kundenvertrag“)“. In der Definition des Begriffs „Kundendaten“ findet sich indes keine in diese Richtung gehende Beschränkung.

146 Siehe Kap. 4.2.3.5 (Rn. 221).

147 Die deutsche Regelung des § 305c BGB gilt nach § 310 BGB auch im B2B-Geschäft und geht insoweit über die Umsetzung der Richtlinie 93/13/EWG hinaus. Sie wäre im Rahmen des Internationalen Privatrechts aber nur anwendbar, wenn gegenüber der Microsoft Ireland Operations Ltd. Deutsches Recht anwendbar ist.

4.2.3.3 Data Protection Addendum: Neue Versionen und Aktualisierung bei Bestandskunden

214 Wichtig ist für Bestandskunden, dass für sie nicht automatisch die neuen Versionen des DPA gelten.[148] Jedoch soll eine Verlängerung oder die Buchung einer neuen „Lizenz“ zur Anwendung der neuen DPA-Fassung führen. Hierzu heißt es in „Anwendbare DPA-Bestimmungen und -Aktualisierungen > Beschränkungen für Aktualisierungen“:[149]

> „Wenn der Kunde ein Produktabonnement verlängert oder ein neues Abonnement kauft oder einen Arbeitsauftrag für Professional Services eingeht, gelten die jeweils aktuellen DPA-Bestimmungen und werden während des Abonnements des Kunden für dieses Produkt oder die Laufzeit für diesen Professional Services nicht geändert.“

215 Hiernach scheinen auch Vertragsverhältnisse mit „gemischten“ Versionen denkbar. Unabhängig von der formalen Geltung einer bestimmten Fassung beinhaltet Anlage 1 die einseitige Zusage von Microsoft, dass seitens Microsofts (zusätzlich) eine Verpflichtung unabhängig von der Version des DPA vorliegt:[150]

> „Diese Verpflichtungen [gemeint sind die „DSGVO-Bestimmungen“ aus Anlage 1] sind für Microsoft in Bezug auf den Kunden bindend, unabhängig (1) von der Version der Produktbestimmungen und des DPA, die anderweitig für ein bestimmtes Produktabonnement oder eine bestimmte Lizenz gilt, oder (2) von anderen Verträgen, die auf diese Anlage verweisen.“

4.2.3.4 Data Protection Addendum: Auftragsverarbeitung und Standarddatenschutzklauseln

216 Die Abkürzung zum „DPA“ darf nicht – wie sonst verbreitet – als Data **Processing** Agreement, also als englischer Begriff der Auftragsverarbeitungsvereinbarung i. S. d. Art. 28 DSGVO (AVV) missverstanden werden. Das Data **Protection** Addendum ist vielmehr ein Datenschutz-Rahmendokument, in dem einige Datenverarbeitungen wie erwartet als Auftragsverarbeitung vereinbart werden, bei anderen hingegen Microsoft selbst Verantwortlicher (oder jedenfalls nicht Auftragsverarbeiter) ist. Zu berücksichtigen

---

148 Siehe hierzu den Teil „Anwendbare DPA-Bestimmungen und -Aktualisierungen > Beschränkungen für Aktualisierungen“ des DPA: „Wenn der Kunde ein Produktabonnement verlängert oder ein neues Abonnement kauft oder einen Arbeitsauftrag für Professional Services eingeht, gelten die jeweils aktuellen DPA-Bestimmungen und werden während des Abonnements des Kunden für dieses Produkt oder die Laufzeit für diesen Professional Services nicht geändert.“

149 Dort S. 1.

150 DPA, Anlage 1, Abs. 1 S. 2.

ist, dass auch einige Produkte (wie „Preview"-Versionen oder Dienste von Drittanbietern) von der Auftragsverarbeitung ausgenommen sind. Dies ist nachvollziehbar, muss aber in der organisatorischen Umsetzung beachtet werden.

Der Rahmen für die Vereinbarung einer Auftragsvereinbarung ergibt sich dabei aus dem letzten Satz des Abschnitts „Verarbeitung personenbezogener Daten; DSGVO" im Hauptteil „DATENSCHUTZBESTIMMUNGEN". Dort heißt es: **217**

> „Soweit Microsoft Auftragsverarbeiter oder Unterauftragsverarbeiter personenbezogener Daten ist, die der DSGVO unterliegen, gelten die Bestimmungen der DSGVO in Anlage 1. Die Regelungen im Unterabschnitt („Verarbeitung personenbezogener Daten; DSGVO") gelten ergänzend".

Der Teil „Verarbeitung personenbezogener Daten; DSGVO" gilt also subsidiär, d. h. in der Rangfolge unter der Anlage 1. In dieser Anlage („Bestimmungen zur Datenschutz-Grundverordnung der Europäischen Union") finden sich Verpflichtungen, die dort in Bezug zu Art. 5 Abs. 2, 28, 32 und 33 DSGVO gesetzt werden und zum Teil auf die Kritik oder Anregungen der Aufsichtsbehörden hin dort aufgenommen wurden. U. a. beinhaltet dies eine Pflicht von Microsoft, den Auftraggeber bei der Einhaltung seiner Rechenschaftspflicht zu unterstützen (Ziff. 1), eine weitgehend wortgleiche Wiedergabe der Regelung des Art. 28 Abs. 2 DSGVO zu Subunternehmern (Ziff. 2) sowie (Ziff. 3) weitere Verpflichtungen, die in Inhalt, Gliederung und Inhalt mit Art. 28 Abs. 3 lit. a bis h DSGVO korrelieren. **218**

Hinsichtlich einer Drittlandübermittlung durch Microsoft verpflichtet sich Microsoft im Teil „Datenübermittlungen und Speicherstelle > Datenübermittlungen" zum Abschluss der Standarddatenschutzklauseln (umgangssprachlich Standardvertragsklauseln oder SCC, siehe Kap. 9.4.2, Rn. 553): **219**

> „Sämtliche Übermittlungen von Kundendaten, Professional Services-Daten und personenbezogenen Daten aus der Europäischen Union […] zur Bereitstellung der Produkte und Services unterliegen den Bedingungen der von Microsoft implementierten Standardvertragsklauseln von 2021."

Zusätzlich gibt es ähnliche Verpflichtungen hinsichtlich der parallelen Regelungen der Schweiz und des Vereinigten Königreichs.[151] Die Standarddatenschutzklauseln werden Microsoft-intern in der Fassung des Kommissionsbeschlusses vom Juni 2021 vereinbart. Dabei werden diese in Form des Modul 3 (Processor to (Sub-)Processor) zwischen Microsoft Ireland **220**

151 Siehe „Datenübermittlungen und Speicherstelle > Datenübermittlungen", zweiter und dritter Absatz.

Operations Limited (MIOL) und der Muttergesellschaft Microsoft Corporation (USA) vereinbart.[152] Direkt zwischen dem Kunden und Microsoft-Gesellschaften in den USA oder in anderen Drittländern werden also keine Standarddatenschutzklauseln (mehr) vereinbart.[153]

4.2.3.5 Data Protection Addendum: Rangfolgeregelungen

221 Zur Rangfolge wird in der „Einleitung" des DPA folgendes bestimmt:[154]

> „Bei Konflikten oder Widersprüchen zwischen den Bestimmungen des DPA und anderen Bestimmungen des Volumenlizenzvertrags des Kunden oder anderer anwendbarer Verträge in Verbindung mit den Produkten und Services („Kundenvertrag") haben die Bestimmungen des DPA Vorrang. Die DPA-Bestimmungen haben Vorrang vor anderslautenden Bestimmungen in der Datenschutzerklärung von Microsoft, die ansonsten möglicherweise für die Verarbeitung von Kundendaten, personenbezogenen Daten oder Professional Services-Daten (Begriffe gemäß den Definitionen in diesem DPA) gelten."

222 Die Regelungen des DPA haben also Vorrang vor den anderen hier als „Kundenvertrag" definierten Standardverträgen.

223 Wie oben festgestellt gilt der mit „Verarbeitung personenbezogener Daten; DSGVO" übertitelte Teil des DPA in der Rangfolge unter der Anlage 1.[155] In Anlage 1 heißt es sodann:[156]

> „Diese DSGVO-Bestimmungen beschränken oder verringern nicht die Datenschutzverpflichtungen, die Microsoft gegenüber dem Kunden in den Produktbestimmungen oder in anderen Verträgen zwischen Microsoft und dem Kunden eingeht."

224 Nochmals vorrangig sind also andere Verträge und damit auch Individualvereinbarungen zwischen dem Kunden und Microsoft. Zu den Standarddatenschutzklauseln gibt es keine Rangfolge, da diese nicht Vertragsgegenstand zwischen dem Kunde und Microsoft sind.

225 Damit ergibt sich für den AVV-Teil folgende Rangfolge (absteigend und beginnend mit der höchsten Bedeutung):

---

152 Siehe in der Definition des Begriffs „Standardvertragsklauseln von 2021" im DPA.

153 Dies war für einige Länder mit der früheren Fassung der Standarddatenschutzklauseln anders gestaltet; vgl. die Fassung vom 15.09.2021, die als „Anhang 1" noch die Standardvertragsklauseln von 2010 enthielt, die direkt mit dem Kunden abgeschlossen wurden und hierzu in einer von Microsoft Corporation digital signierten Fassung beigefügt waren.

154 DPA, Einleitung, Absatz 2.

155 Siehe Kap. 4.2.3.4. (Rn. 216).

156 Zweiter Absatz der Anlage 1, Satz 3.

1. Individual- oder andere weitergehende Vereinbarungen zum Datenschutz

„Produktbestimmungen oder in anderen Verträgen zwischen Microsoft und dem Kunden [eingegangene Datenschutzverpflichtungen]“, werden nicht durch die „DSGVO-Bestimmungen“ aus Anlage 1 beschränkt oder reduziert. Dies schließt sprachlich Individualvereinbarungen ein, die zwischen dem Kunden und Microsoft vereinbart werden. „Datenschutzverpflichtungen“ aus Individualvereinbarungen gehen also anderen Regelungen vor.

Quelle: DPA, Anlage 1, Abs. 2 S. 3.

2. Regelungen der Anlage 1

„Soweit Microsoft Auftragsverarbeiter oder Unterauftragsverarbeiter personenbezogener Daten ist, die der DSGVO unterliegen, gelten die Bestimmungen der DSGVO in Anlage 1. Die Regelungen im Unterabschnitt („Verarbeitung personenbezogener Daten; DSGVO“) gelten ergänzend.“[157]

Quelle: DPA, Abschnitt „Verarbeitung personenbezogener Daten; DSGVO“, dort Abs. 2 S. 2.

3. Regelungen aus dem DPA-Abschnitt „Verarbeitung personenbezogener Daten; DSGVO“

Diese gelten „ergänzend“ zu Anlage 1.

Quelle: Wie zuvor.

4. Sonstige Regelungen des DPA

Hier ist nicht eindeutig, ob sie nach- oder gleichrangig mit den Regelungen des DPA-Abschnitts „Verarbeitung personenbezogener Daten; DSGVO“ gelten. Zum DPA besteht folgende Regelung:

„Bei Konflikten oder Widersprüchen zwischen den Bestimmungen des DPA und anderen Bestimmungen des Volumenlizenzvertrags des Kunden oder anderer anwendbarer Verträge in Verbindung mit den Produkten und Services („Kundenvertrag“) haben die Bestimmungen des DPA Vorrang. Die DPA-Bestimmungen haben Vorrang vor anderslautenden Bestimmungen in der Datenschutzerklärung von Microsoft, die ansonsten möglicherweise für die Verarbeitung von Kundendaten, personenbezogenen Daten oder […] gelten.“

Quelle: DPA, Einleitung, Abs. 2.

---

157 Abs. 2 S. 1 und 2.

5. Product Terms und sonstige Bestimmungen

Diese gelten nachrangig nach den zuvor genannten Dokumenten.

Quelle: Umkehrschluss aus den zuvor aufgeführten Regelungen zur Rangfolge.

4.2.3.6 Ausschlüsse vom DPA, sog. eigene Zwecke

226 Wie dargestellt ist das DPA keine reine AVV, sondern ein umfassender Vertragsrahmen für Aspekte des Datenschutzes innerhalb und außerhalb der Auftragsverarbeitung.[158] Daraus ergeben sich eine Reihe von Ausschlüssen, durch die das gesamte DPA oder zumindest die darin vereinbarte Auftragsverarbeitung auf bestimmte Sachverhalte nicht anwendbar ist:[159]

- Produkte, die in den Product Terms entsprechend als ausgeschlossen gekennzeichnet werden;[160]
- sog. „Preview"-Versionen. Dabei handelt es sich umgangssprachlich um Beta-Versionen, also Produkte, die aus Sicht des Anbieters noch nicht ausgereift sind und eher zum Testen angeboten werden;[161]
- Ausschluss von „Verarbeitung von Daten in Umgebungen", die nicht „von Microsoft und den Unterauftragsverarbeitern von Microsoft kontrolliert werden";[162] dies betrifft z. B. Daten, die ein Nutzer lokal auf seinem Rechner speichert;
- der vorgenannte Ausschluss betrifft auch Produkte, die in Microsoft 365 integriert sind oder über Microsoft 365 eingebunden werden können, aber von Dritten angeboten werden;
- bestimmte Daten verarbeitet Microsoft nicht im Rahmen der Auftragsverarbeitung, sondern in eigener Verantwortung u. a. im Kontext der Erbringung und Abrechnung der Leistungen.[163] Unter der Bezeichnung „eigene Zwecke von Microsoft" wurde dies stark kritisiert. Microsoft verwendet diese Bezeichnung nicht (mehr) und teilt es auf in:
  - „Zwecke dieses DPA": Dies betrifft im Rahmen der Zurverfügungstellung der Produkte die „Bereitstellung von Funktionen wie vom Kunden und dessen Benutzern lizenziert, konfiguriert und verwendet, ein-

158 Siehe Kap. 4.2.3.1 (Rn. 208).

159 Zum Vertragswerk mit Microsoft und damit auch der Frage, welche Daten vom Auftragsverarbeitungsvertrag, welche Daten Microsoft selbst als Verantwortlicher verarbeitet und inwieweit Subunternehmer eingebunden werden, siehe auch *Koglin*, DSB 2022, S. 38 ff.; *Koglin*, DSB 2023, S. 2.

160 DPA unter „Umfang", Abs. 2 S. 1.

161 DPA unter „Umfang", Abs. 5.

162 DPA unter „Umfang", Abs. 3 S. 1.

163 DPA unter „Art der Datenverarbeitung; Eigentumsverhältnisse".

schließlich der Bereitstellung personalisierter Benutzererfahrungen", Fehlerbehebung und Verbesserung[164]

sowie

- „Geschäftstätigkeiten, die durch die Bereitstellung der Produkte und Services an den Kunden veranlasst sind": Dies umfasst Nutzungsprotokolle, die pseudonyme Identifikatoren enthalten können und Statistiken; ihre Verwendung ist auf Aspekte wie „Abrechnungs- und Kundenverwaltung", Berechnung von Provisionen, „Interne Berichterstattung und Geschäftsmodellierung" sowie Finanzberichterstattung beschränkt.[165]

4.2.3.7 Relevanz der „Core Online Services"

Das DPA gilt grundsätzliche für alle „Produkte und Services".[166] Gemäß **227**
den Definitionen des DPA fasst dieser Doppelbegriff die „Produkte" und die „Professional Services" zusammen. Letzte sind insb. individuelle Beratungsdienstleistungen. Der Begriff „Produkt" enthält hingegen bereits Onlinedienste („Online Services"). Die Leistungen, um die es bei der Betrachtung von Microsoft 365 geht, sind also bereits im Term „Produkte" und den darin enthaltenen Onlinediensten („Online Services") enthalten; der Teil „und Services" aus der Doppeldefinition „Produkte und Services" ist im Rahmen der Analyse zu Microsoft 365 zu großen Teilen ohne Bedeutung.[167]

Eine besondere Rolle spielt dabei die Qualifikation als „Core Online Ser- **228**
vices" (in der deutschen DPA-Fassung: „Core-Onlinedienste"): Nur für sie gelten die in Anhang A vereinbarten Sicherheitsmaßnahmen („Security Measures"), also die umgangssprachlich als TOMs bezeichneten Maßnahmen:

> „Jeder Core-Onlinedienst entspricht auch den Kontrollstandards und -bestimmungen, die in der Tabelle in den Produktbestimmungen aufgeführt sind. Jeder Core-Onlinedienst und Professional Service implementiert und unterhält die in Anhang A dargelegten Sicherheitsmaßnahmen zum Schutz von Kundendaten und Professional Services-Daten."[168]

> „Microsoft hat für Kundendaten in den Core-Onlinediensten und für Professional Services-Daten die folgenden Sicherheitsmaßnahmen getroffen […]"[169]

---

164 DPA unter „Art der Datenverarbeitung; Eigentumsverhältnisse" > „Verarbeitung zur Bereitstellung der Produkte und Services für Kunden".

165 DPA unter „Art der Datenverarbeitung; Eigentumsverhältnisse" > „Verarbeitung für Geschäftstätigkeiten, die durch die Bereitstellung der Produkte und Services an den Kunden veranlasst sind".

166 DPA unter „Umfang", Abs. 1 (siehe jedoch die Ausnahme in Abs. 2).

167 Vgl. jedoch im Rahmen von EU Data Boundary in der aktuellen DPA-Fassung Kap. 4.2.3.9 (Rn. 235).

168 DPA, „Datensicherheit > Sicherheitsverfahren und Sicherheitsrichtlinien", Abs. 3.

169 DPA, Anhang A, Abs. 1.

229 Soweit ein Verantwortlicher sich auf die im DPA verankerte AVV einschließlich der Sicherheitsmaßnahmen aus Anhang A berufen will bzw. muss, ist somit die Qualifikation des jeweiligen Dienstes als „Core Online Service" zu prüfen. Die Zuordnung von Diensten als Core Online Services erfolgt in den Privacy & Security Terms.[170] Hierin sind die üblichen Dienste von Microsoft 365/Office 365 als Core Online Service gelistet. Bei seltenen oder neuen Diensten sollte aber nachvollzogen werden, dass der Dienst als Core Online Service gelistet ist.[171]

Für Dienste, die keine Core Online Services darstellen, gilt nur eine allgemeine Bezugnahme auf ISO 27001 im Abschnitt „Datensicherheit" sowie Anlage 1.

4.2.3.8 Angaben zu Arten der Daten, Zwecken etc.

230 Das DPA bestimmt im Abschnitt „Verarbeitung personenbezogener Daten; DSGVO > Verarbeitungsdetails" zu Art und Zwecken der Verarbeitung:

> „Art und Zweck der Verarbeitung ist die Bereitstellung der Produkte und Services gemäß dem Kundenvertrag und für die Geschäftstätigkeiten in Verbindung mit der Bereitstellung der Produkte und Services für den Kunden (wie ausführlicher im Abschnitt dieses DPA mit dem Titel „Art der Verarbeitung; Eigentumsverhältnisse" weiter oben beschrieben)."

231 Zu den „Kategorien von Daten" heißt es:[172]

> „Zu den Arten von personenbezogenen Daten, die von Microsoft bei der Bereitstellung der Produkte und Services verarbeitet werden, gehören: (i) Personenbezogene Daten, die der Kunde in Kundendaten und Professional Services-Daten aufnehmen möchte; und (ii) diejenigen, die ausdrücklich in Artikel 4 DSGVO genannt sind, die von Microsoft generiert, abgeleitet oder gesammelt werden können, einschließlich Daten, die aufgrund der Nutzung dienstbasierter Funktionen durch einen Kunden an Microsoft gesendet oder von Microsoft aus lokal installierter Software bezogen werden. Bei den Arten von personenbezogenen Daten, die der Kunde in die Kundendaten und Professional Services-Daten aufnehmen möchte, kann es sich um alle Kategorien von personenbezogenen Daten handeln, die in Aufzeichnungen genannt werden, die vom Kunden als Verantwortlicher gem. Artikel 30 DSGVO handelnd gepflegt werden, einschließlich der in Anhang B aufgeführten Kategorien personenbezogener Daten."

---

170 Siehe Kap. 4.2.2. (Rn. 201).

171 Zur Qualifikation von Microsoft Copilot und Microsoft 365 Copilot als Core Online Service siehe Kap. 11.3.3 (Rn. 676).

172 DPA, „Verarbeitung personenbezogener Daten; DSGVO > Verarbeitungsdetails", Punkt 4.

Die Beschreibung der betroffenen Personen lautet:[173] 232

> „Die Kategorien betroffener Personen sind Vertreter und Endnutzer des Kunden, wie Mitarbeiter, Auftragnehmer, Partner und Kunden. Dies kann auch andere Kategorien betroffener Personen umfassen, die in Verzeichnissen genannt werden, welche vom Kunden als Verantwortlicher gemäß Artikel 30 DSGVO geführt werden, einschließlich der in Anhang B aufgeführten Kategorien betroffener Personen."

In Anhang B finden sich sodann auf rund 1,5 Seiten weitere Angaben und Beispiele über „Betroffene Personen und Kategorien personenbezogener Daten". Neben den in AVV-Anlagen allgemein üblichen Beispielen der Betroffenen wie Mitarbeitenden, Auftragnehmern und Kunden werden auch Angehörige und Berufsgeheimnisträger i. S. d. § 203 StGB aufgeführt und exemplarisch benannt („z. B. Ärzte, Anwälte, Notare, Kirchenmitarbeiter usw.").

Zu den Kategorien von Daten werden auch „Informationen, die zur Erfül- 233
lung einer Aufgabe verarbeitet werden, die im öffentlichen Interesse oder in Ausübung der öffentlichen Gewalt ausgeführt wird" genannt und besondere Kategorien von Daten gem. Art. 9 DSGVO ausführlich aufgelistet. Die Aufführung schließt mit der „Catch-All"-Klausel „Alle anderen in Artikel 4 DSGVO genannten personenbezogenen Daten."

Die Darstellung der Daten und Zwecke etc. der Auftragsverarbeitung im DPA wurde wiederholt kritisiert. Grundsätzlich ist es primär die Aufgabe des Auftraggebers, diese zu bestimmen, da nur er „Herr" über die Verarbeitungsvorgänge ist, die der Auftragnehmer lediglich weisungsgebunden umsetzen soll. Im Massengeschäft wie bei Software as a Service und den damit verbundenen Massen-Vertragsbedingungen ist dies jedoch in der Praxis kaum umsetzbar.[174] Hinzu kommt, dass bei flexibel nutzbaren Tools wie Speicherplatz, Videokonferenzen oder E-Mails vorab nicht abschließend festlegbar ist, welche Daten dort vom Nutzer gespeichert oder anderweitig verarbeitet werden sollen.[175]

4.2.3.9 Änderungen in der DPA-Fassung vom 18.02.2025

Am 18.02.2025 hat Microsoft eine neue Fassung des DPA herausgegeben. 234
Im Vorfeld war von vielen Beobachtern – vor allem aus der deutschen Microsoft-Szene – erwartet worden, dass gegenüber der vorherigen Fassung vom 02.01.2024 etliche Teile der „niedersächsischen Zusatzvereinbarung"[176]

173 DPA, „Verarbeitung personenbezogener Daten; DSGVO > Verarbeitungsdetails", Punkt 5.
174 S. Kap. 3.3.9.4 (Rn. 150 ff.).
175 *Koglin*, Formularhandbuch Datenschutzrecht, Kap. G.VI.1 Anm. 10.
176 Siehe Kap. 3.3.6.2 (Rn. 103 ff.).

oder aus anderen Rahmenverträgen und Zusatzvereinbarungen in das allgemeine DPA übernommen werden würden. Dies ist nicht geschehen.

235 Abgesehen von Änderungen des Layouts erfolgte lediglich eine Erweiterung des „EU Data Boundary"-Programms. Dieses umfasst nun nicht nur die im DPA so definierten Kundendaten („Customer Data") – die laut Definition allerdings „Professional Services-Daten" ausschließen.[177] Nun sind auch letztere erfasst. Dabei wird allerdings unterschieden: Kundendaten werden immer von EU Data Boundary erfasst (in der bisher verfügbaren englischen Fassung „Microsoft will store and process"); die Professional Services-Daten hingegen nur bei der bei der Speicherung „at rest". Bei den Professional Services-Daten handelt es sich nicht um die Daten aus der normalen Nutzung von M365, sondern um Daten aus Beratungsleistungen (Professional Services), allerdings auch um bestimmte Daten aus technischem Support.[178] Weitere Details zu EU Data Boundary ergeben sich aus den Privacy & Security Terms der Product Terms.[179]

Somit ergibt sich folgende Übersicht zum Aufbau des DPA, der sich von der bisherigen Gliederung nicht wesentlich unterscheidet:[180]

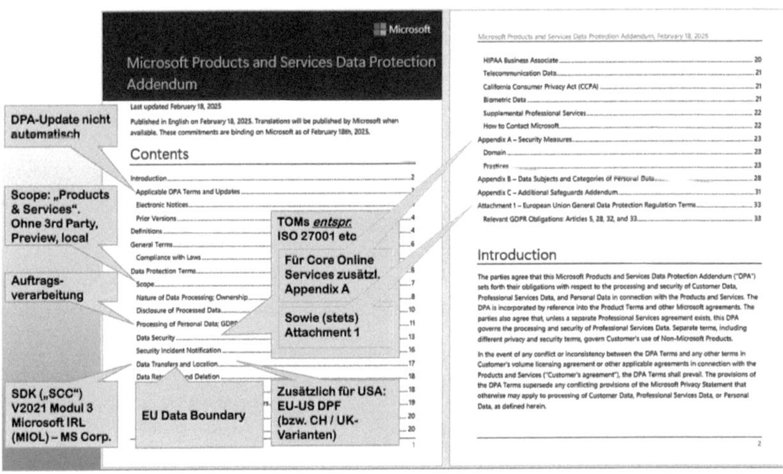

Abbildung 16: Übersicht zum Aufbau und zur Gliederung des DPA

177 Zur Abgrenzung im Rahmen der Core Online Services Kap. 4.2.3.7 (Rn. 227).

178 Vgl. hierzu die Definitionen von „Produkte und Services", Professional Services" und Professional Services-Daten" im DPA. Übersicht über die Änderungen durch das DPA vom Februar 2025 bei *Koglin*, DSB 2025, S. 65.

179 Kap. 4.2.2. (Rn. 201).

180 Quelle: Stiftung Datenschutz, https://use365.ms/MS-DPA2025.

4.2.3.10 Änderungen in der DPA-Fassung vom 01.04.2025

Am 01.04.2025 hat Microsoft erneut eine neue DPA-Fassung veröffentlicht. Auch hier sind die Änderungen überschaubar; insbesondere wurde nicht die Zusatzvereinbarung aus Niedersachsen übernommen.

Die Änderungen betrifft nur die Preview-Versionen, die nun als „Vorschauen" (auch „Vorschauversionen") und allgemein als Beta-Versionen bezeichnet werden. Der Begriff der „Vorschaudaten" wird nun explizit definiert und die Regelung wurde in ein eigenes Kapitel verschoben. Inhaltlich ändert sich wenig; Vorschauen und Vorschaudaten unterliegen nicht oder nicht immer dem vollständigen Datenschutzregime des DPA, was von den Angaben zu den betroffenen Vorschauen abhängt.

„Vorschaudaten dürfen in die USA ... übertragen ... werden", heißt es nun in dem entsprechenden Kapitel des DPA. Dies ist freilich nicht als Zusage von Microsoft zu verstehen, dass der Verantwortliche einen solchen Drittlandtransfer problemlos durchführen darf, also Microsoft das Vorliegen einer Rechtsgrundlage garantiert. Es ist selbstredend so gemeint, dass Microsoft berechtigt sein soll, die Daten in die USA bzw. die anderen dort referenzierten Länder zu übermitteln.[181] Ob dies rechtlich zutreffend ist, steht auf einem anderen Blatt.

Unverändert bleibt somit, dass Preview- bzw. Vorschauversionen sowie Dienste von Drittanbietern datenschutzrechtlich und damit in der technisch-organisatorischen Handhabung gesondert behandelt werden müssen und das DPA hierfür allenfalls eingeschränkt gilt; hierzu im Rahmen der DPA-Geltung Kap. 4.2.3.6 (Rn. 226); im Rahmen der TOMs Kap. 6.5 (Rn. 431); im Rahmen des TIA Kap. 9.5 (Rn. 580); bezüglich Copilot Kap. 11.3.1 (Rn. 671).

4.2.4 Berufsgeheimnisträger Zusatzvereinbarung und § 203 StGB

Über die allgemeinen Product Terms und das DPA hinaus gibt es weitere mögliche Vertragsdokumente. Speziell für die von § 203 StGB erfassten Amts- und Berufsgeheimnisträger bietet Microsoft eine offizielle „Berufsgeheimnisträger Zusatzvereinbarung" an.[182] Sie wird in der Microsoft-Nomenklatur auch als Amendment (Zusatz) M657 bezeichnet. **236**

---

181 https://www.legalcheck.de/blog/vorschau-aenderungen-im-neuen-microsoft-dpa-vom-april-2025.

182 https://use365.ms/MS203 oder https://query.prod.cms.rt.microsoft.com/cms/api/am/binary/RE4GI29.

237 Die Zusatzvereinbarung nimmt auf § 203 StGB Bezug und verpflichtet Microsoft, bei den eingesetzten Mitarbeitern eine Verpflichtung auf die Geheimhaltung vorzunehmen, um eine Strafbarkeit nach § 203 Abs. 4 S. 2 StGB auszuschließen. Dabei ist die Natur des § 203 Abs. 3 und 4 StGB zu berücksichtigen. Es handelt sich nicht um eine verpflichtende Norm, wie sie Datenschützern aus Datenschutz- oder IT-Sicherheitsgesetzen bekannt ist. Als Strafrechtsnorm definiert sie nicht, was richtigerweise zu tun ist, sondern setzt die objektiven und subjektiven Tatbestandsmerkmale für die Strafbarkeit: Es wird also definiert, was *nicht* zu tun ist.

238 § 203 StGB als sog. echtes Sonderdelikt[183] mit zusätzlichen tauglichen Tätern, der Natur seines Abs. 4 als Unterlassungsdelikt im Hinblick auf die Verpflichtung der einzusetzenden Personen zur Geheimhaltung, und die Ähnlichkeit mit einem Gefährdungsdelikt insoweit, als die Strafbarkeit nur dann gegeben ist, wenn es bei Unterlassung der Verpflichtung wirklich zu einem „Verrat" des Geheimnisses durch die „mitwirkende Person" kommt, ist eine strafrechtsdogmatisch sehr ungewöhnliche Norm mit geringer Relevanz in der Praxis.

239 Da als subjektiver Tatbestand auch Vorsatz auf das objektive Tatbestandsmerkmal erforderlich ist, „nicht dafür Sorge getragen" zu haben, dass die mitwirkenden Personen entsprechend verpflichtet werden, bleibt im Kern eine typische Compliance-Pflicht zum Aufbau einer Organisation, bei der die relevanten Personen üblicherweise ordnungsgemäß verpflichtet werden.[184] Der Verrat des Geheimnisses durch die mitwirkende Person ist dann nur noch objektive Bedingung der Straftat;[185] diesbezüglich ist kein Vorsatz erforderlich. Dies ist der in § 203 Abs. 4 StGB enthaltene Aspekt eines Gefährdungsdelikts. Nach herrschender Meinung muss zwischen der unterbliebenen Verpflichtung der mitwirkenden Person und dessen Verrat der geschützten Information keine Kausalität bestehen.[186]

240 Zu verpflichten sind nur solche Personen, die tatsächlich Zugang zu dem Geheimnis in unverschlüsselter Form kommen. Die Verpflichtung kann dabei formfrei erfolgen. Die „Berufsgeheimnisträger Zusatzvereinbarung" reicht nach Auffassung des Autors aus, um eine Strafbarkeit nach § 203 StGB zu vermeiden.

---

183 NK-StGB/*Kargl*, § 203 Rn. 46, 139 (unstr.). Dies gilt auch für den Datenschutzbeauftragten (siehe § 203 Abs. 4 S. 1 StGB) und die Mitwirkenden als Täter in Abs. 4.

184 Dies wird noch komplizierter durch den Umstand, dass es sich insoweit um ein Unterlassungsdelikt handelt; gleichwohl ist diesbezüglich Vorsatz erforderlich (NK-StGB/*Kargl*, § 203 Rn. 99).

185 MüKo-StGB/*Cierniak/Niehaus*, § 203 Rn. 163.

186 NK-StGB/*Kargl*, § 203 Rn. 91 m. w. N.

4.2.5 Weitere Zusatzvereinbarungen und Rahmenverträge

Mit etlichen Konzernen oder anderen Großkunden hat Microsoft individuelle Vereinbarungen abgeschlossen. Diese basieren häufig auf früheren Fassungen von DPA und anderen Vertragsdokumenten. Besondere Bekanntheit hat dabei die mit dem Land Niedersachsen abgeschlossene „Zusatzvereinbarung“ erlangt, dank der der Einsatz von Teams im dortigen Ministerium für Inneres und Sport vom Landesdatenschutzbeauftragten akzeptiert wurde.[187] **241**

Es gibt aber – auch für Behörden bzw. deren Zusammenschlüsse für die Vertragsverhandlung mit Microsoft – eine Reihe weiterer Zusatzvereinbarungen. Auch im Verfahren des EDSB kann der Dokumentation der bei der EU-Kommission verwendete M365-Vertrag entnommen werden. **242**

4.3 Einordnung: Wesen der DSK und Relevanz von aufsichtsbehördlichen Positionen

Nach der Darstellung des Vertragswerks zu Microsoft 365 soll zur Auseinandersetzung mit der vor allem aufsichtsbehördlichen Kritik an M365 nun die Datenschutzkonferenz (DSK) und die Bedeutung von aufsichtsbehördlichen Positionen betrachtet werden. **243**

Die DSGVO regelt nicht das Verhältnis und die Organisation von mehreren Aufsichtsbehörden eines einzelnen Mitgliedstaates, wie es in Deutschland mit seinen über 18 Aufsichtsbehörden[188] der Fall ist. Art. 51 Abs. 3 DSGVO verpflichtet den nationalen Gesetzgeber bei mehreren Aufsichtsbehörden allerdings, entsprechende Verfahrensregelungen für die Teilnahme am Kohärenzverfahren zu treffen.[189] Dies ist in Deutschland durch § 18 Abs. 1 S. 1 BDSG erfolgt. Dieser verpflichtet die deutschen Datenschutzaufsichtsbehörden bei Wahrung ihrer Unabhängigkeit (Art. 51 DSGVO, Art. 41 JI-RL) und ihrer jeweiligen Zuständigkeiten auf eine Zusammenarbeit in Angelegenheiten der Europäischen Union mit dem Ziel einer einheitlichen Anwendung der DSGVO und der JI-RL. Damit wird das Prinzip der Kooperation zwischen den Aufsichtsbehörden, das in der DSGVO an verschieden Stellen verankert ist (vgl. Art. 51 Abs. 2, 60 Abs. 1 DSGVO), auf die Zusammenarbeit der deutschen Aufsichtsbehörden im europäischen Kontext übertragen.[190] **244**

---

187 Hierzu ausführlich Kap. 3.3.6.2. (Rn. 103).

188 Siehe Kap. 3.2.2 (Rn. 52).

189 Vgl. BeckOK DatenschutzR/*Kisker*, 42. Edition, Stand: 1.11.2022, § 18 BDSG Rn. 3.

190 Vgl. BeckOK DatenschutzR/*Kisker*, 42. Edition, Stand: 1.11.2022, § 18 BDSG Rn. 4.

4.3.1 Rechtsnatur und Relevanz der Datenschutzkonferenz

245 Die DSK selbst ist kein gesetzlich geregeltes Gremium,[191] insbesondere ist sie selbst keine Aufsichtsbehörde. Sie kann daher selbst niemals Verwaltungsakte (wie datenschutzrechtliche Maßnahmen und Geldbußen) erlassen.[192] Die in ihr zusammengeschlossenen Aufsichtsbehörden können zwar gemeinsame Rechtsauffassungen „beschließen"; an diese Positionen sind Verantwortliche jedoch nicht gebunden.[193] Erklärungsbedürftig ist daher bereits die Rechtsnatur der DSK. Sie selbst bezeichnet sich bisweilen als Vereinigung öffentlichen Rechts *sui generis*. Laut dem Impressum der DSK-Website[194] wird als „Verantwortlich für den Inhalt der Website" jedoch ein einzelnes DSK-Mitglied angegeben. Das deutsche Recht hat zwar Aspekte der Zusammenarbeit zwischen den Aufsichtsbehörden im Hinblick auf andere Mitgliedstaaten und die EU vorgegeben (vgl. § 18 Abs. 1 S. 1 bis 4 und Abs. 2 BDSG). Bislang ist jedoch keine klare gesetzliche Normierung und Benennung einer „Datenschutzkonferenz" erfolgt.

246 Dieses Defizit ist der DSK und dem Gesetzgeber bekannt. Die rot-grün-gelbe Bundesregierung hatte sich daher vorgenommen, die Datenschutzkonferenz zu „institutionalisieren" und „ihr rechtlich, wo möglich, verbindliche Beschlüsse [zu] ermöglichen".[195] Dies ist trotz Vorschlägen des Bundesrates bis zum vorzeitigen Ende der Koalition nicht erfolgt. Bis dorthin ist die DSK eine freiwillige Vereinigung nationaler Aufsichtsbehörden (unter Beteiligung der spezifischen Aufsichtsbehörden, vgl. § 18 Abs. 1 S. 4 BDSG),[196] die ohne eigene Rechtsmacht agiert und rechtliche Verbindlichkeit ausschließlich über eine Selbstbindung der beteiligten unabhängigen Aufsichtsbehörden der Länder und des Bundes herstellen kann. Fraglich ist in diesem Kontext schon, ob es eine gesetzliche Grundlage für Tätigkeiten der DSK außerhalb des Aufgabenbereichs von § 18 Abs. 1 und Abs. 2 BDSG gibt. Soweit dies nicht der Fall ist und auch kein Anwendungsfall des § 40 Abs. 3 S. 1 BDSG vorliegt, könnte insoweit für eine eigene Datenverarbeitung durch „die DSK" auch eine Rechtsgrundlage nach Art. 6 Abs. 1 lit. c DSGVO fehlen.

---

191 Vgl. Sydow/Marsch/*Wilhelm-Robertson*, DS-GVO/BDSG, § 18 BDSG Rn. 11, 12.
192 Kap. 3.2.3 (Rn. 55).
193 Kap. 3.2.4 (Rn. 63).
194 www.datenschutzkonferenz-online.de.
195 Koalitionsvertrag „Mehr Fortschritt wagen", abrufbar über www.bundesregierung.de/breg-de/aktuelles/koalitionsvertrag-2021-1990800.
196 Dazu BeckOK DatenschutzR/*Kisker*, 42. Edition, Stand: 1.11.2022, § 18 BDSG Rn. 4a.

4.3.2 Keine Verbindlichkeit der Positionen von Aufsichtsbehörden

247 Nach dem Rechtsstaatsprinzip (Art. 20 Abs. 3 GG) ist zwischen Legislative, Exekutive und Judikative zu trennen. Die Exekutive – einschließlich (fachlich) unabhängiger Aufsichtsbehörden – kann Rechtsfragen im Rahmen ihrer Verwaltungsverfahren verbindlich auslegen (etwa per Verwaltungsakt gegenüber Verantwortlichen). Diese Auslegung unterliegt jedoch der Kontrolle durch die Gerichte. Einzelne Aufsichtsbehörden oder die DSK können Rechtsauslegungen jedoch nicht allgemeinverbindlich festlegen – weder durch eigene Verwaltungsverfahren noch durch Positionierungen oder DSK-Beschlüsse.[197]

248 Äußert die Aufsichtsbehörde, ggf. in Kooperation mit anderen Aufsichtsbehörden, öffentlich eine Behördenansicht, so tritt damit (jedenfalls spätestens mit der ersten darauf basierenden Verwaltungsentscheidung einer Aufsichtsbehörde) eine Selbstbindung der Verwaltung ein.

Die DSK scheint in ihrer Geschäftsordnung von der Verbindlichkeit veröffentlichter Mehrheitsentscheidungen durch Selbstbindung nach den Grundsätzen rechtsstaatlichen Vertrauensschutzes auszugehen, die durch ein ebenfalls veröffentlichtes dissenting vote durch einzelne Aufsichtsbehörden begrenzt bzw. abgewendet werden kann. Diese Bindung soll laut Geschäftsordnung Dritten jedoch keine einklagbaren Rechte gewähren:

> „Beschlüsse verabschiedet die Konferenz mit einer Mehrheit von mindestens 12 Stimmen (2/3). Sie haben für die Mitglieder der DSK bindende Wirkung. Sie dienen nicht dem Schutz Dritter und begründen keine einklagbaren Rechte. Jedes Mitglied der DSK, das der Mehrheitsentscheidung nicht zustimmt, kann zusätzlich zu seiner Stimmabgabe erklären, dass es sich dieser Bindung nicht unterwirft. Diese Erklärung wird zusammen mit dem Beschluss veröffentlicht. Jedes Mitglied kann die Aufhebung oder Abänderung bindender Beschlüsse beantragen.“[198]

249 Wer entsprechend den Empfehlungen oder Rechtsauffassungen der für ihn zuständigen Aufsichtsbehörde handelt, ist vor Maßnahmen (insb. Geldbußen) der eigenen und anderer Aufsichtsbehörden sicher (zum sog. One Stop-Shop vgl. Art. 55, 56 Abs. 6 DSGVO). Wird diese Position von einer nicht zuständigen Datenschutz-Aufsichtsbehörde i. S. d. Art. 52 DSGVO vertreten, so droht dem Verantwortlichen jedenfalls keine Geldbuße.

---

197 Kap. 3.2.3 (Rn. 55).

198 Geschäftsordnung der Konferenz der unabhängigen Datenschutzaufsichtsbehörden des Bundes und der Länder vom 05.09.2018, zuletzt geändert durch Beschluss der DSK vom 27.02.2024 geändert, Abschnitt IV. 3. Unterabsatz 4 (Hervorhebung durch den Verf.); https://datenschutzkonferenz-online.de/media/dsk/Geschaeftsordnung_DSK_Stand_Februar-2024.pdf.

250 Die DSK und auch eine einzelne Aufsichtsbehörde hat also keine „Rechtssetzungskompetenz", über den Einsatz von M365 verbindlich zu entscheiden. Der DSK-Beschluss und ähnliche Positionierungen von Aufsichtsbehörden sind lediglich Äußerungen von Rechtsauffassungen, wobei selbstverständlich einer entsprechenden Positionierung durch Aufsichtsbehörden eine besondere Relevanz zukommt. Äußert sich eine zuständige Aufsichtsbehörde in der DSK oder in einem Verwaltungsverfahren zur Frage der Zulässigkeit des Einsatzes von M365, so tritt nach dem Rechtsstaatsprinzip des Art. 20 Abs. 3 GG eine Selbstbindung ein, die i. d. R. erst durch eine öffentliche Lösungserklärung der Behörde wieder aufgehoben werden kann. Rückwirkende Sanktionierungen von Verantwortlichen, die sich bei der Datenverarbeitung im Rahmen der bisherigen Auffassung der Aufsichtsbehörde bewegten, sind dann ausgeschlossen. Für die Zukunft kann die Aufsichtsbehörde eine geänderte Rechtsauffassung aber jederzeit durchsetzen, etwa im Wege der Anordnung (vgl. Art. 58 Abs. 2 lit. d DSGVO).

4.3.3 Zusammenfassung

251 Daher ist ein Verantwortlicher, der M365 einsetzt, an Positionierungen der DSK rechtlich nicht gebunden. Er sollte sich aber zur Wahrung seines Interesses an einem rechtmäßigen Einsatz der Dienstleistung (vgl. Art. 5 Abs. 1 lit. a, Abs. 2 DSGVO) mit den Positionen der DSK und seiner Aufsichtsbehörde auseinandersetzen.

252 Zudem sind die Aufsichtsbehörden nur für die Bewertung einer konkreten Datenverarbeitung zuständig. Ihnen obliegt jedoch nicht die pauschale Bewertung eines Dienstleisters oder eines konkreten Produkts wie Microsoft 365. Entscheidend – und ausschließlich zu bewerten – ist allein die konkrete Datenverarbeitung im Einzelfall durch den Verantwortlichen (oder einen Auftragsverarbeiter). Daher konnte die DSK auch allenfalls einen indirekten Beschluss fassen, dass (nach ihrer Rechtsauffassung) ein Verantwortlicher auf Basis einer bestimmten AVV nicht in der Lage sei, seine Pflichten aus Art. 5 Abs. 2 DSGVO zu erfüllen.

4.4 Bewertung der Hauptkritikpunkte der Aufsichtsbehörden

253 Die in Kap. 3 (Rn. 40 ff.) ausführlich dargestellten Kritikpunkte der Aufsichtsbehörden und aus der Literatur sollen nachfolgend zusammengefasst und bewertet werden.

4.4.1 Kritikpunkt: Einhaltung der Rechtmäßigkeit nicht nachweisbar

Wie dargestellt lautete der Hauptkritikpunkt und zugleich der offizielle Beschluss der DSK („Festlegung“ vom 24.11.2022) wie folgt:[199] 254

> „Die DSK stellt unter Bezugnahme auf die Zusammenfassung des Berichts fest, dass der Nachweis von Verantwortlichen, Microsoft 365 datenschutzrechtskonform zu betreiben, auf der Grundlage des von Microsoft bereitgestellten „Datenschutznachtrags vom 15. September 2022“ nicht geführt werden kann.“

4.4.1.1 Inhalt der Kritik

Der DSK-Vorwurf des mangelnden Rechtmäßigkeitsnachweises im Beschluss aus 2022 beinhaltet lediglich eine indirekte Aussage: Der Beschluss besagt nicht, dass der Einsatz von M365 unrechtmäßig oder der Nachweis der Rechtmäßigkeit der Verarbeitungen per se ausgeschlossen sei. Die DSK war vielmehr der Auffassung, dass der Nachweis durch den Verantwortlichen, Microsoft 365 datenschutzrechtskonform zu betreiben, auf der Grundlage des von Microsoft bereitgestellten „Datenschutznachtrags vom 15. September 2022“ – der damaligen Fassung des DPA – nicht geführt werden könne.[200] Ein Nachweis der Rechtmäßigkeit durch andere Dokumente wurde also nicht ausgeschlossen. 255

Bei dieser sehr speziellen Festlegung der DSK sind auch die Zuständigkeiten und damit die unterschiedlichen Bewertungsperspektiven zu berücksichtigen: Für die meisten deutschen Kunden wird M365 wird von Microsoft Ireland Operations Ltd. (MIOL) angeboten. Für diesen Anbieter – besser gesagt für Verantwortliche mit Sitz in Irland – ist die irische Datenschutzaufsicht zuständig, und zwar umfassend und abschließend (sog. One-Stop-Shop nach Art. 55 Abs. 1 DSGVO). Die deutschen Aufsichtsbehörden konnten daher in eigener Zuständigkeit nur prüfen, ob ein Verantwortlicher in Deutschland, der M365 einsetzt, rechtskonform handelt. Die DSK konnte aber keine generelle Aussage über MIOL oder das Produkt M365 an sich treffen. 256

Die DSK äußert sich deswegen nur indirekt zu M365 als SaaS-Produkt: Sie verweist auf die Rechenschaftspflicht des Verantwortlichen und stellt fest, dass ein Verantwortlicher erhebliche Schwierigkeiten habe, die Rechtmäßigkeit seiner Verarbeitungen (und derjenigen seiner Dienstleister wie Microsoft) zu belegen, da hierfür die von Microsoft bereitgestellten Unterlagen nicht ausreichten. 257

199 Siehe Kap. 3.3.3.1. (Rn. 78).
200 Ausführlich Kap. 3.3.3.1. (Rn. 78 ff.).

4.4.1.2 Bewertung

258 Der Beschluss wurde – auch von Personen, die aus der Sphäre der Datenschutzaufsicht stammten – stark kritisiert.[201] Ähnlich war es in der juristischen Literatur und in der IT-Fachpresse.[202] Auch Microsoft hatte eine Stellungnahme abgegeben, mit der der Konzern – wenig überraschend – erklärte, dass nach seiner Auffassung Microsoft 365 „datenschutzkonform einsetzbar" ist.[203]

259 Die Rechenschaftspflicht nach Art. 5 Abs. 2 DSGVO verlangt, dass der Verantwortliche die in Art. 5 Abs. 1 DSGVO genannten allgemeinen datenschutzrechtlichen Anforderungen – wie Rechtmäßigkeit der Datenverarbeitung, Transparenz und Zweckbindung – nicht nur einfach einhalten muss. Die Rechenschaftspflicht verlangt darüber hinaus, die Einhaltungen der Anforderungen des Abs. 1 auch nachweisen zu können.

260 Die Rechenschaftspflicht betrifft also nicht das „Ob" oder „Wie" der Datenverarbeitung, sondern primär die dahinterstehende Begründung und Dokumentation. Durch die Bezugnahme auf die sehr allgemeinen und stark auslegungsbedürftigen Anforderungen des Art. 5 Abs. 1 DSGVO, namentlich Rechtmäßigkeit, „Verarbeitung nach Treu und Glauben", Transparenz, Datenminimierung oder Integrität, kann die Rechenschaftspflicht in eine so breite und tiefe Richtung ausgelegt werden, dass sie uferlos wird.

261 In der Rechtswissenschaft ist umstritten, wie detailliert diese Rechenschaftspflicht erfüllt werden muss, was auch vor dem Hintergrund von Geldbußen für den Fall von Verstößen problematisch ist.[204] Speziell beim Einsatz von kompetenten Dienstleistern und im Rahmen der Auftragsverarbeitung werden verschiedene Auffassungen vertreten, ob und inwieweit sich der (fachlich zumeist deutlich unterlegene) Verantwortliche auf die Aussagen und vertraglichen Zusicherungen des Dienstleisters verlassen darf und in welcher Tiefe er die technischen Abläufe beim Dienstleister verstehen und

---

201 *Benedikt/Kranig/ Schwartmann*, Microsoft 365 – so sollte Datenschutzaufsicht nicht sein, FAZ v. 13.12.2022; *Brink/Karakurt*, Datenfreiheit! (Podcast des LfDI BW), Episode 25 v. 05.12.2022, https://www.baden-wuerttemberg.datenschutz.de/podcast-datenfreiheit-folge-25-transparenzgesetz-ms365-verhaltensregeln/.

202 *Hessel/Kiefer*, Microsoft 365: Microsoft bewegt sich, die Datenschützer mauern unverhältnismäßig, https://www.heise.de/meinung/Microsoft-365-Microsoft-bewegt-sich-die-Datenschuetzer-mauern-unverhaeltnismaessig-7370920.html; *Koglin*, Der DSK-Beschluss zu Microsoft 365 oder: Alternative Auslegungen – wie kann die Nutzung begründet werden?, DSB 2023, S. 2.

203 Stellungnahme von Microsoft Deutschland zur datenschutzrechtlichen Bewertung von Microsoft 365 durch die DSK, https://news.microsoft.com/wp-content/uploads/prod/sites/40/2022/11/2022.11_Stellungnahme-MS-zu-DSK_25NOV2022_FINAL.pdf.

204 Paal/Pauly/*Frenzel*, DS-GVO BDSG, 3. Aufl. 2021, Art. 5 DS-GVO Rn. 52; *Veil*, Accountability – Wie weit reicht die Rechenschaftspflicht der DS-GVO?, ZD 2018, S. 9.

nachvollziehen können muss.[205] Kleine und mittlere Unternehmen können sich auf ErwG 13 S. 4 DSGVO berufen und auf die Berücksichtigung ihrer Bedürfnisse hoffen, also für eine geringere Prüfungstiefe plädieren.

Als inhaltliche Reaktion auf die Kritik wurde in Anlage 1 des DPA bereits zum 01.01.2023 eine Verpflichtung aufgenommen, um Microsoft-Kunden bei der Umsetzung ihrer Rechenschaftspflicht zu unterstützen. Hier wurde als neue Ziff. 1 folgende Zusage eingefügt:[206] **262**

> „Microsoft unterstützt die Rechenschaftspflichten des Kunden über diesen DPA und die dem Kunden bereitgestellte Produktdokumentation und wird dies auch während der Laufzeit des Abonnements des Kunden […] tun. (Artikel 5(2))"

Selbst wenn die Kritik der DSK ursprünglich zugetroffen hätte, ist nach dieser inhaltlichen Änderung nicht ausgeschlossen, dass ein Verantwortlicher seine Rechenschaftspflicht erfüllen kann. Die Auffassung der DSK kann daher – erst recht in dieser pauschalen Form – nicht aufrechterhalten werden. **263**

Die Kritik der fehlenden Rechtsgrundlage durch den ursprünglichen „Arbeitskreis Verwaltung" und ab 2022 durch die Arbeitsgruppe „Microsoft-Onlinedienste" bezog sich dabei vor allem auf den Einsatz bei Behörden, da hier die Rechtsgrundlage des berechtigten Interesses grundsätzlich nicht anwendbar ist[207] (vgl. Art. 6 Abs. 1 S. 2 DSGVO; siehe Ziff. 3.2.2.4. des DSK-Abschlussberichts). **264**

4.4.1.3 Ergebnis

Die notwendige Prüfungs- und Dokumentationstiefe, um der Rechenschaftspflicht zu genügen, kann hier weder pauschal noch abschließend festgelegt werden. Zudem hängt sie von den Umständen und Risiken der Datenverarbeitung sowie ggf. auch von der Größe der Organisation des Verantwortlichen ab (ErwG 13 DSGVO). Konkret zum Vorwurf der DSK in ihrem Beschluss aus 2022 kann aber entgegnet werden: **265**

– Die Festlegung im DSK-Beschluss bezog sich auf die damalige Version des Microsoft-DPA (Fassung vom 15.09.2022). Diese wurde daraufhin bereits zum 01.01.2023 hinsichtlich der monierten Themen angepasst und seitdem nochmals mehrfach aktualisiert. Zumindest formal betrifft die Kritik der DSK aus 2022 somit nicht die derzeit aktuelle Fassung des DPA.

---

205 Siehe hierzu im Rahmen des Vorwurfs der „latenten Übermittlung" auch Kap. 4.4.4 (Rn. 310) sowie 5.2 (Rn. 380).

206 DPA, Fassung vom 01.01.2023, Anlage 1, Ziff. 1. Zudem wurde in der Überschrift Art. 5 DSGVO ergänzt. https://www.microsoft.com/licensing/docs/documents/download/MicrosoftProductandServicesDPA(WW)(German)(Jan2023)(CR).docx.

207 Hierzu ausführlich Kap. 4.9.1.1. (Rn. 340).

- Auch inhaltlich wurde die Kritik von Microsoft aufgenommen und Microsoft-seitig eine Mitwirkungspflicht zur beim Verantwortlichen bestehenden Pflicht aus Art. 5 Abs. 2 DSGVO aufgenommen. Mit dieser Verpflichtung kann die pauschale Kritik der DSK nicht aufrechterhalten werden.
- Die DSK hat mit ihrer indirekten Formulierung, dass der Nachweis der Einhaltung der Rechenschaftspflicht auf Basis des damaligen DPA „nicht geführt werden kann", die Möglichkeit offengelassen, ihn auf anderem Wege zu führen. Die Rechenschaftspflicht kann durch verschiedene Dokumentationsarten erfüllt werden, darunter einer Datenschutz-Folgenabschätzung, dem Eintrag ins Verzeichnis oder mittels sonstiger Dokumentation, mit der die Auseinandersetzung mit den Fragestellungen, die datenschutzrechtliche Bewertung und die ergriffenen Maßnahmen nachgewiesen werden.[208] Dies kann durch den Verantwortlichen somit auch mittels des vorliegenden Werks zum Datenschutz bei M365 und den daraufhin vom Verantwortlichen zu erstellenden Dokumenten erfolgen, wie der Datenschutz-Folgenabschätzung,[209] der Festlegung von technischen und organisatorischen Maßnahmen[210] sowie dem Eintrag ins Verarbeitungsverzeichnis.[211]
- Angesichts der unklaren Voraussetzungen zum Umfang der Rechenschaftspflicht ist das Prozessrisiko auf der Seite der Aufsichtsbehörde recht hoch. Dies könnte sie zögern lassen, gegen Verantwortliche auf Art. 5 Abs. 2 DSGVO gestützte Maßnahmen zu ergreifen.

4.4.2 Kritikpunkt: Transparenz über „eigene Zwecke" von Microsoft und eingesetzte Drittanbieter

266 Im zweiten Teil der DSK-Festlegung aus 2022 wurde die Kritik konkretisiert und vor allem auf mangelnde Transparenz darüber bezogen, welche Daten Microsoft für „eigene Zwecke" verwendet:[212]

> „Solange insbesondere die notwendige Transparenz über die Verarbeitung personenbezogener Daten aus der Auftragsverarbeitung für Microsofts eigene Zwecke nicht hergestellt und deren Rechtmäßigkeit nicht belegt wird, kann dieser Nachweis nicht erbracht werden."

---

208 Kühling/Buchner/*Herbst*, DS-GVO/BDSG, Art. 5 DS-GVO Rn. 80; Paal/Pauly/*Frenzel*, DS-GVO BDSG, 3. Aufl. 2021, Art. 5 DS-GVO Rn. 52.
209 Kap. 7 (Rn. 437 ff.) und 8. (Rn. 527 ff.).
210 Vorlage hierzu in Kap. 6.5. (Rn. 430).
211 Kap. 10 (Rn. 640 ff.).
212 Siehe Kap. 3.3.3.1. (Rn. 78).

Hierbei ging es um die Frage, welche Daten, die grundsätzlich von der dem DPA enthaltenen Auftragsverarbeitung erfasst sind, von Microsoft anders als für die rein weisungsgebundene Abarbeitung des mit der AVV vereinbarten Auftrags verarbeitet werden dürfen. **267**

Bei einer Produkt-Suite mit jeweils sehr komplexen Softwarediensten wie M365 kann naturgemäß schnell die Kritik erhoben werden, dass keine ausreichende Transparenz über die genaue Verarbeitung der Daten besteht. Die DSK hat dies in ihrer Stellungnahme aus 2022 wie folgt kritisiert (Ziff. 3.2): **268**

> „Eine genauere Untersuchung der vertraglichen Umgestaltung zeigt aus Sicht der Arbeitsgruppe, dass Microsoft … fortführt, sich für bestimmte Verarbeitungen unzureichend eingegrenzte Rechte zu wenig konkretisierten Verarbeitungen der verarbeiteten personenbezogenen Daten einräumen zu lassen. Es bleibt weiterhin unklar, welche personenbezogenen Daten im Rahmen der von Microsoft so genannten „legitimen" Geschäftszwecke bzw. nun „Geschäftstätigkeiten" verarbeitet werden."

Mit den „legitimen Geschäftszwecken" bezog sich die DSK Ende 2022 wohl auf die Formulierung „legitime Geschäfts<u>tätigkeiten</u>", die zuletzt in der DPA-Fassung vom 01.01.2020 verwendet worden war.[213] Unabhängig von Details in den Formulierungen geht es um die Verarbeitungen und Zwecke, zu denen Microsoft oder Dritte personenbezogene Daten außerhalb der AVV (also in eigener Verantwortung oder der Verantwortung von Dritten) verwenden darf. Dies ist im DPA geregelt und wird teilweise – wie auch vorliegend von der DSK – unter dem Schlagwort „eigene Zwecke von Microsoft" diskutiert, ohne dass dies die Formulierung aus dem DPA ist. **269**

Hierbei sind zwei Fälle zu unterscheiden: Einerseits kann es sich um Fälle handeln, in denen der Dienstleister die Daten zur Abrechnung, zur Bereitstellung der vertraglich geschuldeten Dienstleistung, zur Produktsicherheit- und -verbesserung und ggf. auch zu nicht zulässigen Zwecken nutzt. Anderseits kann es sein, dass der Dienstleister Dritte oder deren Angebote einbindet, oder er Daten (z. B. Adressdaten bei der Versendung von E-Mails) an Dritte weitergibt; auch hier kann es zulässige und unzulässige Fälle geben. **270**

Die Kritik der DSK lautet nicht, dass diese Tätigkeiten grundsätzlich unzulässig seien. Kritisiert wird primär, dass der Umfang nicht ausreichend präzisiert sei und dadurch ein Mangel an Transparenz vorliege („für bestimmte Verarbeitungen unzureichend eingegrenzte Rechte", bei „zu wenig konkretisierten Verarbeitungen", es „bleibt weiterhin unklar").[214] **271**

---

213 https://www.microsoft.com/licensing/docs/documents/download/MicrosoftOnlineServicesDPA(German)(January2020)(CR).docx.

214 Siehe obiges Zitat aus Ziff. 3.2 der DSK-Stellungnahme aus 2022.

4.4.2.1 Eigene Tätigkeiten

272 Es steht außer Frage, dass ein Auftragsverarbeiter personenbezogene Daten des Kunden auch in eigener Hoheit – also nicht weisungsgebunden – verwenden kann. Hierbei handelt es sich um den Rahmen der Auftragsverarbeitung, wie Vertragsbetreuung, Erfassung und Beantwortung von Anfragen des Kunden, Erbringung der Leistung, Erfassung der eigenen Leistungserbringung nebst Abrechnung etc.[215]

273 Dogmatisch kann dies als nicht von der Auftragsverarbeitung erfasst angesehen werden[216] oder auch als notwendige und eigene, daher zulässige Nutzung innerhalb des Auftrags bewertet werden. Über Einzelfälle und Details bei den Grenzen und der Notwendigkeit besteht sicherlich immer Diskussionsraum. Vielleicht liegt die Ursache der Diskussionen auch darin, dass Microsoft diese Nutzung explizit (und aus Sicht der Aufsichtsbehörde schwammig) im DPA aufgeführt und damit die Aufmerksamkeit der DSK auf diese Thematik gelenkt hat. In typischen AVV-Mustern sind meist keine solche Ausführungen enthalten. Dies ist vielleicht der Grund, dass diese Thematik bei Vertragswerken anderer Dienstleister, die von der Berliner BfDI als Alternativen zu den Teams-Videokonferenzen analysiert wurden, scheinbar nicht weiter beleuchtet oder kritisiert wurde.[217] Auch die dort als „grün“ bewerteten Anbieter dürften bestimmte Daten für „eigene Zwecke“ verarbeiten.

274 Gleichwohl muss von Microsoft Klarheit verlangt werden, welche Daten im Rahmen der AVV verarbeitet werden und welche Daten Microsoft in eigener Verantwortlichkeit nutzt. Im Rahmen der Verhandlungen mit der DSK hat Microsoft angegeben, dass mit Ausnahme der Verarbeitungszwecke „Betrugsabwehr und Cybersicherheit“ sowie der „Erfüllung rechtlicher Verpflichtungen“ lediglich statistisch aggregierte Datensätze und andere nicht personenbezogene Daten verwendet werden (Abschlussbericht, Ziff. 3.2.2.3, Zeilen 383 ff.). Demnach wäre das Problem der Nutzung personenbezogener Daten zu eigenen Zwecken des Dienstleisters Microsoft überschaubar.

275 Die diesbezüglichen Ausführungen und Definitionen in der aktuellen Fassung des DPA[218] erscheinen sowohl in Bezug auf ihre inhaltliche Erforder-

---

215 Denn die Auftragsverwaltung liegt nur insoweit vor, als der Auftragsverarbeiter weisungsgebunden, d. h. ohne wesentliche eigene Wertungs- und Entscheidungsspielräume, für den Verantwortlichen tätig wird (Taeger/Gabel/*Gabel/Lutz*, DSGVO – BDSG, Art. 28 DSGVO Rn. 13). Dies ist in den genannten Beispielen nicht gegeben, da über Rechnungserstellung etc. vom Dienstleister selbst entschieden wird. Vgl. zu Abgrenzungsfällen auch BeckOK DatenschutzR/*Spoerr*, 42. Edition, Stand: 1.11.2022, Art. 28 DS-GVO Rn. 18c ff.

216 Ausführlich *Koglin* in Koreng/Lachenmann, Formularhandbuch Datenschutzrecht, G.VI.1. Anm. 8 u. 9.

217 Siehe Kap. 3.3.9.1. (Rn. 136).

218 Dargestellt in Kap. 4.2.3.6. (Rn. 226).

lichkeit als auch hinsichtlich ihrer Grenzen nachvollziehbar, auch wenn sie – wie dargelegt – natürlich im Detail immer diskutiert werden können. Als Rechtsgrundlage dürfte regelmäßig ein berechtigtes Interesse (Art. 6 Abs. 1 lit. f DSGVO) seitens Microsofts in Betracht kommen. Die Rechtsgrundlage des Vertrags (Art. 6 Abs. 1 lit. b DSGVO) dürfte für die Verarbeitung personenbezogener Daten der Mitarbeitenden des Kunden oder von Dritten typischerweise nicht einschlägig sein, da Microsoft mit diesen kein Vertragsverhältnis – jedenfalls nicht die Products Terms und die entsprechenden Lizenzen – hält. Soweit die Aufgabe gesetzlichen Vorgaben – etwa zur IT-Sicherheit – dient, kann auch die Rechtsgrundlage des Art. 6 Abs. 1 lit. c DSGVO gegeben sein.

4.4.2.2 Tätigkeiten zur Leistungserbringung: Connected Experiences, Telemetrie- und Diagnosedaten

Ähnliche Kritik hinsichtlich des Umfang und der Transparenz wird zu Zusatzfunktionen geäußert, insbesondere in Bezug auf die Weitergabe von Daten an Dritte. **276**

Ergänzende Funktionen in Microsoft 365 wie (ggf. optionale) Connected Experiences, Telemetrie- und Diagnosedaten sind nicht sofort zu durchschauen und können im Detail sehr unterschiedlich sein. Der Vorwurf lautet, dass für den Verantwortlichen (den Kunden) und die betroffenen Mitarbeitenden nicht transparent ist, wie die Daten tatsächlich durch den Dienstleister verarbeitet werden. Die diesbezüglichen Vertragsklauseln seien zu schwammig (siehe im Detail DSK-Abschlussbericht, Ziff. 3.2.2.1 ff.). Diese Problematik hat sich gegenüber den früher direkt auf dem Rechner oder „on premise“ betriebenen Anwendungen dadurch verschärft, dass M365 als SaaS angeboten wird und die Dienstleistung aus der Cloud heraus angeboten wird. Dies ist nicht nur mit Kontroll-, sondern auch mit Transparenzverlusten für den Verantwortlichen verbunden, der dementsprechend aus eigenem Wissen auch nur begrenzt zu transparenten Auskünften an Betroffene oder die Aufsichtsbehörde in der Lage ist. **277**

Die Verwendung von „Connected Experiences“ kann dazu führen, dass neben Microsoft auch Dritte Zugang zu Daten erlangen. Connected Experiences (dt.: Verbundene Erfahrungen) sind konkrete Funktionen, die der Arbeitserleichterung des Nutzers dienen sollen. Allgemein unterteilen sich verbundene Erfahrungen laut Microsoft zunächst in: **278**

- verbundene Erfahrungen, die Inhalte analysieren,
- verbundene Erfahrungen, die Onlineinhalte herunterladen sowie
- weitere verbundene Erfahrungen.

279 Eine Analyse der Inhalte findet u.a. für die Übersetzung von Texten, der Diktierfunktion sowie für die Anwendung des PowerPoint-Designers statt. Onlineinhalte werden für die Verbesserung der Dokumente heruntergeladen, d.h. dem Nutzer wird dadurch ermöglicht, Bilder, 3D Modelle, Videos und Referenzmaterialien zu suchen und diese für das Dokument herunterzuladen (z.B. Office-Vorlagen). Unter weiteren verbundenen Erfahrungen werden Features wie das Freigeben von Dokumenten, die Vertraulichkeitsbezeichnung einer E-Mail oder eines Dokuments sowie der Versionsverlauf eines Dokuments verstanden.[219] Viele der verbundenen Erfahrungen sind freiwillig und basieren auf Erfahrungen von Bing oder anderen Microsoft-Onlinediensten und/oder Diensten von Drittanbietern. Entscheidet sich der Nutzer jedoch für die Aktivierung bzw. zur bewussten „Nicht-Deaktivierung“, können von Microsoft dafür erforderliche Dienstdaten (u.a. Nutzungsdaten, Fehler- und Leistungsdaten) gesammelt werden. Weitere erforderliche Dienstdaten können z.B. auch Informationen im Zusammenhang mit dem Betrieb, also der Aktualität, Sicherheit und geschuldeten Leistung sowie Konfigurationsinformationen zur Ausführung der jeweiligen verbundenen Erfahrung sein.

280 Zudem gibt es Dienste, welche von Microsoft für die Funktionalität von Microsoft 365 als wesentlich angesehen werden („Essential Services“) und von Nutzer nicht deaktiviert werden können.[220] Als Beispiel ist u.a. der Lizenzierungsdienst zu nennen, welcher die ordnungsgemäße Lizenz zur Verwendung von Microsoft 365 bestätigt. Daraus resultierende erforderliche Dienstdaten werden immer an Microsoft gesendet und dort verarbeitet.

281 Entscheidet sich der Nutzer zum Zwecke einer möglichst datensparsamen Nutzung, alle optionalen verbundenen Erfahrungen zu deaktivieren, hat dies Konsequenzen für der Funktionalität der Dienste. Weiterhin möglich ist zwar u.a. die Synchronisierung mit dem Postfach von Outlook oder mit Teams. Allerdings können wichtige Funktionen wie jene, Dokumente für andere Personen freizugeben oder zu sehen, welche Dateien für jemanden freigegeben wurden, ausgeschlossen sein. Das Gleiche gilt für das Verwenden von Vertraulichkeitsbezeichnungen der Dateien (weitere verbundene Erfahrungen). Auch die Möglichkeit, Texte zu übersetzen oder zu diktieren wäre nicht mehr möglich (verbundene Erfahrungen mit Inhaltsanalyse).

Für aktivierte, optional verbundene Erfahrungen gelten die Bedingungen des Microsoft Servicevertrags und dessen Datenschutzerklärung. Die Aktivierung ist nicht von der Lizenz der Organisation abgedeckt. Zusätzlich

219 Detaillierte Erläuterungen unter: https://learn.microsoft.com/de-de/deployoffice/privacy/connected-experiences.

220 Weitere wesentliche Dienste abrufbar unter: https://learn.microsoft.com/de-de/deployoffice/privacy/essential-services.

ist zu beachten, dass für bestimmte Funktionen Nutzungsbedingungen und Datenschutzrichtlinien von Drittanbietern gelten können (u. a. bei der Verbindung mit YouTube, um Onlinevideos einzufügen).

4.4.2.3 Die Connected Experiences („verbundene Erfahrungen“)

Mit dem Begriff „Connected Experiences“ (in den deutschen Fassungen „verbundene Erfahrungen“) werden von Microsoft ergänzende Services bezeichnet, die im Rahmen der Nutzung von M365 z. B. Inhalte des Nutzers analysieren oder zusätzliche Inhalte herunterladen.[221] Hierzu gehören automatische Alternativtexte (sog. Alt-Texte) in Bildern, Funktionen für Diktat und Rechtschreibüberprüfung oder die Designer-Funktion, die in PowerPoint Vorschläge zur Gestaltung von Präsentationen machen kann. Wettervorhersagen im Kalender gehören zur Kategorie der „Verbundene Erfahrungen, die Onlineinhalte herunterladen“.[222] **282**

4.4.2.4 Exkurs: Darstellung von Connected Experiences

Die Connected Experiences in M365 bieten Unterstützung bei der Erstellung oder Bearbeitung von Dokumenten, der Vereinfachung von Kommunikation, oder Übersetzungen und Antwort-Vorschlägen: **283**

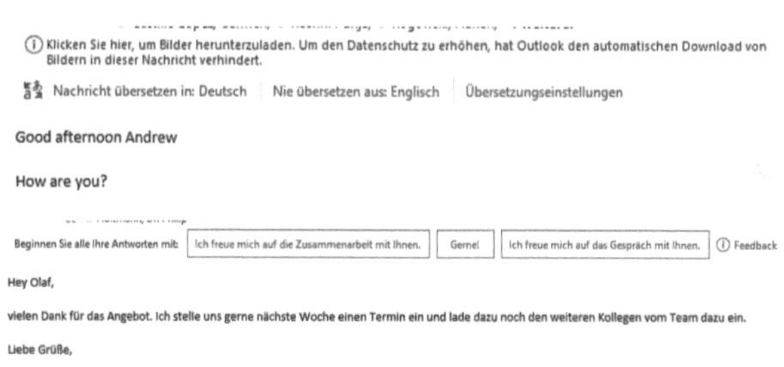

Abbildung 17: Screenshots von Beispielen zu automatisch vorgeschlagenen Antworten

Durch Alternativtexte zu Bildern und Grafiken oder Vorlese-Funktionen können Komfort-Funktionen für Personen mit Seh- bzw. Hörbehinderungen aber auch eine notwendige Unterstützung für ihre Teilhabe am Arbeitsleben **284**

---

221 Übersicht auf https://learn.microsoft.com/de-de/microsoft-365-apps/privacy/connected-experiences.

222 Auflistung unter https://learn.microsoft.com/de-de/microsoft-365-apps/privacy/connected-experiences#:~:text=an%20Microsoft%20gesendet.-,Verbundene%20Erfahrung%2C%20die%20Onlineinhalte%20herunterladen,-Verbundene%20Erfahrungen%2C%20die.

und in der Gesellschaft haben. Die Simultan-Transkription bei Videokonferenzen in Teams ermöglicht es Hörgeschädigten z. B., ohne Gebärdendolmetscher an Unterhaltungen teilnehmen zu können.

4.4.2.5 Exkurs: Darstellung der optionalen Connected Experiences, insb. „Giphy"

285 Eine besondere Kategorie stellen die „optional Connected Experiences" dar (deutsch „optionale verbundene Erfahrungen" oder deutsch-englisch gemischt oft als „optionale Connected Experiences" bezeichnet). Dies sind zusätzliche Funktionen, auf die aus M365 heraus zugegriffen werden kann. Nach Darstellung von Microsoft unterliegen sie jedoch gesonderten Bedingungen und (wohl) nicht (vollständig) dem DPA. Teile der optionalen Connected Experiences basieren auf dem Endkunden-bezogenen Dienst Bing, weitere Teile auf anderen Microsoft-Onlinediensten und noch andere Teile auf Diensten von Drittanbietern.[223]

286 Die Abgrenzung zwischen nicht-optionalen und optionalen Connected Experiences besteht also **nicht** in der Frage, ob Drittanbieter eingesetzt werden. Eine Microsoft-interne und inoffizielle Abgrenzung liegt darin, dass bei optionalen Connected Experiences eine Internetverbindung erforderlich sei. Dabei werden – zum Beispiel bei der Transkription in Teams-Videokonferenzen – auch Dienste eingesetzt, die technisch zu den „Cognitive Services" aus Microsoft Azure gehören.

287 Beispiele für optionale Connected Experiences sind neben der Transkription oder Übersetzung während Videokonferenzen die Einbindung von YouTube-Videos und die Einbindung des Dienstes Giphy. Hiermit können kurze, bewegte Memes oder Filmausschnitte ausgewählt und z. B. im Chat von Teams eingesetzt werden.[224] Diese Funktion wird von manchen Usern gerne wie ein lustiger Kommentar oder Post genutzt.

---

223 https://learn.microsoft.com/de-de/microsoft-365-apps/privacy/optional-connected-experiences.

224 Die Übersicht zu optionalen verbundenen Erfahrungen in Teams findet sich separat unter https://learn.microsoft.com/de-de/microsoftteams/privacy/teams-privacy-oce-overview.

Abbildung 18: Screenshots zur Auswahl und Datenschutzhinweis bei der Auswahl (links); Einbindung von Giphy-Bildern in Teams (rechts); © Microsoft, Giphy bzw. die jeweiligen Rechteinhaber der angezeigten Bilder

Auf diese „Giphys" (entsprechend ihrer Dateiendung auch gif genannt) kann wie auf Emojis über die Schreib-/ Kommentarzeile zugegriffen werden (linker Screenshot). Microsoft nutzt als Quelle der gifs den populären Dienstleister Giphy. Giphy ist somit ein eingebundener Drittanbieter; das Unternehmen gehörte zwischen 2020 und 2023 zu Facebook/Meta.[225] Daher – und wegen einer gewissen urheberrechtlichen Rücksichtslosigkeit bei der Übernahme der Videosequenzen – wird das Unternehmen Giphy teils kritisch betrachtet, was bei manchen auch zu einer datenschutzrechtlichen Skepsis gegenüber dem Anbieter führt. Bei der Nutzung werden Daten – zumindest die IP-Adresse des Nutzers, aber auch die zur Bildsuche eingegebenen Suchbegriffe – an Server von Giphy übermittelt.[226] **288**

Dieses eher lustige Beispiel ist selbstverständlich nicht der einzige aufgerufene Drittanbieter. Zwischen spielerischen Albernheiten mit wohl begrenztem Datenrisiko und größerer Gefährdung existiert bei den Drittdiensten eine gewisse Bandbreite. **289**

4.4.2.6 Telemetrie- und Diagnosedaten

Neben den von Microsoft als „Connected Experience" bezeichneten Diensten verwendet Microsoft Daten aus der Nutzung von Microsoft 365 auch für sog. Telemetrie- und Diagnosezwecke. Die exakte Definition und Abgrenzung der beiden Teile ist häufig unklar. Laut Microsoft sind Telemetriedaten Informationen für sofortiges Handeln (wie CPU-Auslastung und **290**

225 https://en.wikipedia.org/wiki/Giphy.

226 https://learn.microsoft.com/de-de/microsoftteams/privacy/teams-privacy-oce-overview#giphy.

Batteriestand), während Diagnosedaten Informationen für die nachträgliche Auswertung darstellen (Installationsfehler, Abstürze).[227]

291 Früheren Messungen zufolge ruft Microsoft 365 bis zu 2.000 IP-Adressen auf, von denen nur rund 50 nachvollziehbar seien. Nicht alle davon sind jedoch zwingend den optionalen Connected Experiences oder den Kategorien von Telemetrie und Diagnose zuzuordnen.[228]

4.4.2.7 Bewertung zu Connected Experiences; Telemetrie und Diagnose

292 Für die Nutzung der (optionalen) Connected Experience werden Daten oft an Microsoft oder andere Dienstleister übermittelt, um – möglichst in Echtzeit – entsprechende Vorschläge und Unterstützungsdienstleistungen zu erhalten. Dies birgt die Gefahr, dass personenbezogene Daten oder andere wichtige Informationen an diese Empfänger gelangen; zudem ist die Transparenz bei solchen Dienstleistungen naturgemäß eingeschränkt. Ähnliches gilt für die Erhebung und Nutzung von Telemetrie- und Diagnosedaten.

293 Daher wird in Datenschutzseminaren oft der simple Ratschlag gegeben, Connected Experience soweit möglich vollständig zu deaktivieren. Dieser Rat ist im Sinne einer Datenminimierung und von Privacy by Default nie verkehrt. Die oben genannten Beispiele zeigen aber, dass zwischen Nutzen und Risiko abgewogen werden sollte. Zudem kann eine Deaktivierung auch Auswirkungen auf andere Programme und Features zählen, die dann nicht mehr oder weniger performant funktionieren.

294 Letztlich ist der Vorwurf der fehlenden Transparenz immer leicht zu erheben, aber auch wohlfeil. Sicherlich werden sich nach dem Motto „Wer suchet, der findet" bei jeder Software und jedem Produkt Unzulänglichkeiten finden lassen. Die Beispiele der bisher dafür durchgeführten technischen Untersuchungen zeigen den dafür erforderlichen Aufwand: Das Bundesamt für Sicherheit in der Informationstechnik hat im Jahr 2020 eine „Evaluierung der Telemetrie von Microsoft Office 365" durchführen lassen. Aus Kapazitäts- und/oder Kompetenzgründen hat die deutsche Behörde, die auf Bundesebene für Informationssicherheit zuständig ist, dies nicht selbst leisten können, sondern hierfür einen spezialisierten Dienstleister beauftragt.[229]

---

227 Vgl. https://learn.microsoft.com/de-de/system-center/scom/manage-telemetry; https://news.microsoft.com/de-de/im-daten-dschungel-telemetrie/.

228 BSI, Evaluierung der Telemetrie von Microsoft Office 365, Zusammenfassung und Bericht „Analysis report: Microsoft Office Telemetry" vom 06.10.2020 abrufbar unter: https://www.bsi.bund.de/DE/Service-Navi/Publikationen/Studien/Office_Telemetrie/telemetrie_node.html.

229 BSI, Evaluierung der Telemetrie von Microsoft Office 365, Zusammenfassung und Bericht „Analysis report: Microsoft Office Telemetry" vom 06.10.2020 abrufbar un-

Aus dem 30-seitigen Bericht werden nur Experten Schlüsse ziehen können; normalen Anwendern oder auch durchschnittlichen Administratoren in KMUs wird damit kaum geholfen sein.

Auch die Möglichkeiten dieses Buchs würden bei weitem gesprengt, wenn erwartet würde, alle Details von „eigenen Zwecken" Microsofts, Connected Experiences, Telemetrie- und Diagnosedaten technisch abschließend zu klären und Rechtsfragen zu Transparenz und Rechtsgrundlage verbindlich zu beantworten, um am Ende die diesbezügliche Kritik der DSK eindeutig zu bestätigen oder zu widerlegen. **295**

Dies leitet über zu der Frage, wie tief ein Verantwortlicher (oder Auftragsverarbeiter) solche technischen und rechtlichen Details prüfen muss. Auch bei anderen Produkten, die zur Datenverarbeitung genutzt werden, wird keine Prüfung in endloser Tiefe verlangt – weder bei der Nutzung eines Druckers, eines Dienstwagens nebst Navi, noch bei einem Ultraschallgerät in der Arztpraxis. Gerade bei Arztpraxen, die ja eine große Menge sensibler Art.-9-Daten verarbeiten, sind die Anforderungen – gestaffelt nach drei Kategorien von Praxisgrößen – sogar aufgelistet und insofern auch begrenzt.[230] **296**

Bei einer vertieften rechtlichen Analyse wird auch festzulegen sein, wo Connected Experiences z. B. bei Videokonferenzen im Rahmen des Telekommunikationsrechts genutzt werden. In diesem würde die DSGVO entsprechend durch das Telekommunikations(datenschutz)recht verdrängt. Zudem wechselt die aufsichtsbehördliche Zuständigkeit zur BfDI.[231] **297**

Damit ist zumindest nicht eindeutig, dass die damalige Kritik der DSK zu einer zwingenden Bewertung der Datenverarbeitung als DSGVO-widrig führt. Eher – auch im Vergleich mit sonstigen Anforderungen an eigene Analysen sowie vor dem Hintergrund von Änderungen in DPA und Dokumentation durch Microsoft – dürfte gut vertretbar sein, dass der Einsatz von M365 auch in Bezug auf Connected Experiences, Telemetrie- und Diagnosedaten rechtmäßig sein kann, selbst wenn der Verantwortliche nicht alle Details kennt. Schließlich hat zwischenzeitlich auch der niedersächsische **298**

---

ter: https://www.bsi.bund.de/DE/Service-Navi/Publikationen/Studien/Office_Telemetrie/telemetrie_node.html.

230 Siehe die Richtlinie nach § 390 Abs. 1 SGB V (§ 75b SGB V a. F.) über die Anforderungen zur Gewährleistung der IT-Sicherheit. Selbstverständlich stellt sie nur ein „Mindestmaß der zu ergreifenden Maßnahmen" dar und keine Obergrenze. Nach § 390 Abs. 4 SGB V und der Präambel der Richtlinie handelt es sich bei diesen Maßnahmen aber bereits um „den Stand der Technik der technisch-organisatorischen Maßnahmen im Sinne von Art. 32 DSGVO". Insofern sind darüberhinausgehende Maßnahmen in normalen Risikokonstellationen auch nicht erforderlich.

231 Das Telekommunikationsrecht kann nicht nur bei Videokonferenzen anwendbar sein, sondern auch beim Versand/Empfang von E-Mails damit bei der Bewertung von Exchange; zur Abgrenzung, Mischdiensten und weiteren Details Kap. 3.3.9.6 (Rn. 161).

LfD den Einsatz von Teams allein auf Basis einer Zusatzvereinbarung zum DPA für akzeptabel gehalten.[232]

4.4.2.8 Zusammenfassung

299 Somit ist die Kritik der DSK und anderer Aufsichtsbehörden an der Transparenz und anderen Aspekten hinsichtlich der Datennutzung zu Geschäftstätigkeiten von Microsoft und hinsichtlich der Connected Experiences sowie Telemetrie- und Diagnosedaten zwar im Kern nachvollziehbar. Sie greift aber nicht dergestalt durch, dass diese Elemente von M365 nicht als datenschutzkonform angesehen werden können.

4.4.3 Kritikpunkt: Übermittlung von Daten in die USA und Offenlegung an (US-)Sicherheitsbehörden

300 Unter dem Drittlandtransfer gem. Art. 44 ff. DSGVO werden Übertragungen von personenbezogenen Daten, die innerhalb der EU verarbeitet werden, in Staaten verstanden, die nicht Teil der EU und des EWR sind. Dies ist rechtlich vor allem dann schwierig, wenn kein Kommissionsbeschluss zur Angemessenheit des Datenschutzniveaus in jenem Drittland vorliegt, der dem Zielstaat attestiert, über ein angemessenes Datenschutzniveau zu verfügen. Durch die EuGH-Urteile Schrems I (2015) und Schrems II (2020) wurde der Datentransfer durch restriktive Auslegung des europäischen Datenschutzrechts deutlich verkompliziert und damit zu einer erheblichen Hürde für die Nutzung von US-Dienstleistern und deren Cloud-Diensten.

301 Die Bedenken der Aufsichtsbehörden bestehen darin, dass bei der Nutzung von Microsoft 365 ausländische Microsoft-Gesellschaften oder auch Drittdienstleister in den USA (und ggf. auch US-amerikanische Behörden) Zugriff auf Teile der in Microsoft 365 gespeicherten Daten haben könnten. Zudem könnten Behörden und Geheimdienste Zugriff auf Daten von EU-Bürgern haben. In dieser Kritik vermischen sich Informationen aus den sog. Snowden-Papieren, US-amerikanischen Gesetzen wie dem CLOUD Act und „FISA 702“,[233] und häufig auch eine allgemeine Skepsis gegenüber den USA und den sog. „Hyperscalern“. Im Kontext dieser Kritik wurde 2021 auch der US-amerikanische Professor *Stephen I. Vladeck* mit einem „Gutachten zum aktuellen Stand des US-Überwachungsrechts und der Überwachungsbefugnisse“ beauftragt.[234]

---

232 Siehe Kap. 3.3.6, insb. 3.3.6.3. (Rn. 107).

233 Hierzu Kap. 9.6.2.1 (Rn. 600 ff.).

234 https://www.datenschutzkonferenz-online.de/media/weitere_dokumente/Vladek_Rechtsgutachten_DSK_de.pdf.

Dadurch könne datenschutzrechtlich eine Übermittlung von personenbezogenen Daten in die USA und ggf. andere unsichere Drittländer vorliegen, welche die DSGVO zum Schutz des EU-Datenschutzniveaus verhindern möchte. Dies gilt auch dann, wenn als Verarbeitungsort andere EU-Regionen ausgewählt werden, die einem entsprechenden Zugriff von US-Seite unterliegen. Unerheblich ist dabei, ob der Dienstleistungs-Vertrag mit einer europäischen oder einer US-amerikanischen Microsoft-Gesellschaft geschlossen wird, solange es zu Datenflüssen in die oder -zugriffen aus den USA kommt. **302**

Für die Rechtmäßigkeit der „Übermittlung" i. S. d. Art. 44 DSGVO in Drittländer, darunter die USA, ist nach Art. 44 ff. DSGVO eine entsprechende gesetzliche Grundlage erforderlich. Die zentrale Frage ist dabei, ob im Zielland ein Datenschutzniveau herrscht, das mit dem der DSGVO vergleichbar ist, oder ob ein solches Niveau zumindest durch zusätzliche Garantien sowie technische Maßnahmen erreicht und gesichert werden kann. **303**

Zu beachten ist dabei, dass in der deutschen Sprachfassung der DSGVO der Begriff der Übermittlung in Art. 44 DSGVO zwar sprachlich identisch mit dem in den Definitionen verwendeten Begriff der „Übermittlung" ist (Art. 4 Nr. 2 DSGVO). Aus der englischen Sprachfassung wird aber deutlich, dass der „transfer" nach Art. 44 GDPR nicht identisch mit der in Art. 4 No. 2 GDPR genannten „transmission" ist. Insofern ist im Deutschen der „Drittlandtransfer" ein passender Begriff.[235] **304**

Formularartige und daher vergleichsweise einfache Wege für eine rechtliche Basis zum Drittlandtransfer waren früher das Safe-Harbor-Abkommen zwischen der EU und den USA und später das EU-US Privacy Shield. Diese wurden bekanntlich vom EuGH in den Schrems I- und Schrems II-Urteilen für unanwendbar erklärt, da sie keinen effektiven Schutz personenbezogener „europäischer Daten" sicherstellen konnten. **305**

4.4.3.1 EU-US Privacy Framework

Am 10.07.2023 hat die EU-Kommission den dritten Anlauf für einen solchen Angemessenheitsbeschluss beschlossen, das „EU-US Data Privacy Framework" (DPF). Auch hier ist eine Selbstzertifizierung erforderlich. Eine „Executive Order" des damaligen US-Präsidenten wurde im Vorlauf **306**

235 Die DSGVO spricht in ihrem Kapitel V dabei von „Drittland". Daher wird die Bezeichnung „Drittlandtransfer" für korrekter gehalten als „Drittstaattransfer". Grammatikalisch nicht korrekt ist in jedem Falls die Genitiv-Konstruktion „Drittlandstransfer".

dieser Angemessenheits-"Vereinbarung"[236] im Oktober 2022 erlassen.[237] Siehe zum DPF die ausführliche Darstellung in Kap. 9.6.4 (Rn. 617).

Microsoft hat mit der DPA-Fassung vom 15.11.2023 auf das DPF (sowie auf das parallele Swiss-U. S. Data Privacy Framework) Bezug genommen. Eine entsprechende DPF-Zertifizierung liegt vor (siehe Kap. 9, Rn. 534).

4.4.3.2 Gültigkeit des DPF

307 Mit der Kombination aus DPF und gültiger Zertifizierung liegt eine valide rechtliche Basis für den Drittlandtransfer in die USA vor. Zwar wird in großen Teilen von Presse und Datenschutzkreisen moniert, dass das DPF kaum besser als Safe Harbour und Privacy Shield sei, und das Scheitern im Rahmen eines Schrems III-Urteils erwartet. Im Rahmen einer rechtlichen Bewertung steht aber fest, dass es – zumindest bis dahin – gültig ist und als Grundlage für den Drittlandtransfer genutzt werden kann. Dies wurde u. a. durch die Kommission,[238] den EDSA[239] und das LG Traunstein[240] bestätigt.

308 Richtigerweise wurde daher durch die DSK auch am 06.03.2025 bestätigt, dass ungeachtet des Schreibens des LIBE-Ausschusses des Europäischen Parlaments an die Europäische Kommission vom 06.02.2025 und der Veränderungen u. a. beim Privacy and Civil Liberties Oversight Board (PCLOB) der Kommissionsbeschluss zum DPF geltendes EU-Recht darstellt. So lange dieser in Kraft ist, „kann er als Übermittlungsgrundlage für Übermittlungen personenbezogener Daten in die USA herangezogen werden."[241] Das DPF gilt, bis es von der Europäischen revidiert oder vom EuGH aufgehoben wird.

309 Gleichzeitig wird oft angeraten, ergänzend auch die Standarddatenschutzklauseln (auch hier als SCC abgekürzt) zu vereinbaren.[242] Somit besteht eine

236 Rechtlich handelt es sich beim DPF-Angemessenheitsbeschluss nicht um einen völkerrechtlichen Vertrag zwischen der EU und den USA, sondern schlicht um einen einseitigen Beschluss der EU-Kommission.

237 https://www.whitehouse.gov/briefing-room/presidential-actions/2022/10/07/executive-order-on-enhancing-safeguards-for-united-states-signals-intelligence-activities.

238 Kommission, First periodic review of the functioning of the adequacy decision on the EU-US Data Privacy Framework vom 09.10.2024, https://commission.europa.eu/document/download/25695177-8073-4ce3-bf81-eb816dc6b468_en?filename=Report%20on%20the%20first%20periodic%20review%20of%20the%20functioning%20of%20the%20adequacy%20decision%20on%20the%20EU-US%20Data%20Privacy%20Framework.pdf.

239 EDPB-Report v. 05.11.2024, https://www.edpb.europa.eu/news/news/2024/edpb-adopts-its-first-report-under-eu-us-data-privacy-framework-and-statement_en.

240 LG Traunstein, Endurteil v. 08.07.2024 – 9 O 173/24, https://www.gesetze-bayern.de/Content/Document/Y-300-Z-GRURRS-B-2024-N-19976.

241 Quelle: Stiftung Datenschutz, https://use365.ms/DSK-DPF2025.

242 Siehe Kap. 9.2 (Rn. 538).

rechtliche Basis für den Fall, dass das DPF von EuGH kassiert wird, sowie für andere Drittstaaten als die USA. Die „neuen" SCC des Kommissionsbeschlusses vom Juni 2021 werden im DPA mit vereinbart.[243] Wie sich aus den Definitionen am Anfang des DPA ergibt, wird dabei das Modul 3 (Übermittlung von Auftragsverarbeitern an Auftragsverarbeiter) verwendet. Erst hieraus ergibt sich auch heute noch die Pflicht, ein Transfer Impact Assessment durchzuführen. Dies ist in Kap. 9 (Rn. 531 ff.) abgebildet.

4.4.4 Kritikpunkt: „Latente Übermittlung"

Unter dem Begriff der „latenten Übermittlung" wird bisweilen ein vermeintliches latentes Risiko beschrieben, das in der bloßen Möglichkeit der Datenübermittlung an unbefugte Dritte und in Drittländer bestehen soll. In einem diesbezüglichen Fall hat die Vergabekammer Baden-Württemberg im Juli 2022 nach einem öffentlichen Vergabeverfahren den erfolgreichen Anbieter, der als Subunternehmer den US-amerikanischen Cloud-Anbieter Amazon Web Services (AWS) einsetzen wollte, vom Vergabeverfahren ausgeschlossen.[244] **310**

Datenschutzrechtlich ging es dabei um die Frage, ob die bloße Möglichkeit eines Zugriffs auf personenbezogene Daten aus den USA bereits eine „Übermittlung" i. S. d. DSGVO darstellt. In Art. 4 Nr. 2 DSGVO wird die „Übermittlung" zwar als Unterfall der „Verarbeitung" erwähnt, aber selbst nicht definiert. Die Vergabekammer sah es für den Tatbestand der Übermittlung als ausreichend an, dass eingeräumte Zugriffsrechte zu einem „latenten Risiko" führen, ohne dass es auf die Wahrscheinlichkeit dieses Zugriffs ankomme.[245] **311**

Der Vergabesenat des OLG Karlsruhe hat diese Entscheidung bereits September 2022 rechtskräftig aufgehoben.[246] Hiernach ist im Rahmen der Nachprüfung einer Vergabeentscheidung grundsätzlich davon auszugehen, dass ein Bieter seine vertraglichen Zusagen erfüllen wird. Erst wenn sich aufgrund konkreter Anhaltspunkte Zweifel daran ergeben, muss der öffentliche Auf- **312**

---

243 DPA, Abschnitt „Datenübermittlungen und Speicherstelle > Datenübermittlungen"; Fassung vom 02.01.2024 abrufbar unter https://www.microsoft.com/licensing/docs/documents/download/MicrosoftProductandServicesDPA(WW)(German)(Jan022024)(CR).docx. Übersicht über alle Versions- und Sprachfassungen unter https://use365.ms/DPA.

244 VK Baden-Württemberg vom 13.07.2022 (1 VK 23/22), hierzu u. a. auch *Krohn*, Vergabekammer auf Abwegen: Zum Einsatz europäischer Cloud-Dienstleister mit U. S.-Konzernmutter, https://vergabeblog.de/2022-08-25/vergabekammer-auf-abwegen-zum-einsatz-europaeischer-cloud-dienstleister-mit-u-s-konzernmutter-vk-baden-wuerttemberg-beschluss-v-18-07-2022-1-vk-23-22.

245 Hierzu *Roth*, Das „latente Risiko" eines externen Datenzugriffs als Ausschlusskriterium im Vergabeverfahren, DSB 2022, S. 250; *Koglin/Preiß*, DSB 2022, S. 234.

246 OLG Karlsruhe vom 07.09.2022 (15 Verg 8/22).

traggeber ergänzende Informationen einholen und die Erfüllbarkeit des Leistungsversprechens prüfen. Auch musste nicht davon ausgegangen werden, „dass es aufgrund der Konzernbindung zu rechts- und vertragswidrigen Weisungen an das [europäische] Tochterunternehmen kommen wird bzw. das europäische Tochterunternehmen durch seine Geschäftsführer gesetzeswidrigen Anweisungen der US-amerikanischen Muttergesellschaft Folge leisten wird."

313 Auch der LfDI BW hatte den Beschluss der Vergabekammer in einer Pressemitteilung ausführlich kritisiert.[247] So sei die die von der Vergabekammer vorgenommene Gleichsetzung von Zugriffsrisiko und Übermittlung rechtlich zweifelhaft. Vielmehr seien „einzelfallbezogene Alternativprüfungen und nicht pauschale Transferverbote das Mittel der Wahl, die Vorgaben der DS-GVO bestmöglich umzusetzen."

314 Das Konstrukt einer „latenten Übermittlung" ist nicht mit der der DSGVO vereinbar und kann nicht dazu verwendet werden, auf Basis der bloßen Möglichkeit eines Zugriffs auf Daten einen konkreten Rechtsverstoß zu konstruieren.

4.4.5 Kritikpunkt: Subunternehmer

315 Wiederholt wird die Kritik vorgebracht, dass die Übersicht über die von Microsoft eingesetzten Unterauftragnehmer nicht ausreichend sei. Der vertragliche Aufbau ist dergestalt, dass der Kunde in Normalfällen einen Vertrag mit der irischen Microsoft-Gesellschaft MIOL abschließt. Diese hat einen Unterauftragsverarbeitervertrag (und weitere Verträge) mit der US-amerikanischen Microsoft Corp.[248]

4.4.5.1 Angebliche Pflicht zur Überprüfung von Unterauftragsverarbeitern

316 Entgegen bisweilen vorgebrachter Behauptungen gibt es keine grundsätzliche Pflicht des Auftraggebers, die Kette von Unter- und Unter-Unterauftragnehmers zu prüfen und sämtliche darin vorkommenden Dienstleister zu prüfen, ihre AVV'en zu kontrollieren oder gar Audits vorzunehmen.[249] Art. 28 Abs. 1 und 4 DSGVO gehen von der Verantwortlichkeit nach dem Prinzip der Kette aus, dass also jeder Auftraggeber nur seinen Auftragnehmer datenschutzrechtlich überprüfen muss. Zwar verlangt Art. 28 Abs. 3 S. 2 lit. h

---

247 LfDI BW, Stellungnahme zum Beschluss der Vergabekammer BW vom 15.08.2022, https://www.baden-wuerttemberg.datenschutz.de/stellungnahme-zum-beschluss-der-vergabekammer-bw.

248 Darstellung von Verträgen, Parteien und Rangfolge ab Kap. 4.2.1 (Rn. 200).

249 *Koglin* in Koreng/Lachenmann, Formularhandbuch Datenschutzrecht, G.VI.1. Anm. 12.

DSGVO, dass für den Auftraggeber ein Recht zu „Überprüfungen – einschließlich Inspektionen“ vereinbart wird. Dies bedeutet jedoch nicht, dass eine solche auch tatsächlich durchgeführt werden muss.[250]

Das Prinzip der Kette ergibt sich aus Art. 28 Abs. 4 DSGVO. Hiernach müssen dem Unterauftragnehmer (nur) im Wege eines Vertrags o. Ä. „dieselben Datenschutzpflichten“ wie unter der darüberliegenden AVV auferlegt werden (Art. 28 Abs. 4 S. 1 DSGVO). Diese beziehen sich auf die Vorgaben des Art. 28 Abs. 3 DSGVO und müssen auch gegenüber dem Unterauftragnehmer mit hinreichenden Garantien verbunden werden, so „dass die geeigneten technischen und organisatorischen Maßnahmen so durchgeführt werden, dass die Verarbeitung entsprechend den Anforderungen [der DSGVO] erfolgt.“ (Art. 28 Abs. 4 S. 1, 2. HS DSGVO). Art. 28 Abs. 4 S. 2 DSGVO bestimmt eine Haftung für den Fall, dass der Unterauftragsverarbeiter seine Pflichten verletzt. In diesem Fall haftet der erste Auftragsverarbeiter gegenüber „seinem“ Verantwortlichen. Dies unterstricht das Prinzip der Kette; Art. 28 DSGVO sieht keinen Durchgriff des Verantwortlichen auf den Unterauftragnehmer vor.[251] **317**

Entsprechend war – soweit ersichtlich – bislang auch weder von den Aufsichtsbehörden[252] noch von Gerichten oder der rechtswissenschaftlichen Literatur[253] vertreten worden, dass seitens des Verantwortlichen eine Pflicht bestehe, unter seinem direkten Auftragsverarbeiter weitere Dienstleister datenschutzrechtlich zu prüfen.[254] In seiner Stellungnahme zu Verpflichtungen von Auftragsverarbeitern und Unterauftragsverarbeitern vom Oktober 2024 hat der EDSA nun aber unter Hinweis auf die Rechenschaftspflicht, Art. 24 DSGVO sowie zur Erfüllung von Art. 28 Abs. 2, 32 und 44 ff. DSGVO wei- **318**

---

250 Schuster/Grützmacher/*Freund*, IT-Recht, Art. 28 DS-GVO Rn. 112; *Koglin* in Koreng/Lachenmann, Formularhandbuch Datenschutzrecht, G.VI.1. Anm. 11.

251 *Koglin* in Koreng/Lachenmann, Formularhandbuch Datenschutzrecht, G.VI.1. Anm. 12.

252 So (nicht) in DSK, Kurzpapier Nr. 13 Auftragsverarbeitung 2018 S. 3; EDSA, Leitlinien 07/2020 zu den Begriffen „Verantwortlicher“ und „Auftragsverarbeiter“ in der DSGVO Version 2.0 (2021) Rn. 128 f. und 151 ff.; LfD Nds, FAQ zur Auftragsverarbeitung nach Artikel 28 der DS-GVO 2022 Frage 7 (Unterauftragsverarbeiter); LfD Nds, Handreichung für die Verantwortlichen zum Abschluss einer Auftragsverarbeitungsvereinbarung gem. Art. 28 Abs. 3 DSGVO mit Microsoft für den Einsatz von „Microsoft 365“ 2023 S. 7 und Rn. 32 ff. (hierzu Kap. 3.3.5, Rn. 88); zur Rechtslage unter BDSG a. F. DSK inhaltlich identisch in DSK, Orientierungshilfe Cloud Computing Version 2.0 (2014) S. 9 f.

253 Kühling/Buchner/*Hartung*, DS-GVO/BDSG, Art. 28 DS-GVO Rn. 89; BeckOK DatenschutzR/*Spoerr*, 42. Edition, Stand: 1.11.2022, Art. 28 DS-GVO Rn. 37–45; Simitis/Hornung/Spiecker gen. Döhmann/*Petri*, Datenschutzrecht, Art. 28 DSGVO Rn. 85; Ehmann/Selmayr/*Bertermann*, DS-GVO, Art. 28 Rn. 15 f.

254 *Koglin* in Koreng/Lachenmann, Formularhandbuch Datenschutzrecht, G.VI.1. Anm. 12.

tere Informationen und eine Bewertung („Assessment") gefordert.[255] Dies betrifft zum einen – zu einem gewissen Grad nachvollziehbar – die Erfüllung der Voraussetzungen aus Art. 28 Abs. 1 DSGVO. Allerdings nennen Art. 28 Abs. 2 und 4 DSGVO die Voraussetzungen für den Einsatz von Unterauftragsverarbeitern. Es existiert nach Auffassung des Verfassers weiterhin keine grundsätzliche Pflicht zur Prüfung von Unterauftragsverarbeitern.

319 Eine Besonderheit ergibt sich durch die Standarddatenschutzklauseln (sog. SCC): Aus deren Klausel 14 ergibt sich zumindest eine Mitwirkungspflicht zwischen Datenimporteuer und -exporteur, bei Modul 3 also Auftragsverarbeiter und Unterauftragsverarbeiter. Auch diese führt aber nicht zu einer aktiven Prüfungspflicht des Verantwortlichen.[256] Zudem werden im konkreten Fall die SCC zwischen MIOL und Microsoft Corp. abgeschlossen; der Verantwortliche ist also gar nicht Vertragspartei und unterliegt daher auch keinen Pflichten als Datenexporteur i. S. d. Klausel 14 der Standarddatenschutzklauseln.

4.4.5.2 Information über Änderungen der eingesetzten Unterauftragsverarbeiter

320 Ein anderer Kritikpunkt könnte hingegen berechtigt sein: Art. 28 Abs. 2 DSGVO gestattet die „allgemeine", also pauschale Genehmigung[257] von Subunternehmern. In diesem Fall „informiert der Auftragsverarbeiter den Verantwortlichen immer über jede beabsichtigte Änderung in Bezug auf die Hinzuziehung oder die Ersetzung anderer Auftragsverarbeiter" (Art. 28 Abs. 2 S. 2 DSGVO). Microsoft stellt auf einer speziellen Webseite jeweils aktuelle Listen der Subunternehmer zur Verfügung. Diese sind im „Service Trust Portal" (STP) unter All Documents[258] > Privacy and Data Protection zu finden. Den Zugang zu seiner „Online Services Subprocessors List" in der aktuellen und in früheren Versionen bereit.

---

255 EDSA, Opinion 22/2024 on certain obligations following from the reliance on processor(s) and sub-processor(s) vom 09.10.2024, Rn. 54 ff., https://www.edpb.europa.eu/our-work-tools/our-documents/opinion-board-art-64/opinion-222024-certain-obligations-following_en.

256 Siehe hierzu Kap. 9.4.6 (Rn. 571).

257 Die Formulierungen in den deutschsprachigen Fassungen der Rechtsakte der EU sind unabhängig von der Terminologie in nationalen Normen der Mitgliedstaaten. Nach der Definition des bundesdeutschen § 183 BGB liegt hier eine Einwilligung (und keine Genehmigung) vor, da die Zustimmung des Art. 28 Abs. 2 S. 2 DSGVO vor der Umsetzung zu erfolgen hat.

258 In der deutschen Fassung „Alle Dokumente", https://servicetrust.microsoft.com/ViewPage/AllDocuments (Kurzlink zu den Dokumenten https://use365.ms/MS-Subprocessor).

Dort können die Dokumente mit dem Titel „Microsoft Online Services Subprocessors“ als pdf heruntergeladen werden. Sie enthalten eine Rubrik, die die Änderungen aufgezeigt werden: 321

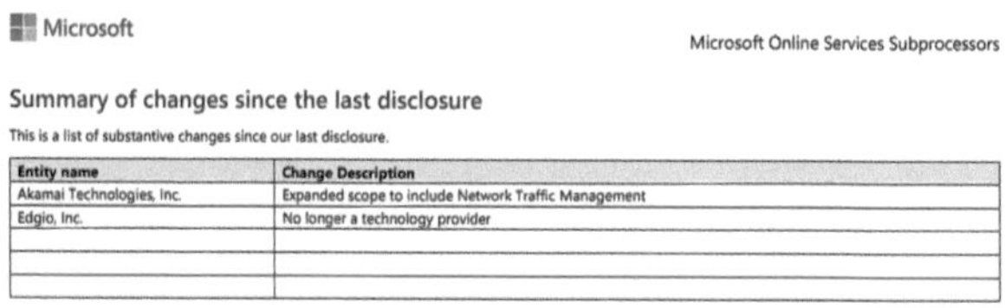

Microsoft

Microsoft Online Services Subprocessors

Summary of changes since the last disclosure

This is a list of substantive changes since our last disclosure.

Entity name	Change Description
Akamai Technologies, Inc.	Expanded scope to include Network Traffic Management
Edgio, Inc.	No longer a technology provider

Abbildung 19: Übersicht über Änderungen bei Microsoft-Unterauftragnehmern in Online Services Subprocessors List (Update vom 15.01.2025; © Microsoft)[259]

Soweit Microsoft dem Kunden Änderungen ausschließlich über Änderungen auf einer begrenzt gut auffindbaren Website bekanntgibt, bedürfte es für die Bewertung als ausreichende Information i. S. d. Art. 28 Abs. 2 S. 2 DSGVO einer außergewöhnlichen, sicherlich nicht allgemein anerkannten Argumentation. Diese Problematik kann durch organisatorische Maßnahmen zur Kenntnisnahme von Änderungen auf der entsprechenden Website entschärft werden. Diese können z. B. in einem Website Monitoring (auch durch einfache Mittel wie Google Alerts oder RSS-Feeds) liegen oder durch einen externen Dienstleister erbracht werden, der Änderungen verfolgt und den Verantwortlichen entsprechend informiert. Doch auch eine solche „Selbsthilfe“ wäre nur schwer unter Art. 28 Abs. 2 S. 2 DSGVO zu subsumieren. 322

Allerdings stellt Microsoft die Möglichkeit bereit, per E-Mail Informationen über Änderungen zu erhalten. Über die Funktion „Save to Library“ können das Dokument und Änderungen abonniert werden; diese kostenlose Funktion steht Nutzern mit einem Entra-ID-Account (also einem M365-Account, der kein privates oder Schulkonto ist) bereit: 323

259 Erreichbar über https://use365.ms/MS-Subprocessor.

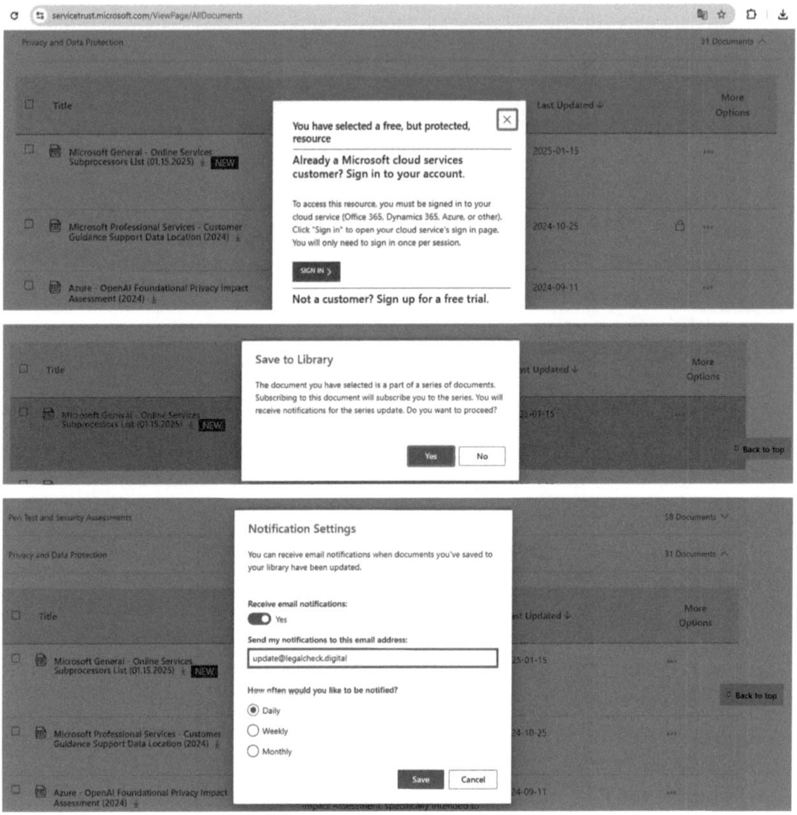

Abbildung 20: „Save to Library" und E-Mail-Benachrichtigung zur Liste der Unterauftragsverarbeiter (© Microsoft)

324 Mit dieser oder ähnlichen Lösungen bestehen keine durchgreifenden Bedenken gegen den nach Art. 28 Abs. 2 S. 2 DSGVO erforderlichen Informationsprozess, sofern die Information von Microsoft initiiert und vom Verantwortlichen erhalten wird.[260]

4.4.6 Besonderheit: Telekommunikationsrecht

325 Die Auffassungen der Aufsichtsbehörden zur Anwendbarkeit des Telekommunikationsrechts sind unterschiedlich und scheinen biswei-

260 Sonstige Bedenken können wie im Datenschutz und besonders bei SaaS stets verbleiben, vgl. zu Anforderungen bei Cloud Computing Kühling/Buchner/*Hartung*, DS-GVO/BDSG, Art. 28 DS-GVO Rn. 88.

len gar nicht berücksichtigt zu werden. Dabei hat die Geltung des Telekommunikations(datenschutz)rechts massive Auswirkungen nicht nur auf das materiell anzuwendende Recht und u. a. die Frage, ob Übermittlungen von Informationen gar keine Auftragsverarbeitung darstellen. Zudem wechselt (außer bei Bundesbehörden, die ohnehin in den Zuständigkeitsbereich der BfDI fallen) die Zuständigkeit für diesen Verarbeitungsteil von der Landesaufsicht zur Aufsicht der Bundesbeauftragten.[261]

Zugleich ist die Zuordnung von Diensten oder einzelnen Teilen davon zum allgemein Datenschutzrecht oder zum Telekommunikationsdatenschutzrecht diffizil, unklar und vielen Beteiligten wohl auch unbekannt. Aufgezeigt wurde dies am Beispiel der Zusatzfunktionen von Teams-Videokonferenzen wie Chat und „Hand-heben", aber auch in den optionalen Connected Experiences zu Transkription und Übersetzung. Hinzu kommt der Telekommunikationsbereich im Kontext von E-Mails, der Exchange und Outlook betrifft.[262] **326**

Innerhalb dieses Themenbereichs dürften aufsichtsbehördliche Positionen und Maßnahmen mit vielfältigen Argumenten angreifbar und – auch aufgrund der ggf. fehlenden Zuständigkeit, die dann auch zu einem Wegfall der Rechtsgrundlage zur Datenverarbeitung auf Seite der jeweiligen Aufsichtsbehörde führt[263] – aggressive Maßnahmen kaum zu erwarten und zumindest mit einer Vielzahl von Argumenten zu entkräften sein. **327**

4.5 Änderungen durch das EU-US Data Privacy Framework (2023)

Im Juli 2023 trat mit dem Kommissionsbeschluss zum EU-US Data Privacy Framework (DPF) die Nachfolgeregelung des Privacy Shields in Kraft. Da Microsoft nach dem DPF zertifiziert ist, bildet es – trotz einiger politischer Kritik – eine rechtlich taugliche und verbindliche Basis für den Drittlandstransfer. Nur Aufgrund der Einbindung der Standarddatenschutzklauseln muss dennoch ein Transfer Impact Assessment durchgeführt werden (siehe Kap. 9, Rn. 531 ff., dort auch ausführliche Informationen zum DPF und der Zertifizierung). **328**

Damit ist rechtlich die Kritik am Drittlandtransfer in die USA gegenstandslos. Gleichwohl wird dieser Aspekt weiter thematisiert, was aber rechtlich nicht ausschlaggebend ist. **329**

---

261 Kap. 3.3.9 ff. (Rn. 135).
262 Siehe ausführlich Kap. 3.3.9.6 (ab Rn. 161).
263 Hierzu Kap. 3.3.9.7 (Rn. 167).

330 Mit dem DPF-Angemessenheitsbeschluss der EU-Kommission existiert deutlich mehr Rechtssicherheit bezüglich des sog. Drittlandtransfers, auch wenn eine Reihe weiterer Fragen Gegenstand des rechtswissenschaftlichen und exportwirtschaftlichen Diskurses bleiben werden. Dies betrifft z. B. die diesbezügliche Zertifizierung in den USA oder der Umgang mit Dienstleistern in anderen Drittländern als den USA.[264] Der französische Abgeordnete *Philippe Latombe* hat bereits im September 2023 eine Klage gegen den Beschluss vor dem EuGH angekündigt.[265]

331 Eine Schrems III-Klage vor dem EuGH – von welchem Kläger auch immer – war auch zu erwarten gewesen. Gleichwohl ist das DPF eine existierende Rechtsgrundlage für den Datentransfer in die USA. Dies hat die DSK auch im März 2025 bestätigt.[266]

4.6 Weitere Änderungen seit dem DSK-Beschluss aus 2022

332 Folgende Änderungen haben sich seit dem DSK-Beschluss im November 2022 ergeben, so dass zusätzlich zu den bisherigen Ausführungen in Frage gestellt werden kann, ob die mit dem Beschluss festgehaltene Kritik heute noch in derselben Form berechtigt ist:

- Neue Fassungen des Microsoft-DPA: Nach der DSK-Kritik vom November hat Microsoft bereits zum 01.01.2023 eine überarbeitete Fassung des DPA herausgegeben, worin auf die Kritikpunkte der DSK eingegangen wurde. Auch wenn stets diskutiert werden kann, ob mit der neuen Fassung die Kritik der DSK vollständig ausgeräumt wurde (und welche Teile der Kritik nicht rechtlich zwingend, sondern lediglich Wünsche für noch mehr Datenschutz waren): Damit geht die Kritik der DSK an der vorherigen DPA-Fassung zumindest formal ins Leere, auch wenn der der quantitative Umfang der Änderungen überschaubar ist.[267] Seitdem gab es, auch durch neue SCC und das DPF, etliche weitere neue Versionen.
- DPF-Beschluss der Kommission im Juli 2023, mit dem es eine neue und rechtssichere Basis für die Übermittlung von personenbezogenen Daten in die USA gibt.

264 https://www.baden-wuerttemberg.datenschutz.de/usa-eu-datentransfer-durchfuehrungsverordnung-us-praesident.

265 Latombe v Commission, T-553/23 R, https://eur-lex.europa.eu/legal-content/EN/TXT/?uri=CELEX:62023TB0553. Zum Verfahren Kap. 9.6.4.1 (Rn. 619).

266 https://use356.ms/Blog-dsk-dpf-gilt.

267 Übersicht der Änderungen siehe https://www.linkedin.com/feed/update/urn:li:activity:7016119575805050880.

- Microsoft hat einen Sicherheitsmechanismus mit dem Titel „EU Data Boundary" eingeführt. Hierdurch sollen noch mehr Kundendaten in der EU verbleiben.[268]
- Der Landesbeauftragte für den Datenschutz Niedersachsen hat im Mai 2024 die Nutzung von Teams im Ministerium für Inneres und Sport auf Basis einer Zusatzvereinbarung mit Microsoft akzeptiert. Dabei wurde explizit erwähnt, dass EU Data Boundary hierzu beigetragen hat.[269]
- Mit den Verfahren zwischen dem EDSB und der Kommission sowie Microsoft vor dem EuG gibt es laufende Verfahren, deren Stand und Ergebnis beobachtet werden sollte, auch wenn hierauf die DSGVO nicht anwendbar ist.

4.7 Faktisches Argument: Nutzung von M365 durch Behörden

Für eine datenschutzkonforme Nutzungsmöglichkeit spricht auch, dass **333** Microsoft 365 in großem Umfang auch von zahlreichen Behörden[270] bzw. öffentlichen Stellen[271] und sogar von Bundesministerien[272] sowie der Europäischen Kommission[273] eingesetzt wird.[274]

Hierin liegt, wie auch bei einer Festlegung durch die DSK, keine verbind- **334** liche rechtliche Bewertung der Nutzung. Es zeigt aber, dass nach einer (bei diesem Thema in der Regel sehr ausgiebigen) rechtlichen Prüfung durch staatliche Institutionen das Ergebnis durchaus sein kann, dass der Einsatz von M365 rechtlich möglich ist. Dabei ist zu beachten, dass bei vergleichbaren Rahmenbedingungen die Anforderungen bei einem staatlichen Einsatz wohl höher sein dürften als beim Einsatz durch nicht-öffentliche Stellen.[275]

---

268 Hierzu https://learn.microsoft.com/en-us/privacy/eudb/eu-data-boundary-learn.

269 Ausführliche Darstellung in Kap. 3.3.6. (Rn. 101).

270 Zur Differenzierung zwischen Behörden und (sonstigen) öffentlichen Stellen Kap. 4.9.1 (Rn. 339).

271 Siehe die Nutzung von Teams für mündliche Verhandlungen in der bayrischen Justiz (dazu Kap. 3.3.9.5, Rn. 155), https://www.justiz.bayern.de/organisatorisches/datenschutz-video/index.php. Auch die sonst dem Daten- und Verbraucherschutz sehr zugeneigte Verbraucherzentrale Bundesverband e. V. nutzt M365.

272 Kleine Anfrage des MdB *Biadacz*, BT-Drucks. 20/4852, wo auch der Umfang des jeweiligen Einsatzes beschrieben wird; https://dserver.bundestag.de/btd/20/048/2004852.pdf.

273 Siehe Kap. 3.3.8 (Rn. 113).

274 Viele öffentliche Stellen, die M365 nutzen, möchten dies aus Sorge vor Bedenken und Kritik nicht in die Öffentlichkeit tragen. Weitere Beispiele für die Nutzung von M365 durch öffentliche Stellen sind in Kap. 12.2.4 (Rn. 732) aufgelistet.

275 Vgl. aber *Fleck*, DSB 2024, S. 215 (217); hierzu Kap. 3.4 (Rn. 170).

Jedenfalls wäre es verfassungsrechtlich bedenklich, wenn staatliche Institutionen etwas für rechtskonform erachten, was der Staat an anderer Stelle privaten Akteuren untersagt.[276]

335 All dies legt nahe, dass die Auslegung der DSK zu streng ist. Zu beachten ist, dass es sich bei den Stellen, die M365 einsetzen, auch um prominente Institutionen handelt, die M365 in höchst sensiblen Bereichen wie einem Innenministerium, der Justiz oder dem Verbraucherschutz einsetzen.

336 Selbst wenn diese Argumente auf der Ebene des materiellen Rechts nicht durchgreifen sollten, führt der Einsatz von M365 bei öffentlichen Stellen auf der Ebene der Rechtsverfolgung zu folgender Konstellation: Rechtsstaatlich sind rechtswidrige Zustände durch die Aufsichtsbehörden zunächst bei öffentlichen, erst nachfolgend bei nicht-öffentlichen Stellen abzustellen. Durch diesen zeitlichen Ablauf ergibt sich auch eine Vorwarnfrist für private Stellen, die von diesen zugleich als Beobachtungs-Obliegenheit genutzt werden sollte. Ein fortlaufendes Monitoring der Rechtslage und der Aktivitäten der Aufsichtsbehörden sollte ohnehin mit dem Einsatz von M365 verbunden sein.

4.8 Sekundäre Argumente gegen die Auffassung der DSK

337 Darüber hinaus existiert eine Reihe von weiteren Argumenten gegen die strenge Auffassung einiger Aufsichtsbehörden. Sie sind für sich selbst genommen jeweils kein rechtlich relevantes, sondern nur ein sekundäres Argument. Daher sollen sie hier nur stichpunktartig skizziert werden:

- Die Entscheidung der DSK wird selbst von Juristen, die aus der Sphäre der Datenschutzaufsicht stammen[277] und in Publikationen, die üblicherweise skeptisch gegenüber Microsoft sind, stark kritisiert.[278]

---

276 Hierfür spricht, dass Datenschutz und das Recht auf informationelle Selbstbestimmung in erster Linie ein Abwehrrecht gegen den Staat sein soll, nicht aber eine Eingriffs- und Verbotsoption gegen private Stellen. Dass Unternehmen und andere nicht-öffentliche Stellen in vergleichbaren Konstellationen nicht schlechter gestellt werden dürfen als der Staat selbst, ergibt sich – zumindest entsprechend – aus dem Prinzip des allgemeinen Gleichheitsgrundsatzes (Art. 3 Abs. 1 i. V. m. Art. 19 Abs. 3 GG) sowie dem Grundrecht der unternehmerischen Freiheit und dem Rechtsstaatsprinzip (u. a. Art. 19 Abs. 4, 20 Abs. 3 GG). Vgl. zur Abwägung von Grundrechten aus EU-GRCh und GG im Kontext von Datenschutz und M365 Kap. 4.1.1 (Rn. 187).

277 *Benedikt/Kranig/Schwartmann*, Microsoft 365 – so sollte Datenschutzaufsicht nicht sein, FAZ, 13.12.2022.

278 *Heidrich*, c't 23/2020 („Was die Datenschutzbehörden Anfang Oktober veröffentlicht haben, bewegt sich irgendwo zwischen unverschämt und weltfremd").

- Laut *Benedikt/Kranig/Schwartmann* vertreten andere EU-Aufsichtsbehörden hierzu abweichende Einschätzungen. Es hätte daher von der DSK (genauer: von den Aufsichtsbehörden) ein Kohärenzverfahren angestrengt werden müssen. Dies ist bei einer bloßen öffentlichen Positionierung wie dem DSK-Beschluss vom November 2022 jedoch wohl nicht erforderlich gewesen. Zudem liegt, soweit ersichtlich, eine ausdrückliche abweichende Positionierung von anderen EU-Aufsichtsbehörden nicht vor (aber allerdings vom Europäischen Datenschutzbeauftragten,[279] der Einsatz von Microsoft durch EU-Organe problematisiert, ohne dass dies zu einem veränderten Verhalten der EU-Organe geführt hätte).
- Die DSK-Dokumente und die darin enthaltenen Argumentationen einschließlich der 58-seitigen Ausarbeitung halten einem wissenschaftlichen Anspruch nicht stand.[280] Sie enthalten keine Auseinandersetzung mit der Rechtswissenschaft, sondern zitieren im Wesentlichen aufsichtsbehördliche Stellungnahmen. Gleichwohl ist dies weder der eigene Anspruch der DSK noch für eine aufsichtsbehördliche Stellungnahme zwingend erforderlich.
- Ein Vergleich mit dem umstrittenen (nicht einstimmigen) DSK-Beschluss aus 2020[281] zeigt: Der Entschluss aus 2022 ist weniger eindeutig und negativ als der damalige. Eine generelle Unzulässigkeit wird nun nicht mehr vertreten.
- Es wird in der rechtswissenschaftlichen Literatur und durch Rechtsanwälte in der Fachpresse vertreten, dass der Einsatz von Microsoft 365 rechtlich vertretbar ist.[282] Inzwischen hält auch der niedersächsische LfD den Einsatz von Teams mit der DPA-Zusatzvereinbarung für akzeptabel.[283]

---

279 https://edps.europa.eu/press-publications/press-news/press-releases/2021/edps-opens-two-investigations-following-schrems_en, siehe ausführlich Kap. 3.3.8. (Rn. 113).

280 So *Koglin*, DSB 2023, S. 2 ff.

281 Siehe Kap. 3.3.2. (Rn. 71).

282 *Hessel/Kiefer*, Microsoft 365: Microsoft bewegt sich, die Datenschützer mauern unverhältnismäßig, https://www.heise.de/meinung/Microsoft-365-Microsoft-bewegt-sich-die-Datenschuetzer-mauern-unverhaeltnismaessig-7370920.html; *Koglin*, Der DSK-Beschluss zu Microsoft 365 oder: Alternative Auslegungen – wie kann die Nutzung begründet werden?, DSB 2023, S. 2 ff.; *Hessel/Kiefer*, RDi 2023, S. 282 ff.; *Hessel*, ZD 2024, S. 361 (362): „Ein datenschutzkonformer Einsatz von Microsoft 365 ist möglich." (bedarf jedoch aufgrund u. a. „der Komplexität der Cloud-Lösung" Prüfung der datenschutzrechtlichen Anforderungen, Dokumentation und einer individuellen Datenschutz-Folgenabschätzung; ähnlich „One-Pager Datenschutz-Compliance bei Microsoft 365" („Ausgehend von […] ist ein datenschutzkonformer Einsatz von Microsoft 365 möglich."), https://www.reuschlaw.de/wp-content/uploads/2022/09/220831_reuschlaw_onepager_cs-365_microsoft.pdf.

283 Kap. 3.3.6. (Rn. 101).

4.9 Besonderheiten bei speziellen Arten von Verantwortlichen und Branchen

338 In Abhängigkeit von der Natur des Verantwortlichen, Branche und weiteren Besonderheiten kann es eine Reihe von Umständen geben, die die rechtliche Bewertung des Einsatzes von M365 verändern. Nicht zu vergessen sind auch die Besonderheiten – auch im Hinblick auf die Zuständigkeit der Datenschutzaufsicht – soweit eine Verarbeitung als Telekommunikation zu bewerten ist.[284]

4.9.1 Einsatz von M365 in Behörden und anderen öffentlichen Stellen

339 Das Recht auf informationelle Selbstbestimmung und der Datenschutz wurden ursprünglich als Abwehrrecht des Bürgers gegen den Staat verstanden.[285] Daher sind etliche Besonderheiten zu beachten, wenn M365 in öffentlichen Stellen eingesetzt wird. Hierunter werden umgangssprachlich verkürzt „Behörden" verstanden; richtigerweise können hierunter u. a. auch Gesetzgebungsorgane, Universitäten, öffentliche Schulen und Krankenhäuser, Kranken- und Pflegekassen, Betriebe und Anstalten öffentlichen Rechts fallen. Der Begriff der öffentlichen Stelle ist in der DSGVO nicht ausdrücklich definiert, wird aber an verschiedenen Stellen verwendet (siehe ErwG 154 S. 5). Er ist nicht identisch mit dem engeren Begriff der „Behörden" in Art. 6 Abs. 1 S. 2 DSGVO, deren Tätigkeiten dort nach dem Wortlaut des S. 2 nochmals auf die „in Erfüllung ihrer Aufgaben vorgenommene Verarbeitung" eingeschränkt werden können. Im § 2 Abs. 1 und 2 BDSG werden die öffentlichen Stellen des Bundes und der Länder definiert.

4.9.1.1 Kein „berechtigtes Interesse" bei behördlichen Aufgaben

340 Die Stellung als öffentliche Stelle i. S. d. DSGVO ist relevant, weil der Einsatz vom M365 bei behördlichen Datenverarbeitungen strenger reguliert ist. So führen einige Stimmen an, dass die Rechtsgrundlage des sog. berechtigten Interesses (Art. 6 Abs. 1 S. 1 lit. f DSGVO) für Behörden nicht einschlägig sei. Dies ist – zumindest für die von den Behörden in Erfüllung ihrer Aufgaben vorgenommene Verarbeitung – zutreffend (Art. 6 Abs. 1 S. 2 DSGVO, der teilw. auch als Art. 6 Abs. 1 UA 2 DSGVO zitiert wird).

341 Dabei wird von einer zumindest in sozialen Medien stark verbreiteten Meinung vertreten, dass öffentliche Stellen ohnehin nur dort tätig werden dürfen,

---

284 Siehe Kap. 3.3.9.5 ff. (Rn. 155).
285 Kap. 4.1.1 (Rn. 187).

wo sie einen gesetzlichen Auftrag und eine Rechtsgrundlage für diese Tätigkeit haben (vgl. auch ErwG 47 S. 5 DSGVO). Daher gäbe es bei Art. 6 Abs. 1 S. 2 DSGVO keinen Anwendungsbereich für Tätigkeiten von Behörden außerhalb der Erfüllung ihrer Aufgaben: Ohne entsprechende Aufgabe bestehe weder ein Zweck noch eine fachliche Rechtsgrundlage für die Datenverarbeitung, womit an der Datenverarbeitung auch kein „berechtigtes Interesse“ i. S. d. Art. 6 Abs. 1 S. 1 lit. f DSGVO bestehen könne. Konkret bedeute dies also, dass Art. 6 Abs. 1 S. 2 DSGVO dahingehend zu verschärfen sei, dass Behörden sich niemals auf die Rechtsgrundlage des berechtigten Interesses berufen können. Die angeführten Gründe sind stringent, missachten dann aber die gesetzgeberische Wertung, die eben auf die Erfüllung der Aufgaben der Behörde beschränkt ist. Außerhalb der Eingriffsverwaltung mögen daher Ausnahmen möglich sein, etwa im Rahmen von freiwilliger Leistungsverwaltung (wie Subventionen für Industrie und der Finanzierung von sozialen Projekten) oder im Rahmen einer internen Weihnachtsfeier der Behörde.

Letztendlich wird aber eine strenge Auslegung des Art. 6 Abs. 1 S. 2 DSGVO, **342**
die der öffentlichen Stelle die Rechtsgrundlage des berechtigten Interesses vollständig verwehrt, dazu führen müssen, dass umgekehrt die Auslegung der Erforderlichkeit in Art. 6 S. 1 lit. c DSGVO entsprechend weiter erfolgt, also bestimmte Verarbeitungsvorgänge eher von lit. c abgedeckt sind.

4.9.1.2 Sensible Daten und Teilnahmezwang

Ein Kritikpunkt der DSK bzw. deren AG Online-Dienste war, dass der Ein- **343**
satz „insbesondere in Schulen“ nicht zulässig sei (DSK-Zusammenfassung, Ziff. 2).[286] Denn die Kombination von Schulpflicht und Minderjährigen führt zu einem Schutzbedarf, der deutlich über dem der Verarbeitung von durchschnittlichen Unternehmens- und Kundendaten liegt.[287]

Auch bei Gesundheitsdaten und weiteren sensiblen Daten ist besonderes Au- **344**
genmerk erforderlich. Art. 9 DSGVO definiert besondere Kategorien personenbezogener Daten, für deren Verarbeitung in der Regel eine gesonderte Einwilligung erforderlich ist. Dies kann besonders in der Gesundheitsbranche relevant sein, etwa bei öffentlichen Krankenhäusern, Reha-Einrichtungen oder Krankenkassen.

286 Darstellung in Kap. 3.3.3 (Rn. 76).

287 Hierzu auch ausführlich die Positionen und Untersuchungen des LfDI BW zum Einsatz von M365 in Schulen in BW, u. a.: https://www.baden-wuerttemberg.datenschutz.de/ms-365-schulen-hinweise-weiteres-vorgehen/; https://www.baden-wuerttemberg.datenschutz.de/nutzung-von-ms-365-an-schulen/ sowie https://km-bw.de/,Len/startseite/service/stellungnahme-nutzung-von-ms-365.

4.9.1.3 Privatrechtliche Gesellschaften in öffentlicher Hand

345 Für die (Nicht-)Anwendbarkeit von Art. 6 Abs. 1 S. 1 lit. f DSGVO kommt es allein auf die Rechtsform an, so dass auch eine gewerbliche Gesellschaft in öffentlicher Hand (wie eine GmbH) als nicht-öffentliche Stelle gilt und auch keine „Behörde" i. S. d. Art. 4 Nr. 7 DSGVO darstellt, selbst wenn sie indirekt behördliche Aufgaben umsetzt.

346 Gleichwohl sind hier im Einzelfall Besonderheiten zu beachten, die über „DSGVO-ferne" Aspekte wie eine Fach- oder Rechtsaufsicht und die besondere Außenwirkung hinausgehen können.

4.9.2 Gesundheitsdatenschutz und branchenspezifische Regulierung

347 Viele weitere Regelungen ergeben sich aus speziellen Branchen oder anderweitig regulierten Feldern wie etwa kritischer Infrastruktur. Der Überblick hierüber gestaltet sich aufwändig, da neben Verordnungen und Richtlinien der EU nebst nationalen Umsetzungsgesetzen (wie der NIS-2-RL und dem NIS2-Umsetzungs- und Cybersicherheitsgesetz, kurz NIS2UmsuCG) die föderale Struktur der Bundesrepublik dafür sorgt, dass über die ausschließliche Gesetzgebungskompetenz des Bundes gem. Art. 73 GG (u. a. für die Telekommunikation), der konkurrierenden Gesetzgebung von Bund und Ländern nach Art. 74 GG (u. a. für die Rechtsanwaltschaft und Rechtsberatung, vgl. § 43e BRAO) und die verbleibende Gesetzgebungskompetenz der Länder (Art. 70 Abs. 1, 1. Alt. GG) schon die Frage nach der Gesetzgebungskompetenz nicht einfach ist.

348 So gehören Bildung, Schulen und Hochschulen/Universitäten grundsätzlich zur Gesetzgebungskompetenz der Länder. Das Gleiche gilt prinzipiell für das Gesundheitsrecht. Über Art. 74 Abs. 1 Ziff. 19a GG sowie die Sozialgesetzbücher liegt aber ein großer Teil des Gesundheits- und -datenschutzrechts wieder beim Bund. Zudem gibt es hier Kuriositäten wie die Delegation der Festlegung der Richtlinie zur „IT-Sicherheit in der vertragsärztlichen und vertragszahnärztlichen Versorgung"[288] an die Kassenärztlichen Bundesvereinigungen[289] (§ 390 Abs. 1 SGB V). Weitere Regelungen zum Cloud-Einsatz im Gesundheitswesen (des SGB) sowie zur Auftragsverarbeitung mit Sozialdaten gibt es in § 393 SGB V sowie in § 80 SGB X.

---

288 So die Bezeichnung in § 390 Abs. 1 SGB V, der durch das DigiG den früheren § 75b SGB V ersetzt. Hierzu Becker/Kingreen/*Kircher*, § 390 SGB V Rn. 1; zu den Unterschieden gegenüber § 75b SGB V a. F. (jährliche Überprüfung) Rn. 6.

289 Die Richtlinie selbst ist noch die „Richtlinie nach § 75b SGB V über die Anforderungen zur Gewährleistung der IT-Sicherheit" vom 16.12.2020, https://www.kbv.de/media/sp/RiLi___75b_SGB_V_Anforderungen_Gewaehrleistung_IT-Sicherheit.pdf.

Solche spezielle branchenseitige Regulierung kann zusammenfallen mit landesrechtlicher Regulierung wie dem Beamtenrecht und besonderen Vorgaben zur Geheimhaltung z. B. in Art. 108 Abs. 3 S. 2 BayBG,[290] was ein Migrationsprojekt zu M365 verkompliziert. **349**

4.9.3 Datenschutz bei Kirchen und religiösen Vereinigungen (Art. 91 DSGVO)

Über Art. 91 DSGVO, dessen Wurzeln in Art. 137 der Weimarer Reichsverfassung (WRV)[291] liegen, hatten Kirchen und religiöse Vereinigungen oder Gemeinschaften die Möglichkeit, sich ein von der DSGVO abweichendes, eigenes Kirchendatenschutzrecht zu geben und auch eine eigene Kirchen-Datenschutzaufsicht zu etablieren (Art. 91 DSGVO). Diese Regelungen müssen „im Einklang" mit der DSGVO stehen. **350**

Dies sind insbesondere das „katholische" Gesetz über den Kirchlichen Datenschutz (KDG) sowie die „Kirchliche Datenschutzregelung der Ordensgemeinschaft päpstlichen Rechts" (KDR-OG) nebst ihrer Durchführungsverordnung (KDR-OG-DVO); für die Evangelische Landeskirche das „Kirchengesetz über den Datenschutz der Evangelischen Kirche in Deutschland (EKD-Datenschutzgesetz – DSG-EKD)".[292] **351**

Problematisch für IT-Anbieter als Auftragsverarbeiter sind bislang Klauseln, mit denen sich der Auftragsverarbeiter nicht nur dem jeweiligen materiellen Kirchendatenschutzrecht unterwerfen muss (was aufgrund der Ähnlichkeit mit der DSGVO meist unproblematisch ist), sondern auch der jeweiligen konfessionellen Datenschutzaufsicht (vgl. § 30 Abs. 5 S. 3 DSG-EKD). Im Rahmen einer Novelle sind hier Erleichterungen abzusehen.[293] **352**

4.9.4 Datenschutz bei journalistisch-redaktionellen Tätigkeiten

Ebenfalls aus verfassungsrechtlichen Gründen sollen über Art. 85 DSGVO auf der Ebene der Mitgliedstaaten Ausnahmen von der DSGVO vorgenommen werden, um die DSGVO „mit dem Recht auf freie Meinungsäußerung und Informationsfreiheit, einschließlich der Verarbeitung zu journalistischen Zwe- **353**

---

290 Überblick zu den entsprechenden Landesgesetzen im Kontext von Personalaktendaten und Vertraulichkeit bei *Nehlsen/Fleck*, Personalaktendaten und Vertraulichkeit: Inwieweit verpflichtet die Verpflichtung?, DSB 2024, S. 301 (302).

291 Art. 137 und weitere Artikel der WRV gelten über Art. 140 GG auch in der Bundesrepublik weiter.

292 Textsammlung bei *Golland*, Kirchliches Datenschutzrecht.

293 *Neumann*, Die Novelle des evangelischen Datenschutzrechts: Näher an der DSGVO und spezifischer kirchlich, DSB 2025, S. 5 (6).

cken und zu wissenschaftlichen, künstlerischen oder literarischen Zwecken, in Einklang [zu bringen].“ Hierfür gewährt Art. 85 Abs. 2 breite Möglichkeiten.

354 Durch den Föderalismus in Deutschland und die hiesige Trennung zwischen (ehemaligen) Telemedien und (heutigen) Digitalen Diensten (Bund) gegenüber (sonstigen) Medien, Rundfunk und Presse (Land) sind die entsprechenden Normen teils nur für Experten auf Anhieb auffindbar. Durch den Medienstaatsvertrag, der rechtlich gesehen in Ermangelung einer völkerrechtlichen Regelung wohl kein Staatsvertrag, sondern ein Verwaltungsabkommen darstellt, wird das Landesrecht teilweise wieder bundeseinheitlich gehandhabt.

4.10 Zusammenfassung der datenschutzrechtlichen Situation

355 Aufsichtsbehörden vertreten aufgrund ihrer gesetzlichen Rolle eine eher strenge Auslegung des Datenschutzrechts. Die neutrale und rechtlich einzig verbindliche Entscheidung kann indes nur durch Gerichte erfolgen, und eine höchstrichterliche Entscheidung gegen die Nutzung von Microsoft 365 ist nicht bekannt. Doch selbst eine solche hätte wohl nur begrenzte Aussagekraft: Bis zu einer Entscheidung durch den BGH oder EuGH – und es ist fest davon auszugehen, dass Microsoft ein faktisches Produktverbot bis zur höchsten Instanz anfechten würde – haben sich die Konfigurationsmöglichkeiten, die Sicherheitsfeatures, die AGB und auch die rechtlichen Rahmenbedingungen für den transatlantischen Datentransfer so verändert, dass ein Urteil über die ursprüngliche Rechtslage wenig Aussagekraft über die dann aktuelle Situation haben würde.

356 Neben den kritischen Stellungnahmen durch Behörden und Berater gibt es auch eine Reihe von Argumenten und juristischen Stellungnahmen, nach denen die Nutzung von US-Clouds unter Berücksichtigung der gesetzlichen Voraussetzung zulässig ist. Denn die Regelungen der Art. 44 ff. DSGVO öffnen ja gerade den Weg, Daten nach außerhalb der EU zu übermitteln. Mit dem DPF liegt (bislang) ein eindeutiger und gültiger Kommissionsbeschluss vor, um personenbezogene Daten mit Unternehmen auszutauschen, die ihren Sitz (oder den ihrer Muttergesellschaft) in den USA haben.

357 Die neutrale, rechtswissenschaftliche Zusammenfassung lautet daher: **Es gibt keine absolute Rechtssicherheit – weder in die eine noch in die andere Richtung.** Keineswegs ist die Nutzung von Microsoft 365 eindeutig zulässig, risikofrei oder unproblematisch. Andererseits steht auch nicht fest, dass der Einsatz eindeutig und unvermeidlich unzulässig ist. Vielmehr gibt es mehrere gute und seriöse Argumente, der Auffassung der DSK im konkreten Fall nicht folgen zu müssen. Gerade im Hinblick auf die ständig wiederholte und herausgestellte „USA-Kritik“ gibt es Rechtssicherheit; die Kritik der Aufsichtsbehörden überzeugt hier nicht.

4.11 Vergleich mit Alternativen zu Microsoft 365 und IT-Governance

Externen Beratern fällt es angesichts der rechtlichen Unklarheit und der Warnungen der Aufsichtsbehörden leicht, von der Nutzung solcher US-Cloud-Dienstleistungen abzuraten. Im Unternehmen selbst reicht es hingegen nicht, lediglich von Produkten abzuraten oder Bedenken anzumelden. Hier stellt sich zugleich immer die Frage nach möglichen Alternativen. **358**

4.11.1 Alternative Cloud-Angebote

Andere US-amerikanische Cloud-Anbieter – wie Google Workspace (ehemals G Suite) – unterliegen denselben oder vergleichbaren datenschutzrechtlichen Bedenken und sind insofern keine problemlösende Alternative zu Microsoft 365. Das Gleiche gilt für Angebote aus anderen Nicht-EU-Ländern, etwa für das chinesische WPS Office. Mehr Hoffnung machte eine Kooperation zwischen der Deutschen Telekom und Microsoft, bei der die Daten und die SaaS-Software ursprünglich in Rechenzentren der Deutschen Telekom gehostet wurden. Inzwischen werden aber auch hier die Microsoft-Rechenzentren genutzt,[294] so dass diese Lösung beim datenschutzrechtlichen Problem des US-Anbieters keinen entscheidenden Vorteil bringt. Jedoch können die in der Cloud gespeicherten Daten zunehmend durch Services von Drittanbietern verschlüsselt werden. Diese stoßen jedoch oft an ihre Grenzen, wo Datenteile unverschlüsselt an weitere Empfänger gegeben werden müssen, wie z. B. bei den To- und From-Feldern eines E-Mail-Headers. Die sog. homomorphe Verschlüsselung, die den gleichzeitigen Zugriff und die Bearbeitung von in der Cloud verschlüsselten Daten ermöglichen soll,[295] **359**

294 https://geschaeftskunden.telekom.de/hilfe-und-service/cloud-software/microsoft-365/datenspeicherung-microsoft-365: „Bei der Nutzung der verschiedenen Dienste von Microsoft 365 (bzw. Office 365) können Sie Ihre Daten und Dateien, die Sie nicht lokal in Ihrem Rechenzentrum oder auf einem Rechner ablegen, in der Microsoft Cloud speichern. Welches Microsoft-Rechenzentrum für die Speicherung genutzt wird, hängt zum einem vom Standort Ihres Unternehmens und zum anderen von den genutzten Microsoft 365-Diensten ab.“

295 Hierzu *Conrad/Grützmacher/Kast*, Recht der Daten und Datenbanken im Unternehmen, S. 1079; *Kroschwald*, DSRITB 2013, Verschlüsseltes Cloud Computing, S. 289 (299).

hat noch keine praxistauglichen Ergebnisse geliefert[296] und wurde von IT-Sicherheitsexperten auch als bloßes Mittel zur Forschungsmittel-Akquise verspottet.[297]

4.11.2 Digitale Souveränität

360 Auch die zahlreichen Ansätze, im Rahmen der „digitalen Souveränität" von US-Anbietern unabhängig zu werden und nationale, möglichst Open-Source-basierte Alternativen zu Office-Produkten und Microsoft 365 zur Verfügung zu stellen, ist noch nicht so weit wie von vielen erhofft. So hatte die Stadt München bereits 2003, also vor der Cloud-Ära, beschlossen, von Windows XP und Microsoft Office zu Linux zu migrieren.[298] Im Jahr 2017 wurde dann u. a. aufgrund des Aufwandes und stetiger Probleme beschlossen, das „LiMux"-Projekt zu beenden.[299] Heute gibt es u. a. mit „openDesk"[300] ein Projekt, das „deutschen Behörden die digitale Souveränität – ohne Datenabfluss nach Amerika – zurückzugeben" soll und seit 2022 durch den Bund gefördert wird. Laut Website des Anbieters, der „Zentrum für Digitale Souveränität der Öffentlichen Verwaltung (ZenDiS) GmbH" waren – Stand Januar 2025 – die Verfügbarkeit als „ab Herbst 2024" angegeben und die Teile der Version 1.1 von 12/2024, die unter anderem externes IAM enthalten sollte, noch als „in Arbeit" gekennzeichnet.[301]

361 Das Softwareprojekte sich verzögern, gerade unter Mitwirkung der öffentlichen Hand und erst recht in einer föderalen Struktur, ist eher die Regel als die Ausnahme. Probleme und Verzögerungen treten auch bei den kritisierten US-Anbietern auf. Gerade deshalb sollte aber auch der Mehrwert von Rundum-Lösungen gesehen werden, die zumindest weitestgehend funktionieren, erprobt und einsatzbereit sind, statt sich auf vielleicht überambitionierte Technologie wie die homomorphe Verschlüsselung oder sehr politisierte Ziele wie die digitale Souveränität zu stürzen. Denn Datenschutz ist kein „Super-Grundrecht", sondern mit anderen Rechten abzuwägen (Kap. 4.1.3, Rn. 195).

---

296 *Koglin* in Koreng/Lachenmann, Formularhandbuch Datenschutzrecht, G.VI.1. Anm. 5.

297 „Fefe" v. Leitner, Vortrag bei der Deutsche Rentenversicherung Bund am 01.10.2024, https://ptrace.fefe.de/cloud/, Folie 7.

298 *Koglin*, Frankfurt an M., München an L., https://www.ifross.org/?q=en/node/326.

299 https://vergabeblog.de/2017-12-12/muenchen-limux-aus-endgueltig-besiegelt/; https://www.sueddeutsche.de/muenchen/computer-probleme-muenchen-kehrt-zurueck-zu-microsoft-1.3380630.

300 https://opendesk.eu/.

301 Siehe https://opendesk.eu/ und https://opendesk.eu/produkt/ unter „Roadmap" (Aufruf am 03.01.2025).

4.11.3 Betrieb on premise und IT-Goverance

Letztlich bliebe zur Umgehung der datenschutzrechtlichen Bedenken nur die Möglichkeit, die benötigten Lösungen klassisch on premise zu hosten und/ oder ausschließlich Rechenzentren zu verwenden, die in der EU liegen und bei denen keine US-Unternehmen beteiligt sind. Da es keinen EU-Anbieter mit einem vergleichbaren Produktportfolio gibt, würde sich damit jedoch die IT-Strategie fundamental verändern: Statt einer zentralen Cloud-Lösung für alle Büroanwendungen gäbe es eine Vielzahl von einzelnen Lösungen mit begrenztem Umfang – etwa ein lokal gehosteter Exchange-Server für E-Mails, separat davon für Textverarbeitungen auf den Endgeräten z. B. Open-Office, und für Videokonferenzen eine Lösung wie Jitsi. Dies hätte nicht nur elementaren Einfluss auf die User Experience, sondern auch auf das Zusammenspiel der Produkte und somit auf die IT-Sicherheit: Die zentrale Nutzer- und Konfigurationsverwaltung von Microsoft 365 würde ersetzt durch einzelne Systeme, die separat von Experten betreut werden müssten. Die Folge wären Defizite u. a. beim kurzfristigen Einspielen von sicherheitsrelevanten Patches und Updates sowie beim Identity & Access Management (IAM), so dass eine Reduzierung der IT-Sicherheit wahrscheinlich wäre. **362**

Gänzlich ungelöst wäre das Problem, dass viele Fachanwendungen im öffentlichen und privaten Sektor auf Microsoft-Produkten aufsetzen und mit anderen Plattformen nicht kompatibel sind. Dies war einer der Gründe, warum Versuche wie derjenige der Landeshauptstadt München, ohne Microsoft auszukommen, scheiterten. **363**

4.11.4 Datensicherheit und Vermeidung von Datenpannen

Informationssicherheit hat einen hohen Stellenwert; daher verpflichtet Art. 33 DSGVO zur Meldung von Verletzungen des Schutzes personenbezogener Daten an die Aufsichtsbehörde. Weder sind Cloud-Angebote sicher vor Pannen, noch ist es on premise gehostete Software, noch werden Services allein durch den Einbau von Open Source Software sicherer. **364**

Auch bei Behörden und Aufsichtsbehörden kommt es – ganz ohne SaaS – zu Sicherheitslücken und Vorfällen. Es ist müßig und wohlfeil, mit dem Finger auf einzelne Projekte und ihre Verantwortlichen zu zeigen.[302] Dennoch sei ohne Überheblichkeit an die katastrophalen Angriffe auf das IT-Netzwerk des Deutschen Bundestages („Parlakom“) in 2015 erinnert, bei dem erhebliche Mengen an Daten „erbeutet“ wurden und die Bundestags-IT monatelang **365**

302 So bereits *Matthäus* in der Bergpredigt beim Gleichnis vom Splitter im Auge; Matt. 7, 3–5.

lahmgelegt wurde.[303] Aktuell beschäftigt die Sicherheit der elektronischen Patientenakte Bürger und Medien, nachdem sie im Dezember 2024 beim Chaos Communication Congress des Chaos Computer Club kritisiert wurde.[304] Und auch bei der Berliner Aufsichtsbehörde kam es zu einer Datenpanne, bei der personenbezogene Daten verlorengingen:

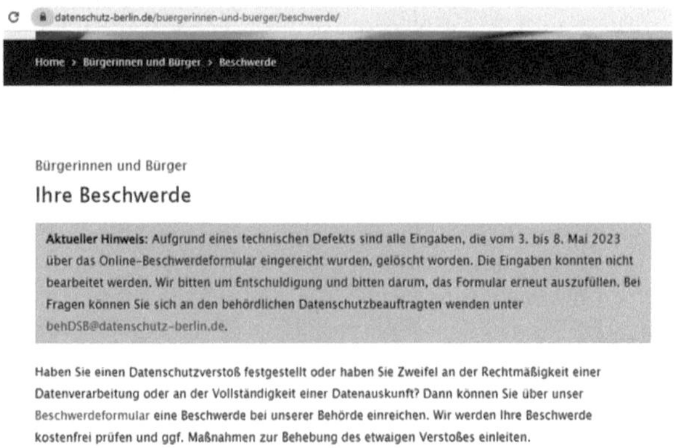

Abbildung 21: Screenshot: Hinweis auf einen technischen Defekt bei der BlnBfDI im Mai 2023

366 In der Justiz in Brandenburg soll es wiederholt zu technischen Problemen bei der Bereitstellung von Videoverhandlungen nach § 128a ZPO kommen, so dass der Staat hier seinen gesetzlichen Pflichten in einem Bereich nicht nachkommt, der bei einem in seiner Funktion eingeschränkten Gerichtswesen einen Kern der rechtstaatlichen Aufgaben berührt:

303 Vgl. z. B. *Scherschel*, Bundestags-Hack: Angreifer sollen gigabyteweise E-Mails kopiert haben. https://www.heise.de/news/Bundestags-Hack-Angreifer-sollen-gigabyteweise-E-Mails-kopiert-haben-2715881.html; *Biselli*, Wir veröffentlichen Dokumente zum Bundestagshack: Wie man die Abgeordneten im Unklaren ließ, https://netzpolitik.org/2016/wir-veroeffentlichen-dokumente-zum-bundestagshack-wie-man-die-abgeordneten-im-unklaren-liess; Überblick bei https://de.wikipedia.org/wiki/Hackerangriffe_auf_den_Deutschen_Bundestag.

304 *Kastl/Tschirsich*, Vortrag „Konnte bisher noch nie gehackt werden“: Die elektronische Patientenakte kommt – jetzt für alle!, https://streaming.media.ccc.de/38c3/relive/135.

Landgericht Potsdam
- 2. Zivilkammer -

Landgericht Potsdam, PF 600353, 14403 Potsdam

Ihr Zeichen
[redacted]

Bitte bei Antwort angeben
Akten- / Geschäftszeichen
[redacted]

Datum
09.01.2025

In Sachen
[redacted]
wg. Forderung

Sehr geehrte Damen und Herren Rechtsanwälte,

einem Vorgehen nach § 128a ZPO wird nicht nähergetreten, da eine durchgehend störungsfreie Übertragung nicht ausreichend sicher gewährleistet ist.

Mit freundlichen Grüßen

[redacted]
Vorsitzender Richter am Landgericht

Abbildung 22: Schreiben des LG Potsdam, wonach aus technischen Gründen Videoverhandlungen nicht stattfinden können (Auszug)

Dies soll nicht zu oberflächlichen oder hämischen Vergleichen der Art verleiten, dass mit Teams, wie in der Bayerischen Justiz, alles besser sei.[305] Es zeigt aber, dass das isolierte Bezwecken von mehr Datenschutz und IT-Sicherheit nicht in pauschale und vorurteilartige Ablehnung von SaaS und US-Anbietern münden darf, denn: Datenschutz und Informationssicherheit sind keine Über-Grundrechte, sondern müssen mit anderen Grundrechten – wie den Rechten der Bürger auf einen funktionierenden, digital erreichbaren Staat oder den Rechten von Unternehmen und Beschäftigten – abgewogen werden.[306] **367**

4.11.5 Zusammenfassung

Im Ergebnis hat eine Software-Suite eines einzelnen Anbieters also aus organisatorischer Sicht Vorteile in Bezug auf die IT-Sicherheit, und neben Microsoft 365 existiert kein anderer Anbieter, der eine ähnlich breite, zentral verwaltete Produktpalette zur Verfügung stellt, ohne ebenfalls die Problemthemen „Drittlandtransfer“ und „Transparenz“ mit sich zu bringen. **368**

---

305 Siehe hierzu Kap. 3.3.9.5 (Rn. 155); https://www.justiz.bayern.de/organisatorisches/datenschutz-video/index.php.

306 Zu Grundrechten aus der GRCh und dem GG und ihrem Verhältnis Kap. 4.1.1 (Rn. 187).

4.12 Zusammenfassung: Konkrete Risiken und Maßnahmen bei einem M365-Einsatz

369 Die zentrale Kritik der Datenschutz-Aufsichtsbehörden am Einsatz von Microsoft 365 betrifft den sog. Drittlandtransfer sowie die angeblich mangelnde Transparenz. Daher könne die Rechtmäßigkeit des Einsatzes i. S. d. Art. 5 Abs. 2 DSGVO nicht nachgewiesen werden.

370 **Bewertung der konkreten Risiken eines Einsatzes von M365**:

- Die Rechtsauffassung der DSK und anderer Aufsichtsbehörden ist nicht verbindlich. Zudem ist sie bereits veraltet.
- Drittlandtransfer: Ein Drittlandtransfer war für sich genommen war nie grundsätzlich unzulässig; es kam und kommt stets auf die Umstände und insbesondere die Rechtsgrundlage an. Die Rechtlage in Bezug auf die USA hat sich mit dem EU-Kommissionsbeschluss „EU-US Data Privacy Framework" ganz erheblich verbessert: Hiermit liegt eine rechtssichere Basis vor.
- Transparenz und Rechtmäßigkeit: Hier sollte die Sensibilität der vom Verantwortlichen erfassten personenbezogenen Daten berücksichtigt werden. Soweit es um die Verarbeitung von Beschäftigtendaten geht, ist zu berücksichtigen, ob eine Betriebsvereinbarung oder ähnliche Kollektivvereinbarung vorliegt. Dabei ist zu beachten, dass das BetrVG nur deutsche Sachverhalte erfasst, also nicht für die Verarbeitung von Mitarbeiterdaten an ausländischen Standorten herangezogen werden kann. Gleiches gilt für entsprechende kollektivrechtliche Rechtsgrundlagen, u. a. im öffentlichen Bereich.
- Darüber sollten Verantwortliche Folgendes in Betracht ziehen, um ihre Transparenz über die Datenverarbeitung (auch durch Microsoft als eigenem Verantwortlichem) zu erhöhen und die Rechtmäßigkeit nicht nur herzustellen, sondern auch zu dokumentieren:
  - interne und externe Assessments,
  - Dokumentation: Datenschutz-Folgenabschätzung und ggf. weitere Dokumentation,
  - Fortlaufende Betrachtung und Aktualisierung.

371 **Maßstäbe für die Bewertung des Risikos und erforderlicher Maßnahmen**:

- **Umfang und Sensibilität der Daten:**
  - Für die Verarbeitung der sog. Beschäftigtendaten, also Daten von Mitarbeitern und weiteren Personen wie Bewerbern, kann über eine Betriebs- bzw. Dienstvereinbarung eine Rechtsgrundlage vorliegen (vor-

behaltlich des Abschlusses und des konkreten Inhalts der BV und unter Berücksichtigung der EuGH-Rechtsprechung zu dieser Rechtsgrundlage).
  - Daneben wird es einen gewissen Bestand an Daten von Geschäftspartnern oder anderen personenbezogenen Daten aus B2B-Kontext geben (wie der Name von Beratern oder Geschäftsführern von Dienstleistern); hierbei handelt es sich aus Sicht des Datenschutzes um sehr unkritische Daten.
  - Allgemeine Geschäftsdaten (E-Mails, Dateien, Nutzung in Teams).
- **Erschwerend (stärkere Maßnahmen erforderlich):**
  - Verarbeitung sensibler Daten oder großer Mengen von Daten; Daten von Privatkunden;
  - sog. „Art.-9-Daten";
  - andere besonders sensible Daten, was durch die Natur der Daten oder die besondere Schutzbedürftigkeit der betroffenen Personen (z. B. bei Kindern) verursacht werden kann;
  - öffentliche Beobachtung.
- **Erleichternd (weniger starke Maßnahmen können ausreichen):**
  - keine sensiblen Daten, überwiegend öffentlich bekannte, unkritische Daten;
  - keine öffentliche Stelle; Art. 6 Abs. 1 lit. f DSGVO kann angewendet werden.

4.13 Maßnahmenplan zur Risikoreduzierung

In der Festlegung der DSK wird moniert, dass allein mit dem (inzwischen **372**
veralteten) Datenschutznachtrag vom 15.09.2022 der Nachweis der Rechenschaftspflicht nicht geführt werden könne. Soweit diese Kritik noch als relevant erachtet wird, können die folgenden Handlungsempfehlungen umgesetzt werden, um dieser Kritik formal aus dem Weg zu gehen:[307]
- Erstellung zusätzlicher Dokumentation zu Art. 5 Abs. 2 DSGVO (u. a. DSFA, TOMs, Eintrag in das Verarbeitungsverzeichnis, zentrale Erfassung aller Anforderungen aus verschiedenen Anlagen und Betriebs- bzw. Dienstvereinbarungen).
- Eigene Dokumentation zur Auftragsverarbeitung, u. a. zur Art der Daten, Zwecke der Verarbeitung sowie Erfassung und Übersicht zu den von Mi-

307 Eine umfassende Liste möglicher Maßnahmen ist in Kap. 6.5 (Rn. 430) abgedruckt.

crosoft eingesetzten Subunternehmern; diese sind auf den Seiten von Microsoft aufgeführt.
- Soweit möglich, diesbezügliche Nachverhandlung oder Ergänzung des Vertrags mit Microsoft bzw. Dokumentierter Versuch einer Nachverhandlung; interimsweise könnten die nach Auffassung der DSK fehlenden Teile der Auftragsverarbeitungsvereinbarung zumindest hilfsweise über eine Weisung an Microsoft kommuniziert und dokumentiert werden. Microsoft stellt auf Anfrage Kunden auch seine Sicherheitsrichtlinie Datensicherheit zur Verfügung (S. 8 DPA). Siehe zu diesem allenfalls für Konzerne praxisnahen Vorschlag die „Praxis-Tipps für Verträge mit Microsoft" deutscher Aufsichtsbehörden.[308]

373 Ergänzt werden diese Empfehlungen durch weitere Maßnahmen des Datenschutzes und der IT-Sicherheit.[309]

374 In größeren Organisationen wird die Einführung von M365 häufig in eine Pilotphase und in den vollständigen Rollout aufgeteilt; letzterer kann wiederum in verschiedene Wellen aufgeteilt sein. Dadurch können:
- Anfängliche Probleme („Kinderkrankheiten") auf eine kleine Gruppe begrenzt bleiben,
- Für die Pilotphase positiv eingestellte und offene Mitarbeiter gefunden werden,
- Die Kapazität von Trainings- und Helpdesk-Ressourcen auf die verschiedenen Phasen aufgeteilt werden, und nicht zuletzt auch
- Letzte Details von Datenschutzeinstellungen und -Fragen auf eine spätere Welle verschoben werden mit dem Argument, dass in der ersten Phase nur eine begrenzte Anzahl von personenbezogenen Daten betroffen ist (vgl. Art. 35 Abs. 3 lit. b DSGVO, der als Voraussetzung für das Erfordernis einer Datenschutz-Folgenabschätzung die **umfangreiche** Verarbeitung von Art.-9-Daten nennt).

375 Damit können die Maßnahmen z. B. folgendermaßen aufgeteilt werden (abhängig von der Struktur des Verantwortlichen sowie Art und Umfang der zu verarbeitenden personenbezogenen Daten):
- **Vor Start der Pilotphase**:

  Bereits zum Start einer Pilotphase sollten datenschutzseitig folgende Maßnahmen umgesetzt werden:

---

308 https://use365.ms/LfDNI_M365-Tipps; hierzu *Koglin*, DSB 2023, S. 252 ff. Ausführliche Darstellung Kap. 3.3.5 (Rn. 88).

309 Siehe Kap. 6.5. (Rn. 430).

1. Initiale Datenschutz-Folgenabschätzung „light" (Kap. 7.3.2.5, Rn. 476) bzw. alternativ eine dokumentierte Einschätzung, dass eine DSFA nicht erforderlich ist.
2. Festlegung von vorläufigen TOMs.
3. Eintrag in das Verarbeitungsverzeichnis.

Die Verhandlung der Betriebs- bzw. Dienstvereinbarung erfolgt parallel. Deren Abschluss ist datenschutzseitig keine zwingende Voraussetzung für die Verarbeitung von Beschäftigtendaten, schafft allerdings eine weitere (nach dem EuGH aber begrenzte) Rechtsgrundlage für die Datenverarbeitung. Sie schafft aber in jedem Fall Transparenz und die Zustimmung der Arbeitnehmervertretung. Zudem kann mit ihr die Einholung des Standpunktes der betroffenen Beschäftigten gesehen werden, die für die Datenschutz-Folgenabschätzung gem. Art. 35 Abs. 9 DSGVO „gegebenenfalls" erforderlich ist.

– **Nach Start der Pilotphase**:

Darüber hinaus werden in aller Regel eine Reihe weiterer Maßnahmen notwendig oder zumindest empfehlenswert sein. Eine Liste möglicher Maßnahmen ist in Kap. 6.5 (Rn. 430) aufgeführt.[310]

310 Weitere Listen und Beispiele bei *Koglin*, DSB 2022, S. 38 ff.; *ders.* in Koreng/Lachenmann, Formularhandbuch Datenschutzrecht, G.VI.2. Anm. 10.

5. Kapitel: Restrisiken, Prüfungstriefe und Business Judgment Rule

Zusammengefasst birgt der Einsatz von Microsoft 365 somit gewisse datenschutzrechtliche Restrisiken, bringt aber auch klare Vorteile mit sich; namentlich eine Suite mit vielen professionellen Anwendungen für die (Zusammen-)Arbeit im Büro sowie ein hohes Niveau an Datensicherheit einschließlich Identity & Access Management und zentraler Administration. **376**

5.1 Verbleibende Unklarheiten

Wie bei jedem Prüfungsgegenstand verbleiben stets Themenfelder, die – bei unbegrenzter Zeit und unbegrenzten Ressourcen – noch eingehender analysiert werden könnten. Dies betrifft verschiedene Dimensionen: **377**

- Hinsichtlich der von Microsoft in M365 angebotenen Dienste finden sich immer Dienste, Funktionen, Lizenzdetails und Zusammenhänge, die noch eingehender betrachtet und bewertet werden können.
- Mit untypischen Arten von Daten, Betroffenen und Zwecken sowie durch verschiedene Einstellungen und zusätzliche organisatorische Anweisungen können sich stets andere Bewertungen ergeben, die separat und/oder besonders ausführlich betrachtet werden könnten.
- In technischer Hinsicht können immer noch weitere Analysen und Tests durchgeführt werden, z.B. zu der Frage, welche Daten wohin übertragen werden.
- In rechtlicher Hinsicht kann zu beinahe jedem Punkt noch vertiefter analysiert, differenzierter betrachtet oder eine Gegenposition gefunden werden. Beispiele hierfür sind z.B. die Definition von „Behörden“ sowie (getrennt davon) die Auslegung der „Erfüllung ihrer Aufgaben“ in Art. 6 Abs. 1 S. 2 DSGVO, oder die Bewertung der Angemessenheit des Datenschutzniveaus in Drittländern.

Auch zu den beiden letztgenannten Punkten haben die DSK und einzelne Aufsichtsbehörden bereits umfangreiche Prüfungen durchgeführt.[311] Gleich- **378**

---

311 Zu „Telemetriefunktionen und Datenschutz beim Einsatz von Windows 10 Enterprise“ siehe Beschluss der DSK vom 26.11.2020 nebst umfangreicher Anlagen https://www.datenschutzkonferenz-online.de/media/dskb/TOP_30_Beschluss_Windows_10_mit_Anlagen.pdf.
Im Kontext der Bewertung des Datenschutzniveaus in den USA hatte u.a. unter der Federführung der damaligen Berliner Beauftragten für Datenschutz und Informationsfreiheit eine Task Force der Datenschutz-Aufsichtsbehörden einen US-amerikanischen Professor mit der Erstellung eines Gutachtens zu Fragen des US-amerikanischen Ge-

wohl ist dieser Themenkreis wohl weit davon entfernt, als eindeutig geklärt bewertet werden zu können. Dies liegt nicht nur, aber auch daran, dass es sich um „moving targets" handelt: Zum Ende einer behördlich geplanten und sodann professionell und umfangreich durchgeführten Analyse einschließlich der sich anschließenden Bewertung haben sich die Details des Prüfungsgegenstandes häufig schon so stark verändert, dass das Prüfungsergebnis nur noch begrenzte Aussagekraft hat.

379 Doch wenn selbst die deutschen Aufsichtsbehörden mit ihrer geballten Kompetenz und ihren Ressourcen nicht zu einer abschließenden und jeweils aktuellen Bewertung in der Lage sind, was kann dann von Verantwortlichen – auch aus dem Bereich der Gemeinnützigkeit und der kleinen und mittleren Unternehmen – an Aufwand erwartet werden? Daher ist zu betrachten, welche Prüfungstiefe seitens des Verantwortlichen erforderlich ist.

5.2 Erforderliche Prüfungstiefe

380 Zunächst ist festzustellen, dass praktisch jede Hard- und Software bis ins letzte Detail geprüft werden könnte, um u. a. den Grundpflichten der DSGVO zu Rechtmäßigkeit und Rechenschaftspflicht zu genügen (Art. 5 Abs. 1 lit. a und Abs. 2 DSGVO). Dies betrifft nicht nur IT, sondern kann nach Art. 2 Abs. 1, 2. Alt. DSGVO und bei Beschäftigtendaten nach § 26 Abs. 7 DSGVO auch offline verarbeitete personenbezogene Daten betreffen.

381 Gesamtgesellschaftlich wie auch für den einzelnen Verantwortlichen stellt sich dabei die Frage, wieviel Prozent seiner Zeit und seines Budgets für datenschutzrechtliche Detailfragen verwendet werden sollen, und wieviel Zeit nach Buchhaltung, Datenschutz und weiteren Compliance-Aufgaben für die operative Tätigkeit verbleiben wird. Was wird von einem kleinen Malerbetrieb erwartet, und inwieweit soll ein Pflegedienst seine gesamte Hard- und Software prüfen (lassen), einschließlich des Mobiltelefons, über das mit Patienten und Angehörigen kommuniziert wird. Was ist mit den Fahrzeugen, mit denen die Hausbesuche erfolgen und für die die Adressen im Navigationsgerät eingegeben werden, sofern nicht gleich Google Maps verwendet wird? Weshalb sollte ein niedergelassener Arzt darauf vertrauen können, dass sein Ultraschallgerät und die damit verbundene Software datenschutzkonform eingesetzt werden kann, und wie viel Zeit sollte er hierauf verwenden, statt sich zu Zeiten des Facharztmangels um seine Patienten zu kümmern?

---

heimdienstrechts beauftragt, das im Januar 2022 veröffentlicht wurde, siehe https://www.datenschutzkonferenz-online.de/media/weitere_dokumente/Vladek_Rechtsgutachten_DSK_de.pdf.

Diese Beispiele sind selbstverständlich plakativ gewählt. Es geht dabei nicht darum, Datenschutz oder andere Compliance-Anforderungen gegen wirtschaftliche Interessen oder die Bedürfnisse des Gesundheitswesens (oder anderer Kundengruppen) auszuspielen. Es bleibt aber die berechtigte und rechtliche Frage, welche Prüfungstiefe – auch im Vergleich zu den von den Aufsichtsbehörden durchgeführten Prüfungen technischen Analysen – erwartet werden kann. **382**

Normativ ist die Antwort hierauf insb. in Art. 5 Abs. 1 lit. a und Abs. 2 DSGVO, also den Grundsätzen der Rechtmäßigkeit und Rechenschaftspflicht, verankert; korreliert aber auch mit vielen weiteren Normen. Diese umfassen u. a. Art. 24 und 32 DSGVO zur Datensicherheit, Art. 28 DSGVO zur Auftragsverarbeitung und zu Subunternehmern, und Art. 44 ff. zum Drittlandtransfer. Ergänzend – im Rahmen der rechtlichen Relevanz von Erwägungsgründen – ist ErwG 13 DSGVO zu beachten, nach dem Kleinstunternehmen und KMU besonders behandelt werden sollen. Nach dessen S. 4 werden u. a. die Aufsichtsbehörden dazu angehalten, deren Bedürfnisse bei der Anwendung der DSGVO zu berücksichtigen. **383**

Doch auch diese Normen geben keine klare Antwort auf die Frage der Prüfungstiefe: Mit dem „engen Verständnis" des Rechtsmäßigkeitsgrundsatzes erfordert dieser nur das Vorliegen einer Rechtsgrundlage nach Art. 6 Abs. 1 DSGVO, nicht aber die Erfüllung aller weiteren rechtlichen wie z. B. der Erfüllung der Informationspflichten nach Art. 13/14 DSGVO. Ob dieser enge oder doch der gegenteilige weite Begriff anzuwenden ist, ist streitig.[312] **384**

Ähnlich unklar ist der Umfang der Rechenschaftspflicht und ihr Verhältnis zum Amtsermittlungsgrundsatz und dem Nemo Tenetur-Grundsatz, wonach sich niemand selbst belasten muss. **385**

Auch die weiteren angeführten Normen sind auslegungsbedürftig, etwa die Formulierungen „unter Berücksichtigung [zahlreicher Details der Verarbeitung] geeignete technische und organisatorische Maßnahmen" (Art. 24 Abs. 1 DSGVO), „Berücksichtigung des Stands der Technik, der Implementierungskosten und der [Details] der Verarbeitung sowie der unterschiedlichen Eintrittswahrscheinlichkeit und Schwere des Risikos", „geeignete technische und organisatorische Maßnahmen, um ein dem Risiko angemessenes Schutzniveau zu gewährleisten", und bei „der Beurteilung des angemessenen Schutzniveaus sind insbesondere die Risiken zu berücksichtigen, die mit der Verarbeitung verbunden sind" (alle aus Art. 32 Abs. 1 und 2 DSGVO). **386**

In Bezug auf die Auftragsverarbeitung nach Art. 28 DSGVO sind „geeignete Garantien" zu finden (Abs. 1) und mit Subunternehmern wiederum „hinrei- **387**

---

312 Kühling/Buchner/*Herbst*, DS-GVO/BDSG, Art. 5 DS-GVO Rn. 8 ff. m. w. N.

chende Garantien dafür" abzustimmen, die sich erneut auf geeignete technische und organisatorische Maßnahmen beziehen (Abs. 4).

388 Für einen Drittlandtransfer, der sich nicht auf einen Kommissionsbeschluss stützt, sind nach Art. 46 DSGVO „geeignete Garantien" vorzusehen. Die meisten dieser auslegungsbedürftigen Klauseln werden durch Erwägungsgründe weiter verwässert.

389 Somit ist zu konstatieren, dass die DSGVO keine exakten Vorgaben zur Prüfungstiefe macht. Das Erfordernis einer Rechtsgrundlage für die Datenverarbeitung nach Art. 6 DSGVO und eine weitere Grundlage nach Art. 44 ff. DSGVO für den Fall der Übermittlung in ein Drittland gehört (neben den Betroffenenrechten) zu den wenigen nicht auslegungsbedürftigen Grundsätzen. Die Tiefe der Prüfung und die Angemessenheit von Maßnahmen und Garantien obliegt hingegen der Bewertung und Auslegung.

390 Dabei sind die in den jeweiligen Normen genannten Kriterien heranzuziehen, für die sog. TOMs somit u. a. die Art der Daten und Betroffenen und grundsätzlich die Geeignetheit und Angemessenheit (Art. 24 DSGVO) sowie der Stand der Technik, Implementierungskosten und Risiken (Art. 24, 32 DSGVO).

391 Eine angemessene Begrenzung der Prüfungstiefe stellt somit keinen Verstoß gegen die DSGVO dar, sondern ist immanenter Bestandteil u. a. von Art. 24, 28 und 32 DSGVO. Auch in diesem Kontext ist daran zu erinnern, dass Datenschutz kein Super-Grundrecht ist (Kap. 4.1.3, Rn. 195).

5.3 Umgang mit Restrisiken

392 Der Grundsatz, für die Verarbeitung personenbezogener Daten eine Rechtsgrundlage vorliegen muss, steht also nicht zur Disposition individueller Auslegung. Jenseits dieses Erfordernisses beginnt ein breites Feld, bei dem unbestimmte Rechtsbegriffe ausgelegt werden müssen und wo somit auch immer mehrere vertretbare Auslegungen möglich sind.

393 Dies beginnt für das Vorliegen der Rechtsgrundlage bereits damit, ob z. B. ein berechtigtes Interesse i. S. d. Art. 6 Abs. 1 S. 1 lit. f DSGVO gegeben ist, ob also eine sauber durchgeführte Interessenabwägung tatsächlich zugunsten des Verantwortlichen ausfällt. Idealiter hat dieser sich auch Gedanken gemacht, ob sein Interesse sogar i. S. d. Art. 21 Abs. 1 S. 2 DSGVO überwiegt, er also die dort genannten zwingenden schutzwürdigen Gründe nachweisen kann.

394 Dies führt zusammen mit den zuvor in Kap. 5.2 (Rn. 380) aufgeführten auslegungsbedürftigen Kriterien (u. a. den in Art. 24 und 32 DSGVO genannten) zu einer Vielzahl von komplex im Zusammenhang stehenden Bewertungen. Bei ihnen ist vorhersehbar, dass der Verantwortliche, ein neutraler Dritter und eine Datenschutz-Aufsichtsbehörde recht verschiedene Auffassungen haben werden, ohne dass jede einzelne Bewertung per se einzig richtig oder eine andere eindeutig falsch wäre.

5.3.1 Handhabung im datenschutzseitigen Projektmanagement

Ab einem bestimmten Punkt der konkreten Prüfung des M365-Einsatzes **395**
ist es nicht mehr zielführend, bekannte und streitige Aspekte immer wieder durch weitere Rechtsauffassungen, Gutachten oder technische Analysen zu ergänzen. Nur zwei Ergebnisse stehen vorher schon fest: Dies führt erstens zu Verzögerungen und Kosten. Und zweitens wird das Ergebnis immer wieder sein, dass die rechtliche oder technische Antwort nicht ganz eindeutig ist.

Wenn das M365-Projekt nicht zu einer akademischen Dauerschleife wer- **396**
den soll, muss die datenschutzseitige Bewertung also an einem bestimmten Punkt mit einem (Zwischen-)Ergebnis abschließen. Dies wird wohl in allen Fällen – wie auch in diesem Werk in Kap. 1.3 (Rn. 8) und 4.10 (Rn. 355) – den Hinweis enthalten, dass bestimmte Unklarheiten und Restrisiken bestehen. Das Risiko einer aufsichtsbehördlichen Maßnahme gegen den Verantwortlichen ist nicht nur theoretisch gegeben – insbesondere, wenn es sich bei ihm um eine öffentliche Stelle handelt.

5.3.2 Kommunikative Handhabung; Empfehlungen und „Abraten"

Dies resultiert mitunter darin, dass in die Bewertung eingebundene Perso- **397**
nen die verbleibenden Unklarheiten und die ablehnenden Positionen der Datenschutzaufsicht vermischen und – vielleicht auch, um Risiken und Verantwortlichkeit von sich fernzuhalten – vom M365-Einsatz abraten. „Das ist rechtlich nicht klar, aber die Aufsichtsbehörde sieht das eher skeptisch, daher muss ich Ihnen von dem geplanten Vorhaben abraten" ist ein dabei häufig gehörter Satz.[313]

Selbstverständlich sollen und können Datenschutzbeauftragte, Rechtsabtei- **398**
lungen oder externe Berater nicht das rechtliche Risiko von operativen Entscheidungen tragen (vgl. auch Art. 39 DSGVO). Umgekehrt sollen sie aber auch nicht von jedem Weg abraten, dem ein Restrisiko innewohnt, denn im Wirtschaftsleben und in jeder Organisation existieren stets Restrisiken. Die

313 *Koglin* in Koreng/Lachenmann, Formularhandbuch Datenschutzrecht, A.III.5.

Aufgabe ist hier eher, das konkrete (Rest-)Risiko präzise darzustellen, ohne in der Kommunikation zu über- oder untertreiben.

399 Die Beteiligten sollten also weder in ein Stockholm-Syndrom mit den Projektzielen verfallen („der neue CIO will die Cloud-Strategie, und da wollen wir uns nicht unbeliebt machen"), noch aus Unsicherheit oder vermeintlichen Haftungsgründen abraten, ohne dass realistische Alternativen greifbar sind. Professionell ist hingegen eine neutrale Bewertung und eine Darstellung von Maßnahmen zur Risikominimierung (siehe hierzu Kap. 6, Rn. 413 ff.).

5.3.3 Rechtliche Handhabung von Ungewissheiten

400 Ungewissheiten, die sich aus bestimmten Grenzen der Prüfungstiefe oder anderen Gründen ergibt, können somit als datenschutzimmanent angesehen werden. Damit kann man zum Ergebnis kommen, dass ein datenschutzkonformer Einsatz von M365 möglich ist.[314] Erforderlich dafür ist jedoch, M365 nicht einfach ungeprüft oder undokumentiert einzusetzen. Für den datenschutzkonformen Einsatz sind i. d. R. eine individuelle Datenschutz-Folgenabschätzung und angemessene TOMs erforderlich.[315]

401 Hier wird indes die zurückhaltendere Rechtsauffassung vertreten, dass nicht absolut sicher ist, ob der Einsatz von M365 uneingeschränkt auch in den letzten rechtlichen und technischen Details vollumfänglich DSGVO-konform sei. Zumindest aber der diesbezügliche Prüfungsaufwand ist bei typischen Verantwortlichen begrenzt. Zudem können verbleibende Restrisiken – jedenfalls hinsichtlich eines Haftungs- und Regressrisikos der handelnden Organe – durch die Business Judgment Rule abgefangen werden.

---

314 So wörtlich ReuschLaw, OnePager „Datenschutz-Compliance bei Microsoft 365", www.reuschlaw.de/wp-content/uploads/2022/09/220831_reuschlaw_onepager_cs-365_microsoft.pdf; identisch *Hessel*, ZD 2024, S. 361 (362).

315 A. a.O. Nach der hier vertretenen Auffassung ist eine Datenschutz-Folgenabschätzung nicht in jedem Fall zwingend erforderlich. Es kann aber anzuraten sein, sie zumindest vorsorglich durchzuführen.
Dabei ist darauf zu achten, dass Verantwortliche unterhalb der Schwelle des § 38 Abs. 1 S. 1 BDSG – die also nicht mehr als 20 Personen beschäftigen, die automatisiert personenbezogene Daten verarbeiten und die daher keinen Datenschutzbeauftragten benennen müssen – durch das selbst auferlegte Erfordernis einer Datenschutz-Folgenabschätzung nicht doch in das Erfordernis eines Datenschutzbeauftragten geraten (§ 38 Abs. 1 S. 2 BDSG).

5.4 Management-Entscheidungen und Business Judgment Rule

Anders als externe (Datenschutz-)Berater kann die Geschäftsleitung sich bei aufsichtsbehördlichen Bedenken nicht einfach unreflektiert gegen ein System (wie Microsoft 365) entscheiden, sondern muss auch die Folgen einer solchen Entscheidung in den Blick nehmen und diese gestalten. Da der komplette Verzicht auf E-Mails und Office-Software nicht in Betracht kommt, müsste man sich bei einer Ablehnung von Microsoft 365 also zugleich für eine brauchbare Alternative entscheiden. **402**

In diesem Fall erscheint es wie die Wahl zwischen einer IT-seitig sehr professionellen und weltweit verbreiteten, aber mit explizit benannten datenschutzrechtlichen Bedenken behafteten Cloud-Lösung einerseits oder andererseits einer Vielzahl von einzelnen Systemen, von denen jedes einzelne nicht so in der Kritik der Aufsichtsbehörden steht wie Microsoft 365, aber jedes für sich auch erhebliche, noch teilweise gar nicht analysierte Datenschutzfragen aufwirft und die vor allem in der Gesamtheit zu einer wesentlich weniger professionellen und uneinheitlichen IT-Landschaft führen, die ihrerseits wieder zu Einbußen in der IT-Sicherheit und damit auch im Datenschutz führt. **403**

Hier ist es gerade Aufgabe des (Top-)Managements, schwierige Entscheidungen mit Weitsicht zu treffen und auch bei zwei jeweils nicht optimalen Alternativen eine für das Unternehmen gute oder zumindest akzeptable Ausgangslage zu schaffen. Im Rahmen der Business Judgment Rule liegt daher keine Pflichtverletzung von Vorständen und Geschäftsführern vor, wenn ein Entscheider „bei einer unternehmerischen Entscheidung vernünftigerweise annehmen durfte, auf der Grundlage angemessener Information zum Wohle der Gesellschaft zu handeln“ (für die AG: § 93 Abs. 1 S. 2 AktG). **404**

5.4.1 Die Business Judgment Rule

Die Business Judgment Rule wird dem US-amerikanischen Rechtskreis zugeschrieben und aufgrund dieser (vermeintlichen) Herkunft meist mit „judgment“ (statt der klassischen britischen Schreibweise „judgement“) benannt. Letztlich beinhaltet sie eine ähnliche Wertung wie der deutsche § 839 BGB bereits seit dem 01.01.1900: Entscheidungsträger sollen gewisse Haftungserleichterungen in Anspruch nehmen können, damit sie nicht aus Sorge vor Regress notwendige Entscheidungen aufschieben oder Entscheidungen treffen, die insgesamt schlechter, aber für die persönlich weniger riskant sind. **405**

5.4.2 Business Judgment Rule im deutschen Recht

406 Neben § 839 BGB finden sich im deutschen Gesellschaftsrecht verschieden formulierte, aber ähnliche Regelungen für GmbH-Geschäftsführer, Vorstände einer Aktiengesellschaft bzw. SE sowie für deren Aufsichtsräte, und für Organe von Stiftungen:

- § 43 Abs. 1 u. 2 GmbHG: Geschäftsführer haben die Sorgfalt eines ordentlichen Geschäftsmannes anzuwenden. Wenn sie diese Obliegenheiten verletzen, haften sie der Gesellschaft solidarisch für den entstandenen Schaden.
- § 93 Abs. 1 S. 1 u. 2 AktG: Vorstandsmitglieder haben bei ihrer Geschäftsführung die Sorgfalt eines ordentlichen und gewissenhaften Geschäftsleiters anzuwenden. Eine Pflichtverletzung liegt nicht vor, wenn das Vorstandsmitglied bei einer unternehmerischen Entscheidung vernünftigerweise annehmen durfte, auf der Grundlage angemessener Information zum Wohle der Gesellschaft zu handeln.
- Nach § 116 S. 1 AktG gilt dies entsprechend für die Sorgfaltspflicht und Verantwortlichkeit der Aufsichtsratsmitglieder.
- § 84a Abs. 2 BGB bestimmt für Organe von Stiftungen: Das Mitglied eines Organs hat bei der Führung der Geschäfte der Stiftung die Sorgfalt eines ordentlichen Geschäftsführers anzuwenden. Eine Pflichtverletzung liegt nicht vor, wenn das Mitglied des Organs bei der Geschäftsführung unter Beachtung der gesetzlichen und satzungsgemäßen Vorgaben vernünftigerweise annehmen durfte, auf der Grundlage angemessener Informationen zum Wohle der Stiftung zu handeln.

407 Zu beachten ist, dass § 84a BGB 2021 zum Schutz von Organen „echter" BGB-Stiftungen i. S. d. § 84 BGB erlassen wurde. Eine entsprechende Regelung für Vorstände und andere Organe von eingetragenen Vereinen fehlt bis heute. Dogmatisch ist hier schwer zu begründen, dass eine unplanmäßige Regelungslücke vorliege und daher § 84a Abs. 2 BGB analog anwendbar sei. Inhaltlich ist dies jedoch sehr geboten und entsprechende Auslegungen daher nachvollziehbar. Zudem ist für die Haftung und die Compliance-Pflichten von Vorständen die sog. Neubürger-Entscheidung des LG München I (Urt. V. 10.12.2013 – 5HK O 1387/10) zu beachten.[316]

316 Zur Neubürger-Entscheidung und den vorgenannten Normen *Koglin* in Koreng/Lachenmann, Formularhandbuch Datenschutzrecht, A.II.2.

5.4.3 Inhalt der Business Judgment Rule

Übergreifend und verallgemeinert hat die Business Judgment Rule folgende Voraussetzungen, damit die handelnden Organe in das Privileg der Haftungsreduzierung gelangen (vgl. § 93 Abs. 1 S. 1 u. 2 AktG): **408**

- unternehmerische Entscheidung: Die Entscheidung muss die Gesellschaft bzw. die Stiftung betreffen;
- kein Interessenkonflikt: Die Selbstbereicherung durch Korruption kann nicht zur Privilegierung durch die Business Judgment Rule führen;
- informierte Entscheidung: Die Entscheidung muss auf Basis angemessener Informationen getroffen worden sein, nicht aber aus Unlust oder aufs Geratewohl;
- die Entscheidung muss zum Wohle des Unternehmens getroffen worden sein;
- die Entscheidung darf nicht klar unrechtmäßig sein.

Im Kontext des dauerhaften Einsatzes von M365 dürfte wohl noch anzufügen sein, dass angemessene Maßnahmen zur Risikominimierung zu treffen sind, die auch die regelmäßige Überprüfung der Entscheidung beinhalten.[317] **409**

5.4.4 Anwendung der Business Judgment Rule auf eine Entscheidung für M365

Für die hier problematisierten Restrisiken beim Einsatz von M365 sind all diese Voraussetzungen erfüllt. Insbesondere wird die Entscheidung zum Wohle der Gesellschaft getroffen. Es handelt sich nicht um eine klar unrechtmäßige Entscheidung, sondern um eine sehr gut vertretbare Rechtsauffassung. Dies wird dadurch unterstrichen, dass der Einsatz von M365 in der rechtswissenschaftlichen Literatur als (unter bestimmten Voraussetzungen) „datenschutzkonform möglich" bewertet wird[318] und auch zahlreiche Behörden und andere öffentliche Stellen M365 einsetzen. **410**

Weitere Voraussetzung ist, dass die Entscheidung auf angemessenen Informationen basiert. Wichtig ist daher, dass eine entsprechende Entscheidung nicht nur auf einem pauschalen Argument wie „Das nutzen doch alle", „Das hat die DSK doch verboten" oder einem uninformierten „Cloud ist zwar kompliziert, aber es wird schon nichts passieren" basiert, sondern eine informierte und abwägende Entscheidung zugunsten des Unternehmens darstellt. Bei einer komplexen und dauerhaften Thematik wie der Cloud-Nutzung **411**

317 *Koglin*, DSB 2022, S. 38 (39 f.); *ders.* in Koreng/Lachenmann, Formularhandbuch Datenschutzrecht, G.VI.2. Anm. 9.
318 So *Hessel*, ZD 2024, S. 361 (362).

sollte dies auch nicht nur eine einmalige und binäre Ja/Nein-Entscheidung sein, sondern in zeitlicher Hinsicht laufend überprüft werden und in qualitativer Hinsicht eine möglichst große Reduzierung der Risiken angestrebt werden. Zu letzterem zählen u. a. eine sorgfältige rechtliche Prüfung und Dokumentation, eine detaillierte und angemessene Konfiguration, Reduktion der zu verarbeitenden Daten (Datenminimierung) sowie weitere technische und organisatorische Maßnahmen. Maßnahmen zur Risikominimierung sind oben aufgeführt.

5.5 Ergebnis

412 Vor dem Hintergrund der Business Judgment Rule erscheint es daher insgesamt gut vertretbar, unter Berücksichtigung der Hinweise und Empfehlungen aus diesem Buch – darunter insbesondere einer individuellen Bewertung und einer Datenschutz-Folgenabschätzung – eine Entscheidung für Microsoft 365 zu treffen. Muster für die beiden individuell anzupassenden Dokumente werden in den folgenden zwei Kapiteln bereitgestellt.

6. Kapitel: Individuelle Projektbeschreibung; Technische und Organisatorische Massnahmen

Nach der grundsätzlichen Auseinandersetzung mit den Problemen und Argumentationswegen bezüglich des Einsatzes von Microsoft 365 ist nun auf den konkreten Einsatz des Verantwortlichen (oder Auftragsverarbeiters) zur Verarbeitung personenbezogener Daten einzugehen. Wie bereits dargestellt regelt die DSGVO nicht die Rechtmäßigkeit eines Produkts, sondern die Rechtmäßigkeit der konkreten Datenverarbeitung. **413**

Dazu sollte der Verantwortliche zunächst zusammenfassen, wie er M365 einsetzt bzw. in welchem Umfang er dies plant. Hierzu sollten auch Angaben zur Datensicherheit gehören, darunter die Technischen und Organisatorischen Maßnahmen. Darauf aufbauend kann – zumindest in der Theorie – eine Datenschutz-Folgenabschätzung durchgeführt werden. In der Realität sind Planung, Einsatz, Absicherung und Folgenabschätzung eng verknüpft und sollten auch homogen und nicht seriell gehandhabt werden.[319] **414**

6.1 Beschreibung des Verantwortlichen und Projektstatus

Nachfolgend ist ein Text für eine beispielhafte Beschreibung des Verantwortlichen und sein M365-Projekt wiedergegeben. Zur Bestandsaufnahme des tatsächlichen Einsatzes von M365 und als Vorbereitung eines eigenen Textes schließt sich eine Checkliste an. Eine solche Beschreibung könnte lauten: **415**

> Der Verantwortliche ist nur in Deutschland und Österreich tätig. Er plant die Einführung von M365. Dabei setzt er im Rahmen eines Pilotprojekts bereits bei 27 Mitarbeitenden Microsoft Teams ein, das lediglich für Videokonferenzen genutzt wird. **416**
>
> Im Rahmen des Roll-Out ist u. a. der Einsatz folgender M365-Dienste geplant: **417**
>
> – Entra ID (u. a. Nutzerverwaltung);
> – Outlook/Exchange Online;
> – Office (Word/Excel/PowerPoint Online);
> – OneDrive for Business;
> – SharePoint;
> – Teams.

319 Zum agilen Ansatz und einem Start mit „DSFA light“ siehe Kap. 7.3.2.5. (Rn. 476).

418 Der Roll-Out soll nicht in einzelnen Phasen, sondern als „Bing Bang“ erfolgen. Die Milestones für Freigaben, Migration und Schulungen können der beigefügten Anlage entnommen werden.

419 Nach dem bisherigen Projektplan ist der Einsatz der Microsoft 365 Enterprise-Lizenzen E3 oder höher vorgesehen [#**Bearbeiterhinweis**: ggf. entsprechende Lizenzen („Pläne“) spezifizieren, ggf. auch spezielle M365-Pläne für andere Kundengruppen wie Behörden oder Universitäten]. Dabei sollen u. a. die Sicherheits-Services Microsoft Defender und Customer Lockbox lizenziert und aktiviert werden; vgl. https://www.microsoft.com/de-de/microsoft-365/enterprise/compare-office-365-plans). Einzelheiten und genaue Bezeichnungen sind noch zu spezifizieren.

420 Die Datenschutzbeauftragte sowie die Rechtsabteilung wurden von der Projektleitung und der Geschäftsführung eingebunden.

421 Der Gesamtbetriebsrat wurde bereits im Februar eingebunden und steht dem Digitalisierungsprojekt und der „Collaboration“ offen gegenüber. Er legt jedoch Wert darauf, dass im Hinblick auf die Mitarbeitenden alle datenschutzrechtlichen Vorgaben eingehalten werden und dass keine Verhaltens- und Leistungskontrolle durchgeführt wird. Der Abschluss einer Betriebsvereinbarung [bzw. Dienstvereinbarung oder anderweitigen kollektivarbeitsrechtlichen Vereinbarung] steht bevor; diese deckt den „Evergreen-Ansatz“ von M365 ab, d. h. es handelt sich nicht um eine einmalige Freigabe, sondern um einen laufenden Prozess zur Abstimmung und Freigabe zukünftiger Features und Produktteile (vgl. Kap. 7.3.2.5, Rn. 476).

6.2 Checkliste zur Bestandsaufnahme u. speziellen Risiken beim M365-Einsatz

422 Für eine Bestandsaufnahme des Projekts und möglicher Risiken sowie für die Individualisierung der Beschreibung kann folgende Checkliste verwendet werden:

Checkliste für den Einsatz von Microsoft 365 zur Vorbereitung der rechtlichen Bewertung und der Erstellung der Datenschutz-Folgenabschätzung (DSFA) sowie weiterer Datenschutz-Dokumente	Ausgefüllt am: __________ Von: __________

1.	**Organisation/Anfragender**	
1.1	Voller rechtlicher Name Ihrer Organisation (exakte Firmierung/juristische Bezeichnung des Anfragenden oder für den Betrieb verantwortlichen (Bsp.: ACME Holding Services GmbH & Co. KG)	
1.2	Gebräuchliche Bezeichnung oder wesentliche Marke (Bsp: BMW statt Bayerische Motoren Werke AG)	
1.3	Rechtliche Einordnung Ihrer Organisation: Unternehmen/Behörde/Universität/Gericht u. Ä.; Verein/Stiftung/NGO/gGmbH u. Ä.; Freiberufler, Kirchengemeinde i. S. d. Art. 91 DSGVO, sonstige	
1.4	Wir gelten datenschutzrechtlich als a) private Stelle b) öffentliche Stelle c) Kirche etc. i. S. d. Art. 91 DSGVO d) DSGVO nicht anwendbar (Strafverfolgung, EU, …) e) Unklar/weiß nicht	
1.5	Unsere (primäre) Datenschutz-Aufsichtsbehörde ist:	
1.6	Wir unterliegen besonderer Regulierung und/oder haben besonders sensible Daten (bitte beschreiben)	
1.7	Der Ausfüllende a) vertritt die Organisation (auch im Konzern) oder b) fragt als externer an (externer DSB, Berater, ext. Rechtsanwalt, M365-Implementierung)	
2.	**Rahmenbedingungen für den Einsatz von M365**	
2.1	Anzahl Mitarbeitende insgesamt Kategorien: Bis 10, 50, 200, 1000, über 10.000	
2.2	Wie viele davon sollen zu M365 migriert werden (z. B. ohne gewerbliche Mitarbeitende)?	

	Wie viele davon in DE, wie viele in EU und wie viele in Drittländern? (jeweils grobe Angaben)	
2.3	Haben Sie einen Datenschutzbeauftragten (ja/über unseren Konzern/nein) und ggf. intern oder extern? Wie ist dessen Positionierung zu M365?	
2.4	Haben Sie einen Betriebs- bzw. Personalrat oder eine andere Mitarbeitendenvertretung? Falls ja, wie ist der Status seiner Einbindung und dessen Positionierung zu M365?	
2.5	Gibt es, z. B. durch Vorstand/GF oder IT-Leitung, bereits bestimmte Vorgaben, wie M365 eingesetzt werden soll oder wo es auf keinen Fall eingesetzt werden darf?	
3.	**Roll-out und Einsatz von M365 und ggf. weiterer Microsoft-Dienste**	
3.1	Hat Ihr M365-Projekt oder der Einsatz einen bestimmten Projektnamen, den wir in der Dokumentation verwenden können?	
3.2	Welche M365-Dienste werden eingesetzt bzw. sollen ab Rollout eingesetzt werden?	
3.3	Welche Microsoft-Dienste sind für die Zukunft geplant (z. B. Copilot)?	
3.4	Wie ist der Roll-Out geplant (Testbetrieb, phasenweise, einzelne Nutzergruppen, Big Bang)?	
3.5	Wie ist der Status des Einsatzes bzw. des Roll-Out von M365?	
3.6	Wie erfolgt die Migration zu M365 (z. B. interner Dienstleister)?	
3.7	Ist ein Schulungskonzept für die Mitarbeiter vorgesehen?	

4.	**Art und Zwecke der Datenverarbeitung; Risiken**	
4.1	Welche Arten von Daten und sog. Betroffenen werden erfasst sein, die über den normalen Bürobetrieb (Mail, Videokonferenz, Speicherung üblicher Daten) hinausgehen? Beispiele: Gesundheits- oder Versicherungsdaten; verpflichtende „Teilnahme" bei Schulen oder Behörden; Kinder/Jugendliche.	
4.2	Existieren besonders sensible Zwecke oder Umstände der Datenverarbeitung, z. B. Profiling i. S. d. Art. 22 DSGVO?	
4.3	Gibt es jenseits des reinen Datenschutzes besondere IT-Sicherheits- oder Betriebsrisiken (z. B. bei kritischer Infrastruktur, Bezahlsystemen, Krankenhäusern oder Versorgern)?	
4.4	Sind bereits besondere Risiken oder Probleme identifiziert worden?	
4.5	Ergeben sich aus der Natur des Verantwortlichen (z. B. als öffentliche Stelle oder als Kirche i. S. d. Art. 91 DSGVO) besondere Einschränkungen (z. B. zum „berechtigten Interesse" durch Art. 6 Abs. 1 S. 2 DSGVO)?	
4.6	Ergeben sich aus der Natur der Daten (z. B. Art. 8, 9 oder 10 DSGVO) und/oder besonderer Regulierung besondere Einschränkungen (über die in Ziff. 4.3 genannten Umstände hinaus z. B. auch durch berufs- oder beamtenrechtliche Sondernormen)?	
5.	**IT-Landschaft, Lizenzen und Informationssicherheit/TOMs**	
5.1	Neben M365 werden auch weiterhin andere IT-Systeme genutzt werden, z. B. für HR oder CRM (auch Fachanwendungen genannt). Besteht ein Konzept, wo solche anderen Systeme „führendes System" sind, also	

	personenbezogene Daten primär dort verarbeitet werden, so dass die diesbezüglichen Daten nicht oder nur sporadisch in M365 verarbeitet werden?	
5.2	Welche M365-Lizenzen planen Sie zu nutzen bzw. verwenden Sie bereits (z. B. E3/E5)?	
5.3	Wie werden Sie Ihre Lizenzen (Pläne) beziehen? Bsp.: Enterprise Agreement, Microsoft Partner/CSP, Buchung von Business-Plänen direkt bei Microsoft.	
5.4	Werden Sie dabei auf besondere Rahmenverträge und Zusatzvereinbarungen zugreifen können (insb. bei öffentlichen Auftraggebern)?	
5.5	Gibt es bereits Überlegungen zur Nutzung der zu M365 gehörenden (und z. T. aufpreispflichtigen) „Security, Compliance, and Identity Solutions", wie Defender-Varianten, Purview, Compliance Manager oder Intune?	
5.6	Gibt es bereits Überlegungen zu weiteren datenschutzbezogenen Microsoft-Produkten wie EU Data Boundary und Customer Lockbox, oder zu Zusatzvereinbarungen mit Microsoft (wie der Berufsgeheimnisträger Zusatzvereinbarung, HIPAA oder besonderen Rahmenverträgen mit Microsoft)?	
5.7	Haben Sie sicherheits- und datenschutzseitig schon ein Konzept für den Umgang mit den Einstellungen für die M365-Dienste, z. B. ob Nutzer OneDrive-Dateien mit jedermann teilen dürfen und ob Videokonferenzen aufgezeichnet werden dürfen?	
5.8	Sonstige Anmerkungen:	

6.3 In die M365-Migration einbezogene Abteilungen und Daten

In der Regel werden bestimmte Daten weiterhin in ihren bisherigen Fachanwendungen als „führendem System“ verarbeitet werden. In besonders sensiblen Abteilungen oder Branchen kann auch festgelegt werden, dass bestimmte Daten gänzlich von bestimmten M365-Diensten (wie SharePoint oder Teams) ausgeschlossen sein müssen. Dies kann z. B. Informationen aus einem Hinweisgebersystem, journalistische Informanten oder klassifizierte Daten aus dem Patent-, Rüstungs- oder Behördenbereich betreffen. Entsprechende White- und Blacklists können mit den folgenden Tabellen erstellt werden: **423**

Dokumentation der Abteilungen und Daten, die von der Migration zu M365 erfasst sind: **424**

Abteilung	Fachanwendung	Betroffene/ Daten	Besonderheiten	Ansprechpartner

Nicht erfasst sind:

Abteilung	Fachanwendung	Betroffene/ Daten	Besonderheiten	Ansprechpartner

6.4 Verwendete Dienste und zur Risikobegegnung vorgesehene Maßnahmen

Auf Basis der Angaben aus den Kap. 6.1 bis 6.3 (Rn. 415 ff.) kann eine Liste der nutzenden sowie der ggf. auszuschließenden Dienste und Apps erstellt werden, beispielsweise: **425**

Nutzbare M365-Dienste:

- Entra ID (u. a. Nutzerverwaltung);
- Outlook/Exchange Online;

- Office (Word/Excel/PowerPoint Online);
- OneDrive for Business;
- SharePoint;
- Teams.

Ausgeschlossene Dienste:

- [#**Bearbeiterhinweis**: Hier ggf. ausgeschlossene M365-Dienste einfügen, nachfolgend nur als Beispiel];
- Microsoft Viva.

426 Auf Basis dieser individuellen Situation sind vom Verantwortlichen konkrete Maßnahmen zu ergreifen. Diese Maßnahmen können rechtlicher, technischer oder organisatorischer Natur sein. Sie müssen der konkreten Situation und dem Risiko angemessen sein.

427 Der Vorschlag und die Festlegung dieser Maßnahmen erfolgt im Wechselspiel von (und in einem Henne-Ei-Problem zwischen) diesem Kapitel und der nachfolgenden Datenschutz-Folgenabschätzung (Kap. 7, Rn. 437 ff.): Es obliegt zunächst dem Verantwortlichen, die Verarbeitung, Risiken und Maßnahmen zu beschreiben. Diese (vorläufig festgelegten) Maßnahmen sind Basis für die Datenschutz-Folgenabschätzung, die der Verantwortliche (und nicht der/die Datenschutzbeauftragte) durchzuführen hat. Zur vorgelegten Datenschutz-Folgenabschätzung gibt der/die Datenschutzbeauftragte – sofern ein solcher benannt wurde – einen Rat (Kap. 8, Rn. 527 ff.), von dem zumindest Teile umgesetzt werden sollten (vgl. Kap. 8.2, Rn. 530). Auf dieser Basis werden die endgültigen rechtlichen, technischen und organisatorischen Maßnahmen festgelegt.

428 **Die vorgesehenen Maßnahmen sind konkret**:

- [#**Bearbeiterhinweis**: Vorgesehene Maßnahmen eintragen].

429 Beispiele für mögliche Maßnahmen sind im nachfolgenden Kapitel aufgeführt.

6.5 Katalog möglicher Maßnahmen

430 Dieser Katalog deckt die Spannbreite von allgemeinen internen Maßnahmen bis zu den spezifischen Einstellungen in M365 ab. Damit soll ein Überblick über mögliche Maßnahmen gegeben werden.[320] Nicht jeder Verantwortliche wird alle Maßnahmen umsetzen können und müssen. Die Festlegung, welche Maßnahmen davon angemessen sind, erfolgt nach dem Risiko und dem

320 Maßnahmen auch bei *Koglin*, DSB 2022, S. 38 ff.; *ders.* in Koreng/Lachenmann, Formularhandbuch Datenschutzrecht, G.VI.2.

Aspekt der Angemessenheit, zu dem auch die Größe der Organisation gehört (vgl. ErwG 13 DSGVO zur Berücksichtigung von Kleinstunternehmen sowie kleinen und mittleren Unternehmen).

Etliche Aspekte werden bereits mit diesem Buch abgedeckt. Andere – wie **431**
die technischen Einstellungen, die sich z. B. an den Best Practices der CIS (siehe unten) orientieren können, müssen durch den Verantwortlichen umgesetzt werden:

Einhaltung des juristischen und formalen Datenschutzes, u. a.

- Rechtliche Prüfung des Vertrags („Product Terms")[321] zumindest im Hinblick auf die datenschutzrechtlichen Fragen, u. a. Vertragspartner, AVV (Microsoft-DPA mit SCC nebst Garantien) und Geltungsbereiche:
  Ist mit Kap. 4.2 (Rn. 199) erfolgt.
- Tatsächlicher Abschluss des DPA nebst Dokumentation hiervon einschließlich der Version:
  Siehe Ablauf in Kap. 4.2.3.2 (Rn. 208).
- Ggf. Abschluss der Berufsgeheimnisträger Zusatzvereinbarung und entsprechende Dokumentation; dito für HIPAA.
  Siehe Kap. 4.2.4 (Rn. 236).
- Datenschutz-Folgenabschätzung (soweit als erforderlich bewertet; ggf. freiwillig):
  Erfolgt mit Kap. 7 (Rn. 437 ff.) und Kap. 8 (Rn. 527 ff.).
- Data Transfer Impact Assessment (im Rahmen der SCC):
  Siehe Kap. 9 (Rn. 531 ff.).
- Dokumentation im Verarbeitungsverzeichnis:
  Erfolgt mit Kap. 10 (Rn. 640 ff.).
- Weitere Dokumente wie Datenschutzinformationen („Datenschutzerklärung"):
  Siehe Vorlagen in Kap. 11 (Rn. 642 ff.).
- Dokumentation nach DSGVO (u. a. Art. 5 Abs. 2 DSGVO – Rechenschaftspflicht):
  Erfolgt durch die o. g. Dokumente und ggf. weitere Dokumentation im Datenschutz-Managementsystem des Verantwortlichen.

TOMs/Konfiguration von Microsoft 365 und Einsatz weiterer Microsoft-Dienste

- Deaktivierung bzw. besondere organisatorische Behandlung von Teilen, die datenschutzrechtlich nicht von den Product Terms erfasst sind, sowie insbesondere von Teilen, die nicht von der AVV des Data Protection Ad-

321 https://use365.ms/PT.

dendum erfasst sind, etwa Third Party-Produkte und Produkte im Beta-/Preview-Status:
Siehe dazu Kap. 4.2.3.6 (Rn. 226).
- Festlegung des Datenstandortes innerhalb EU/EWR.
- Datenschutzfreundliche Konfiguration der Produkte und Einstellungen: z. B. anhand der Best Practices des Center for Internet Security (CIS).[322]
- Entscheidung über die Nutzung der zu M365 gehörenden (und z. T. aufpreispflichtigen) „Security, Compliance, and Identity Solutions", wie Defender-Varianten, Purview, Compliance Manager oder Intune.
- Ggf. Aktivierung und laufende Administration darin enthaltener Funktionen wie MDM und Customer Lockbox.
- Bewertung der TOMs von Microsoft 365 (Anhang A zum DPA, „Sicherheitsmaßnahmen").
- Umsetzen interner Prozesse, so dass die Entscheidungen zu a) bis e) nicht nur theoretische Beschlüsse sind, sondern die Maßnahmen auch tatsächlich umgesetzt und im weiteren Verlauf aktualisiert werden.

TOMs und Informationssicherheit oberhalb der Microsoft-Ebene
- Rollen- und Rechte-Management der Administration von M365.
- Ggf. Absicherung für den Fall, dass Global Admins nicht (mehr) erreichbar sind oder technischer Blackout z. B. für Mobilfunknetz vorliegt, so dass 2-Faktor-Authentifizierung ggf. nicht einsetzbar ist.
- Rollen-Rechte-Management für sonstige Mitarbeiter.
- Entscheidung: Ergänzendes Backup außerhalb der Microsoft-Infrastruktur?
- Entscheidung: Zusätzliche Gateway-Verschlüsselung?
- Sonstige/übliche Sicherheitsmaßnahmen, u. a.:
  - Passwortlänge und -komplexität;
  - Anweisung, dass Passwörter nicht auf Post-It notiert werden dürfen;
  - Schutz von Credentials u. sonstigen Informationen im Home Office/auf Reisen;
  - Abgehärtetheit der Organisation u. a. ggü. Phishing und Social Engineering.

Umfang der Nutzung, Daten und Zwecke; Betroffenenrechte
- Festlegung des Umfangs der Nutzung nach betrieblichen Erfordernissen und Datensparsamkeit.

---

322 Center for Internet Security (CIS), CIS Microsoft 365Foundations Benchmark, 449 Seiten (pdf), kostenlos. https://www.cisecurity.org/benchmark/microsoft_365. Vorstellung des CIS Benchmarks in Kap. 6.6 (Rn. 432).

- Datenschutzfreundliche Beschränkung des Umfangs der Daten, der Zwecke und Speicherdauer.
- Zuständigkeiten für Anfragen bzgl. Betroffenenrechte..
- Ggf. Regelungen betreffend bzw. Informationen an (i) MitarbeiterInnen sowie (ii) Externe.

Beteiligung weiterer Stakeholder und Situationen

- Datenschutzbeauftragte(r), auch von anderen betroffenen Gesellschaften.
- Betriebs- bzw. Personalrat, auch von anderen betroffenen Gesellschaften einschließlich etwaigem Konzernbetriebsrat u. Ä.
- Ggf. weitere Mitspracherechte und regulatorische Besonderheiten.
- Ggf. Berücksichtigung des konzernweiten Datenaustauschs auch außerhalb der EU; konzerninterne Service-Agreements nebst AVV bzw. Datenübermittlung.
- Ggf. Information von oder Abstimmung mit eigenen Aufsichtsgremien und Gesellschaftern.
- Umgang mit etwaigen Anfragen oder Maßnahmen seitens der Aufsichtsbehörden.

Dauerhaftigkeit und Überprüfung

- Laufende Überprüfung bei Änderungen der technischen und/oder vertraglichen Rahmenbedingungen oder der allgemeinen Rechtslage sowie bei Änderung hinsichtlich der vorgenannten Punkte.
- Festlegung eines unbürokratischen Prozesses hierzu, z. B. im Rahmen einer festen Terminserie.
- Ggf. ein formalisierter kontinuierlicher Verbesserungsprozess (hierzu Kap. 7.3.2.5, Rn. 476).

6.6 Beispiel für technische Einstellungen: CIS-Benchmarks

Als Beispiel für Best Practices sollen hier kursorisch und unverbindlich die **432**
Benchmarks des Center for Internet Security (CIS) vorgestellt werden. Die US-amerikanische Institution[323] bietet für viele Cloud-Angebote und für eine Reihe von klassischen Softwarelösungen Übersichten zur IT- und Informationssicherheit an. Für verschiedene Microsoft-Angebote, darunter auch M365, werden Best Practices zu den technischen Einstellungen zusammengestellt.

323 Center for Internet Security, Inc.

433 Der „Foundations Benchmark“ zu M365 kann kostenlos bestellt werden. Das pdf umfasst rund 450 Seiten,[324] wobei meist in zwei Sicherheitsstufen (Level L1 und L2) Vorschläge („Recommendations“) für die Einstellungen in den verschiedenen Admin-Centern zu M365 aufgezeigt werden.

Abbildung 23: Inhaltsverzeichnis (Auszug) aus dem CIS Benchmark M365 (© CIS)

8.5.1 (L2) Ensure anonymous users can't join a meeting (Automated)

Profile Applicability:

- E3 Level 2

Description:

This policy setting can prevent anyone other than invited attendees (people directly invited by the organizer, or to whom an invitation was forwarded) from bypassing the lobby and entering the meeting.

For more information on how to setup a sensitive meeting, please visit **Configure Teams meetings with protection for sensitive data - Microsoft Teams:** https://learn.microsoft.com/en-us/MicrosoftTeams/configure-meetings-sensitive-protection

Rationale:

For meetings that could contain sensitive information, it is best to allow the meeting organizer to vet anyone not directly sent an invite before admitting them to the meeting. This will also prevent the anonymous user from using the meeting link to have meetings at unscheduled times.

Note: Those companies that don't normally operate at a Level 2 environment, but do deal with sensitive information, may want to consider this policy setting.

Impact:

Individuals who were not sent or forwarded a meeting invite will not be able to join the meeting automatically.

Remediation:

To remediate using the UI:

1. Navigate to `Microsoft Teams admin center` https://admin.teams.microsoft.com.
2. Click to expand `Meetings` select `Meeting policies`.
3. Click `Global (Org-wide default)`
4. Under meeting join & lobby set `Anonymous users can join a meeting` to `Off`.

To remediate using PowerShell:

1. Connect to Teams PowerShell using `Connect-MicrosoftTeams`
2. Run the following command to set the recommended state:

```
Set-CsTeamsMeetingPolicy -Identity Global -AllowAnonymousUsersToJoinMeeting $false
```

Default Value:

On (True)

References:

1. https://learn.microsoft.com/en-us/MicrosoftTeams/configure-meetings-sensitive-protection

Page 363

Abbildung 24: Vorschlag zur Einstellung für die Einwahl anonymer Teilnehmer in Teams (Level L2) im CIS Benchmark M365 (© CIS)

434 Dies zeigt, dass Best Practices für die Sicherheitseinstellungen in M365 existieren. Es zeigt aber auch, dass es sich um umfangreiches Thema handelt, mit dem Kleinunternehmer und auch mittelgroße Organisationen schnell an kapazitative Grenzen gelangen können. Dazu kommt, dass es auch komplexere und weitergehende Muster und Beratungsansätze gibt.

435 Zudem geht – wie im abgebildeten Beispiel, bei dem die automatische Einwahl sog. „anonymer“, also nicht angemeldeter oder registrierter Nutzer, blockiert wird – fast jede zusätzliche Sicherheitsmaßnahme mit einem Verlust an Einfachheit und Usability einher. Zu dem Beispiel könnte auch

324 Version v4.0.0 vom 31.10.2024.

argumentiert werden, dass es bei Teams-Konferenzen mit wenigen Teilnehmern auffallen wird, wenn weitere unbekannte und nicht identifizierte Personen eingewählt sind. Bei sehr großen, faktisch öffentlichen Konferenzen wie Webinaren für Kunden und Interessenten könnte hingegen irrelevant sein, wenn Unbefugte eingewählt sind. Es stört aber bisweilen, wenn jeder Teilnehmer erst manuell hereingelassen werden muss. Insofern ist es adäquat, dass diese Einstellung erst für den höheren Level L2 empfohlen wird.

Zu fast jeder Einstellung kann es ausgiebige Diskussionen zu Risiken, Si- **436**
cherheitsgewinn, typischen und atypischen Use Cases, und zum Verlust an Usability einschließlich mangelnder Nutzerakzeptanz und Ausweichen auf Schatten-IT geben. Ein weiteres geläufiges Beispiel hierfür sind die optionalen Connected Experiences.[325] Um ausufernde Diskussionen zu vermeiden und eine strukturierte Herangehensweise beizubehalten, ist es sehr hilfreich, sich erst auf eine Einordnung zur Risiko- und Schutzbedarfsklasse (bei CIS also Level L1 oder L2) zu einigen, dann hierzu Best Practices heranzuziehen, und die Diskussion auf Einzelfälle zu beschränken, die eine Abweichung von den Best Practices in dieser Schutzbedarfsklasse rechtfertigen.

325 Siehe ausführlich Kap. 4.4.2.3 (Rn. 282).

7. Kapitel: Datenschutz-Folgenabschätzung (DSFA)

7.1 Überblick zur Datenschutz-Folgenabschätzung

7.1.1 Inhalt und Zweck der Datenschutz-Folgenabschätzung

Eine Datenschutz-Folgenabschätzung (im Folgenden auch „DSFA“; engl. „Privacy Impact Assessment“, PIA, oder „Data Protection Impact Assessment“, DPIA) ist nach Art. 35 Abs. 1 DSGVO durchzuführen, wenn „eine Form der Verarbeitung, insbesondere bei Verwendung neuer Technologien, aufgrund der Art, des Umfangs, der Umstände und der Zwecke der Verarbeitung voraussichtlich ein hohes Risiko für die Rechte und Freiheiten natürlicher Personen zur Folge“ hat. Verkürzt ist die DSFA also durchzuführen, wenn für eine Datenverarbeitung ein bestimmtes Risiko prognostiziert wird. Wann dies bei Cloud-Nutzung der Fall ist, ist rechtlich nicht eindeutig bestimmt. 437

7.1.2 Interne Zuständigkeit für die Erstellung der DSFA

Die DSFA hat der „Verantwortliche“ i. S. d. Art. 4 Nr. 7 DSGVO durchzuführen, umgangssprachlich und rechtlich verkürzt also die Firma, welche die Daten verarbeitet. Somit ist für die Initialisierung und Durchführung der DSFA die Geschäftsführung (bzw. je nach Rechtsform der Vorstand oder ein anderes Organ) verantwortlich. Die Geschäftsführung bzw. das Organ kann diese Aufgabe an interne oder externe Personen delegieren, bleibt aber – wie grundsätzlich im Datenschutz und der Compliance im Allgemeinen – in der Verantwortung. 438

Der Datenschutzbeauftragte ist **nicht** für die Erstellung der DSFA verantwortlich oder zuständig.[326] Das Risiko der Datenverarbeitung und des Einsatzes von Software trägt allein der Verantwortliche, nicht aber der Datenschutzbeauftragte. Jedoch hat der Verantwortliche „den Rat“ des Datenschutzbeauftragten, sofern ein solcher existiert (Art. 35 Abs. 2 DSGVO), und relevante Informationen von Auftragsverarbeiter und Hersteller einzuholen.[327] 439

326 BeckOK DatenschutzR/*Hansen*, 42. Edition, Stand: 1.11.2022, Art. 35 DS-GVO Rn. 11 ff.

327 BeckOK DatenschutzR/*Hansen*, 42. Edition, Stand: 1.11.2022, Art. 35 DS-GVO Rn. 10 f.

7.1.3 Weitere Schritte und „Konsultation" der Aufsichtsbehörde

440 Zu beachten ist, dass nach Art. 36 DSGVO unter Umständen die sog. „vorherige Konsultation" der Datenschutz-Aufsichtsbehörde durchzuführen ist. Dabei sind der Behörde umfangreiche Informationen zur Verfügung zu stellen (Art. 36 Abs. 3 DSGVO). Aus Sicht des Verantwortlichen sollte dies sicherlich vermieden werden, da mit der Anzeige risikobehafteter Datenverarbeitungen das Interesse der Aufsichtsbehörde auf den Verantwortlichen gezogen wird. Für die Abwendung der vorherigen Konsultation ist erforderlich, dass der Verantwortliche „Maßnahmen zur Eindämmung des Risikos trifft" (Art. 36 Abs. 1 DSGVO). Die DSFA sollte im Interesse des Verantwortlichen also stets mit dem Ergebnis enden, dass zumindest eine solche Maßnahme erfolgt und dass deswegen die geplante Datenverarbeitung kein hohes Risiko mehr beinhaltet. Diese risikosenkenden Maßnahmen können technischer oder organisatorischer Natur sein oder in einer Reduzierung von Umfang, Zweck, Art und Dauer der Datenverarbeitung liegen.

7.1.4 Zeitpunkt der DSFA-Durchführung

441 Die DSFA ist nach Art. 35 Abs. 1 DSGVO „vorab" durchzuführen. Dies entspricht auch der Terminologie der „Vorabkontrolle" unter dem vor der DSGVO geltenden BDSG a. F. Richtigerweise darf mit dem Betrieb erst nach (erfolgreicher, also risikoreduzierender) Durchführung der DSFA begonnen werden.

7.2 Erforderlichkeit der DSFA im konkreten Fall

442 Art. 35 DSGVO beinhaltet ein komplexes Regelungswerk für die Frage, in welchen Fällen eine DSFA durchzuführen ist. Dies besteht aus:

- Sog. Positivlisten der Aufsichtsbehörde(n): Basierend auf Art. 35 Abs. 4 DSGVO erstellt die (zuständige) Aufsichtsbehörde eine Liste mit Verarbeitungsvorgängen, bei denen eine DSFA zwingend durchzuführen ist. „Positiv" bezieht sich also nicht auf eine aus Datenschutzsicht positive, unkritische Verarbeitung, sondern umgekehrt auf die Pflicht zur DSFA-Durchführung. Daher werden diese Listen auch „Muss-Listen" oder Blacklists genannt. Im föderalen System der 18 deutschen Aufsichtsbehörden plus der Aufsichtsbehörden für den kirchlichen Datenschutz sowie sektoraler Datenschutzaufsicht z. B. für den Rundfunk existiert eine

Vielzahl[328] von verschiedenen, aber nur begrenzt hilfreichen Positivlisten. Hinzu kommen Positivlisten der DSK sowie des European Data Protection Boards (Working Paper 248).[329]

- Art. 35 Abs. 3 (a) bis (c) DSGVO geben drei Kategorien vor, und „insbesondere" bei diesen ist eine DSFA erforderlich. Dies sind u. a. die systematische und umfassende Bewertung persönlicher Aspekte (sog. Profiling), die umfangreiche Verarbeitung sensibler Daten nach Art. 9 oder 10 DSGVO sowie (Video-)Überwachungsmaßnahmen im öffentlichen Raum.
- Schließlich bestimmt die sog. Generalklausel des Art. 35 Abs. 1 DSGVO, dass die DSFA durchzuführen ist, wenn – wie bereits eingangs zitiert – „eine Form der Verarbeitung, insbesondere bei Verwendung neuer Technologien, aufgrund der Art, des Umfangs, der Umstände und der Zwecke der Verarbeitung voraussichtlich ein hohes Risiko für die Rechte und Freiheiten natürlicher Personen zur Folge" hat.

Leider bauen diese Einzelbestimmungen inhaltlich nicht aufeinander auf, **443** sondern gleichen eher einem Sammelsurium von bestimmten – bei Datenschutz-Aufsichtsbehörden unbeliebten – Datenverarbeitungen, wie Profilbildung oder Videoüberwachung. Gleichwohl bleibt die Datenschutz-Frage, ob eine DSFA durchzuführen ist, wichtig und relevant.

7.2.1 Vorprüfung: Ist eine DSFA durchzuführen (sog. „Schwellwertanalyse")?

Bei der Schwellwertanalyse (teils auch als Schwell<u>en</u>wertanalyse bezeich- **444** net) handelt es sich um eine Risikobetrachtung. Hierbei gilt es zu prüfen, ob aufgrund der Verarbeitung personenbezogener Daten ein hohes Risiko für die Rechte und Freiheiten natürlicher Personen vorliegt.[330] Eine Legaldefinition des Begriffs „Risiko" findet sich in der DSGVO nicht. Als Hilfestellung kann jedoch das Kurzpapier Nr. 18 der DSK herangezogen werden. Hierin wird das Risiko wie folgt definiert:

---

328 Siehe z. B. Positivliste für Baden-Württemberg, abrufbar unter: https://www.baden-wuerttemberg.datenschutz.de/wp-content/uploads/2018/05/Liste-von-Verarbei tungsvorg%C3%A4ngen-nach-Art.-35-Abs.-4-DS-GVO-LfDI-BW.pdf; Positivliste für Berlin, abrufbar unter: https://www.datenschutz-berlin.de/datenschutz/datenschutz-folgenabschaetzung/; Positivliste der katholischen Kirche Deutschlands, abrufbar unter: https://www.datenschutz-notizen.de/wp-content/uploads/2018/09/2018_07_26_Liste_von_Verarbeitungsvorgaengen_nach_Par.35_Abs._5_KDG.pdf.

329 Siehe hierzu den Überblick bei *Koglin* in v. d. Bussche/Voigt, Konzerndatenschutz, Kap. 5 (Datenschutz-Folgenabschätzung), S. 92, 96 ff.

330 BeckOK DatenschutzR/*Hansen*, 42. Edition, Stand: 1.11.2022, Art. 35 DS-GVO Rn. 12.

> „Ein Risiko im Sinne der DS-GVO ist das Bestehen der Möglichkeit des Eintritts eines Ereignisses, das selbst einen Schaden (einschließlich ungerechtfertigter Beeinträchtigung von Rechten und Freiheiten natürlicher Personen) darstellt oder zu einem weiteren Schaden für eine oder mehrere natürliche Personen führen kann."[331]

445 Zudem hat die DSK eine Positivliste (auch „Muss-Liste" oder Blacklist genannt) veröffentlicht.[332] „Positiv" oder „muss" bezieht sich wie dargestellt auf die Notwendigkeit einer Datenschutz-Folgenabschätzung. Dabei ist zu beachten, dass die DSK keine eigene Aufsichtsbehörde ist und – ebenso wie der Bundesbeauftragte für den Datenschutz und die Informationsfreiheit – nicht hierarchisch höher als die Landesbeauftragten steht. Gleichwohl kann sie als Orientierung dienen, da sie die Vereinigung der staatlichen Datenschutz-Behörden darstellt und sich die Aufsichtsbehörden selbst im Rahmen ihrer unabhängigen Tätigkeit an den Beschlüssen der DSK orientieren. In der Liste der DSK werden 17 Verarbeitungstätigkeiten und ihre typischen Einsatzfelder aufgelistet. Cloud oder Software as a Service sind dabei nicht aufgeführt, sondern z. B. die Verarbeitung besonders sensibler Daten (wie Nr. 1: biometrische Daten, Nr. 2: genetische Daten, Nr. 3: dem Arzt- oder Anwaltsgeheimnis unterliegende Daten, Nr. 16: Telemedizin) sowie die quantitativ besonders umfangreiche oder quantitativ besonders undurchschaubare Verarbeitung (Nr. 9: Persönlichkeitsprofile, Nr. 10: Big-Data-Analyse von Kundendaten, Nr. 11: Einsatz künstlicher Intelligenz).

446 Demnach ist Microsoft 365 grundsätzlich nicht von der Positivliste der DSK erfasst, sofern inhaltlich nicht die vorgenannten Daten bzw. Datenverarbeitungen erfasst sind, wie es z. B. in einer großen Arztpraxis oder mit dem Einsatz von Copilot als künstlicher Intelligenz der Fall sein könnte.

447 Dies heißt umgekehrt jedoch noch nicht, dass keine DSFA durchzuführen ist. Denn die Pflicht hierzu kann sich auch aus Art. 35 Abs. 3 DSGVO oder aus der Generalklausel des Art. 35 Abs. 1 DSGVO ergeben (siehe oben). Ersteres – dies umfasst insb. Profilerstellungen, die Verarbeitung der sensiblen Daten nach Art. 9 und 10 DSGVO sowie die (Video-)Überwachung öffentlicher Gelände – dürfte beim typischen Einsatz von Microsoft 365 eher nicht vorliegen. Zweiteres – die Generalklausel des „hohen Risikos", welches „insbesondere bei Verwendung neuer Technologien, aufgrund der Art, des Umfangs, der Umstände und der Zwecke der Verarbeitung" ist recht vage, könnte aber bei einem umfangreichen Einsatz von Microsoft 365 einschlägig sein. Im Rahmen dieser DSFA soll zunächst nicht bewertet werden, ob

---

331 DSK, Kurzpapier Nr. 18, S. 1, abrufbar unter: https://www.datenschutzkonferenz-online.de/media/kp/dsk_kpnr_18.pdf.

332 Version 1.1 vom 17.10.2018, abrufbar unter: https://www.bfdi.bund.de/SharedDocs/Downloads/DE/Muster/Liste_VerarbeitungsvorgaengeDSK.pdf.

die Datenverarbeitung an sich – wie z. B. das Nutzen von E-Mail-Infrastruktur – datenschutzkonform ist, sondern nur, ob der spezifische Unterschied zwischen z. B. Exchange on premise gegenüber Exchange Online aus dem Angebot von Microsoft 365 einer Datenschutz-Folgenabschätzung bedarf.

Datenschutzrechtlich dürften einige Zweifel angebracht sein, ob allein „die Cloud" ein solches Risiko verursacht, dass eine DSFA erforderlich ist. Dies beginnt damit, dass das „Sharen" von Rechenkapazität keine „neue Technologie" ist, sondern angeblich schon in den 1950er Jahren bei der ersten – seltenen und teuren – Recheninfrastruktur praktiziert wurde.[333] Die heute noch weitgehend anerkannte Definition der Begriffe „Cloud" und „Software as a Service" des National Institute of Standards and Technology (NIST) der USA stammt aus dem Jahr 2011[334]; die ersten Versionen sogar aus dem Jahr 2009[335] und sind damit rund 15 Jahre alt. **448**

Gleichwohl ist zu konstatieren, dass mit der Nutzung von Microsoft 365 u. a. durch die Funktionen E-Mail, Speicherplatz und Videokonferenz: **449**

- eine Vielzahl von Daten und Personen betroffen sein wird,
- hierbei nicht nur das firmeneigene Personal, sondern auch Außenstehende wie z. B. Geschäftspartner tangiert werden,
- nicht konkret vorhersehbar oder auszuschließen ist, welche Arten von Daten gespeichert und verarbeitet werden: So können sich in Videokonferenzen Personen mit Brille (Gesundheitsdatum) einwählen, per E-Mail oder Teams-Nachricht Gesundheitsdaten Dritter übertragen werden („mein Kind ist krank, ich arbeite heute von zu Hause") oder in eingehenden E-Mails oder gespeicherten Dokumenten „aufgedrängte" Informationen enthalten sein, die auch Gesundheitsdaten umfassen,
- je nach konkreter Situation und Umständen der Datenverarbeitung beim Verantwortlichen eine als besonders sensibel zu bewertende Situation vorliegen, selbst wenn es sich bei diesen Daten nicht um Daten i. S. d. Art. 9 DSGVO handelt und/oder wenn M365 nicht das führende System für diese Daten ist,

---

333 *Kroter*, Blog der WirtschaftsWoche: Vom Großrechner 1950 über Amazon bis iCloud: Die Geschichte des Cloud Computing, 19.10.2015, abrufbar unter: https://blog.wiwo.de/look-at-it/2015/10/19/vom-grosrechner-1950-uber-amazon-bis-icloud-die-geschichte-des-cloud-computing/.

334 Hierzu *Koglin* in Koreng/Lachenmann, Formularhandbuch Datenschutzrecht, Einl. G. VI.1.; The NIST Definition of Cloud Computing, Special Publication 800-145, Sept. 2011, abrufbar unter: https://nvlpubs.nist.gov/nistpubs/Legacy/SP/nistspecialpublication800-145.pdf.

335 Final Version of NIST Cloud Computing Definition Published, 25.11.2011, Abschnitt 6, abrufbar unter: https://www.nist.gov/news-events/news/2011/10/final-version-nist-cloud-computing-definition-published.

– und schließlich M365 eine komplexe SaaS-Suite darstellt, bei der der Verantwortliche nicht alle Details überblicken kann. Hierzu wurde festgestellt, dass ihn auch keine Pflicht trifft, dies über ein angemessenes Maß hinaus zu prüfen oder technisch zu analysieren;[336] zumindest über die Business Judgment Rule können Restrisiken in Kauf genommen werden, ohne dass eine Haftung der Organe besteht.[337] Die Inkaufnahme solcher Restrisiken muss aber im Umkehrschluss auch im Rahmen der DSFA und ihrer Schwellwertanalyse als Risiko berücksichtigt werden.

450 Im Ergebnis ist nach Auffassung des Autors nicht für jeden Einsatz von M365 der „Schwellwert" erreicht, eine DSFA durchführen zu müssen. Vor allem bei einem Einsatz von überschaubaren M365-Diensten in KMU oder Vereinen mit einer begrenzten Anzahl von Betroffenen und wenig sensitiven Daten dürfte sie regelmäßig verzichtbar sein.[338] Mit zunehmender Größe des Verantwortlichen und Zunahme der mit der Datenverarbeitung einhergehen Risiken besteht ein fließender Übergang zu den nochmals komplexeren Konstellationen, bei den kein Zweifel am Erfordernis einer DSFA besteht, etwa bei der Verarbeitung von großen Mengen von Gesundheitsdaten und/oder von Minderjährigen.

451 Gleichwohl ist davon auszugehen, dass einige Datenschutz-Aufsichtsbehörden und Gerichte eine DSFA für Microsoft 365 praktisch immer für erforderlich halten. Als Indiz hierfür könnte auch herangezogen werden, dass die Aufsichtsbehörde Baden-Württembergs (der LfDI BW) das Kultusministerium des Bundeslandes bei der Einführung von Teams in Schulen und der dazugehörigen DSFA (die über FragDenStaat mit einigen Schwärzungen zugänglich ist)[339] unterstützt hat. Jedoch ist die datenschutzschutzrechtliche Kritikalität beim Einsatz in Schulen eine ganz andere als im normalen Büroeinsatz (Gründe: Einsatz im öffentlichen Dienst statt privater Unternehmen; Schulpflicht statt freiwilliger Kunden; minderjährige Schüler). Schon deshalb kann aus dem Engagement in Baden-Württemberg nicht geschlussfolgert werden, dass eine DSFA für Teams grundsätzlich rechtlich notwendig sei.

---

336 Ausführlich Kap. 5.2 (Rn. 380 ff.).

337 Siehe Kap. 5.3 (Rn. 392 ff.).

338 Vgl. aber *Hessel*, ZD 2024, S. 361 (362): Datenschutzkonformer Einsatz von Microsoft 365 „ist möglich", bedarf jedoch aufgrund u. a. „der Komplexität der Cloud-Lösung" einer Prüfung der datenschutzrechtlichen Anforderungen und entsprechender Dokumentation. Dabei sei „die Durchführung einer individuellen Datenschutz-Folgenabschätzung … unerlässlich." Es handelt sich hierbei jedoch um einen kurzen, übersichtsartigen Fachbeitrag, weshalb aus diesem Satz vielleicht nicht zwingend geschlossen werden muss, dass *Hessel* bei sehr unkomplizierten und risikoarmen Konstellationen keine Ausnahmen für möglich hält.

339 Kap. 3.3.4 (Rn. 84).

7.2.2 Ergebnis: Zumindest vorsorgliche DSFA

Zusammenfassend ist festzuhalten, dass es selbst nach Auffassung der strengen Aufsichtsbehörden rechtlich nicht zwingend ist, dass Cloud-Anwendungen im Allgemeinen oder Microsoft 365 im Besonderen immer einer DSFA bedürfen. Im Zweifel liegt die Wahrheit in der juristischen Lieblingsantwort „Es kommt auf den Einzelfall an.“, was zu einer ausführlichen Analyse der zu verarbeitenden Daten, ihres Umfangs und der Zwecke führen würde. **452**

Zugleich ist aber angesichts der oben in Stichpunkten wiedergegebenen Argumente zu konstatieren, dass die Aufsichtsbehörden wohl in den meisten Fällen dennoch der Ansicht wären, dass in diesem Einzelfall eine DSFA durchzuführen sei. Gerade seit dem Beschluss der DSK zur datenschutzkonformen Nutzung von Microsoft 365 vom November 2022 ist der Fokus der Aufsichtsbehörden besonders auf diese Anwendungen gerichtet. **453**

Daher ist für viele individuelle Fälle anzuraten, eine DSFA zumindest vorsorglich durchzuführen. Sofern diese inhaltlich seitens der Aufsichtsbehörde moniert wird – was aufgrund der zahlreichen Bewertungsmöglichkeiten im Rahmen des Datenschutzes stets geschehen kann – kann sich der Verantwortliche immer noch darauf berufen, dass nach seiner Rechtsauffassung die DSFA gar nicht erforderlich sei. Das Hauptrisiko, von der Aufsichtsbehörde „blank“, also ohne jede dokumentierte Auseinandersetzung mit der Problematik des Einsatzes von Microsoft 365 angetroffen zu werden, ist mit einer solchen vorsorglichen DSFA und der darin enthaltenen Schwellenwertanalyse bereits ausgeräumt. Hier droht also mit hinreichender Wahrscheinlichkeit keine Geldbuße mehr, sondern allenfalls eine Verwarnung oder Auflage. **454**

Inhaltlich unterscheiden sich eine freiwillige und eine zwingend vorgesehene DSFA nicht. **455**

7.2.3 Ausnahme bei kleinen Organisationen ohne Datenschutzbeauftragten

Eine Besonderheit ist bei kleinen Unternehmen/Organisationen zu beachten, die keinen Datenschutzbeauftragten benötigen: Über die deutsche Sonderregelung des § 38 Abs. 1 S. 2, 1. Alt. BDSG ist ein Datenschutzbeauftragter auch unterhalb Grenze von 20 datenverarbeitenden Personen (nicht zu verwechseln mit der Anzahl der insgesamt Beschäftigten, vgl. § 38 Abs. 1 S. 1 BDSG) zu benennen, wenn der Verantwortliche oder der Auftragsverarbeiter Verarbeitungsvorgänge durchführt, für die eine DSFA erforderlich ist. Die eigene Bewertung, dass für M365 eine DSFA durchzuführen sei, kann also zur Folge haben, dass ein Datenschutzbeauftragter benannt werden muss. Auch bei solchen Verantwortlichen/Auftragsverarbeitern kann es aus **456** den o. g. Gründen empfehlenswert sein, vorsichtshalber eine DSFA durchzuführen. Diese sollte aber ganz explizit als überobligatorisch und freiwillig bezeichnet werden, um nicht in eine Pflicht zur Benennung eines Datenschutzbeauftragten zu münden.

7.3 Durchführung der Datenschutz-Folgenabschätzung

457 Zur Durchführung der DSFA wird zunächst das Vorgehen geschildert. Die eigentliche Folgenabschätzung erfolgt mit den aufeinander aufbauenden Schritten der Erfassung, der Risikobewertung und Festlegung von Maßnahmen zur Risikoreduzierung.

7.3.1 Vorgehen

458 Die hier vorgenommene Durchführung der DSFA entspricht den gesetzlichen Anforderungen und Best Practices des Datenschutzes und des Risikomanagements.

7.3.1.1 Gesetzliche Anforderungen an die Durchführung (Art. 35 Abs. 7 DSGVO)

459 Die gesetzlichen (Mindest-)Anforderungen an die Durchführung einer DSFA sind in Art. 35 Abs. 7 DSGVO festgelegt. Hiernach umfasst die DSFA zumindest folgende Phasen:

- **Erfassungs-, Beschreibungs- oder Vorbereitungsphase (lit. a)**:

  „eine systematische Beschreibung der geplanten Verarbeitungsvorgänge und der Zwecke der Verarbeitung, gegebenenfalls einschließlich der von dem Verantwortlichen verfolgten berechtigten Interessen“;
- **Bewertungsphase (lit. b und c)**:

  „eine Bewertung der Notwendigkeit und Verhältnismäßigkeit der Verarbeitungsvorgänge in Bezug auf den Zweck“ (lit. b) sowie „eine Bewertung der Risiken für die Rechte und Freiheiten der betroffenen Personen“ (lit. c);
- **sog. Maßnahmenphase (auch „Bewältigungsphase“) (lit. d)**:

  „die zur Bewältigung der Risiken geplanten Abhilfemaßnahmen, einschließlich Garantien, Sicherheitsvorkehrungen und Verfahren, durch die der Schutz personenbezogener Daten sichergestellt und der Nachweis dafür erbracht wird, dass diese Verordnung eingehalten wird […]“.

7.3.1.2 Best Practices: Risikomatrix

460 Die DSGVO gibt über die Anforderungen des Art. 35 Abs. 7 DSGVO hinaus nicht vor, wie die Bewertungen und Maßnahmen konkret zu erfolgen haben. Aus dem allgemeinen Risikomanagement wird regelmäßig eine Risikomatrix übernommen, die in meist in drei oder mehr Kategorien die Eintrittswahrscheinlichkeit auf der einen Achse dem jeweiligen Schadensausmaß auf der anderen Achse zweidimensional gegenübergestellt wird. Die jeweiligen Kombinationen werden dann meist mittels drei verschiedener Risikoklassen bewertet, die typischerweise grün (unkritisch/akzeptabel), gelb (mittel) und rot (kritisch/inakzeptabel) dargestellt werden.[340]

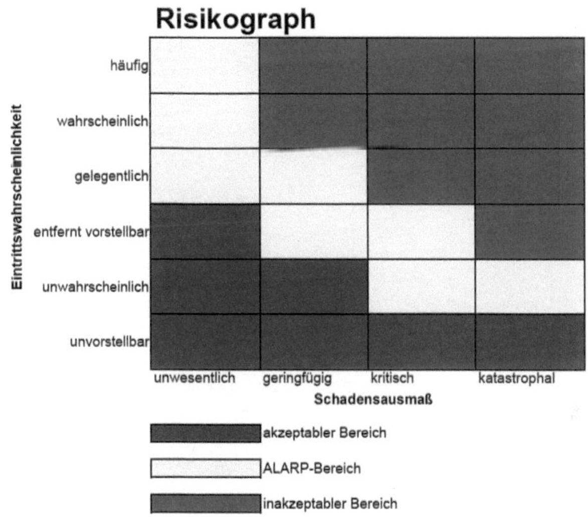

Abbildung 25: Darstellung einer Risikomatrix im Wikipedia-Artikel zu „Risikomanagement“[341]

461 Eine solche Risikomatrix kann initial in der Vorbereitungsphase verwendet werden. In der Maßnahmenphase kann zudem aufgezeigt werden, in welche Koordinaten die jeweiligen Risiken durch die vorgesehenen Maßnahmen verschoben werden. Bei der Anwendung ist zu berücksichtigen, dass die DSGVO eine solche Kategorisierung und grafische Darstellung nicht zwingend vorgibt. Erst recht gibt es weder eine Bindung an die Anzahl und Benennung der Kategorien von Eintrittswahrscheinlichkeit und Schadens-

340 Vgl. hierzu z. B. https://de.wikipedia.org/wiki/Risikomanagement.
341 https://de.wikipedia.org/wiki/Risikomanagement. Quelle: https://de.wikipedia.org/wiki/Datei:Risikograph.png; Rechte: Laut Quelle gemeinfrei.

ausmaß, noch ist die formale Aufteilung in drei Risikoklassen zwingend. Rechtlich sind die Übergänge fließend; am Ende kommt es nur auf eine vollständige Erfassung, eine zutreffende Bewertung und auf angemessene Maßnahmen an. Der Verantwortliche hat hierbei einen Bewertungsspielraum.

462 Zur Reduzierung der Komplexität können die Risiken auch in einer 3x3-Matrix dargestellt werden:

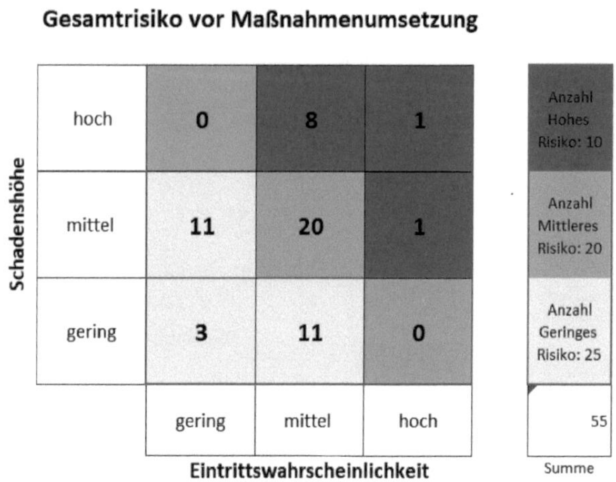

Abbildung 26: Darstellung der Risiken in reduzierter 3x3-Matrix (Beispiel); Quelle: Vorlage des Bundesverwaltungsamtes (dort als 5x5-Matrix),[342] individualisiert für M365-DSFA als Muster herunterladbar[343]

In dem zu diesem Buch bereitgestellten Excel-Dokument[344] können im ersten Reiter Risiken und Maßnahmen frei definiert werden. Als Basis werden die in Kap. 3 angeführten Kritikpunkte und Risiken hinterlegt. Hieraus wird in den folgenden Reitern des xls-Sheets für die zu bewertenden M365-Dienste sowie für die Gesamtbewertung jeweils eine einzelne Risiko-Matrix erstellt, die die Bewertung der Risiken vor Maßnahmenumsetzung visualisiert (nachfolgend beispielhaft als Abb. 27 bis 31 vorgestellt).

Als Gegenmaßnahmen können im xls-Sheet insb. die im „Katalog möglicher Maßnahmen" (Kap 6.5) aufgelisteten Vorschläge eingesetzt werden. Risiken und Maßnahmen, die Bewertungen hinsichtlich Eintrittswahrscheinlichkeit und Schadenshöhe sowie die Auswirkungen auf die verschiedenen M365-Dienste können erweitert und frei konfiguriert werden. Hieraus wird auto-

342 https://www.bva.bund.de/SharedDocs/Downloads/DE/Behoerden/Beratung/GrossPM/Handbuch/Kap8_Risikomanagement_Tool.html.

343 https://use365.ms/DSFA-Matrix.

344 https://use365.ms/DSFA-Matrix.

matisch die Bewertung „nach Maßnahmenumsetzung“ errechnet. Dies wird dann als Gegenüberstellung zu der Bewertung „vor Maßnahmenumsetzung“ jeweils in einer zweiten Risikomatrix für die M365-Dienste und die „Gesamtbewertung nach Maßnahmenumsetzung“ dargestellt.

Über einzelne Risiken und Maßnahmen sowie deren Bewertung wird sich stets trefflich und lange diskutieren lassen. Am Ende kommt es nicht auf die letzten Details bei der Bewertung durch dieses Tool an und auch nicht darauf, möglichst viele Maßnahmen auszuwählen oder Eindruck schindende Bildchen zu produzieren. Wichtiger ist, in der Realität die wesentlichen Maßnahmen auch dauerhaft umzusetzen.

7.3.1.3 Durchführung der DSFA nach Diensten und Phasen

Im Folgenden erfolgen die drei Phasen: **463**

- **Erfassungs- oder Vorbereitungsphase (lit. a)**:

  Systematische Beschreibung der Verarbeitungsvorgänge und der Zwecke sowie ggf. verfolgter berechtigter Interessen;
- **Bewertungsphase (lit. b und c)**:

  „Bewertung von Notwendigkeit und Verhältnismäßigkeit in Bezug auf den Zweck“ (lit. b); „Bewertung der Risiken für die Rechte und Freiheiten der betroffenen Personen“ (lit. c);
- **Maßnahmenphase (lit. d)**:

  Zur Bewältigung der Risiken geplante Abhilfemaßnahmen zum Schutz personenbezogener Daten zum Nachweis der DSGVO-Einhaltung.

Diese drei Phasen werden nachfolgend jeweils für die Microsoft-Dienste **464**

- Exchange/Outlook Online,
- Word/ppt/xls Online,
- OneDrive, SharePoint Online sowie
- Teams

durchgeführt. Aus Gründen der Übersichtlichkeit und um zu viele Wiederholungen zu vermeiden, werden im Folgenden für jede Phase alle Microsoft-Dienste behandelt.

7.3.1.4 Scope der Risikoanalyse: Beschränkung auf M365-spezifische Aspekte

Diese Datenschutz-Folgenabschätzung bezieht sich nur auf die spezifischen **465** Fragen, die mit einer Migration von „on premise“ zu Microsoft 365 verbundenen sind, insbesondere die mit Cloud/SaaS und dem Drittlandtransfer verbundenen datenschutzrechtlichen Fragen und die mit dem Microsoft-

Vertragswerk verbundenen Aspekte.[345] Allgemeine Fragen, z. B. ob E-Mails vom Verantwortlichen grundsätzlich zum Austausch von personenbezogenen Daten genutzt werden dürfen, ob der Verantwortliche die Privatnutzung gestattet, wie das Löschkonzept für E-Mails und andere von M365 erfasste Daten ausgestaltet ist, oder die allgemeine Überprüfung seiner Datenschutzorganisation nebst eines Compliance Management Systems, sind nicht Gegenstand dieser Datenschutz-Folgenabschätzung.

466 Die folgenden Kapitel stellen einen Mustertext dar, der vom Verantwortlichen zu individualisieren ist.

7.3.2 Besondere Risikofaktoren beim Verantwortlichen

467 Beim Verantwortlichen sollten dabei folgende konkrete Besonderheiten berücksichtigt werden, die mit seiner Funktion als … [#**Bearbeiterhinweis**: bei der Erstellung der DSFA vom Verantwortlichen ggf. auszuführen. Hier kann basierend auf der in Kap. 6.2 erfolgten Dokumentation die spezielle Situation des Verantwortlichen geschildert werden] zusammenhängen.

7.3.2.1 Rechtliche Besonderheiten

468 [#**Bearbeiterhinweis**: Hier kann basierend auf der in Kap. 6.2 (Rn. 422) erfolgten Dokumentation die spezielle Situation des Verantwortlichen geschildert werden.]

469 [#**Bearbeiterhinweis**/Bsp. für Behörden:] Zunächst ist zu beachten, dass der Verantwortliche eine Behörde ist. Datenschutzrechtlich gilt er als öffentliche Stelle. Nach Art. 6 Abs. 1, UA 2 DSGVO ist er darin beschränkt ist, sich auf die Rechtsgrundlage des berechtigen Interesses zu beziehen.

7.3.2.2 Betriebs-/ Dienstvereinbarung

470 [#**Bearbeiterhinweis**: Hier kann basierend auf der in Kap. 6 (Rn. 413 ff.) erfolgten Dokumentation die spezielle Situation des Verantwortlichen geschildert werden. Ggf. auf Personalrat/Dienstvereinbarung, Gesamt- bzw. Konzernbetriebsrat etc. anpassen. Dieser Teil kann gelöscht werden, wenn keine Arbeitnehmervertretung besteht]

471 Mit dem Betriebsrat ist am … eine Betriebsvereinbarung zu M365 abgeschlossen worden. *[Alternativ: soll eine Betriebsvereinbarung abgeschlossen werden, die weitgehend finalisiert ist].*

---

345 Dies basiert auf dem in Kap. 2.2 (Rn. 27 ff.) dargestellten Projektmanagement.

Dem Verantwortlichen ist die Rechtsprechung des EuGH zur Tauglichkeit von Kollektivvereinbarungen i. S. v. Art. 88 DSGVO als Rechtsgrundlage für die Datenverarbeitung – also in Deutschland § 26 Abs 1 S. 1 BDSG bzw. entsprechende Normen für den öffentlichen Dienst – bekannt. Siehe hierzu insb. die Entscheidungen des EuGH vom 30.03.2023 (Rechtssache C-34/21) und vom 19.12.2024 (C-65/23). **472**

7.3.2.3 Risikobezogene Besonderheiten

[#**Bearbeiterhinweis**: Hier kann basierend auf der in Kap. 6 (Rn. 413 ff.) erfolgten Dokumentation die spezielle Situation des Verantwortlichen geschildert werden.] **473**

7.3.2.4 Organisatorische Umsetzung und laufende Änderungen

Wichtig ist, dass die Freigabe eines SaaS-Dienstes kein einmaliges und für die Zukunft abschließendes Approval ist, sondern dass der Umfang der Dienste und die erfassten Daten, Personen und Zwecke, die rechtlichen und regulatorischen Rahmenbedingungen, Vertragswerke (wie das Data Protection Addendum von Microsoft, von dem von Zeit zu Zeit eine neue Fassung erscheint) und auch interne Risikobewertungen einer permanenten Veränderung unterliegen. **474**

Daher ist diese Datenschutz-Folgenabschätzung und eine Freigabe des Betriebs von M365 nicht als starre Bewertung für die Zukunft zu verstehen, sondern es sind organisatorisch entsprechende Maßnahmen und Prozesse zu etablieren, um solche Veränderungen zu berücksichtigen. Dies kann auch in die Betriebs- bzw. Dienstvereinbarung aufgenommen werden und im regelmäßigen Dialog mit dem Betriebs- bzw. Personalrat erfolgen. **475**

7.3.2.5 Durchführung als fortlaufende Folgenabschätzung: Initial „DSFA light“ plus M365-Gremium

Basierend auf dieser organisatorischen Grundsatzentscheidung und im Einklang mit dem agilen Projekt- und Betriebsmanagement beim Verantwortlichen soll die DSFA und der diesbezügliche Rat des betrieblichen Datenschutzbeauftragten im Wege laufender Iterationen erfolgen, die sich am „Plan-Do-Check-Act“-Prinzip des kontinuierlichen Verbesserungsprozesses orientiert. Mit fortlaufender Nutzung im Rahmen des Roll-Out soll auf Basis des gereiften Verständnisses der tatsächlichen Risiken und möglicher Maßnahmen die Risikobewertung und die Festlegung der Maßnahmen – auch gemeinsam mit dem Betriebs- bzw. Personalrat – präzisiert werden. **476**

477 In der ersten DSFA-Phase sollen die bislang identifizierten Risiken mit den dort vorgesehenen und nachfolgend dargestellten Maßnahmen abgedeckt werden. Anschließend sollen weitere Themen behandelt werden, die sich u. a. auch aus den Positionierungen der deutschen Aufsichtsbehörden und dem Verfahren beim EDSB ergeben werden.

478 Dieser Ansatz und eine umgangssprachliche Bezeichnung als „DSFA light" sollen nicht darüber hinwegtäuschen, dass der Verantwortliche hiermit eine volle und verbindliche DSFA i. S. d. Art. 35 DSGVO vornimmt und der fortlaufende Ansatz gerade dazu dient, die sich verändernden Risiken und Rahmenbedingungen sowie die Anforderungen der DSGVO (u. a. Art. 35 Abs. 9 und 11 DSGVO) zu berücksichtigen. Der Ansatz einer „DSFA light" steht daher im Einklang mit Art. 35 DSGVO, der ja risikobasiert ist. Der Präsident des BayLDA hat sich jedoch gegen den Begriff der „DSFA light" ausgesprochen.[346] Der Autor findet dies nachvollziehbar; sachlicher und zu bevorzugen ist der Begriff einer „agilen DSFA".

479 Kehrseite einer initial „leichteren" Durchführung der DSFA ist somit die verbindliche Selbstverpflichtung, die zunächst außen vor gelassenen Themen und zukünftige Risiken nachfolgend und laufend zu monitoren und ggf. weitere Maßnahmen zu ergreifen, aber eventuell auch früher beschlossene Maßnahmen zu revidieren. Letztlich kann diese Verpflichtung also als eine eigene Maßnahme der initialen DSFA gesehen werden, die ein geeignetes Mittel ist, um Risiken beim Betrieb von M365 abzuschätzen und langfristig zu reduzieren.

480 Somit setzen sich die im Rahmen dieser DSFA festzulegenden Maßnahmen zusammen aus

- den konkreten Maßnahmen zur Begegnung der bislang festgestellten Risiken (siehe Kap. 6.4, Rn. 425) sowie
- einem organisatorischen Prozess, durch den sichergestellt wird, dass die initial ausgesparten sowie die zukünftig hinzukommenden Aspekte und Risiken erfasst werden, der Datenschutzbeauftragte und ggf. weitere Stakeholder rechtzeitig und transparent informiert werden, rechtliche und technische Aspekte behandelt werden und diese DSFA dadurch regelmäßig und angemessen aktualisiert wird, wozu auch die Ergänzung weiterer Maßnahmen gehört. Dies soll durch einen (hier und in der Folge so bezeichneten) „**Arbeitskreis M365**" erfolgen, wobei dieser Begriff nicht nur für den Personenkreis, sondern für den gesamten organisatorischen Prozess steht.

---

346 *Michael Will*, Datenschutz am Mittag der Stiftung Datenschutz (im Gespräch mit *Olaf Koglin*), Folge vom 25.03.2025, https://stiftungdatenschutz.org/veranstaltungen/unsere-veranstaltungen-detailansicht/datenschutz-und-microsoft-365-teil-2-554.

7.3.3 Erfassungs- oder Vorbereitungsphase (Art. 35 Abs. 7 lit. a DSGVO)

Damit beginnt die eigentliche (und ggf. initiale) DSFA. In der ersten Phase **481** der DSFA erfolgt eine systematische Beschreibung der geplanten Verarbeitungsvorgänge (und der Zwecke der Verarbeitung) in den von dem Unternehmen genutzten M365-Anwendungen. Im Folgenden werden die klassischen Online-Anwendungen Exchange/Outlook, Word/PowerPoint/Excel, OneDrive/SharePoint sowie Teams betrachtet.

7.3.3.1 Exchange/Outlook Online

Dieser Service beinhaltet bzw. ersetzt zunächst den klassischen E-Mail-Be- **482** reich mit Server (Exchange) und Client (Outlook). Als SaaS-Service wird Exchange nicht mehr auf eigenen Servern gehostet, sondern in der von Microsoft aufgesetzten Cloud-Infrastruktur. Als erste Maßnahme gegen die datenschutzrechtliche Problematik des Drittlandtransfers können z. B. EU-Standorte wie Dublin und Amsterdam gewählt werden. Client-seitig kann eine klassische Outlook-Applikation (auch „Rich Client" genannt) genutzt werden. Alternativ kann im Look & Feel von Outlook eine Browser-Variante genutzt werden.

Neben der reinen E-Mail-Funktion umfasst Exchange/Outlook Online die **483** damit typischerweise verbundenen Office-Funktionen wie Kalender, Adressbuch, Notizen u. Ä. Anders als im klassischen On-premise-Betrieb werden allerdings in Microsoft 365 verschiedene Daten an Microsoft-Gesellschaften übertragen. Diese Informationen werden meist als Meta- und Telemetrie-Daten bezeichnet. Zudem werden bei E-Mails (sowie den als E-Mail übermittelten Kalendereinträgen) entsprechend der allgemeinen Protokolle (wie SMTP) Informationen über Absender und Empfänger z. T. unverschlüsselt übertragen, was grob mit den Adressangaben bei der Briefpost vergleichbar ist.

7.3.3.2 Word/ppt/xls Online

Aus Anwendersicht handelt es sich hierbei um die klassischen Funktionen **484** der Textverarbeitung (Word), Präsentationssoftware (PowerPoint) und Tabellenkalkulation (Excel). Auch hier gibt es neben dem sog. Rich Client, aus Anwendersicht also dem klassisch installierten Programm, das auch die Offline-Nutzung ermöglicht, die Nutzung im ähnlichen Look & Feel aus dem Browser. Die Dateien können lokal auf dem Rechner des Users, in SharePoint/OneDrive oder anderen Speicherorten abgelegt werden.

485 Scope der Risikoanalyse: Hier erfolgt alleine die Bewertung der Nutzung von Word etc. online. Die Speicherung in SharePoint Online o. Ä. ist separat zu bewerten (siehe sogleich).

7.3.3.3 OneDrive, SharePoint Online

486 OneDrive ist primär ein Cloud-basierter Speicherort für Dateien. Hinzu kommen typische Cloud-Funktionen wie die Freigabe („sharen") des Zugriffs und ggf. der Bearbeitung von Dateien und/oder Verzeichnissen für Dritte. Teilweise wird seitens Microsofts zwischen dem Endkundenprodukt „OneDrive" und dem B2B-Product „OneDrive for Business" unterschieden; letzteres soll stärker als das Endkunden-Produkt auf SharePoint-Technologie basieren.

SharePoint Online beinhaltet diese Funktion ebenfalls; hier stehen aber CMS-artige Funktionen für die Darstellung der Dateien und vor allem weiterer Webfunktionen im Vordergrund. SharePoint wird vor allem für die Zusammenarbeit in Teams und Unternehmen eingesetzt und kann auch als generelles Intranet genutzt werden. SharePoint Online bietet dabei auch Social-Media-Funktionen wie Kommentare, Likes und Umfragen an.

487 Scope der Risikoanalyse: Speicherung der Dateien in OneDrive bzw. SharePoint sowie die zusätzlichen Features und Datenverarbeitungen insb. in SharePoint (Kommentare etc.). Außerhalb des Scopes der Bewertung ist die Grundsatzfrage, welche Dateien gespeichert werden und wie lange. Als Vorteil ist die zusätzliche Datensicherheit zu berücksichtigen. Dies betrifft im Vergleich zu On-Premise-Lösungen sowohl die Sicherheit gegen IT-Ausfälle (Stromausfall, technische Defekte, versehentliches Löschen) als auch gegen Angriffe durch Hacker oder staatliche Dienste.

7.3.3.4 Teams

488 Bei Microsoft Teams handelt es sich um ein komplexes Angebot, das etliche Teile der „Collaboration" bei digitaler Arbeit beinhaltet. Dies umfasst u. a. Chat-Funktionen zu Kollegen bzw. anderen Personen, die „Teams" genannten Gruppen (u. a. mit Funktionen zum Chat in der Gruppe und zur Dateiablage; hier kann zugleich die „Nebenkommunikation" aus Videokonferenzen festgehalten werden), Kalender, Anrufe (via Video oder Audio) und Dateiverzeichnisse und -suche. Als „Apps" können weitere Funktionen integriert werden; diese können sowohl von Microsoft als auch von Drittanbietern stammen.

7.3.4 Bewertungsphase (Art. 35 Abs. 7 lit. b und c DSGVO)

489 Im Rahmen der sog. Bewertungsphase sind zwei Bewertungen durchzuführen:

1. In einer ersten Bewertung sind „Notwendigkeit und Verhältnismäßigkeit der Verarbeitungsvorgänge in Bezug auf den Zweck" (Art. 35 Abs. 7 lit. b DSGVO) zu evaluieren.
2. In einer anschließenden Bewertung sind diesbezüglich die Risiken für die Rechte und Freiheiten der betroffenen Personen festzuhalten (Art. 35 Abs. 7 lit. c DSGVO).

Die allgemeinen, nicht spezifisch auf den Verantwortlichen oder einzelne **490**
Dienste bezogenen Risiken sind insbesondere die von Aufsichtsbehörden hervorgehobenen Risiken, insbesondere Fragen des Drittlandbezugs, der Verwendung von Daten durch Microsoft für eigene Zwecke und angebliche Defizite in der AVV mit Microsoft, darunter die aus Sicht der Aufsicht unzureichende Konkretisierung der zu verarbeitenden Daten, der diesbezüglichen Zwecke und der Kategorien von betroffenen Personen.

Die Bewertung erfolgt nachfolgend in der in einem Buch nur verallgemeinert möglichen Form. Selbstverständlich können und sollten auf spezifische Situationen des Verantwortlichen angepasst werden, insbesondere wenn es zur Verarbeitung besonderer Kategorien personenbezogener Daten oder anderweitig sensibler Daten kommt, wenn es sich aus der Art der Betroffenen ergibt, besondere Regulierung anwendbar ist, der Verantwortliche eine Behörde i. S. d. Art. 6 Abs. 1 S. 2 DSGVO ist und/oder es – wie auch bei Schulen – eine Form von „Benutzerzwang" gibt. Solche Umstände werden ausführlich in der „Checkliste zur Bestandsaufnahme u. speziellen Risiken beim M365-Einsatz" in Kap. 6.2 (Rn. 422) abgefragt.

Weitere Umstände zur Bewertung der Risiken – basierend auf den Auffassungen der Aufsichtsbehörden – sind in Kap. 4.12 (Rn. 369 ff.) aufgelistet. Die Erörterung von Rechtsgrundlagen wurde im Rahmen dieses DSFA-Musters außen vor gelassen. Zusätzlich kann auch auf die Angaben im Verarbeitungsverzeichnis verwiesen werden (Kap. 10.2, Rn. 641). All diese Umstände sollten im Rahmen einer DSFA individuell berücksichtigt werden. Gleichwohl führt dies tendenziell zu einem ausufernden Bewertungs- und Diskussionsumfang, der besser in einer „agilen DSFA" und nicht vollständig vor Finalisierung der DSFA erfolgen sollte.[347] Als Inspiration für eine sehr umfangreiche DSFA kann z. B. die Folgenabschätzung des Kultusministeriums Baden-Württemberg zum Einsatz von M365 in Schulen dienen.[348]

347 Zur agilen DSFA im Rahmen der Risikoreduzierung Kap. 4.13 (Rn. 375); ausführlich dazu Kap. 7.3.2.5 (Rn. 476).

348 Siehe die Übersicht veröffentlichter DSFA-Muster in Kap. 7.4.2.3 (Rn. 524).

7.3.4.1 Exchange/Outlook Online

491 **Bewertung der Notwendigkeit und Verhältnismäßigkeit (konkret der Nutzung als SaaS):**

1. Allgemein: Die Nutzung aus der Cloud ist technisch nicht zwingend notwendig. Die E-Mail-Infrastruktur aus Exchange-Servern kann auch on premise gehostet werden. Der subjektive, vermeintliche Vorteil besteht dann darin, dass der Betreiber die physische Hoheit hat und sich unmittelbar um den Betrieb und die Software und Konfigurationen kümmern kann. Gerade bei KMUs steht dem aber entgegen, dass Updates, Patches und Konfigurationen zur IT-Sicherheit nicht immer so schnell und so professionell aufgespielt bzw. vorgenommen werden können, wie es in der sehr großen Infrastruktur eines Rechenzentrums-Betreibers möglich ist und wie es wohl erforderlich wäre. Hinzu kommt, dass auch bei der on premise installierten Software Sicherheitslücken bis hin zu Backdoors vorhanden sein können. Daher erscheint es für Datenschutz und Datensicherheit nicht als grundsätzlicher Vorteil, Software on premise zu hosten. Dies wurde selbst für regulierte Branchen vom BSI und der BaFin so vertreten. Folglich ist die Nutzung der Cloud für E-Mail-Infrastruktur nicht zwingend nötig, aber erscheint durchaus verhältnismäßig und zudem *State of the Art*.
2. Konkret für Exchange und die E-Mail-Infrastruktur ist zu beachten, dass die Nachrichten nach den bekannten Protokollen (insb. SMTP, IMAP sowie TCP/IP) an Dritte – nämlich die Empfänger bzw. deren Mail-Server – versendet werden. Selbst wenn End-to-End-Verschlüsselungen eingesetzt würden (und erst recht bei Server-to-Server-Verschlüsselungen), würden also auch ohne Cloud bestimmungsgemäß bestimmte Informationen, wie die E-Mail-Adresse des Empfängers und des Senders, IP-Adressen etc., innerhalb des Internets öffentlich sein. Da das Internet und die genannten Protokolle den Datenverkehr nicht auf die Grenzen von Staaten oder der EU begrenzen, können diese Informationen also selbst dann weltweit verfügbar sein, wenn on premise gehostet wird und nach den maßgeblichen Protokollen ein regelkonformer Betrieb stattfindet. Dies mag zunächst erschreckend klingen, ist aber bei der Versendung von Nachrichten an andere systembedingt: Auch beim Versand eines klassischen Briefs sind Angaben über Empfänger, Anschrift, Absender und auch Art des Versandstückes für viele am Transport Beteiligte offen einsehbar.
3. Bewertung: Eine absolute Notwendigkeit dieser Datenverarbeitung ist für die DSFA nicht erforderlich (anderenfalls würde wohl kaum eine DSFA positiv ausfallen). Denn theoretisch könnte ein Unternehmen beschließen, auf E-Mails oder zumindest die Nutzung der Cloud vollständig zu verzichten. Notwendigkeit und Verhältnismäßigkeit sind im Rahmen ei-

ner Zweck-Mittel-Relation zu bewerten.[349] Es ist auch zu analysieren, inwieweit die Verarbeitungsvorgänge erforderlich und die damit verbunden Eingriffe verhältnismäßig sind (vgl. ErwG 4 und 90ff. DSGVO). Dabei ist auch die Möglichkeit milderer Mittel zu prüfen, wozu auch schon eine Reduzierung der zu verarbeitenden Daten zählen kann.[350]

Im Rahmen der **Verhältnismäßigkeit** ist aus den obigen Bewertungen zusammenzufassen, dass die Nutzung der Cloud nicht pauschal gefährlicher als der Betrieb on premise ist. Gerade bei KMUs ist die Cloud-Lösung im Hinblick auf Datensicherheit häufig professioneller. Konkret bei E-Mails und damit zusammenhängender Infrastruktur (Kalendereinladungen, Übermittlung der Daten im Internet) wird Protokoll-bedingt ein Teil der Informationen für Fremde einsehbar sein. Dies unterliegt keinen Ländergrenzen. Dies ist auch bei der On-premise-Nutzung so, d.h. es ist keine Folge der Nutzung von Cloud und Microsoft 365. Im Rahmen der Verhältnismäßigkeit ist es jedoch insofern zu beachten, als dass diese Daten ohnehin teil-öffentlich werden und somit auch bezüglich der Frage „Cloud oder on premise“ keine überhöhten Anforderungen an die Sicherheit gestellt werden müssen. **492**

Im Vergleich zwischen Cloud und on premise ist auch zu beachten, dass eigene Mitarbeiter in IT-Sicherheitskreisen oft als das größte Risiko dargestellt werden. Dabei kann es sowohl um vorsätzlichen Missbrauch als auch um den unprofessionellen Umgang mit Passwörtern und Identity&Access-Management gehen. In großen Cloud-Rechenzentrum wird dies professionell und nach klaren Prozessen und Zertifizierungen gehandhabt.

Im Rahmen der **Erforderlichkeit** lassen sich mit dem Argument der erhöhten IT-Sicherheit somit gute Gründe für die Notwendigkeit finden, E-Mail-Infrastruktur aus der Cloud statt on premise bereitzuhalten. Für das Vorliegen der Verhältnismäßigkeit spricht, dass die Eingriffe in die Freiheiten und Rechte der Mitarbeiter sowie der sonst an der Kommunikation beteiligten Personen bei der Cloud nicht zwingend höher als bei der On-premise-Variante sind. Denn zum einen wiegen spezifische Risiken der On premise-Lösung die spezifischen Risiken der Cloud-Lösung auf; zum anderen werden konkret bei der Kommunikation via E-Mail und E-Mail-Server die personenbezogenen Daten ohnehin an viele Stellen im Internet übertragen und verbleiben nicht, wie bei der Dateiablage, an einem einzelnen, vermeintlich sicheren Ort. **493**

Risiken für die Rechte und Freiheiten der betroffenen Personen: Diese Risikodefinition ist im Sinne der von der DSGVO zu schützenden Güter zu verstehen. Eine solche Risikoanalyse kann anhand der Identifikation von **494**

349 Vgl. Kühling/Buchner/*Jandt*, DS-GVO/BDSG, Art. 35 DS-GVO Rn. 40.

350 BeckOK DatenschutzR/*Hansen*, 42. Edition, Stand: 1.11.2022, Art. 35 DS-GVO Rn. 43.

möglichen Angreifern, Angriffsmotiven und Angriffszielen vorgenommen werden.[351] Im Folgenden werden mögliche Angriffsziele sowie Angriffsmotive aufgeführt und bewertet.

495 Sofern man auf Seiten der **Angriffsziele** davon ausgeht, dass Rechenzentren großer Cloud-Provider erheblich professioneller betrieben werden als mittelständische On-premise-Server, erstere aber aus Sicht potentieller Angreifer auch viel attraktivere Ziele darstellen, dürfte sich hinsichtlich der **Angreifer** folgendes Bild ergeben: Bei großen Rechenzentren besteht das Risiko eher durch professionellere Angreifer, zu denen auch staatliche Dienste gehören können. Bei mittelständischen Servern dürfte das Risiko stärker bei „Durchschnittshackern" liegen, die ohne visionäre Techniken auf bekannte Sicherheitslücken setzen und bei sehr professionellen Betreibern typischerweise erfolglos sind.

496 Hinsichtlich der **Angriffsmotive** wäre dann im breiten Mittelstand (mit Ausnahme von politisch oder militärisch besonders herausstechenden Organisationen) eher ein ungezieltes, opportunistisches Interesse im Sinne einer „IT-Straßenkriminalität" einschließlich der Erpressung zu „Ransom"-Zahlungen zu vermuten. Bei großen Rechenzentren wäre dies eher eine professionell-strategisch ausgerichtete Kriminalität, die sowohl von entsprechenden Kriminellen aus auch staatlichen, semi-staatlichen/politischen (wie Guerilla-Gruppen) oder NGO-artigen professionellen Kollektiven wie Anonymous ausgehen kann. Hinzuweisen ist dabei auch auf nach dem jeweiligen Landesrecht legale Auskunftsrechte von (Sicherheits-)Behörden. Insbesondere wenn sie sich primär gegen Daten von Ausländern richten oder in anderer Form als übergriffig erscheinen, werden sie im Ausland meist nicht geschätzt (wie aus europäischer Sicht gegenüber den USA der **CLOUD ACT** oder „FISA 702"; siehe hierzu Kap. 9.6.2.1, Rn. 600).

497 Aus dieser Datenschutz-Folgenabschätzung und auf Basis festgestellten konkreten Situation des Verantwortlichen sowie den zur Begegnung der bislang festgestellten Risiken (siehe Kap. 6.4, Rn. 425) ergeben sich daher für Exchange und Outlook **vor Maßnahmenumsetzung** folgende Risiken, die – wie alle nachfolgen Risikomatrix-Grafiken – mit dem in Rn. 462 vorstellten Tool berechnet und visualisiert wurden:

---

351 Kühling/Buchner/*Jandt*, DS-GVO/BDSG, Art. 35 DS-GVO Rn. 44.

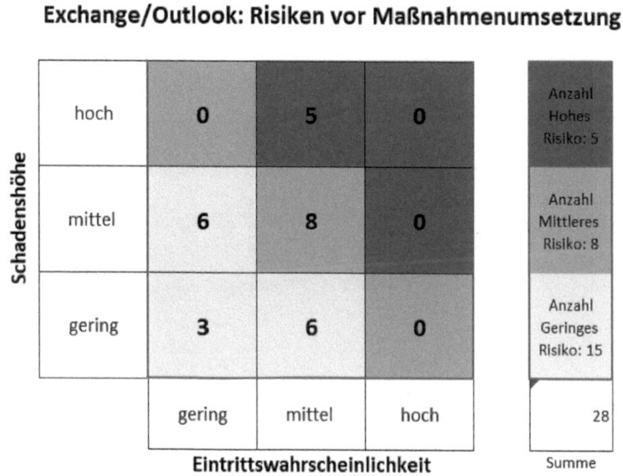

Abbildung 27: Risiken vor Maßnahmenumsetzung (Beispiel: Exchange/Outlook)

7.3.4.2 Word/PowerPoint/Excel Online

Bewertung der Notwendigkeit und Verhältnismäßigkeit (konkret der Nutzung als SaaS): **498**

1. Allgemein: Hier handelt es sich um Dokumente, die von den Mitarbeitern subjektiv als „eigene“ Dateien angesehen werden. Die Mitarbeiter können Daten u. a. per Link sharen, also Dritten Zugriffsrechte geben, was über die Dokumenten-Speicherorte (OneDrive bzw. SharePoint Online) abgebildet wird, also keine direkte Funktion von Word etc. ist.
2. Konkret: Datenschutzrechtlich erscheint das Ersetzen von vollen Applikationen für Word, PowerPoint & Co. durch Software as a Service weitgehend unbedenklich. Zwar sind die Einstellungen für sog. Metadaten u. Ä. sorgfältig zu beachten. Jedoch liegt der Schwerpunkt datenschutzrechtlicher Bedenken im Abspeichern der Dokumente sowie in der inhaltlichen Verarbeitung von Daten, d. h. in der Frage, welche (ggf. sensiblen) Informationen in den Dokumenten gespeichert werden. Dies ist bei Microsoft 365 jedoch grundsächlich nicht anders zu bewerten als bei installierten Applikationen.
3. Bewertung: **Im Rahmen der Zweck-Mittel-Relation** erscheint es daher nicht unverhältnismäßig, Word, PowerPoint und Excel aus der Cloud statt mit einer installierten Applikation zu verwenden.

Risiken für die Rechte und Freiheiten der betroffenen Personen: Im Vergleich zur klassischen Applikationslösung besteht kein besonders hohes Risiko i. S. d. Art. 35 Abs. 1 DSGVO. **499**

500 Aus dieser Datenschutz-Folgenabschätzung und auf Basis festgestellten konkreten Situation des Verantwortlichen sowie den zur Begegnung der bislang festgestellten Risiken (siehe Kap. 6.4, Rn. 425) ergeben sich **vor Maßnahmenumsetzung** folgende Risiken:

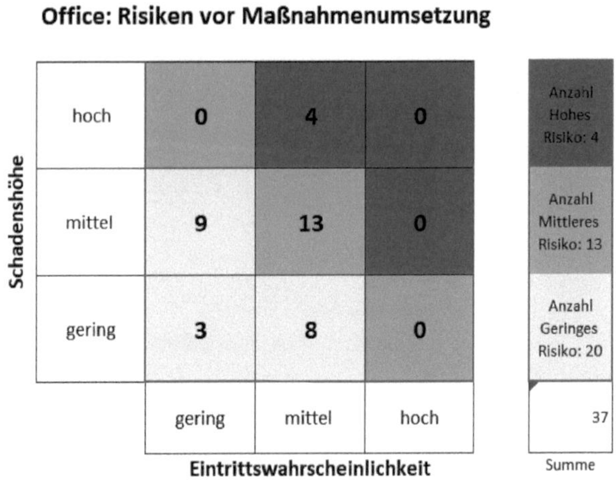

Abbildung 28: Risiken vor Maßnahmenumsetzung (Beispiel: Office)

7.3.4.3 OneDrive, SharePoint Online

501 **Bewertung der Notwendigkeit und Verhältnismäßigkeit (konkret der Nutzung als SaaS)**:

1. Allgemein: OneDrive und/oder SharePoint wird zur zentralen Ablage von eigenen Dokumenten verwendet (OneDrive) sowie von Dokumenten, die durch Teams, Abteilungen, Projekte o. Ä. gemeinsam genutzt werden (SharePoint), incl. der dazu ermöglichten „Collaboration" („sharen", bei SharePoint auch liken und kommentieren sowie die Erstellung von Intranet-Seiten).
2. Konkret: Datenschutzrechtlich sollte berücksichtigt werden, welche Daten/Dokumente von Mitarbeitern und bei geteilten Dokumenten von Dritten in die Anwendungen hochgeladen werden. In einigen Fällen handelt es sich jedoch eher um einen internen Austausch im Unternehmen.
3. Bewertung: Unter Berücksichtigung der Bewertung und der obigen Argumentation zu Vorteilen und Risiken professioneller Cloud-Lösungen liegt im Vergleich zu einem klassischen „SharePoint on premise" kein deutlich höheres Gesamtrisiko.

Risiken für die Rechte und Freiheiten der betroffenen Personen: Als Risiko der Betroffenen ist auch in diesem Fall grundsätzlich die Möglichkeit eines externen Angriffs auf das Rechenzentrum zu nennen, welches jedoch aufgrund der professionellen IT-Struktur eines globalen Anbieters wie Microsoft entgegen der On-premise-Lösung auf ein Minimum reduziert wird. Zudem birgt die Funktion des schnellen und unkomplizierten Teilens der Dokumente u. a. die Gefahr mit sich, unbefugten Mitarbeitern des Unternehmens oder Dritten personenbezogene Daten offenzulegen. Dieselbe Problematik findet sich jedoch auch im Büroalltag, insoweit z. B. Akten oder Dokumente mit personenbezogenen Daten am Arbeitsplatz bearbeitet werden und unbefugte Personen das Büro betreten oder der Mitarbeiter u. a. bei der Postsortierung ein Fehler unterläuft. 502

Aus dieser Datenschutz-Folgenabschätzung und auf Basis festgestellten konkreten Situation des Verantwortlichen sowie den zur Begegnung der bislang festgestellten Risiken (siehe Kap. 6.4, Rn. 425) ergeben sich **vor Maßnahmenumsetzung** folgende Risiken: 503

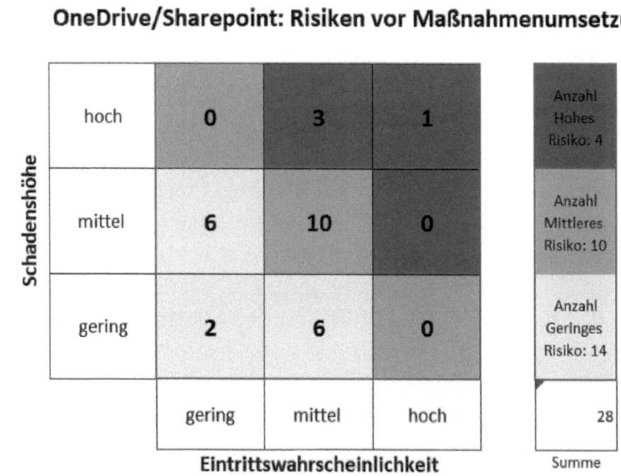

Abbildung 29: Risiken vor Maßnahmenumsetzung (Beispiel: OneDrive/SharePoint)

7.3.4.4 Teams

Bewertung der Notwendigkeit und Verhältnismäßigkeit (konkret der Nutzung als SaaS): 504

1. Allgemein: Teams ist ein sehr komplexes Produkt mit diversen Features. Umgangssprachlich wird unter „Teams“ meist dessen Videokonferenz-Dienst verstanden („Nutzen Sie Teams oder zoom?“). Als Dienst innerhalb von M365 ist es aber zunächst ein *Collaboration Tool*, das Chat, Pro-

jektorganisatin, Dateiablage und vieles mehr umfasst; darunter auch die bekannte Telefon-/Videokonferenzfunktion. Die Abwägungen zu den erstgenannten Funktionen sind bereits weitgehend von den vorangegangenen Produkten abgedeckt, weshalb sich die Bewertung in diesem Abschnitt vorwiegend auf die Videokonferenz bezieht.

Dabei handelt es sich hierbei um eine notwendige und dauerhaft erforderliche audiovisuelle Kommunikation, jene aus der heutigen Geschäftswelt nicht mehr wegzudenken ist. Enthalten sind darin jedoch auch immer neue Features wie automatisch erstellte Transkription (Untertitel) und Übersetzungen, Zusammenfassungen, künstliche Hintergründe und vieles mehr.

Zudem lassen sich in der Teams-App weitere Applikationen wie SharePoint, Word oder Planner integrieren, aber auch Apps von Drittanbietern.

2. Konkret: Aufgrund der Integrationsmöglichkeit anderer Applikationen und vieler zusätzlicher Funktionen wie die Chatmöglichkeit während einer Videokonferenz, Dateiablage, Erstellung von Kommunikations-Gruppen/Teams, Anruf u. v. m. lässt sich die Anwendung datenschutzrechtlich schwerer bewerten als die vorangegangenen M365-Dienste. Die vielfältigen Nutzungsmöglichkeiten bieten sowohl den Mitarbeitern als auch Kunden einen sehr hohen Nutzen. Zugleich führt dies aber auch zu einer Unübersichtlichkeit in der Informationssicherheit und IT-Administration.

   Der Teufel steckt dabei wie so oft im Detail: Die Teams-Videokonferenzen erstellen in der Teams-App auch gleich einen Teams-Chat. Dies ist praktisch, weil dadurch in der Videokonferenz geschriebene Chat-Nachrichten und etwaig geteilte Dokumente auch nach der Konferenz für die Teilnehmer verfügbar sind. Allerdings kann jede eingeladene Person, auch nach Beendigung der Konferenz, nachträglich darauf zugreifen. Dies gilt auch für eingeladene Personen, die sich gar nicht in die Konferenz eingewählt hatten (wie Assistenten) oder die dem Meeting nur für einen einzelnen Tagesordnungspunkt beiwohnen sollten. Bei sensiblen Themen, wie Strategie- oder Personalfragen, können dadurch unbewusst unbefugte Personen an diese Informationen bekommen.

3. Bewertung: Die Komplexität sollte dadurch kompensiert werden, dass Einstellungen restriktiv voreingestellt sind. Dies klingt nach einem einfachen Rat, ist aber in der Praxis oft mit weiteren Überlegungen verbunden:

   Erstens mögen Funktionen wie automatisierte Transkriptionen oder Übersetzungen an eine Abhöranlage erinnern und damit verständlicherweise ein Unwohlgefühl hervorrufen. Andererseits können sie im internationalen Umfeld sehr hilfreich sein und gerade Menschen mit geringer (Fremdsprachen-)Bildung stark unterstützen. Für hörgeschädigte Teilnehmer, die sonst einen Gebärdendolmetscher bräuchten, hat die Transkriptions-Funktion sogar noch viel größeren Wert.

Zweitens mag die Vornahme und die ständige Pflege der Einstellungen von Teams für größere Unternehmen bzw. Organisationen zu bewerkstelligen sein; eine Kita oder ein Kleinunternehmer wird dies fachlich und ressourcenseitig kaum bewerkstelligen können. Hier sollte zumindest mit einfachen, allgemeinen Verhaltensregeln oder TOMs agiert werden, die Videokonferenzen und ggf. auch Soziale Medien/Chats betreffen, etwa:

- Achtung der Privatsphäre: Tue nichts, was Du nicht auch in echten Meetings machen würdest. Keine heimlichen Aufnahmen, also ohne Einwilligung und Transparenz keine Screenshots der Teilnehmer oder Videomitschnitte.
- Mitarbeiter dürfen zur Wahrung ihrer Privatsphäre einen künstlichen Hintergrund aktivieren.
- Bei Videokonferenzen muss aufgepasst werden, wer eingewählt ist – insbesondere wenn Teilnehmer ihre Kamera nicht aktiviert haben und/oder nicht sofort erkennbar sind.
- Zusatz-Features von Videokonferenzen (wie Chat und Filesharing) dürfen nur für unkritische Informationen verwendet werden, wie Rückfragen, das Teilen von Links oder allgemeinen Dokumenten.
- Soweit die Funktionsweise von Features nicht bekannt ist, etwa bei automatischen Übersetzungen, KI-generierten Zusammenfassungen oder sonstigen KI-Funktionen, sollten diese nur verwendet werden, wenn es wirklich notwendig ist und dann nur mit unkritischen Daten.
- Zusätzliche Apps dürfen in Teams nicht installiert oder aktiviert werden.

Risiken für die Rechte und Freiheiten der betroffenen Personen: Interne Risiken können u. a. die falsche Nutzung der Gruppenchats oder/ und Teams-Gruppen sein. Die interne Kommunikation unter Mitarbeitern enthalten oftmals personenbezogene Daten wie u. a. Name, Telefonnummer, Fotos von Veranstaltungen o. Ä. von Mitarbeitenden oder Dritten. Durch fehlenden Überblick über Einwahl und Berechtigungen besteht ein großes Risiko des unberechtigten Zugriffs auf personenbezogene Daten. **505**

Aus dieser Datenschutz-Folgenabschätzung und auf Basis festgestellten konkreten Situation des Verantwortlichen sowie den zur Begegnung der bislang festgestellten Risiken (siehe Kap. 6.4, Rn. 425) ergeben sich **vor Maßnahmenumsetzung** folgende Risiken: **506**

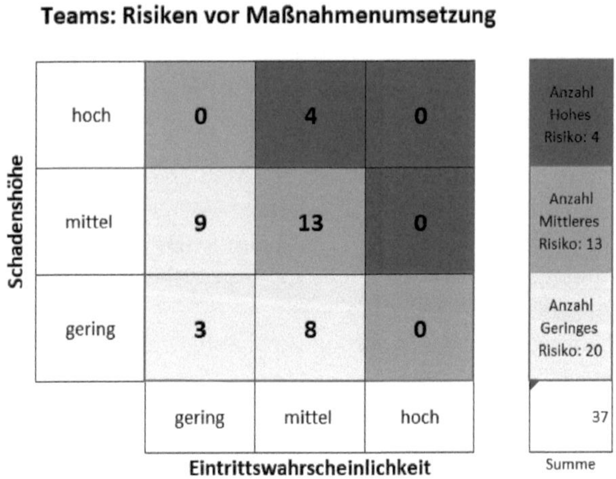

Abbildung 30: Risiken vor Maßnahmenumsetzung (Beispiel: Teams)

7.3.5 Gesamt-Risikobewertung vor Maßnahmen

507 Basierend auf der Risikoanalyse von M365 und den Besonderheiten beim Verantwortlichen ergibt sich **vor Umsetzung der Maßnahmen** folgende Risikobewertung der einzelnen M365-Dienste, die auch hier mit dem in Rn. 462 vorstellten Tool berechnet und visualisiert wurde:

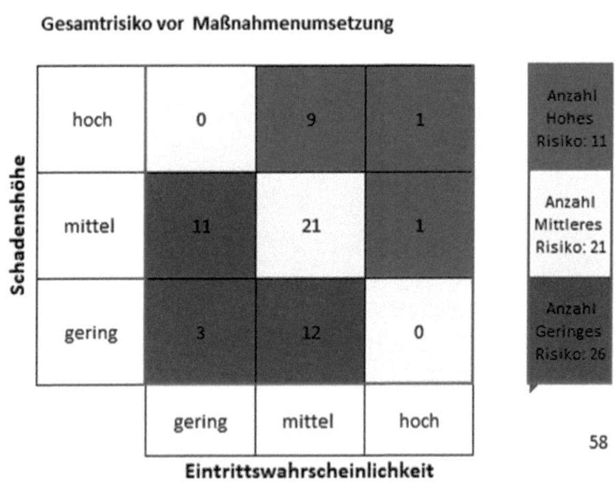

Abbildung 31: Gesamtrisiken vor Maßnahmenumsetzung

[#**Bearbeiterhinweis**: Dies kann entweder als rechnerische Zusammenfassung der Einzelbewertungen (siehe oben) oder als Veranschaulichung nach Diensten (siehe unten) dargestellt werden] **508**

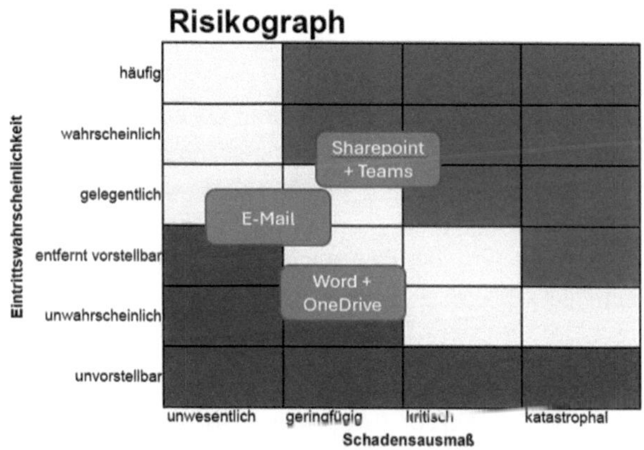

Abbildung 32: Gesamtrisiko vor Maßnahmenumsetzung (alternative Darstellung)

7.3.6 Maßnahmenphase (Art. 35 Abs. 7 lit. d DSGVO)

In einem weiteren Schritt sind „Abhilfemaßnahmen" (Art. 35 Abs. 7 lit. d DSGVO) gegen die festgestellten Risiken als Teil der DSFA in diese aufzunehmen. **509**

[#**Bearbeiterhinweis**: Dies ist eine individuelle und vom Verantwortlichen zu durchzuführende Entscheidung. Sie muss dem Risiko angemessen sein, aber nicht zwingend alle Risiken auf Null reduzieren. Sie ist ein Kernstück der DSFA. Wichtig ist zum Zeitpunkt der DSFA der ernsthafte Entschluss, diese Maßnahmen auch umsetzen zu wollen; sie dürften nicht nur auf dem Papier stehen oder aus Mustern blind übernommen werden. In der Folge sollten sie auch tatsächlich umgesetzt werden; anderenfalls ist zumindest zu dokumentieren, weshalb sie (z. B. im Rahmen der Phasen des Maßnahmenplans) noch nicht oder (bei einer Änderung der Risiko- und Maßnahmenbewertung, z. B. durch den AK M365), doch nicht umgesetzt werden.] **510**

Zu den Maßnahmen siehe Kap. 6.4 (Rn. 425); zum Katalog möglicher Maßnahmen siehe Kap. 6.5 (Rn. 430). Ein wesentlicher Baustein werden Einstellungen wie die CIS-Benchmarks sein (Kap. 6.6, Rn. 432). **511**

Hierfür werden zusätzlich zu den oben genannten Maßnahmen vor allem folgende Punkte festgelegt: **512**

- Überprüfung und Kontrolle der Konfigurationen und technischen Einstellungen in Microsoft 365 (u. a. Privacy by Default und Privacy by Design; Aktivierung von Customer Lockbox, Nutzung von EU Data Boundary);
- Reduzierung der Sendung von Telemetrie- und Diagnosedaten;
- Erstellung von sicheren Kennwörtern und Nutzung einer Zwei-Faktor Authentifizierung;
- Regelungen für Gäste und das „Teilen" von Daten;
- Datenminimierung, Löschkonzept und Umsetzung;
- für die vorgenannten Maßnahmen sollen die Einstellungen grundsätzlich Level L1 des CIS-Benchmarks entsprechen,[352] sofern es keine triftigen und dokumentierten Gründe für Abweichungen gibt;
- Keine planmäßige Speicherung von Daten nach Art. 9 oder 10 DSGVO. Planmäßig meint: Falls ein Nutzer durch den Erhalt einer E-Mail oder in Teams erkennt, dass eine andere Person auf eine Brille oder einen Rollstuhl angewiesen ist, dann handelt es sich hier zwar um Gesundheitsinformationen i. S. d. Art. 9 DSGVO. Ein solcher „Beifang" gilt jedoch nicht als planmäßige Speicherung und muss nicht verhindert werden;
- Einhaltung der Dokumentation und der formalen Vorgaben zum Datenschutz (wie diese DSFA, Abschluss einer AVV, Aufnahme in das Verarbeitungsverzeichnis);
- Laufende Überprüfung und Aktualisierung während der Nutzung von M365; Umsetzung eines Arbeitskreises M365;[353]

Der Verantwortliche kann mithilfe der genannten technischen und organisatorischen Maßnahmen die Risken Betroffener auf ein Minimum reduzieren.

7.3.7 Risikobewertung nach Maßnahmen

513 Für die Zuordnung von Risiken und Maßnahmen und einer Darstellung als Risikomatrix kann erneut die für M365 bereitgestellte Tabellenkalkulation verwendet werden.[354]

Unter Einbeziehung der vorgesehenen Maßnahmen und unter der Annahme ihrer wirksamen und dauerhaften Umsetzung reduzieren sich die zunächst festgestellten Risiken zu folgender Bewertung:

---

352 Kap. 6.6 (Rn. 432).

353 Kap. 7.3.2.5 (Rn. 476).

354 Siehe das in Kap. 7.3.1.2. (Rn. 462) vorgestellte Tool; https://use365.ms/DSFA-Matrix.

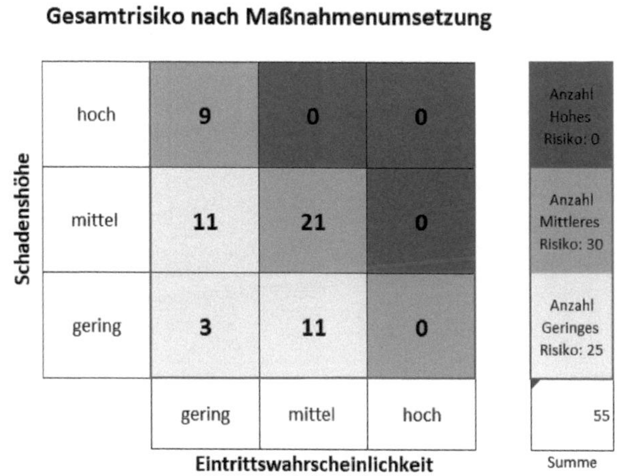

Abbildung 33: Gesamtrisiko nach Maßnahmenumsetzung

[#**Bearbeiterhinweis**: Dies kann wieder entweder als rechnerische Zusammenfassung der Einzelbewertungen (siehe oben) oder als Veranschaulichung nach Diensten (siehe unten) dargestellt werden] **514**

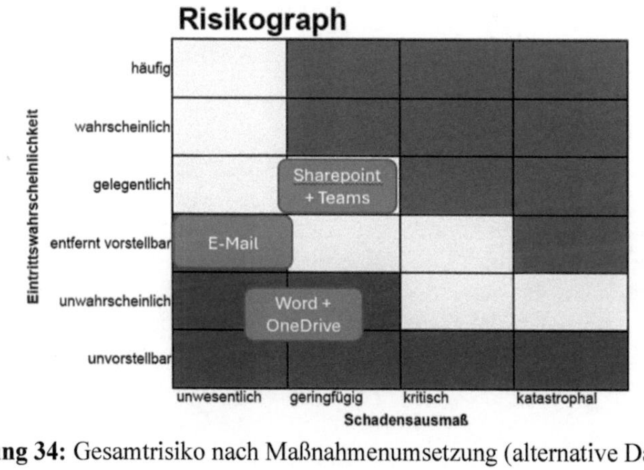

Abbildung 34: Gesamtrisiko nach Maßnahmenumsetzung (alternative Darstellung)

Die veränderte Risikobewertung kann auch für jeden einzelnen Dienst dargestellt werden. So ergeben sich für die einzelnen M365-Dienste nach vollständiger Umsetzung der Maßnahmen im Einzelnen folgende Risikobewertungen: **515**

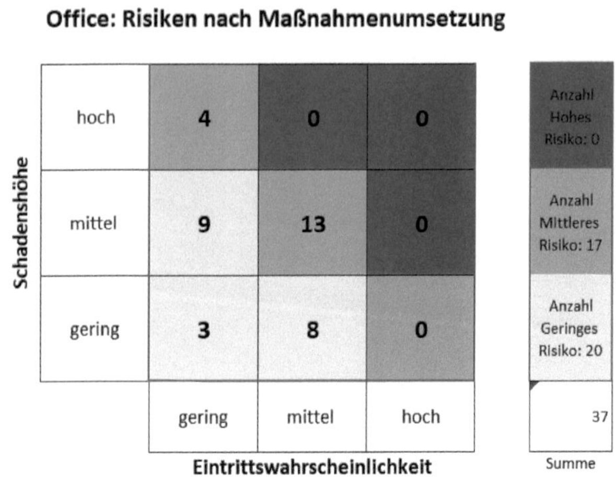

Abbildung 35: Risiken nach vollständiger Maßnahmenumsetzung (Beispiel: Office)

7.3.8 Abschließende Bewertung

516 In Bezug auf die Beschäftigten hat der Verantwortliche i. S. d. Art. 35 Abs. 9 DSGVO den Standpunkt der betroffenen Personen oder ihrer Vertreter eingeholt, indem der den geplanten Einsatz von M365 ausgiebig mit dem [Betriebsrat/Personalrat] erörtert hat und eine [Betriebsvereinbarung/Dienstvereinbarung] abgeschlossen wird.

517 [#**Bearbeiterhinweis**: Vorangegangenen Absatz anpassen auf Terminologie der Beschäftigtenvertretung bzw. löschen, wenn keine solche vorhanden ist; dann sollte eine andere Form der Einholung des Standpunktes der Betroffenen durchgeführt und dokumentiert werden (z. B.: „im Town Hall Meeting vom …, das per Videokonferenz durchgeführt wurde. Hierbei wurde den Beschäftigten die Pläne für eine Migration zu M365 präsentiert und erläutert. Zudem wurde die Möglichkeit gegeben, in der Veranstaltung oder durch Kontaktaufnahme an … Rückfragen zu stellen oder Bedenken anzumelden.)]

518 Auf Basis der hiermit erfolgten Risikoanalyse und -bewertung und der vorgesehenen bzw. vorgeschlagenen Maßnahmen erscheint die Verwendung von Microsoft 365 in dem vorgesehenen Umfang [auch bei einer öffentlichen Stelle/Behörde wie dem Verantwortlichen] vertretbar.

7.3.9 Dokumentation zur DSFA; Änderungen und Versionskontrolle

[#**Bearbeiterhinweis**: Weitere Felder möglich, etwa: Bezug zu Version Maßnahmenplan.] **519**

Datum	Version	Änderung	Autor(en)	Final	DSB-Rat	Freigabe

[#**Bearbeiterhinweis**: Ggf. weitere Dokumentation, z.B.] **520**
- Datenstammblatt,
- Interne Zuständigkeiten/Verantwortlichkeiten,
- Zeiträume und ggf. zusätzliche Anlässe (wie DPA-Änderungen, Verwendung zusätzlicher Dienste, gerichtliche Grundsatzentscheidungen wie „Schrems III") für eine Aktualisierung und Neubewertung dieser DSFA.

7.4 Anhänge zur Datenschutz-Folgenabschätzung

7.4.1 Anhang 1: Vorbereitende Risikoanalyse

[#**Bearbeiterhinweis**: Hier kann der Verantwortliche seiner DSFA z.B. intern oder extern erstelle Risikoanalysen oder weitere begleitende Dokumente beifügen.] **521**

7.4.2 Anhang 2: Hilfsmittel und DSFA-Muster für M365

7.4.2.1 Hilfsmittel zur DSFA-Erstellung

Folgende Dokumente kann der Verantwortliche zusätzlich berücksichtigen: **522**
- Datenschutzgruppe nach Art. 29, Leitlinien zur Datenschutz-Folgenabschätzung (DSFA) und Beantwortung der Frage, ob eine Verarbeitung im Sinne der Verordnung 2016/679 „Wahrscheinlich ein hohes Risiko mit sich bringt", 04.10.2017;[355]
- Das Standard-Datenschutzmodell – eine Methode zur Datenschutzberatung und -prüfung auf der Basis einheitlicher Gewährleistungsziele, Version 2.0a;[356]

355 https://www.datenschutz-bayern.de/technik/orient/wp248.pdf.
356 https://www.datenschutzzentrum.de/uploads/sdm/SDM-Methode.pdf.

- Der Europäische Datenschutzbeauftragte (EDSB), Rechenschaftspflicht in der Praxis Teil II: Datenschutz-Folgenabschätzung und vorherige Konsultation;[357]
- LfDI BW, Hinweise des LfDI zur Nutzung von Microsoft 365 durch Schulen (25.04.2022).[358] hierzu Kap. 3.3.4 (Rn. 84). Dort verlinkt: Pilot Nutzung MS an Schulen: Empfehlungen des LfDI BW vom 23.04.2021;[359]
- Microsoft-Dokumentation, z. B. „Sicherheit und Compliance Microsoft Teams"; darin enthalten ist auch ein Kapitel zu Datenschutz.[360]

7.4.2.2 Muster und Informationen von Microsoft

523 Von Microsoft werden verschiedene Dokumente und Informationen bereitgestellt:

- Informationen und Unterstützung „Datenschutz-Folgenabschätzungen im Rahmen der DSGVO":[361] Übersicht zu DSFA'en für Azure, Office und mehr;
- „Datenschutz-Folgenabschätzung: Leitfaden für Datenverantwortliche, die Microsoft Office 365 verwenden":[362] Umfangreichere Informationen mit Tabellen u. a. zu (möglichen) Zwecken der Verarbeitung;
- „Customizable DPIA Document":[363] 26-seitiges Word-Dokument, Stand wohl 11/2020, nur sehr begrenzt als Muster für DSFA verwendbar;
- „DPIA Service Elements Matrix":[364] Textbasierte Übersicht im Excel-Format. Grundsätzlich sehr hilfreich; enthält zu 9 Diensten und Mobiltelefon-Apps übersichtsartig Informationen u. a. zu: Beschreibung und Zweck; Datenverarbeitung („data inputs"); Rolle von Microsoft (Auftragsverarbeiter); Verwendung der Daten zu „Microsoft's legitimate business operations"; das Dokument ist jedoch veraltet (Stand wohl 10/2020) und daher von wenig aktuellem Nutzen;

---

357 https://edps.europa.eu/system/files/2021-07/19-07-17_accountability_on_the_ground_part_ii_en_445_de.pdf.

358 https://www.baden-wuerttemberg.datenschutz.de/ms-365-schulen-hinweise-weiteres-vorgehen/.

359 Abrufbar über https://fragdenstaat.de/anfrage/bewertungen-und-empfehlungen-des-lfdi-zu-office-365-an-schulen/.

360 https://learn.microsoft.com/de-de/microsoftteams/security-compliance-overview.

361 https://learn.microsoft.com/de-de/compliance/regulatory/gdpr-data-protection-impact-assessments.

362 https://learn.microsoft.com/de-de/compliance/regulatory/gdpr-dpia-office365.

363 https://www.microsoft.com/en-us/download/details.aspx?id=102398.

364 https://www.microsoft.com/en-us/download/details.aspx?id=102395.

- ein früheres, 514-seitiges Dokument mit einzelnen allgemeinen Hinweisen zur DSFA scheint nicht mehr verfügbar zu sein.[365]

7.4.2.3 Veröffentlichte DSFA-Muster zu M365

Es existieren veröffentlichte DSFAs aus staatlichen Quellen, die in der Regel sehr umfangreich und z. T. auf die Verwendung in öffentlichen Stellen wie Schulen zugeschnitten sind. Daher sind diese Dokumente als weitere Referenz und als Vertiefung sehr interessant, sie können jedoch nicht unverändert für die Bewertung im gewöhnlichen Büro-Umfeld herangezogen werden. Zu diesen Dokumenten gehören insb.: **524**

- Kultusministerium Baden-Württemberg (Auftraggeber):
  - Datenschutzfolgenabschätzung und sonstige datenschutzrechtliche Fragestellungen betreffend die mögliche Einführung von Microsoft Office 365 als SaaS als Teil der Digitalen Bildungsplattform.[366]
  - Über 160-seitige DSFA mit zahlreichen Anlagen zu M365 in Schulen, Stand 16.10.2020.
  - Hinweis: Dieser Themenkomplex hat u. a. zu den Hinweisen des LfDI BW vom April 2022 geführt; siehe hierzu Kap. 3.3.4 (Rn. 84);
- Ministerie van Justitie en Veiligheid/Strategisch Leveranciersmanagement voor de Rijksoverheid (SLM Rijk):
  - DPIA on Microsoft Teams, OneDrive SharePoint and Azure AD[367]
  - pdf, 121 S., Stand 16.02.2022;
  - Hinweis: Das SLM Rijk ist das strategische Einkaufsmanagement, nicht die niederländische Aufsichtsbehörde. Es veröffentlicht seine Dokumente und übersetzt sie hierfür auch ins Englische. Es hat auch eine DSFA für Microsoft Copilot veröffentlicht;[368]
- Freie und Hansestadt Hamburg: Datenschutz-Folgenabschätzung zur Nutzung von M365 (pdf, S. 44, Stand 17.07.2023)[369]

---

365 Ehemals verfügbar über https://docs.microsoft.com/de-de/compliance/regulatory/gdpr-dpia-office365.

366 Verfügbar über FragdenStaat.de, https://fragdenstaat.de/anfrage/datenschutzfolgeabschatzungen/, URL zu zip-Datei mit DSFA und zahlreichen Anlagen https://fragdenstaat.de/anfrage/datenschutzfolgeabschatzungen/644906/anhang/DSFA_und_Anlagen.zip.

367 https://www.rijksoverheid.nl/documenten/publicaties/2022/02/21/public-dpia-teams-onedrive-sharepoint-and-azure-ad. Die direkte URL zum Dokument ist https://open.overheid.nl/documenten/ronl-06f045ed745d9540ec4262a6079e8e73ad262a43/pdf (Kurzlink https://use365.ms/DPIA-NL).

368 Siehe Kap. 11.5 (Rn. 715).

369 Datenschutz-Folgenabschätzung zu M365 der Freien und Hansestadt Hamburg. Siehe hierzu auch die Anmerkung zur Klassifizierung der Vertraulichkeit (S. 34 des Dokuments) in Kap. 2.3 (Rn. 36). Das Dokument wurde durch FragdenStaat.de veröffent-

525 Zudem wurden aus der Zeit vor dem Kommissionsbeschluss zum EU-US Data Privacy Framework[370] folgende DSFA-Muster für den Einsatz in Bildungseinrichtungen veröffentlicht (in chronologischer Reihenfolge):

- „Muster Datenschutzfolgeabschätzung für den Einsatz der Lern- und Kommunikationsplattform Microsoft 365 an unserer Schule „„ DrVis Software GmbH, Stand 27.12.2022;[371]
- „Vorlage für eine Datenschutz-Folgenabschätzung zum Einsatz von Microsoft 365 durch öffentliche Bildungseinrichtungen“, reuschlaw (*Hessel/ Kiefer*), Stand 30.01.2023.[372]

7.4.2.4 Veröffentlichte DSFA-Muster zu Copilot

526 DSFA-Muster und veröffentlichte konkrete Folgenabschätzungen für den Einsatz von Copilot sind in der Tabelle in Kap. 11.5 (Rn. 715) dargestellt. Beachtenswert ist dabei die „Nicht-DSFA“ der Berliner Senatsverwaltung für den Einsatz des „Copilot in Edge“ durch Lehrer.

---

licht, https://fragdenstaat.de/anfrage/einsatz-von-microsoft-365-in-der-fhh-1/940117/anhang/dsfa_geschwaerzt.pdf (Kurzlink https://use365.ms/DSFA-HH).

370 Zum DPF siehe Kap. 9.6.4 (Rn. 617).

371 https://drvis.de/docs/Muster-DSFA.pdf.

372 https://www.reuschlaw.de/wp-content/uploads/2023/02/20230215_Vorlage_DSFA_MS365.pdf.

8. Kapitel: Entscheidung und Rat des Datenschutzbeauftragten

Zusammenfassung durch den Verantwortlichen: 527

Der Einsatz von M365 beim Verantwortlichen bringt gewisse Risiken Betroffener mit sich, von denen viele jedoch in ähnlichem Maße auch bei einer On-premise-Lösung eintreten.

Hiergegen werden die hier und in anderen Dokumenten beschriebenen und 528 noch weiter zu konkretisierenden Abhilfemaßnahmen geplant, einschließlich Garantien, Sicherheitsvorkehrungen und Verfahren. Durch diese wird der Schutz personenbezogener Daten sichergestellt und der Nachweis dafür erbracht, dass diese Verordnung eingehalten wird, wobei den Rechten und berechtigten Interessen der betroffenen Personen und sonstiger Betroffener Rechnung getragen wird (Art. 35 Abs. 7 lit. d DSGVO).

8.1 Rat des Datenschutzbeauftragten im Rahmen der DSFA

Die/Der Datenschutzbeauftragte hat die vorgelegte DSFA erhalten. Ihr/ sein Rat lautet: 529

[ ] Der geplante Einsatz von Microsoft 365 kann mit den oben beschriebenen Produkten ohne weitere Maßnahmen oder Einschränkungen durchgeführt werden.

[ ] Für den geplanten Einsatz von Microsoft 365 mit den oben beschriebenen Produkten wird empfohlen, Maßnahmen für die Reduzierung der Risiken der Betroffenen vorzunehmen, nämlich:

> [ ] eine oder mehrere der oben unter Kap. 7.3.5 (Rn. 507) beschriebenen Abhilfemaßnahmen
>
> und/oder
>
> [ ] folgende konkrete Maßnahme(n):
>
> (ggf. separat aufführen)
>
> ____
>
> ____

____

Datum, Name, Unterschrift der/des Datenschutzbeauftragten

8.2 Entscheidung des Verantwortlichen (durch die Geschäftsführung)

530 Der Verantwortliche hat gem. Art. 35 Abs. 2 DSGVO den Rat des Datenschutzbeauftragten eingeholt. Seine Hinweise sind vor Beginn der Verarbeitung angemessen zu berücksichtigen. Sodann kann, unter Berücksichtigung aller anderen Voraussetzungen, mit dem Einsatz von Microsoft 365 im beschriebenen Umfang begonnen werden.

Hinweis: Sofern aus der DSFA hervorgeht, dass die Verarbeitung ein hohes Risiko zur Folge hätte, ist gem. Art. 36 Abs. 1 DSGVO eine sog. Vorherige Konsultation bei der Datenschutz-Aufsichtsbehörde durchzuführen, **sofern der Verantwortliche keine Maßnahmen zur Eindämmung des Risikos trifft**.

____

Datum, Name, Unterschrift

____

Datum, Name, Unterschrift

9. Kapitel: Transfer Impact Assessment (TIA)

Das „Transfer Impact Assessment“ (auch Data Transfer Impact Assessment, im Folgenden kurz „TIA”) beinhaltet ähnlich wie die Datenschutz-Folgenabschätzung (engl. „Privacy Impact Assessment“) eine Bewertung (Assessment) der Auswirkung (Impact) eines Vorhabens. Bei dem TIA ist es das spezifische Risiko, das durch den Transfer personenbezogener Daten in jene Staaten einhergeht, die nicht das Datenschutzniveau der EU und des Europäischen Wirtschaftsraumes haben – daher der Titel *Transfer* Impact Assessment als Ergänzung zum Privacy Impact Assessment. 531

Bekanntheit (und große kommerzielle Relevanz in der Beratung) hat es in der Folge der Schrems II-Entscheidung bekommen, als der EuGH den Kommissionsbeschluss des „Privacy Shield“ kassiert und damit von heute auf morgen diese für viele unkomplizierte Basis des Datentransfers aus der EU in die USA vereitelt hat. Damals gab es die Alternative, den Datentransfer auf Basis der damaligen Standardvertragsklauseln („SCC“) nebst eines TIA durchzuführen. Dieser Weg wurde damals auch als „SCC plus“ bezeichnet, wobei das „plus“ für das zusätzlich zu den SCC erforderliche TIA stand. 532

Im Juli 2023 trat mit dem Kommissionsbeschluss zum EU-US Data Privacy Framework (DPF) die Nachfolgeregelung des Privacy Shields in Kraft. Bei Verwendung des DPF ist – wie auch unter dem Privacy Shield – kein TIA erforderlich. Daher hat das TIA erheblich an Bedeutung verloren, und inzwischen gibt es auch kostenlose Tools zur Erstellung von TIAs für verschiedene Zielländer.[373] 533

Microsoft Corporation mit Sitz in Redmond, WA (USA) ist für das DPF-Programm zertifiziert. Stand 11/2024 sind hierbei 15 weitere Gesellschaften als „Covered Entities“ umfasst.[374] Das DPF unterteilt zwischen Daten der Personalabteilung i. S. d. Beschäftigtendaten („HR Data“)[375] und sonstigen Daten. Die Microsoft-Gesellschaften sind für beide Datenkategorien zertifiziert. Der nächste Termin für die Re-Zertifizierung unter dem DPF ist November 2025. 534

---

373 https://www.thomashelbing.com/de/tools.

374 https://www.dataprivacyframework.gov/list.

375 Zu den verschiedenen Auslegungen von HR Data in EU und USA *Quiel/Kukin*, ZD 2024, S. 667.

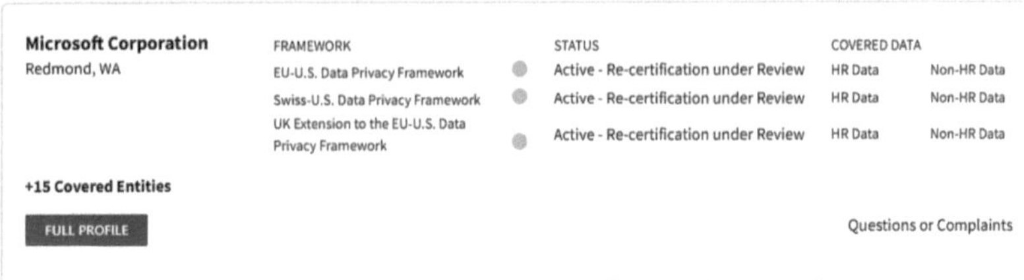

Abbildung 36: Screenshot zu Microsoft im DPF-Programm

9.1 Notwendigkeit eines Transfer Impact Assessments

535 Ein TIA ist in der DSGVO nicht explizit vorgesehen. Diese kennt nur die Datenschutz-Folgenabschätzung nach Art. 35 DSGVO (engl. „Privacy Impact Assessment“, PIA), die in Fällen eines bestimmten Risikos, aber unabhängig vom Drittlandbezug durchzuführen ist.[376]

536 Bekanntheit und Relevanz hat das TIA vor allem mit der Schrems II-Entscheidung erhalten (siehe sogleich), durch das das frühere „EU-US Privacy Shield“ für unwirksam erklärt wurde. Mit Erlass der EU-Nachfolgeregelung im Juli 2023, dem „EU-US Data Privacy Framework“, hat das TIA wieder an Bedeutung verloren. Heute ist das TIA nur noch für Datenübermittlungen in andere Drittländer als die USA (oder an US-Unternehmen, die für die entsprechenden Daten nicht nach dem Framework zertifiziert sind) sowie als Teil der Standarddatenschutzklauseln (SCC) relevant, siehe hierzu Ziff. 14 SCC und die folgenden Teile, insb. Kap. 9.4.2 (Rn. 553).

537 Die SCC werden über das DPA von Microsoft einbezogen. Dies wäre als Rechtsgrundlage, zumindest für den Transfer in die USA, seit dem DPF zwar nicht zwingend notwendig. Es entspricht aber guter Beratungspraxis, die SCC ergänzend einzubinden, um im Falle eines das DPF kassierenden EuGH-Urteils eine weitere Rechtsgrundlage als „Plan B“ bereit zu haben.[377]

376 Zur Datenschutz-Folgenabschätzung *Koglin* in v. d. Bussche/Voigt, Konzerndatenschutz, S. 91 ff.

377 Mit dieser Bezeichnung zutreffend *Laue/Nink/Kremer*, Datenschutzrecht in der betrieblichen Praxis, § 6 Rn. 15.

9.2 Sinnhaftigkeit eines SCC-TIA für die USA seit Geltung des DPF

Für die USA wurde somit die Angemessenheit des Datenschutzniveaus durch die EU-Kommission festgestellt. Sie wurde bejaht für Organisationen, die unter dem DPF (selbst-)zertifiziert sind, wobei zwischen HR Data und sonstigen Daten differenziert wurde. Ein TIA ist insoweit nicht erforderlich. **538**

Die TIA-Anforderung ergibt sich, zumindest formal, wenn als Rechtsgrundlage für den Drittlandtransfer nicht auf das DPF, sondern auf die SCC zurückgegriffen wird. Dabei sprechen gute Gründe dafür, als „Fall-Back"-Lösung die SCC zu vereinbaren. **539**

Es wirkt gleichwohl schief: Die EU-Kommission hat das US-Datenschutzniveau nach langer Prüfung förmlich festgestellt. Nun soll der Verantwortliche im Rahmen der Klausel 14 der SCC erneut „auf eigene Faust" das Datenschutzniveau in den USA bewerten. Daher fragt sich, ob das individuelle TIA im Rahmen der SCC nicht obsolet ist und stattdessen einfach auf den Kommissionsbeschluss verwiesen werden kann. **540**

Diese Fragestellung tritt nicht nur bezüglich der USA auf, sondern betrifft alle Drittländer, für die die Kommission einen sog. Adäquanzbeschluss gefällt hat. Zudem können die SCC auch innerhalb der EU als einfacher AVV-Mustertext verwendet werden, wo ein Vergleich des Datenschutzniveaus mit dem der EU offensichtlich unnötig ist. In diesen EU-internen Fällen würden die SCC aber lediglich als Muster für die Vereinbarung nach Art. 28 DSGVG (AVV) und nicht als Rechtsgrundlage zum Drittlandtransfer nach Art. 44 ff. DSGVO eingesetzt, so dass dieser Vergleich hinkt. **541**

In der Literatur wird durchaus argumentiert, dass die Wertungen des DPF auch auf die SCC-TIA durchgreifen und daher kein gesondertes TIA mehr erforderlich sei.[378] Gleichwohl scheint dies derzeit noch keine ausreichend sichere Rechtsauffassung darzustellen, zumal Klausel 14 der SCC etwas mehr auf die individuelle Situation abstellt als der Kommissionsbeschluss. Daher wird nachfolgend rein vorsorglich ein TIA durchgeführt, das freilich in Teilen auf die Argumentation der EU-Kommission und auf ihre Entscheidung Bezug nimmt. **542**

---

378 *Laue/Nink/Kremer*, Datenschutzrecht in der betrieblichen Praxis, § 6 Rn. 36 unter Verweis auf Frage 7 der FAQ der EU-Kommission zu den Standardvertragsklauseln (https://ec.europa.eu/commission/presscorner/detail/de/qanda_23_3752: „Wie wirkt sich der Beschluss auf die Möglichkeit aus, andere Instrumente für die Datenübermittlung in die USA zu nutzen? – […] Diese Garantien erleichtern daher auch den Einsatz anderer Instrumente wie Standardvertragsklauseln und verbindlicher unternehmensinterner Vorschriften."

543 Zu beachten ist, dass die Einbindung der SCC durch Microsoft auf der Ebene zwischen Microsoft Ireland Operations Limited (MIOL) und der Konzernmutter Microsoft Corp. (USA) erfolgt. Folgerichtig werden die SCC dort mit Modul 3 (Auftragsverarbeiter an (Unter-)Auftragsverarbeiter) vereinbart. Daher erscheint gem. Klausel 14 der SCC die Durchführung eines TIA Angelegenheit von MIOL und Microsoft Corp. zu sein, nicht aber Aufgabe des deutschen Microsoft-Kunden als Auftraggeber.[379]

9.3 Terminologie: Drittlandtransfer, Standarddatenschutzklauseln, „EU-US"

544 Die Terminologie in Kapitel V der DSGVO[380] ist „Drittlandtransfer", nicht Drittlandstransfer oder Drittstaattransfer. Anders als die in Art. 26 Abs. 4 der früheren Datenschutz-Richtlinie[381] verwendete Bezeichnung als „Standard**vertrags**klauseln" oder „Standard Contractual Clauses" („SCC") heißen diese Klauseln in der DSGVO „Standard**datenschutz**klauseln" (Art. 46 Abs. 2 lit. c DSGVO; engl. „Standard Data Protection Clauses"). Die korrekte Abkürzung lautet daher „SDK". Gleichwohl wird in diesem Buch auch die weiterhin geläufige Abkürzung SCC verwendet.

545 Die Eigenschreibweise der „United States" ist üblicherweise „U. S." In dieser Form – mit Punkten – ist auch die Schreibweise „EU-U. S. Data Privacy Framework (EU-U. S. DPF), the UK Extension to the EU-U. S. Data Privacy Framework (UK Extension to the EU-U. S. DPF), and the Swiss-U. S. Data Privacy Framework (Swiss-U. S. DPF)" auf der U. S.-Website zum Data Privacy Framework Program.[382] Der offizielle Kommissionsbeschluss der EU vom 10.07.2023 nennt es jedoch „EU-US Data Privacy Framework".[383] Da es sich beim DPF – anders als teilweise dargestellt – nicht um einen gemeinsamen (völkerrechtlichen) Vertrag zwischen EU und den USA handelt, sondern um den einseitigen Beschluss der EU-Kommission, ist wohl nur die von der Kommission im Beschluss verwendete Schreibweise ganz exakt. Aber immerhin kann man es als respektvoll gegenüber den USA ansehen und insoweit gutheißen, wenn das DPA teilweise als „EU-U. S. Data Privacy Framework" geschrieben wird.

379 Kap. 9.4.4 (Rn. 563).
380 Siehe u. a. die Überschrift zu Kapitel V und die Regelungen in Art. 44, 45, und 46 DSGVO.
381 Richtlinie 95/46/EG des Europäischen Parlaments und des Rates vom 24. Oktober 1995 zum Schutz natürlicher Personen bei der Verarbeitung personenbezogener Daten und zum freien Datenverkehr (DS-RL).
382 https://www.dataprivacyframework.gov/Program-Overview.
383 https://use365.ms/DPF.

9.4 Anforderungen an ein Transfer Impact Assessment

Die Anforderungen an ein TIA ergeben sich nicht unmittelbar aus Art. 44 ff. DSGVO. **546**

9.4.1 Hintergrund: Schrems II-Entscheidung

In der Schrems II-Entscheidung hat der EuGH das „EU-US Privacy Shield“[384] für unwirksam erklärt,[385] so wie bereits in der ersten Schrems-Entscheidung das damalige „Safe Harbor“-Abkommen durch den EuGH kassiert wurde.[386] Zudem hat der EuGH in Schrems II entschieden, dass bei einer Datenübermittlung auf Basis der sog. Standardvertragsklauseln[387] die folgende Bewertung stattzufinden hat (Rn. 203, Nr. 2 S. 1; Hervorhebung nur hier): **547**

> Art. 46 (1) u. (2)(c) DSGVO „must be interpreted as meaning that the appropriate safeguards, enforceable rights and effective legal remedies required by those provisions must ensure that data subjects whose personal data are transferred to a third country **pursuant to standard data protection clauses** are afforded **a level of protection essentially equivalent to that guaranteed within the European Union** by that regulation [der DSGVO], read in the light of the Charter of Fundamental Rights of the European Union.”

Ein TIA ist somit nur bei der Verwendung von Standarddatenschutzklauseln vorzunehmen, nicht aber bei anderen Rechtsgrundlagen für einen Drittlandtransfer (wie einem grundsätzlichem Angemessenheitsbeschluss oder sog. Binding Corporate Rules). Bewertungsmaßstab sind die Rechte, die Betroffene unter der DSGVO haben, die dabei „im Lichte“ der EU-Grundrechtecharta (GRCh) auszulegen sind. Die Rechte im Zielstaat müssen nicht exakt mit diesen übereinstimmen, aber sie müssen „essentially equivalent“ sein (in der deutschsprachigen Fassung: „der Sache nach gleichwertig“). Weiter heißt es in der Entscheidung: **548**

384 Auch dieses wurde in der englischen Fassung „EU-U. S.“, in der deutschsprachigen Fassung hingegen „EU-US“ bezeichnet, vgl. https://eur-lex.europa.eu/eli/dec_impl/2016/1250/.

385 EuGH, Rechtssache C-311/18 („Schrems II“), Entscheidung vom 16.07.2020, https://curia.europa.eu/juris/document/document.jsf;jsessionid=4C548906D45E1DC3F0D2F437AF01118B?text=&docid=228677&pageIndex=0&doclang=DE.

386 EuGH, Rechtssache C-362/14 („Schrems I“), Entscheidung vom 06.10.2015, https://curia.europa.eu/juris/document/document.jsf?text=&docid=169195&pageIndex=0&doclang=DE.

387 Hierzu Kap. 9.4.2 (Rn. 553).

„To that end, the **assessment of the level of protection afforded in the context of such a transfer** must, in particular, take into consideration **both the contractual clauses agreed between the controller or processor** established in the European Union and the recipient of the transfer established in the third country concerned **and**, as regards any access by the public authorities of that third country to the personal data transferred, **the relevant aspects of the legal system of that third country**, in particular those set out, in a non-exhaustive manner, in [Art. 45 (2) DSGVO].“

549 In der deutschsprachigen Ausfertigung wurde der Term „assessment“ mit „Beurteilung“ übersetzt:

„Bei der insoweit im Zusammenhang mit einer solchen Übermittlung vorzunehmenden **Beurteilung** sind insbesondere …“.

550 Der EuGH hat festgelegt, dass das Assessment sowohl anhand der Vereinbarungen zwischen den Transferparteien als auch anhand des Rechtssystems im Zielstaat zu erfolgen hat.

551 Im Gegensatz zum Privacy Shield konnten die damaligen Standardvertragsklauseln weiterverwendet werden, sofern zusätzlich ein entsprechendes Transfer Impact Assessment durchgeführt wurde. Daher hat die Kommission im Juni 2021 neue Standardvertragsklauseln (Standarddatenschutzklauseln) beschlossen, die dies berücksichtigen (hierzu sogleich).

552 In der weiteren Folge der Schrems II-Entscheidung sind die EU-Kommission und die USA in Verhandlungen über neue transatlantische Datenschutzregeln getreten, was zum 2023 beschlossenen EU-US Data Privacy Framework geführt hat.[388]

9.4.2 Neufassung der SCC 2021 und Kodifizierung des Transfer Impact Assessment

553 Um mit Staaten, die kein der EU entsprechendes Datenschutzniveau haben, durch vertragliche Vereinbarungen ein angemessenes Datenschutzniveau herzustellen, hat die (damalige EG-)Kommission bereits ab 2001 erste standardisierte Vertragsklauseln herausgegeben.[389] Diese wurden im Deutschen als Standardvertragsklauseln (engl. „Standard Contractual Clauses“ bzw. SCC) bezeichnet. Nach Art. 46 Abs. 1 lit. c DSGVO lautet die offiziel-

388 Hierzu ausführlich Kap. 9.6.4.1 (Rn. 619).

389 Siehe Art. 26 Abs. 4 DS-RL, darauf basierend Entscheidung der Kommission vom 15.06.2001 „hinsichtlich Standardvertragsklauseln für die Übermittlung personenbezogener Daten in Drittländer nach der Richtlinie 95/46/EG“, https://eur-lex.europa.eu/legal-content/DE/TXT/PDF/?uri=CELEX:32001D0497&from=de.

le Bezeichnung „Standarddatenschutzklauseln“ (auch „SDK“, engl. „Standard Data Protection Clauses“); diese Terminologie wird auch vom EuGH verwendet. Sie sind gem. Art. 46 Abs. 2 lit. c DSGVO eine der möglichen „geeigneten Garantien“, um personenbezogene Daten auch ohne einen allgemeinen Angemessenheitsbeschluss in Drittlänger zu übermitteln.

Mit dem Durchführungsbeschluss (EU) 2021/914 hat die EU-Kommission im Juni 2021 neue Standarddatenschutzklauseln (im Folgenden „SCC“) veröffentlicht.[390] Neben einer neuen Struktur – es handelt sich um ein einheitliches Grunddokument, in dem einzelne Teile aus vier „Modulen“ (u. a. zur Unterscheidung zwischen der Übermittlung zwischen zwei separaten Verantwortlichen oder in der AVV-Konstellation) ausgewählt werden können – hat die Kommission hier die Anforderungen des EuGH aus der Schrems II-Entscheidung umgesetzt und erweitert. Die SCC sind in „Klauseln“ aufgeteilt (in der englischen Fassung „Clauses“); die TIA-relevanten Vorgaben finden sich in Klauseln 14 und 15 SCC: **554**

Klausel 14 SCC bezieht sich auf die Rechtslage im Zielstaat. Klausel 14 a) SCC enthält einleitend eine gemeinsame Zusicherung der Parteien (im Englischen: „The Parties warrant“), keinen Grund zu der Annahme zu haben, dass der Datenempfänger durch lokales Recht an der Einhaltung der SCC gehindert werde. Die folgenden Klauseln 14 b) bis f) SCC enthalten weitere wechselseitige Versicherungen hinsichtlich der berücksichtigten Aspekte (lit. b), der Zurverfügungstellung von relevanten Informationen (lit. c), zur Dokumentation (lit. d), Aktualisierung (lit. e) sowie die zu treffenden Maßnahmen, falls Informationen über die Verschlechterung der Rechtslage vorliegen. **555**

Klausel 14 lit. b ii) SCC, die die Rechtslage im Zielstaat sowie geltende Bestimmungen und Garantien (und somit den Kern des Schrems II-Urteils) betrifft, enthält eine ausführliche Fußnote mit Kann-Bestimmungen zu den einzubeziehenden Informationen und Muss-Vorgaben zum Ablauf.[391] **556**

Klausel 15 SCC enthält Pflichten des Datenimporteurs für den Fall, dass er von staatlichen Stellen zur Herausgabe von personenbezogenen Daten, die diesen SCC unterliegen, enthält, oder er Kenntnis hat, dass eine solche Stelle Zugriff auf diese Daten hat. Grundsätzlich muss er die andere Partei hierüber informieren (Klausel 15.1 SCC) sowie die Rechtsmäßigkeit eines solchen Offenlegungsersuchens überprüfen und ggf. Rechtsmittel einlegen (Klausel 15.2 SCC). **557**

---

390 Beschluss vom 04.06.2021 „über Standardvertragsklauseln für die Übermittlung personenbezogener Daten an Drittländer gemäß der Verordnung (EU) 2016/679 des Europäischen Parlaments und des Rates“, https://eur-lex.europa.eu/legal-content/DE/TXT/PDF/?uri=CELEX:32021D0914.

391 Siehe hierzu unten Teil *Inhalt der Prüfung laut Klausel 14 SCC.*

9.4.3 Meinungsstand zu Inhalt und Ablauf

558 Einige Datenschutz-Aufsichtsbehörden haben ihre Rechtsauffassungen zum TIA geäußert (hierzu sogleich) und es fanden Besprechungen in der juristischen Literatur statt,[392] ohne dass grundsätzliche Meinungsverschiedenheiten erkennbar wären.

559 Der Europäische Datenschutzausschuss (EDSA bzw. European Data Protection Board – EDPB) hat im November 2021 seine „Guidelines 05/2021 on the Interplay between the application of Article 3 and the provisions on international transfers as per Chapter V of the GDPR" veröffentlicht,[393] die sich grundsätzlich mit dem Datentransfer in Drittländer beschäftigen, jedoch nicht spezifisch auf ein TIA eingehen.[394]

560 Vom damaligen Bundesbeauftragten für den Datenschutz und die Informationsfreiheit (BfDI) wurde 2021 ein Schaubild für den Ablauf der Prüfung bei Drittlandtransfers veröffentlicht,[395] das ebenfalls keine konkreten Informationen oder Anforderungen für ein TIA bereithält.

561 Der Landesbeauftragte für Datenschutz und Informationsfreiheit Baden-Württemberg hat im September 2021 eine Orientierungshilfe zu internationalen Datentransfers veröffentlicht.[396] Hierin wird ausführlich und konkret auf Klausel 14 SCC und die dortige Fußnote 12 eingegangen; u. a. werden Bedenken hinsichtlich eines in Fußnote 12 vorgeschlagenen Vorgehens angemeldet.[397] Zudem wird eine Checkliste vorgeschlagen. Diese beinhaltet

---

392 *Baumgartner/Hansch/Roth*, Die neuen Standardvertragsklauseln der EU-Kommission für Datenübermittlungen in Drittstaaten, ZD 2021, S. 608 (613); *Drechsler*, Defining personal data transfers for the context of the General Data Protection Regulation, PinG 1/2022; *Determann/Lutz/Nebel*, Internationale Datenübermittlungen, IWRZ 2022, S. 204 (207); *Jungkind/Koch*, The risk-based approach in the GDPR, ZD 2022, S. 656 (660); *Schmitz/Spies*, DSK: US-Gutachten zur Risikoeinschätzung bei Datentransfers (DTIA) veröffentlicht, ZD-Aktuell 2022, S. 01051; *Koglin/Preiß*, Folgen der Vergabekammer-Entscheidung zu Microsoft 365: Klausel 14 der SCC und Wege zum Einsatz in der Praxis, DSB 2022, S. 237.

393 https://edpb.europa.eu/our-work-tools/our-documents/edpbedps-joint-opinion/edpb-edps-joint-opinion-52021-proposal_en.

394 Hierzu kritisch *Drechsler*, Defining personal data transfers for the context of the General Data Protection Regulation, PinG 1/2022, S. 24 ff..

395 https://www.bfdi.bund.de/SharedDocs/Downloads/DE/EU_UN/Pruefschema-Schrems-II.pdf.

396 LfDI BW, Orientierungshilfe: „Was jetzt in Sachen internationaler Datentransfer? – Hinweise des LfDI und Festlegung seines weiteren Vorgehens zum Urteil des Europäischen Gerichtshofs (EuGH) vom 16. Juli 2020, Rechtssache C-311/18 („Schrems II"), 9/2021", https://www.baden-wuerttemberg.datenschutz.de/wp-content/uploads/2021/10/OH-int-Datentransfer.pdf.

397 A. a.O, S. 8 f.

z. B. die Vorschläge, sich über die Rechtslage im Drittland zu informieren und zu prüfen, ob der Transfer der Daten ins Drittland verzichtbar ist.

Das TIA wird daher nachfolgend anhand der Vorgaben von Klauseln 14 und 15 SCC durchgeführt. **562**

9.4.4 Zuständigkeit für das TIA und Parteien der SCC im Microsoft-DPA

Für das TIA sind laut Klausel 14 SCC grundsätzlich beide Parteien zuständig. Dies ist erkennbar aus Klausel 14 lit. a, b und d SCC, wo „die Parteien“ jeweils in die Richtung eines TIA gehende Zusicherungen bzw. Erklärungen abgeben, und aus lit. c und e, wo der Datenimporteuer diesbezüglich zur Kooperation mit dem Datenexporteuer verpflichtet wird. **563**

Freilich besteht bei Software as a Service als standardisiertem Massengeschäft typischerweise ein Ungleichgewicht zwischen Anbieter und Kunde, und dabei seitens des Anbieters gegenüber durchschnittlichen Kunden keine Bereitschaft für individuelle Verhandlungen oder Vereinbarungen. Daher ist es in der Praxis nicht realistisch, dass SaaS-Anbieter und Kunden gemeinsam die Risiken im Zielstaat erörtern und gemeinsam eine darauf basierende Folgenabschätzung erstellen. **564**

In den im Microsoft-DPA verwendeten SCC ist der Microsoft-Kunde jedoch gar nicht Vertragspartei. Die Standarddatenschutzklauseln mit Modul 3 werden hier zwischen der irischen MIOL und der US-amerikanischen Microsoft Corp. abgeschlossen; diese Unternehmen sind die „Parteien“ der konkreten SCC und damit Datenexporteur und -importeur bei Klausel 14 SCC. Somit liegt die Durchführung eines TIA nach Klausel 14 SCC eindeutig nicht in der Verantwortung des Microsoft-Kunden. **565**

Im Rahmen der ausufernden Verpflichtungen, die der EDSA in Bezug auf Unterauftragnehmer und die Kette von Verarbeitungsstufen entgegen den Wertungen u. a. des Art. 28 Abs. 4 DSGVO[398] konstruiert,[399] könne allenfalls konstruiert werden, dass der Kunde als Auftraggeber ein Recht gegenüber MIOL haben könnte, das Microsoft-interne TIA einzusehen. Dies muss hier aber nicht entschieden werden. **566**

---

398 In der DSGVO und namentlich in Art. 28 Abs. 4 DSGVO ist eine Verantwortung „in der Kette“ vorgesehen, bei der eine Verpflichtung zur Überprüfung nur gegenüber der nächsten Stufe der Kette besteht. Siehe hierzu *Koglin* in Koreng/Lachenmann, Formularhandbuch Datenschutzrecht, G.VI.1. Anm. 12 und Kap. 4.4.5.1 (Rn. 316).

399 EDPB, Opinion 22/2024 on certain obligations following from the reliance on processor(s) and sub-processor(s) v. 07.10.2024, insb. Kap. „2.1.1. Identification of the actors in the processing chain” (Rn. 21 ff.), https://www.edpb.europa.eu/system/files/2024-10/edpb_opinion_202422_relianceonprocessors-sub-processors_en.pdf.

567 Nur vorsorglich soll das TIA hier weiter durchgeführt werden. Dies soll auch dazu dienen, die datenschutzrechtliche Kritik an den USA (wie dem CLOUD Act oder „FISA 702") aufzuzeigen und damit im Rahmen der Rechenschaftspflicht des Verantwortlichen dokumentieren zu können, sich mit dieser Thematik befasst zu haben.

9.4.5 Zeitpunkt der Durchführung und regelmäßige Überprüfung

568 Nach Klausel 14 SCC ist das TIA vor der Übermittlung der personenbezogenen Daten in ein Drittland durchzuführen. Wie bei der Datenschutz-Folgenabschätzung darf mit der Übermittlung also erst nach Durchführung des TIA begonnen werden und nachdem die Risikoanalyse zu dem Ergebnis gekommen ist, dass eine Übermittlung in das Drittland datenschutzkonform erfolgen kann. Dies gilt wiederum nur für die Drittlandübermittlung, die auf den SCC basiert. Parallel können Drittlandtransfers erfolgen, die auf anderen Rechtsgrundlagen beruhen (wie DPF oder Einwilligung); diese sind natürlich unabhängig und daher zeitlich auch vor dem TIA möglich.

569 Das TIA und die darin enthaltenen Annahmen und Bewertungen sollten regelmäßig überprüft werden. Dies ergibt sich, ähnlich wie bei der Datenschutz-Folgenabschätzung, bereits aus der Natur dieser Prüfung und auch aus dem Gedanken der Schrems II-Entscheidung: Das TIA soll den tatsächlichen Schutz der personenbezogenen Daten ermöglichen, aber keine bloß formale einmalige Prüfung oder gar ein „Blanco-Scheck" für die Zukunft sein.

570 Nach Klausel 14 lit. e SCC ist der Datenimporteur dauerhaft verpflichtet, den Datenexporteur zu informieren, falls „Grund zu der Annahme hat", die Rechtslage oder die Praxis habe dich für ihn so geändert, dass er Klausel 14 lit. a SCC nicht mehr einhalten kann. Hat umgekehrt der Datenexporteur Grund zu entsprechenden Annahmen, muss er nach Klausel 14 lit. f SCC unverzüglich Maßnahmen zur Abhilfe „ermitteln" oder die Datenübermittlung einstellen.

9.4.6 Inhalt der Prüfung laut Klausel 14 SCC

571 Klausel 14 SCC sieht vor, dass die Parteien gegenseitig zusichern, keinen Grund zu der Annahme zu haben, dass die für die Verarbeitung personenbezogener Daten durch den Datenimporteur geltenden Rechtsvorschriften und Gepflogenheiten im Drittland, einschließlich Anforderungen zur Offenlegung personenbezogener Daten oder Maßnahmen, die öffentlichen Behörden den Zugang zu diesen Daten gestatten, den Datenimporteur an der Erfüllung seiner Pflichten gemäß diesen Klauseln hindern. Die Bestimmungen im Drittland dürfen nicht im Widerspruch zu den Klauseln der Standarddatenschutzklauseln stehen.

Insbesondere sollen gem. Klausel 14 lit. b SCC folgende Aspekte berücksichtigt werden: **572**

1. die besonderen Umstände der Übermittlung, einschließlich der Länge der Verarbeitungskette, der Anzahl der beteiligten Akteure und der verwendeten Übertragungskanäle, beabsichtigte Datenweiterleitungen, die Art des Empfängers, den Zweck der Verarbeitung, die Kategorien und das Format der übermittelten personenbezogenen Daten, den Wirtschaftszweig, in dem die Übertragung erfolgt, den Speicherort der übermittelten Daten,
2. die angesichts der besonderen Umstände der Übermittlung relevanten Rechtsvorschriften und Gepflogenheiten des Bestimmungsdrittlandes (einschließlich solcher, die die Offenlegung von Daten gegenüber Behörden vorschreiben oder den Zugang von Behörden zu diesen Daten gestatten) sowie die geltenden Beschränkungen und Garantien,
3. alle relevanten vertraglichen, technischen oder organisatorischen Garantien, die zur Ergänzung der Garantien gemäß diesen Klauseln eingerichtet wurden, einschließlich Maßnahmen, die während der Übermittlung und bei der Verarbeitung personenbezogener Daten im Bestimmungsland angewandt werden.

Für das TIA ist eine Gesamtbeurteilung verschiedenster Elemente von Bedeutung. Dazu können insbesondere: **573**

> „einschlägige und dokumentierte praktische Erfahrungen zählen, ob es bereits früher Ersuchen um Offenlegung seitens Behörden gab, die einen hinreichend repräsentativen Zeitrahmen abdecken. Dies betrifft insbesondere interne Aufzeichnungen oder sonstige Belege, die fortlaufend mit gebührender Sorgfalt erstellt und von leitender Ebene bestätigt wurden, sofern diese Informationen rechtmäßig an Dritte weitergegeben werden können.“[400]

Insoweit sich aus den praktischen Erfahrungen ergibt, dass dem Datenimporteur die Einhaltung der Klauseln der Standarddatenschutzklauseln nicht unmöglich ist, sind diese durch weitere relevante objektive Elemente zu untermauern. Den Parteien obliegt hierbei eine ausreichend zuverlässige und repräsentative Prüfung, um die getroffene Schlussfolgerung zu bekräftigen. Zu den praktischen Erfahrungen sind zuverlässige Informationen von existierenden Ersuchen innerhalb desselben Wirtschaftszweigs und/oder über die Anwendung der Rechtsvorschriften in der Praxis, wie Rechtsprechung **574**

---

400 Klausel 14 lit. b SCC, Fußnote 12, S. 2 und 3. Vgl. hierzu jedoch LfDI BW, Orientierungshilfe: „Was jetzt in Sachen internationaler Datentransfer?“ (a. a. O.), S. 9.

und Berichte unabhängiger Aufsichtsgremien zu berücksichtigen. Die praktischen Erfahrungen sollten nach dieser Betrachtung bekräftigt werden.[401]

575 Die Risikobewertung ist gem. Klausel 14 lit. d SCC zu dokumentieren und der zuständigen Aufsichtsbehörde auf Anfrage zur Verfügung zu stellen. Etwaige Änderungen der Rechtsvorschriften des Drittlandes oder eine Maßnahme (z. B. ein Offenlegungsersuchen einer Behörde) sind gem. Klausel 14 lit. e SCC im Auge zu behalten und ggf. neu zu bewerten.

576 Falls der Datenimporteur den Klauseln der Standarddatenschutzklauseln nicht mehr nachkommen kann, sind gem. Klausel 14 lit. f SCC unverzüglich geeignete Maßnahmen (z. B. technische oder organisatorische Maßnahmen zur Gewährleistung der Sicherheit und Vertraulichkeit) zu ergreifen. Wenn diese Maßnahmen nicht ausreichen, um das Risiko zu minimieren, muss der Verantwortliche die Datenübermittlung in das Drittland aussetzen.

9.5 Vertragswerk

577 Das zentrale Vertragswerk für Microsoft 365 sind die „Product Terms“ (engl.: „Product & Service Terms“). Ihr Titel in der deutschsprachigen Fassung lautet „Produktbestimmungen”. Diese Bestimmungen sind kein eigenes Vertragsdokument, sondern eine Webseite mit zahlreichen Kapiteln.[402] Die Produktbestimmungen werden durch Bezugnahme in die Verträge aufgenommen, die die Nutzung von Microsoft-Produkten und Professional Services durch den Kunden regeln. Durch die Flexibilität der diversen Nutzungsmöglichkeiten des Produkts können die vertraglichen Grundlagen von Kunde zu Kunde variieren.

578 Für den Datenschutz werden die Product Terms unter dem Abschnitt „Sonstige Unterlagen“ ergänzt durch das „Microsoft Products and Services Data Protection Addendum“, das teils auch als „Data Protection Addendum for PST“ oder kurz DPA bezeichnet wird. Die Abkürzung DPA ist nicht zu verwechseln mit der englischen Bezeichnung „Data Processing Agreement“ (Auftragsverarbeitungsvereinbarung i. S. d. Art. 28 DSGVO, kurz AVV).

---

401 Klausel 14 lit. b SCC, Fußnote 12, S. 5 und 6; Allgemeines Prüfungsschema zum „Drittstaatentransfer“; siehe auch BfDI, Prüfschema Drittländertransfer, https://www.bfdi.bund.de/SharedDocs/Downloads/DE/EU_UN/Pruefschema-Schrems-II.pdf).

402 Siehe ausführlich S. 44 ff. Zum Vertragswerk mit Microsoft (den „Product Terms“ nebst Anlagen) und damit auch der Frage, welche Daten vom Auftragsverarbeitungsvertrag und den Standardvertragsklauseln erfasst werden, welche Daten Microsoft selbst als Verantwortlicher verarbeitet und inwieweit Subunternehmer eingebunden werden, siehe auch *Koglin*, DSB 2022, S. 38 ff.; *Koglin*, Der DSK-Beschluss zu Microsoft 365 oder: Alternative Auslegungen – wie kann die Nutzung begründet werden?, DSB 2023, S. 2.

Das Data Protection Addendum von Microsoft ist vielmehr ein Datenschutz-Rahmendokument, in dem einige Datenverarbeitungen wie erwartet als Auftragsverarbeitung vereinbart werden, bei anderen hingegen Microsoft selbst Verantwortlicher ist.[403]

Das DPA wird in verschiedenen Sprachen und Versionen zur Verfügung gestellt.[404] Die aktuelle Fassung des DPA ist die Version vom 18.02.2025.[405] **579**
Das DPA ist wie folgt aufgebaut:

- Hauptdokument (Einführung, Definitionen, Allgemeine Bestimmungen, Datenschutzbestimmungen);
- Anhang A – Sicherheitsmaßnahmen;
- Anhang B – Betroffene Personen und Kategorien personenbezogener Daten;
- Anhang C – Nachtrag zu zusätzlichen Schutzmaßnahmen;
- Anlage 1 – Bestimmungen zur Datenschutz-Grundverordnung der Europäischen Union.

Zu berücksichtigen ist auch, dass einige Produkte (wie „Preview"-Versionen **580** oder Dienste von Drittanbietern) von der Auftragsverarbeitung ausgenommen sind.[406] Dies ist nachvollziehbar, muss aber in der organisatorischen Umsetzung beachtet werden.

Das DPA wird bei EU-Kunden zwischen dem Kunden und der irischen **581** Microsoft-Gesellschaft „Microsoft Ireland Operations Limited" (auch als MIOL bezeichnet) geschlossen. Darin enthalten sind sog. Standarddatenschutzklauseln (Fassung 2021 Modul 3 Processor to (Sub-)Processor) zwischen MIOL und Microsoft Corp. (USA).

9.6 Durchführung des Transfer Impact Assessments

Die Durchführung eines TIA unterteilt sich zusammengefasst (vgl die obi- **582** gen Ausführungen zu Klausel 14 SCC unter Punkt 2. d.) grob in drei Schritte:

1. Beschreibung der Übermittlung;
2. Identifizierung der Bestimmungen im Drittland;

---

403 Siehe Kap. 4.2.3 (Rn. 203).

404 Abrufbar unter: https://www.microsoft.com/licensing/docs/view/Microsoft-Products-and-Services-Data-Protection-Addendum-DPA.

405 https://use365.ms/DPA.

406 Vgl. das DPA von Microsoft; analysiert bei *Koglin*, DSB 2022, S. 38 ff.

3. Identifizierung der technischen, vertraglichen und organisatorischen Maßnahmen zum Schutz der übermittelten Daten.

9.6.1 Beschreibung der Übermittlung

583 Mit der Verwendung von Microsoft 365 kann es zu Übermittlungen personenbezogener Daten in Drittländer kommen.

9.6.1.1 Anwendungsbereich des „Microsoft Products and Services Data Protection Addendum“

584 Für die Übermittlung von personenbezogenen Daten in ein Drittland finden sich spezifische Bestimmungen im DPA. Der Kunde verpflichtet sich mit Abschluss des DPA, alle in den Auftraggeberdaten enthaltenen personenbezogenen Daten in Übereinstimmung mit dem jeweils anwendbaren Datenschutzrecht zu erheben. Zudem hat der Kunde zu ermitteln, ob die Produkte oder Services für die jeweilige Verarbeitung geeignet sind.[407]

9.6.1.2 Kategorien der personenbezogenen Daten

585 Für das TIA muss festgestellt werden, welche Kategorien der personenbezogenen Daten in ein Drittland übermittelt werden. Microsoft stellt dem Kunden aufgrund der diversen Nutzungsmöglichkeiten der Produkte und Services eine Auswahl an Kategorien von personenbezogenen Daten zur Verfügung, welche der Kunde in das DPA mitaufnehmen lassen kann. Darunter fallen u. a. Personenbezogene Basisdaten (z. B. Geburtsort, Straßenname und Hausnummer (Adresse), Postleitzahl, Wohnort), Authentifizierungsdaten (z. B. Benutzername, Kennwort oder PIN-Code, Sicherheitsfrage, Audit-Protokoll), Eindeutige Identifikationsnummern und Signaturen (z. B. Sozialversicherungsnummer, Bankkontonummer, Pass- und Ausweisnummer, Führerscheinnummer und Kfz-Zulassungsdaten, IP-Adressen), Pseudonymisierte Kennungen sowie alle anderen in Art. 4 DSGVO genannten personenbezogenen Daten.

586 Der sehr offen gehaltene Ansatz von Microsoft wurde von der DSK als ein „im Zweifel alles Ansatz“ benannt und kritisiert.[408] Zudem bringe dieser Ansatz die Gefahr mit sich, wesentliche Vertragsziele zu verfehlen.[409] Als Begründung gab die DSK an, dass es sich hier nicht um eine für den Einzelfall festgelegte Verarbeitung, sondern um eine vertraglich zugesicherte

---

407 Microsoft DPA, S. 9 „Pflichten des Kunden“.
408 DSK, Abschlussbericht, S. 11 Rn. 282 f.
409 DSK, Abschlussbericht, S. 9 Rn. 236 ff.

„Verarbeitungsmöglichkeit“[410] handelt und der Kunde über deren Inanspruchnahme einseitig entscheiden kann.

Andererseits handelt es sich bei dem DPA jedoch um ein allgemeines, für jedermann zugängliches Dokument. Eine individualisierte Version wird auch vom Europäischen Datenschutzausschuss nicht verlangt.[411] Vielmehr ist ein solch allgemein gehaltenes Dokument bei Anbietern solcher Größe nichts Ungewöhnliches und ein in der Praxis geläufiges Verfahren. Ferner ist es Microsoft in einem allgemein geltenden Dokument unmöglich vorherzusehen, welche Daten der Kunde in der Cloud verarbeitet. Die Bereitstellung beispielhafter Kategorien kann vielmehr als eine Hilfestellung des Verantwortlichen betrachtet werden. **587**

Der Kunde hat hier als Verantwortlicher Sorge dafür zu tragen, dass die von ihm verarbeiteten Daten in das DPA aufgenommen werden und indes das Vertragsziel der Auftragsverarbeitung – dem datenschutzkonformen Outsourcing – eingehalten werden kann. **588**

Für die **Beschreibung der Kategorien** wird folglich auf die **Dokumentation des Verantwortlichen** und das zwischen Microsoft und dem Kunden vereinbarte DPA verwiesen. **589**

9.6.1.3 Zweck der Verarbeitung

Des Weiteren ist für die Verarbeitung der personenbezogenen Daten ein bestimmter Zweck anzugeben. Die Zweckbindung ist ein Kernbestandteil des Datenschutzes und muss noch vor der Datenerhebung konkret bestimmt werden.[412] Intentionen der Verarbeitung können u. a. die Durchführung einer Bestellung, Kommunikation und Speicherung von Daten im Zusammenhang mit dem Vertragsverhältnis, Administration von Mitarbeitenden oder Abführungen der Umsatz- und/oder Lohnsteuer sein. Sollte sich der definierte Zweck im Laufe der Datenverarbeitung ändern, bedarf es einer neuen Rechtsgrundlage gem. Art. 6 Abs. 1 DSGVO, es sei denn, der neue Verarbeitungszweck weist mit dem alten Verarbeitungszweck eine gewisse inhaltliche Nähe auf; vgl. auch Art. 6 Abs. 4 DSGVO. **590**

Für die konkreten Zwecke der Verarbeitung personenbezogener Daten in den einzelnen M365-Diensten wird auf die Ausführungen zu der DSFA[413] verwiesen. **591**

Verarbeitet der Auftragsverarbeiter die von dem Auftraggeber erhaltenen Daten jedoch nicht mehr als „verlängerte Werkbank“, sondern zu eigenen **592**

---

410 DSK, Abschlussbericht, S. 9 Rn. 243 ff.
411 EDSA, Leitlinien 07/2020, Rn. 84.
412 Kühling/Buchner/*Herbst*, DS-GVO/BDSG, Art. 5 DS-GVO Rn. 24.
413 Kap. 7.3.3 ff. (ab Rn. 481).

Zwecken, tritt dieser zumindest für die erhobenen Daten für eigene Zwecke als eigenständiger[414] Verantwortlicher auf. Ein solches Szenario findet auch beim Einsatz von M365 statt. Microsoft verarbeitet Daten zum einen für die Erstellung aggregierter statistischer, nicht personenbezogener Daten und zum anderen für die Berechnung von Statistiken aus Kundendaten oder Professional Service-Daten. Kritisiert[415] wurde u. a. die Intransparenz der Verarbeitung und zu weitgehende Verarbeitungsbefugnisse von Microsoft.

593 Jedoch sieht die Verarbeitung durch Microsoft keine Analyse und auch keinen Zugriff auf Inhaltsdaten von Kundendaten oder Professional Service-Daten vor.[416] Dieser Bereich betrifft somit nicht die Verarbeitung und den Drittlandtransfer personenbezogener Daten und ist somit nicht Gegenstand des TIA. Zudem versichert Microsoft, die Verarbeitung im Einklang der DSGVO vorzunehmen und bietet zusätzliche Schutzmaßnahmen[417] hinsichtlich Offenlegungen ggü. US-Sicherheitsbehörden.

594 Zusammengefasst fehlt es zwar in gewisser Weise an Transparenz der konkret verarbeiteten Daten, jedoch lässt sich dies mit Blick auf die im DPA aufgeführten Zwecke relativeren.

9.6.1.4 Speicherort der übermittelten Daten; EU Data Boundary

595 Für einen erweiterten Schutz der Daten startete Microsoft im Januar 2023 das Programm „EU Data Boundary". Hierbei handelt es sich um eine schrittweise Anpassung, Kundendaten innerhalb der EU-Grenzen zu speichern und zu verarbeiten.[418] Zudem wird in den weiteren Phasen auch die Speicherung und Verarbeitung von personenbezogenen Daten, einschließlich Daten, die beim Erhalt von technischem Support bereitgestellt werden, in das EU-Boundary aufgenommen.[419] Im Februar 2025 wurde es aus Sicht von Microsoft mit der neuen Fassung des DPA abgeschlossen.

596 Für EU-Datengrenzen-Onlinedienste (EU Data Boundary Services) speichert und verarbeitet Microsoft Kundendaten innerhalb der Europäischen Union, insoweit Kunden eine Rechnungsadresse in der EU oder EFTA (Eu-

---

414 Taeger/Gabel/*Gabel/Lutz*, DSGVO – BDSG, Art. 28 DSGVO Rn. 13.

415 DSK Abschlussbericht, S. 26 Rn. 725 ff.

416 Microsoft DPA, S. 6 „Verarbeitung für Geschäftstätigkeiten, […]" Abs. 2.

417 Microsoft DPA, Anhang C.

418 Microsoft: Schrittweise Einführung der EU-Datengrenze, abrufbar unter: https://blogs.microsoft.com/eupolicy/2022/12/15/eu-data-boundary-cloud-rollout/?culture=de-de&country=de.

419 Microsoft: Roadmap EU-Data Boundary, Dez. 2022, abrufbar unter: https://query.prod.cms.rt.microsoft.com/cms/api/am/binary/RE5dsVx.

ropäische Freihandelsassoziation) führen.[420] Als solche sind u. a. Exchange Online, Microsoft Planner, Microsoft Teams, Onlinedienste, die im Rahmen von Microsoft 365-Apps bereitgestellt werden, OneDrive for Business sowie SharePoint Online zu verstehen.[421] Details und Ausnahmen sind den Privacy & Security Terms zu entnehmen.[422]

9.6.2 Identifizierung der Bestimmungen im Drittland

Im zweiten Schritt des TIA ist zu prüfen, welche rechtlichen Gegebenheiten im Drittland aus datenschutzrechtlicher Sicht bestehen. Vor Erlass des DPF-Kommissionsbeschlusses erfolgte dafür eine ausführliche Auseinandersetzung mit der Rechtslage in den USA, die dann in einem weiteren Schritt mit dem Datenschutzniveau in der EU verglichen werden musste. **597**

Mit dem DPF hat die EU-Kommission (bei Vorliegen der Zertifizierung und Einhaltung der weiteren Vorgaben) das Vorliegen eines angemessenen Datenschutzniveaus offiziell und verbindlich festgestellt. Für das TIA liegt in Bezug somit die kuriose Situation vor, dass aufgrund von Klausel 14 SCC die Angemessenheit des Datenschutzniveaus individuell von den Parteien vorzunehmen ist, obwohl dessen Vorliegen von der EU offiziell festgestellt ist. **598**

Im Prinzip kann daher, die USA betreffend, für das TIA auf den Kommissionsbeschluss verwiesen werden. Daher werden die (seit Jahren diskutierten) Probleme nachfolgend nur skizziert, aber nicht in der akademischen Breite ausgeführt, wie es vor dem DPA üblich war. Ziel ist aber gleichwohl, ein für die Verwendung in den SCC ausreichendes TIA zu haben, um für den Fall einer Ungültigkeit des DPA mit den SCC eine ausreichende Rechtsgrundlage für den Drittlandtransfer zu haben. Vor diesem Hintergrund ist es nicht ausreichend, für das SCC-immanente TIA einfach nur auf das DPA zu verweisen; hierzu näher Kap. 9.6.4.2 (Rn. 626). **599**

---

420 Microsoft DPA, S. 11 „Speicherorte von Kundendaten"; Microsoft Datenschutz- und Sicherheitsbestimmungen, „Speicherort von Kundendaten für EU-Datengrenzen-Dienste". Die EFTA umfasst neben den EWR-Ländern Island, Liechtenstein und Norwegen auch die Schweiz.

421 Microsoft Datenschutz- und Sicherheitsbestimmungen, „EU-Datengrenzen.Dienste", abrufbar unter: https://www.microsoft.com/licensing/terms/product/PrivacyandSecurityTerms/all.

422 Microsoft: Datenschutz- und Sicherheitsbestimmungen, abrufbar unter: https://www.microsoft.com/licensing/terms/product/PrivacyandSecurityTerms/MCA.

9.6.2.1 Erläuterung der Problematik, insb. FISA 702 und CLOUD Act

600 Im Falle der USA sind die verschiedenen Überwachungsgesetze (insb. FISA 702, Executive Order 12333 und Cloud Act) in den Blick zu nehmen. Es ist zu prüfen, ob die Parteien unter die jeweiligen Regelungen fallen. Hilfreich sind in diesem Zusammenhang grundsätzlich entsprechende Veröffentlichungen von Behörden (z. B. das Gutachten der Datenschutzkonferenz zum aktuellen Stand des US-Überwachungsrechts und der Überwachungsbefugnisse).[423]

601 Mit dem Schrems II-Urteil im Jahr 2020 hat der EuGH klargestellt, dass das bisherige Abkommen (Privacy Shield) zwischen den Vereinigten Staaten und der Europäischen Union und die von der Europäischen Kommission erlassenen Standarddatenschutzklauseln dem aus der DSGVO vorgegebenen Datenschutzniveau nicht ausreiche. Ausschlaggebend für die Entscheidung waren die vorhandenen Überwachungsgesetze der USA.

602 Section 702 des US-amerikanischen Foreign Intelligence Surveillance Act (FISA), umgangssprachlich oft als FISA 702 bezeichnet, dient den US-Behörden zur Terrorismusabwehr und verpflichtet elektronische Kommunikationsdienste (u. a. Telekommunikationsunternehmen, Anbieter von elektronischen Kommunikationsdiensten, Anbieter eines Ferncomputerdienstes) Daten ggü. den US-Behörden offenzulegen oder diesen Zugang zu den Daten zu verschaffen. Davon erfasst ist jede elektronische Kommunikation von und zu der Zielperson sowie über die Zielperson, auch Daten unbeteiligter Dritte werden davon erfasst.

603 Die bereits 1981 vom damaligen US-Präsenten Ronald Reagan erlassene Executive Order 12333 (E. O. 12333) dient zur Durchführung von Überwachungsmaßnahmen der US-Behörden. Diese erlaubt u. a. mithilfe von am Grund des Atlantiks verlegten Seekabeln die Sammlung und Speicherung von Daten, bevor sie in die Vereinigten Staaten gelangen.[424] Seit dem Jahr 2017 ist die NSA gem. Section 2.3 auch ohne eine richterliche Anordnung oder Genehmigung des Kongresses dazu befähigt, die erhobenen Daten an 16 Stellen weiterzugeben.[425]

423 *Vladeck*, Gutachten zum aktuellen Stand des US-Überwachungsrechts und der Überwachungsbefugnisse vom 15.11.2011, https://www.datenschutzkonferenz-online.de/media/weitere_dokumente/Vladek_Rechtsgutachten_DSK_de.pdf. Siehe hierzu auch Kap. 4.4.3 (Rn. 300).

424 EuGH, Urt. v. 16.07.2022, Schrems-II, Rn. 63, 183.

425 Paal/Pauly/*Pauly*, DS-GVO BDSG, 3. Aufl. 2021, Art. 45 DS-GVO Rn. 24a, 24b.

Insbesondere kritisiert[426] wird der im Jahr 2018 erlassene CLOUD Act.[427] **604**
Dieser erteilt US-Behörden als „exterritorial“ bezeichnete Befugnisse, faktisch auf Daten außerhalb der USA zuzugreifen, wenn sie sich im Besitz, Gewahrsam oder in der Konzernkontrolle eines Unternehmens befinden, welches dem CLOUD Act unterliegt. Vom CLOUD Act erfasst sind nur die Daten von Personen, die keine Staatsbürger der USA sind. Davon betroffen sind u. a. also auch Tochtergesellschaften mit Sitz in der Europäischen Union, deren Konzernmutter in den USA sitzt. Zuvor hatte sich Microsoft über Jahre geweigert, Kundendaten aufgrund eines einfachen „Search Warrant“ an US-Behörden zu übergeben. Die entsprechende Klage von Microsoft gegen die USA lag bereits dem Supreme Court vor. Durch den Erlass des CLOUD Act wurde die Entscheidung obsolet.[428]

Zusammengefasst wird also insbesondere die fehlende Rechtsbehelfsbeleh- **605**
rung von Nicht-US-Bürgern als auch die unverhältnismäßige Überwachung bemängelt.

9.6.2.2 Datenschutzrechtliche Relevanz der „latenten Zugriffsmöglichkeit“

Kritisiert wird somit die bloße Möglichkeit, dass es aufgrund der o. g. US- **606**
Gesetze zu einem staatlichen Zugriff auf die Daten kommt. Bei der Bewertung im Rahmen einer Risikoanalyse – also des TIA – ist zu differenzieren zwischen einem tatsächlichen Eingriff und der bloßen Möglichkeit eines solchen Eingriffs.

Diese reine Möglichkeit der Offenlegung und/oder Zugriffsmöglichkeit öf- **607**
fentlicher Stellen wird teils auch als „latentes Risiko“ bezeichnet. Sowohl von der DSK[429] als auch von deutschen Gerichten[430] wird in der bloßen Möglichkeit eines Datenzugriffs jedoch zu Recht keine Übermittlung personenbezogener Daten gesehen (siehe ausführlich Kap. 4.4.4, Rn. 310). Al-

---

426 EDSA, kritische Stellungnahme vom 10.07.2019: „LIBE Committee letters to the EDPS and to the EDPB regarding legal assessment of the impact of the US Cloud Act on the European legal framework for personal data protection“, abrufbar unter: edpb_edps_joint_response_us_cloudact_coverletter.pdf (europa.eu) (Stand: 12.12.2022); Landesbeauftragte für den Datenschutz Niedersachsen, 25. Tätigkeitsbericht 2019, S. 26. ff., abrufbar unter: Barbara Thiel stellt Tätigkeitsbericht 2019 vor | Die Landesbeauftragte für den Datenschutz Niedersachsen (Stand: 12.12.2022).

427 Clarifying Lawful Overseas Use of Data Act (CLOUD Act), https://www.congress.gov/115/bills/hr4943/BILLS-115hr4943ih.pdf.

428 Vgl. *Koglin* in Koreng/Lachenmann, Formularhandbuch Datenschutzrecht, Einl. G. VI.1. m. w. N.

429 DSK, Abschlussbericht, S. 40, Rn. 983 ff. und 1131 ff.

430 OLG Karlsruhe, Beschluss v. 07.09.2022 – 15 Verg 8/22.

lerdings stellte die DSK angesichts des Risikos, u. a. im Beschluss[431] vom 31.01.2023, für solche Fälle die Zuverlässigkeit des Auftragsverarbeiters i. S. d. Art. 28 Abs. 1 DSGVO in Frage.[432]

608 Solche Offenlegungen und/oder Zugriffsmöglichkeiten werden von Microsoft in dessen DPA geregelt.[433] Darin enthalten sind Bestimmungen wie die Umgangsweise von Microsoft mit Anfragen auf Offenlegung, welche auf Grundlage der Überwachungsgesetze der USA erlaubt sind und ferner welche Maßnahmen seitens Microsofts ergriffen werden. Microsoft verpflichtet sich u. a. dazu, Behördenanfragen direkt an den Verantwortlichen zu verweisen, soweit dies gesetzlich möglich ist und/oder diesen unverzüglich darüber in Kenntnis zu setzen und eine Kopie der Anfrage zuzusenden. Weiter versichert Microsoft einer Offenlegung nur nachzugehen, insoweit diese den Wesensgehalt der Grundrechte und Grundfreiheiten achtet und in einer demokratischen Gesellschaft eine notwendige und verhältnismäßige Maßnahme darstellt, um, soweit anwendbar, eines der in Art. 23 Abs. 1 DSGVO aufgeführten Ziele sicherzustellen. Microsoft verpflichtet sich hiermit, Ausnahmen von den Betroffenenrechten so eng wie möglich zu halten und die Grenzen der DSGVO zu wahren.

609 Zur Transparenz veröffentlicht Microsoft in regelmäßigen Abständen eine Übersicht über Anfragen von Strafverfolgungsbehörden[434] nach Kundendaten sowie Aufforderungen von Dritten[435], gewisse Inhalte auf der Webseite oder Verbraucher-Onlinedienste wie Bing, OneDrive, Bings Ads oder MSN zu entfernen.[436]

610 Schließlich veröffentlichte Microsoft in dessen Trust Center für Kunden das zwischen Microsoft Irland und Microsoft Corporation (US-Muttergesellschaft) geschlossene Transfer Impact Addendum. Dabei handelt es sich zwar um kein TIA gem. Klausel 14 lit. b ii) SCC, sondern um einen **Nachtrag** zum Drittlandtransfer. Dennoch vermittelt es einen ersten Eindruck über die Regelungen zwischen Microsoft Irland und dessen Unterauftragsverarbeiter. Darin enthalten sind u. a. die Bestimmungen zu Benachrichtigungen des

---

431 DSK-Beschluss v. 31.01.2023: https://www.datenschutzzentrum.de/uploads/dsk/20230131-DSK-Beschluss_Extraterritor-iale_Zugriffe.pdf.

432 Kritik siehe u. a. *Hessel*, DSK-Beschluss zu Datenzugriffen aus Drittländern, https://www.linkedin.com/pulse/dsk-beschluss-zu-datenzugriffen-aus-drittl%2525C3%2525A4ndern-ist-die-hessel%3FtrackingId=E6GLquLtRdy6we67Ppv2pw%253D%253D/?trackingId=E6GLquLtRdy6we67Ppv2pw%3D%3D.

433 Microsoft DPA, S. 6 f. „Offenlegung verarbeiteter Daten“ und Anhang C.

434 Abrufbar unter: https://www.microsoft.com/en-us/corporate-responsibility/law-enforcement-requests-report.

435 Abrufbar unter: https://www.microsoft.com/en-us/corporate-responsibility/government-content-removal-requests-report.

436 Weitere Veröffentlichungen abrufbar unter: Reports Hub | Microsoft CSR.

Verantwortlichen gem. Klausel 15.1. lit. a, b und c sowie die Pflichten zur Überprüfung der Rechtmäßigkeit einer Anfrage gem. Klausel 15.2. lit. a und c SCC. Zudem wurde der US-Muttergesellschaft die Pflicht, für materielle und immaterielle Schäden Betroffener aufzukommen, auferlegt. Indes enthält das geschlossene TIA in erster Linie Bestimmungen für den schon eingetretenen Fall einer Anfrage von Behörden.

In der Gesamtschau lässt sich sagen, dass ein gewisses Restrisiko auf Offen- **611** legung gegenüber und/oder Zugriffsmöglichkeiten durch US-Sicherheitsbehörden zwar unumgänglich ist. Microsoft begegnet diesen Risiken jedoch mit Schutzmaßnahmen für personenbezogene Daten sowie der Implementierung konkreter Bestimmungen zum Umgang mit solchen Anfragen.

Zudem besteht kein datenschutzrechtliches Erfordernis, dass im Zielland **612** keinerlei Behörden, Sicherheits- oder Geheimdienste Zugriff auf personenbezogene Daten haben dürfen. Vergleichsmaßstab ist das Datenschutzniveau in der EU, deren Mitgliedstaaten ebenfalls solche Behörden und Dienste haben und ihnen ebenfalls besondere Rechte verleihen.

9.6.3 Identifizierung der technischen, vertraglichen und organisatorischen Maßnahmen zum Schutz der übermittelten Daten

Schließlich ist im Rahmen des TIA zu prüfen, welche technischen, vertrag- **613** lichen und organisatorischen Maßnahmen zum Schutz der übermittelten Daten ergriffen werden können.

Eine vertragliche Maßnahme ist eine einseitige, zweiseitige oder mehrsei- **614** tige Verpflichtung.[437] Hierdurch sollen etwaige Zugriffe sowie Offenlegungen von Behörden bei der Gegenseite im Drittland weitestgehend vermieden werden. Inhalt einer vertraglichen Zusicherung könnte sein, dass jede Zugriffsanfrage von ausländischen Behörden zunächst verweigert wird und im Zweifelsfalle gerichtlich angefochten wird. Als technische Maßnahmen kommt insbesondere eine Verschlüsselung der personenbezogenen Daten in Betracht. Aber auch Sicherheitszertifikate können als Risikofaktor positiv in der Bewertung berücksichtigt werden. Für die organisatorischen Maßnahmen kann eine Policy erstellt werden, die sich mit dem Umgang bei einer Behördenanfrage befasst.

Microsoft garantiert in dessen DPA geeignete Maßnahmen einzusetzen, so **615** dass Kundendaten, Professional-Service-Daten und personenbezogene Daten vor versehentlicher oder unrechtmäßiger Zerstörung, Verlust, Veränderungen, unbefugter Offenlegung oder dem Zugriff auf übermittelte, ge-

---

437 EDSA, Leitlinien 01/2020, S. 34 ff.

speicherte oder anderweitig verarbeitete personenbezogene Daten geschützt werden.[438] Die Maßnahmen werden in einer Sicherheitsrichtlinie festgelegt und dem Kunden auf Anforderung zur Verfügung gestellt. Die darin festgelegten Maßnahmen entsprechen den **Anforderungen von ISO 27001, ISO 27002 und ISO 27018.133.** Erstere gilt als grundlegender Standard für ein Informationssicherheits-Managementsystem (ISMS), zweitere eine inhaltliche Präzisierung und Unterfütterung der grundlegenden Standards und letztere ist ein **Code of Practice zum Schutz personenbezogener Daten in Public Clouds**.

616 Zu berücksichtigen ist in diesem Kontext, dass Microsoft in einigen der in M365 enthaltenen Dienste Zugriff auf Klardaten benötigt.[439] Folglich können neben Microsoft auch Sicherheitsbehörden einen unverschlüsselten Zugriff auf personenbezogene Daten haben. Für diesen Fall hat auch der EDSA noch keine wirksamen technischen Maßnahmen in dessen Leitlinien aufführen können.[440] Aufgrund dessen nahm Microsoft jedoch einen vertraglich zugesicherten Anspruch auf Schadensersatz mit in das DPA auf.[441] Betroffene haben hiernach einen **unmittelbaren Anspruch** auf **aus der Offenlegung entstandene materielle und immaterielle Schäden** gegen Microsoft. Dies schützt zum einen den Verantwortlichen vor möglichen Schadensersatzansprüchen ggü. Betroffenen und zum anderen bietet es EU-Betroffenen trotz fehlender Rechtsbehelfe in den USA zumindest eine transparente Abhilfe.

9.6.4 Datenschutzniveau unter Berücksichtigung des EU-US Data Privacy Framework

617 Am 10.07.2023 hat die Europäische Kommission dann den Angemessenheitsbeschluss und damit das EU-US Data Privacy Framework beschlossen.[442] Damit stellt das DPF i. S. d. Art. 44 ff. DSGVO eine valide Rechtsgrundlage für die Datenübermittlung in die USA dar. Dafür ist allerdings erforderlich, dass der Empfänger auf der vom US-amerikanischen Handelsministerium (U. S. Department of Commerce) geführten Liste eingetragen ist. Hierfür ist wiederum eine Selbst-Zertifizierung erforderlich, die z. T. auch nur als reine Selbstregistrierung kritisiert wird.

438 Microsoft DPA, S. 8 „Datensicherheit – Sicherheitsverfahren und Sicherheitsrichtlinien".

439 DSK, Abschlussbericht, S. 54, Rn. 1575 f.

440 EDSA, Leitlinien 01/2020, S. 32 f. Rn. 88

441 Microsoft DPA, Anhang C.

442 https://ec.europa.eu/commission/presscorner/detail/en/ip_23_3721.

Für Erfassung der DPF-zertifizierten Organisationen wurde die Liste des Privacy Shields fortgeführt, so dass Microsoft Corp. und zahlreiche Tochtergesellschaften schon seit Beginn des DPF auf dieser Liste standen. **618**

9.6.4.1 Das EU-US Data Privacy Framework; Executive Order 14086

Nachdem sich die Europäische Kommission und die Vereinigten Staaten am 25.03.2022 auf einen neuen „Transatlantischen Datenschutzrahmen" geeinigt haben, folgte am 07.10.2022 der Erlass der „Executive Order on Enhancing Safeguards for United States Signals Intelligence Activities" (Executive Order 14086).[443] Eine Executive Order ist eine vom US-Präsidenten erlassene Anweisung an die Administratoren, jedoch keine parlamentarische Gesetzgebung.[444] In der frühen Phase wurde häufig der geografische Begriff des „Trans-Atlantic Data Privacy Framework" benutzt, der teilweise auch noch später verwendet wurde.[445] **619**

Am 13.12.2022 hat die EU-Kommission den Entwurf für das „EU-US Data Privacy Framework" veröffentlicht.[446] Spätestens hier erfolgte der politisch korrekte Namenswechsel vom transatlantischen zum „EU-US" Framework (ohne Punkte in U.S., siehe Kap. 9.3, Rn. 544). **620**

Der 134-seitige DPF-Entwurf bestand EU-seitig im Wesentlichen aus 215 Erwägungsgründen (56 Seiten), die den Hintergrund und die Ziele aus Sicht der Kommission darstellen. Sie sind Teil eines umfangreichen Dokumentenkonvoluts: Nach den eigentlichen Beschlüssen, die nur gut eine Seite ausmachen, folgen als Anlage diverse US-Dokumente („Annexes"), die die US-Sicht darstellen: **621**

- Annex I (EU-U.S. DATA PRIVACY FRAMEWORK PRINCIPLES ISSUED BY THE U.S. DEPARTMENT OF COMMERCE);
- Annex I (Arbitral Model);[447]
- Annex II (Letter from U.S. Secretary of Commerce Gina Raimondo);
- Annex III (Letter from Under Secretary of Commerce for International Trade Marisa Lago);
- Annex IV (Schreiben der U.S. Federal Trade Commission);
- Appendix A (Tabelle FTC Files mit Bezug zu „Privacy Shield and Safe Harbor Enforcement");

---

443 Bekanntmachung des Weißen Hauses, 07.10.2022, Veröffentlichung im Federal Register, Nr. 14086, abrufbar unter: 2022-22531.pdf (govinfo.gov).

444 *von Walter*, Executive Order, DSB 2022, S. 294 ff.

445 Siehe https://www.ldi.nrw.de/trans-atlantic-data-privacy-framework-0.

446 https://commission.europa.eu/document/e5a39b3c-6e7c-4c89-9dc7-016d719e3d12_en.

447 Im Entwurf haben die beiden ersten Anhänge die Bezeichnung „Annex I".

- Annex V (Schreiben des U. S. Department of Transportation);
- Annex VI (Schreiben des U. S. Department of Justice);
- Annex VII (Schreiben des U. S. National Intelligence Office an das U. S. Department of Commerce betreffend E. O. 14086).

622 Eckpunkte des DPF sind:

- Das DPF verfolgt wieder das Konzept einer Selbst-Zertifizierung durch diejenigen Unternehmen und Organisationen, die am DPF teilnehmen wollen (ErwG 9 und 47 ff.).
- Diese Zertifizierung erfolgt im Wesentlichen durch die einseitige Erklärung, die Regeln des DPF zu befolgen (vgl. ErwG 48: „To certify under the EU-U. S. DPF (or re-certify on an annual basis), organisations are required to publicly declare their commitment to comply with the Principles, make their privacy policies available and fully implement them. As part of their (re-)certification application, organisations have to submit information to the DoC […]").
- Schon dies gilt als Garantie, um das Datenschutzniveau in dieser Organisation anzuheben und es somit auf ein mit der EU vergleichbares Niveau anzugleichen.
- Das DPF umfasst explizit auch HR-Daten (siehe pdf-Seite 80 = S. 20 des „Annex I – EU-U. S. DATA PRIVACY FRAMEWORK PRINCIPLES ISSUED BY THE U. S. DEPARTMENT OF COMMERCE"):

9. **Human Resources Data**

a. Coverage by the EU-U.S. DPF

i. Where an organization in the EU transfers personal information about its employees (past or present) collected in the context of the employment relationship, to a parent, affiliate, or unaffiliated service provider in the United States participating in the EU-U.S. DPF, the transfer enjoys the benefits of the EU-U.S. DPF. In such cases, the collection of the information and its processing prior to transfer will have been subject to the national laws of the EU Member State where it was collected, and any conditions for or restrictions on its transfer according to those laws will have to be respected.

ii. The Principles are relevant only when individually identified or identifiable records are transferred or accessed. Statistical reporting relying on aggregate employment data and containing no personal data or the use of anonymized data does not raise privacy concerns.

b. Application of the Notice and Choice Principles

Abbildung 37: Ausschnitt zur Definition von Human Resources Data

Zwischen EU und USA scheint es im Detail verschiedene Auffassungen über die Definition von HR Data zu geben.[448]

Die besondere Behandlung von HR-Daten führt dazu, dass in der Liste der **623**
DPF-zertifizierten Gesellschaften jeweils angegeben ist, ob diese zu den „Covered Data" gehören:[449]

Abbildung 38: Screenshot des Eintrags von Microsoft zum DPF

Nach den o.g. Entwürfen zum DPA vom Dezember 2022 hat u.a. der EDSA **624**
eine kritische Stellungnahme zum geplanten Framework veröffentlicht.[450] In diesem Kontext sind nochmals Verzögerungen eingetreten und von der Kommission gegenüber den USA angeblich auch erneute Verhandlungsversuche vorgenommen worden.

Schließlich hat die Europäische Kommission am 10.07.2023 den Angemes- **625**
senheitsbeschluss zum EU-US Data Privacy Framework beschlossen.[451] Dadurch stellt das DPF i.S.d. Art. 44 ff. DSGVO eine valide Rechtsgrundlage für die Datenübermittlung in die USA dar.

9.6.4.2 Bestand des DPF; Latombe-Klage/„Schrems III"

Zwar wird in großen Teilen von Presse und Datenschutzkreisen moniert, **626**
dass das DPF kaum besser als Safe Harbour und Privacy Shield sei, und das Scheitern im Rahmen eines Schrems III-Urteils erwartet. Im Rahmen einer rechtlichen Bewertung steht aber fest, dass es – zumindest bis dahin – gültig ist und als Grundlage für den Drittlandtransfer genutzt werden kann.

So war die Kommission – wenig überraschend – in ihrem „First periodic **627**
review of the functioning of the adequacy decision on the EU-US Data Pri-

---

448 *Quiel/Kukin*, ZD 2024, S. 667.

449 https://www.dataprivacyframework.gov/s/participant-search.

450 EDSA, Opinion 5/2023 on the European Commission Draft Implementing Decision on the adequate protection of personal data under the EU-US Data Privacy Framework (28.02.2023), https://www.edpb.europa.eu/our-work-tools/our-documents/opinion-art-70/opinion-52023-european-commission-draft-implementing_en.

451 https://ec.europa.eu/commission/presscorner/detail/en/ip_23_3721.

vacy Framework" vom 09.10.2024 der Auffassung, dass ihr Angemessenheitsbeschluss weiter zutrifft. Relevanter dürfte sein, dass auch der EDSA in seinem „Report on the first review of the European Commission Implementing Decision on the adequate protection of personal data under the EU-US Data Privacy Framework" vom November 2024 zwar wie erwartet Kritikpunkte, aber keine durchgreifenden Bedenken gegen die Rechtmäßigkeit des Beschlusses anführt.[452] Dies wurde instanzgerichtlich u.a. auch durch das LG Traunstein[453] bestätigt.

Festzuhalten ist: Das DPF ist geltendes Recht, so lange es nicht von der Kommission revidiert oder vom EuGH aufgehoben wird (Kap. 4.4.3.2, Rn. 308).

628 Als (vermeintliches) Schrems III-Verfahren wurde nicht von *Max Schrems*, sondern dem französischen Abgeordneten *Philippe Latombe* vor dem Europäischen Gericht (nicht dem EuGH) ein Verfahren gegen die Kommission angestrebt, bei dem es um eine Aussetzung des DPA geht.[454] Aus verschiedenen, auch formalen Gründen kommt dieses Verfahren nur schleppend voran.

9.6.4.3 Bewertung des Datenschutzniveaus im konkreten Fall

629 Die Abwägung und Bewertung des (Rest-)Risikos von US-Cloud-Angeboten war in den vergangenen Jahren weitgehend unverändert und frustrierend: Weltweit verbreitete SaaS-Angebote wie Microsoft 365, Azure oder AWS wurden von Aufsichtsbehörden fast durchgängig als nicht rechtskonform bezeichnet. Durch diffuse Bezugnahmen auf „FISA 702" oder den Cloud Act galten die USA als Staat, dessen Datenschutzniveau so weit unter dem der EU liege, dass selbst durch zusätzliche Garantien nach Art. 46 DSGVO Datenübermittlungen kaum zulässig seien. Zu diesem Eindruck haben auch die Schrems-Entscheidungen des EuGH beigetragen. Das Datenschutzniveau in den USA sei so schlecht, dass selbst die Einwilligung zur US-Übermittlung von pseudonymen Cookie-Daten im Rahmen eines Cookie-Banners nicht rechtwirksam möglich sei. Selbst die Übermittlung einer IP-Adresse in die USA beim „illegalen" Einsatz von Google Fonts sei so schlimm, dass einem Bürger dafür von einem deutschen Gericht Schmerzensgeld in Höhe von

---

452 Version 1.1 vom 14.11.2024, https://www.edpb.europa.eu/system/files/2024-11/edpb_report_20241104_reportonfirstreviewofeu-u. s.dpf_en.pdf.

453 LG Traunstein, Endurteil v. 08.07.2024 – 9 O 173/24, https://www.gesetze-bayern.de/Content/Document/Y-300-Z-GRURRS-B-2024-N-19976.

454 Latombe v Commission, T-553/23 R, https://eur-lex.europa.eu/legal-content/EN/TXT/?uri=CELEX:62023TB0553.

100,- EUR zugestanden wurde.[455] Mit der *Bindl*-Entscheidung wurden – jedenfalls vom EuG als erste Instanz – Anfang 2025 einem erwachsenen Menschen sogar 400,- EUR zugesprochen, weil seine IP-Adresse an Meta übermittelt wurde.[456]

Ohne Bezugnahme auf den DPF-Beschluss ist die Bewertung des Daten- **630**
schutzniveaus in den USA für Verantwortliche praktisch unmöglich: Die für den Drittlandtransfer erforderliche Beantwortung der Frage, wie genau das Datenschutzniveau im Rechtssystem der USA – immerhin einem Staatenbund mit 50 einzelnen Bundesstaaten – genau ist, wie dort die Rechtsdurchsetzung in der Praxis erfolgt, wie der Vergleichsmaßstab in der EU (mit ihren 27 Mitgliedstaaten) konkret aussieht, all die Fragen also, bei denen die Politik sich nie festlegen wollte und die Kommission zweimal vor dem EuGH gescheitert ist – diese Frage sollte nun also jedes einzelne Unternehmen, jeder gemeinnützige Verein und jede Kita-Leitung eigenständig beantworten, bevor Cloud-Dienste mit US-Bezug genutzt werden. Dies kann von den Verantwortlichen nicht geleistet werden.

Zugleich werden die oben genannten Cloud-Dienstleistungen nicht nur von **631**
privaten Unternehmen eingesetzt, sondern auch von deutschen Behörden und von Unternehmen, die sich im Staatseigentum befinden.[457] Dies trug nicht unbedingt zum Verständnis für die fachlich unabhängigen, aber dennoch staatlichen Aufsichtsbehörden bei.[458]

Daher gehörte zu einer professionellen Beratung zwar auch, Kunden und **632**
potenzielle Cloud-Anwender das reale Risiko hinzuweisen, dass die geplante Cloud-Anwendung, zumindest in Teilen, von den Aufsichtsbehörden als unzulässig angesehen würde. Dies ist bei Microsoft der Fall. Dieses Risiko konnte im Rahmen der Business Judgment Rule als vertretbar eingestuft werden.[459] Dieses Risiko hat sich mit dem DPF ganz erheblich reduziert. Politisch mag das DPA umstritten sein, rechtlich ist es hingegen (noch) wirksam.

---

455 LG München, Urt. v. 19.01.2022, Az. 3 O 17493/20; https://rewis.io/urteile/urteil/lhm-20-01-2022-3-o-1749320/.

456 EuG, Bindl v Commission, Entscheidung vom 08.01.2025, T-354/22.

457 https://www.handelsblatt.com/technik/it-internet/rechenzentren-abgeschaltet-deutsche-bahn-verlagert-ihre-komplette-it-in-die-cloud/26565536.html; https://www.dbsystel.de/dbsystel/Digital-Stories/Cloud-Zusammenarbeit-fuehrt-zu-Migration-in-Rekordzeit-6188342.

458 *Koglin*, Tipps zum Umgang mit Datenschutz bei Collaboration Tools – Leitfaden für den Paritätischen Wohlfahrtsverband, 1. Auflage 2021 (online https://www.der-paritaetische.de/alle-meldungen/handreichung-tipps-mit-umgang-mit-datenschutz-bei-kollaborationstools-1/), S. 28.

459 Vgl. *Koglin*, DSB 2022, S. 38.

633 Mit dem DPA kann also die Gleichwertigkeit des Datenschutzniveaus in den USA als festgestellt gelten[460] und damit das TIA als abgeschlossen gelten. Mindestens zwei Gründe sprechen dagegen: Zum einen können die Voraussetzungen aus Klausel 14 der SCC so verstanden werden, dass sie mehr auf die konkrete Situation und nicht nur allgemein auf das Datenschutzniveau im Zielland abstellen. Zum anderen werden die SCC – jedenfalls in Bezug auf die USA – oft eingesetzt, um im Fall der Unwirksamkeit des DPF eine alternative Grundlage für den Drittlandtransfer zu haben. Würde das TIA als Teil des DPA nur auf das DPF referenzieren, könnten bei Entfall des DPF auch gleich das TIA und damit die Verwendung der SCC hinfällig oder zumindest gefährdet werden.[461]

9.6.5 Argumentationen jenseits des DPF

634 Daher sollte im Rahmen eines umfassenden TIA mehr an Argumenten aufgebracht werden, als nur auf das DPF zu verweisen. Hierfür kann auf folgende Umstände verweisen werden, die spezifisch den Einsatz von M365 betreffen:

- Microsoft bemüht sich gerade auch in den USA um den Schutz der Daten seiner Kunden und der von ihnen gespeicherten Daten. U. a. hat Microsoft die Herausgabe von Daten über Jahre verweigert und einen Fall dabei bis zum Supreme Court gebracht.
- Der LfD Niedersachsen hat den Einsatz von Teams sogar im Innenministerium für zulässig gehalten. Hier wurde zwar eine Zusatzvereinbarung abgeschlossen. Diese selbst verändert jedoch nicht unmittelbar das Datenschutzniveau in den USA; auch ohne entsprechende Zusatzvereinbarung muss das Datenschutzniveau in den USA also ausreichend sein.
- Auch deutsche Behörden und die EU-Kommission nutzen M365.

635 Eine ausführliche Bewertung – an der die EU im Falle eines Schrems III-Urteils dann dreimal gescheitert wäre – liegt außerhalb der Möglichkeiten und des Fokus‘ dieses Buchs. Sie müsste auf die Begründungen entsprechender Urteile zum DPF eingehen und sicherlich auch die Entwicklungen unter US-Präsident Trump berücksichtigen.

---

460 Dabei sind die Voraussetzungen zu beachten, insb. der entsprechenden Zertifizierung des Datenimporteurs.

461 Immerhin kann das TIA auf neue Rahmenbedingungen hin angepasst werden; nach einem Schrems III-Urteil könnte (und müsste wohl) ein neues TIA erstellt und für die bereits vereinbarten SCC nachgeschoben werden.

9.7 Gesamtbewertung des TIA

Abschließend sind im Rahmen des TIA alle Faktoren in einer Gesamtbewertung zu betrachten. Ist die Wahrscheinlichkeit so gering, dass der Verantwortliche grds. keinen Grund zu der Annahme hat, dass ein ausländischer Zugriff auf die personenbezogenen Daten im Drittland erfolgt, fällt die Bewertung positiv aus und die Übermittlung ist auf der Grundlage der Standarddatenschutzklauseln bzw. der anderen Rechtsgrundlagen und Argumentationslinien zulässig. **636**

Zunächst ergibt sich die Angemessenheit des Datenschutzniveaus in den USA bereits aus dem DPF-Kommissionsbeschluss. Das TIA wird nur zusätzlich durchgeführt, weil dies in Klausel 14 SCC so verlangt wird. Daher kann im Wesentlichen auf das DPF und die ihm zugrunde liegenden Bewertungen der EU-Kommission verwiesen werden. **637**

In der individuellen Bewertung am Ende des vorangegangenen Kapitels wurde aufgezeigt, dass speziell für den Einsatz von M365 weitere gute Argumente bestehen, von einem ausreichenden Datenschutzniveau auszugehen. **638**

In der Gesamtschau lassen sich Restrisiken einer Übermittlung von personenbezogenen Daten in die USA nicht vermeiden, weshalb eine regelmäßige Überprüfung der Datenverarbeitung, Datenminimierung, Erneuerungen seitens der Vertragsdaten von Microsoft und dessen ausführliche Dokumentation unumgänglich bleibt. Erfolgt ein solch verantwortungsbewusster Einsatz von M365, ist die Nutzung auf Basis der SCC und des DPF auch hinsichtlich der Aspekte des Datenschutzniveaus in den USA gut vertretbar. **639**

10. Kapitel: Eintrag im Verarbeitungsverzeichnis

10.1 Einleitung

Gem. Art. 30 Abs. 1 DSGVO hat jeder Verantwortliche und gegebenenfalls sein Vertreter ein Verzeichnis aller Verarbeitungstätigkeiten, die ihrer Zuständigkeit unterliegen, zu führen. 640

Die „Verarbeitungstätigkeit" i. S. d. Art. 30 Abs. 1 S. 1 DSGVO ist nicht synonym mit der „Verarbeitung" nach Art. 4 Nr. 2 DSGVO.[462] Erst recht sind diese nicht kongruent mit einem Produktnamen. Gleichwohl werden – wie häufig – Teile dieses Verarbeitungsverzeichnisses nach M365-Diensten geordnet.

Ähnlich wie bei den Anmerkungen zur formularartigen Muster einer DSFA[463] gilt auch hier, dass das Verarbeitungsverzeichnis aus Angaben zur konkreten Verarbeitung beim Verantwortlichen bestehen soll, nicht aus „copy&paste" von einer Vorlage. Denn die folgenden Beispieltexte sind selbstverständlich generisch; zudem wurden sie hier bewusst schlank gehalten. Daher können und sollten sie auf spezifische Situationen des Verantwortlichen angepasst werden.

Dies ist insbesondere dann der Fall, wenn es zur Verarbeitung besonderer Kategorien personenbezogener Daten oder anderweitig sensibler Daten kommt, wenn es sich aus der Art der Betroffenen ergibt, besondere Regulierung anwendbar ist, der Verantwortliche eine Behörde i. S. d. Art. 6 Abs. 1 S. 2 DSGVO ist und/oder es – wie auch bei Schulen – eine Form von „Benutzerzwang" gibt. Solche Umstände werden ausführlich in der „Checkliste zur Bestandsaufnahme u. speziellen Risiken beim M365-Einsatz" in Kap. 6.2 (Rn. 422) abgefragt. Auf die Angabe von Rechtsgrundlagen wird im Rahmen dieses Musters verzichtet; für Fragen zum Drittlandtransfer wird auf die Ausführungen im TIA-Kapitel verwiesen (Kap. 9). Zusätzlich kann auf die Erfassung und die Bewertungen aus der DSFA verwiesen werden (Kap. 7.3.3., Rn. 481 ff.).

[#**Bearbeiterhinweis**: Mit Ausnahme der Angaben im Dienste-bezogenen Teil „Personenbezogene Daten" und weniger anderer M365-spezifischer Teile handelt es sich hierbei um allgemeine Angaben, die jeder Verantwortliche ohnehin in Einträgen seines Verarbeitungsverzeichnisses aufgenommen haben sollte. Die Angaben z. B. zur Verwendung von E-Mails dürften hier nicht grundsätzlich anders sein als beim Einsatz von Mailservern, die on

462 Grundlegend *Roth*, Verzeichnis von Verarbeitungstätigkeiten, Rn. 244 ff.

463 Siehe der „Disclaimer" in Kap. 7.3.4 (Rn. 490).

premise gehostet werden, also nicht in der Cloud sind.[464] Das Gleiche gilt für die Aufnahme von Rechtsgrundlagen in das Verarbeitungsverzeichnis.]

10.2 Vorlage Verarbeitungsverzeichnis

641

Daten Verantwortlicher Art. 30 Abs. 1, S. 2 lit. a DSGVO	
Name des Verantwortlichen (und ggf. des gemeinsamen Verantwortlichen):	
Kontaktdaten:	
Vertreter des Verantwortlichen:	
Datenschutzbeauftragter:	
Zwecke der Verarbeitung[465], Art. 30 Abs. 1, S. 2 lit. b DSGVO	
Zwecke	Kommunikation mit Kunden, u. a.: – Kontaktaufnahme des Kunden – Durchführung einer Bestellung – Kommunikation und Speicherung von Daten im Zusammenhang mit dem Vertragsverhältnis – Termindurchführung, Videokonferenzen
	Kommunikation mit Dienstleistern und sonstigen Dritten, u. a.: – Entscheidung eines Ausschreibungsverfahrens – Durchführung einer Bestellung – Termindurchführungen, Videokonferenzen Personalverwaltung, u. a.: – Entscheidung eines Bewerbungsverfahrens – Administration von Beschäftigten – Verwaltung von und Kommunikation mit ehemaligen Beschäftigten, Rentnern/Pensionären etc. – Registrierungen bei Finanzämtern, Sozialversicherungsträgern etc. – Führen einer Personalakte

464 Hierzu auch Kap. 2.2 (Rn. 27).

465 Zwecke müssen eindeutig bestimmbar sein und dürfen allein für diesen Zweck erhoben werden (ErwG 60 und 63 S. 3, 61 S. 3 DSGVO).

	Kommunikation mit und Verwaltung ggü Behörden, u. a.: – Registrierungen – Stellen und Beantworten von Anfragen – Abführung der USt, LSt Kommunikation und Abstimmung mit weiteren Kategorien Betroffener, wie: – Organe und Shareholder – Presseanfragen und sonstige Anfragen – Kommunikation auf Social Media und ähnlichen Kanälen – Hilfesuchende, Verletzte, Unfallgegner, Straftäter – Passanten und sonstige Dritte/Unbeteiligte
Beschreibung der Kategorien betroffener Personen und personenbezogener Daten, Art. 30 Abs. 1, S. 2 lit. c) DSGVO	
Betroffene Personen:[466]	– Kunden und Nutzer der Dienstleistung – Dienstleister und sonstige Dritte – Bewerber, Beschäftigte, Rentner/Pensionäre – Behörden und andere öffentliche Stellen – Zufällig betroffene, alle oben bei den Zwecken erfasste Personen, sonstige Personen
Personenbezogene Daten:	**Anwendung „Outlook“**: – Benutzer- und Anmeldedaten (u. a. das Profilfoto des Nutzers) – Logdaten/-files – Inhalte der Kommunikation, die auch besondere Kategorien personenbezogener Daten i. S. d. Art. 9 DSGVO enthalten können – Allgemeine Personendaten (u. a. Name, Geburtsdatum und Alter, Geburtsort, Anschrift, E-Mail-Adresse, Telefonnummer) – Kalenderdaten (u. a. Namen, E-Mail-Adressen, Geburtstage und sonstige Kontaktdaten von Dritten, private Einträge der Beschäftigten) – Online-Daten (u. a. IP-Adresse)

466 Als Kategorien betroffener Personen sind bestimmte Gruppen der Bevölkerung anzusehen, welche gemeinsame Merkmale teilen und als solche von der Verarbeitung betroffen sind (Paal/Pauly/*Martini*, DS-GVO BDSG, 3. Aufl. 2021, Art. 30 DS-GVO Rn. 10a).

	– Kundendaten (u. a. Bestellungen, Adressdaten, Kontodaten) – Sonstige Daten, die u. a. in gesendeten oder empfangenen E-Mails enthalten sind **Anwendung „Teams"**: – Benutzer- und Anmeldedaten (u. a. Profilfoto, E-Mail-Adresse, Name) – Benutzerdaten von Dritten (u. a. bei Dokumentenfreigabe, Einladungen zu Besprechungen) – Logdaten/-files – Allgemeine Personendaten (u. a. Name, Geburtsdatum und Alter, Geburtsort, Anschrift, E-Mail-Adresse, Telefonnummer) – Inhalte der Kommunikation, die auch besondere Kategorien personenbezogener Daten i. S. d. Art. 9 DSGVO enthalten können – Video- oder Tonaufzeichnungen, die auch besondere Kategorien personenbezogener Daten i. S. d. Art. 9 DSGVO enthalten können (u. a. Aufzeichnungen von Besprechungen, Vorträgen) – Online-Daten (u. a. IP-Adresse) – Kundendaten (u. a. Bestellungen, Adressdaten, Kontodaten) – Physische Merkmale (u. a. Geschlecht, Gewicht, besondere Merkmale, Haut-, Haar- und Augenfarbe, Statur, Kleidergröße) – Sonstige Daten, die u. a. in Videokonferenzen oder anderen Teams-Funktionen (einschließlich der darüber eingebundenen Funktionen von Dritten) verarbeitet werden
	Anwendungen „Word/Excel/PowerPoint": – Benutzer- und Anmeldedaten – Allgemeine Personendaten (u. a. Name, Geburtsdatum und Alter, Geburtsort, Anschrift, E-Mail-Adresse, Telefonnummer) – Inhalte der Dokumente, die auch besondere Kategorien personenbezogener Daten i. S. d. Art. 9 DSGVO enthalten können (u. a. Informationen über den Ersteller des Dokumentes, Kennnummern) – Sonstige Daten, die u. a. in diesen Dokumenten gespeichert werden

	Anwendung „OneDrive“ und „SharePoint“: (mit Berücksichtigung einer Synchronisierung von Word/Excel/PowerPoint) – Benutzer- und Anmeldedaten – Allgemeine Personendaten (u. a. Name, Geburtsdatum und Alter, Geburtsort, Anschrift, E-Mail-Adresse, Telefonnummer) – Inhalte der Dokumente, die auch besondere Kategorien personenbezogener Daten i. S. d. Art. 9 DSGVO enthalten können (u. a. Informationen über den Ersteller des Dokumentes) – Insbesondere bei SharePoint: Informationen über das „Teilen“ von Dokumenten und Social Media-Funktionen wie „Likes“ und Kommentierungen – Sonstige Daten, die u. a. hierüber gespeichert oder verarbeitet werden
Kategorien von Empfänger[467], Art. 30 Abs. 1, S. 2 lit. d und e DSGVO	
ggü. denen die personenbezogenen Daten offengelegt worden sind oder werden, einschließlich Empfängern in Drittländern oder internationalen Organisationen; sowie Übermittlung an ein Drittland oder internationale Organisationen:	Ordnungsgemäße Empfänger der Kommunikation (z. B. bei E-Mails oder der Freigabe von Dokumenten an Dritte). Ggf. kann auf Basis der geltenden Gesetze und der vertraglich vereinbarten Beschränkungen eine Offenlegung an (Sicherheits-)Behörden und ähnliche Dienste erfolgen.
	Der Auftragnehmer, die Microsoft Ireland Operations Ltd., sitzt in Irland (EU).[468] Ggf. kommt es zu Übermittlungen in Drittländer. Eine Übermittlung an internationale Organisationen erfolgt grundsätzlich nicht.
Wenn mit Ja geantwortet:	
Betroffenes Drittland:	USA Weitere Drittländer können sich aus Subunternehmern von Microsoft ergeben. Eine

467 Jede Person (natürlich oder juristisch), Behörden, Einrichtungen oder andere Stellen. Nicht: Betroffene Person, Verantwortlicher, Auftragsverarbeiter, vom Verantwortlichen oder Auftragsverarbeiter beauftragten Person, Art. 4 Nr. 10 DSGVO.

468 Kap. 4.2.3.2 (Rn. 208).

	detaillierte Liste der Unterauftragnehmer kann über https://use365.ms/MS-Subprocessor heruntergeladen werden. Von Bedeutung und datenschutzrechtlich herausfordernd ist dabei die Information über Änderungen der eingesetzten Unterauftragnehmer; hierzu Kap. 4.4.5.2 (Rn. 320).
Betroffene internationale Organisation:	n/a
Dokumentation geeigneter Garantien bei Art. 49 Abs. 1 S. 2 DSGVO:	Geeignete Garantien erfolgen über Art. 46 DSGVO: EU-US Data Privacy Framework Agreement (DPF) sowie zwischen MIOL und Microsoft Corp. Standarddatenschutzklauseln mit Modul 3 und Nachweis der DPF-Zertifizierung von Microsoft einschließlich HR-Daten, Nachweise in Kap. 4.2.3.1 (Rn. 206) und Kap. 9 (Rn. 531 ff.).
Vorgesehene Fristen für die Löschung der verschiedenen Kategorien (wenn möglich), Art. 30 Abs. 1, S. 2 lit. f DSGVO	
Kategorie/Frist:	Gem. Umsetzung des Löschkonzeptes des Verantwortlichen.
Allgemeine Beschreibung der TOM's (wenn möglich), Art. 30 Abs. 1, S. 2 lit. g DSGVO	
Beschreibung:	Zunächst gelten die allgemeinen TOM's des Verantwortlichen. Zudem gelten die TOM's, die im Rahmen der DSFA als Maßnahmen beschlossen wurden und umgesetzt werden.[469] Im DPA werden TOM's unter Datensicherheit zugesagt. Diese entsprechen zumindest ISO 27001 und weiteren Anforderungen. Zudem gelten die Bestimmungen aus Anlage 1 des DPA. Für Core Online Services gelten zudem die konkreteren Zusagen aus Anhang A.

469 Kap. 7.3.5 (Rn. 507).

11. Kapitel: Copilot-Varianten und Datenschutz

Bereits kurze Zeit nach dem mit der Veröffentlichung von ChatGPT verbundenen Boom von Generative AI im Allgemeinen und großen Sprachmodellen (Large Language Models) im Besonderen hat Microsoft KI-Produkte mit dem Namen „Copilot" eingeführt. Der Begriff soll verdeutlichen, dass diese KI-Angebote weder die Kontrolle übernehmen noch den Kurs vorgeben, sondern als professionelle Unterstützung dienen sollen. Mit der Nutzung gehen zahlreiche datenschutzrechtliche Fragen einher, die sowohl grundsätzliche Fragen des „KI-Rechts" betreffen als auch die konkreten Produkte nebst ihrer Nutzung und ihren Vertragsbedingungen. **642**

11.1 Einleitung

Sehr viele Fragen des noch jungen Rechtsgebiets des „LLM-Rechts" sind ungeklärt, wie etwa Fragen zum Urheberrecht beim Training des Modells oder zum Personenbezug der im LLM enthaltenen Daten und Vektoren. Viele dieser Fragen können aber übersprungen werden, da es im Rahmen dieses Kapitels nicht um die Erstellung von KI-Systemen geht, sondern um das „KI-Datenschutzrecht" aus der konkreten Sicht von Unternehmen, Organisationen und Anwendern, die Copilot einsetzen. **643**

Die in diesem Kontext aufkommenden Fragen sind: **644**

- Was sind die von Microsoft angebotenen Copilot-Varianten und welche wird eingesetzt?
- Auf welche Daten und Inhalte kann diese Variante zugreifen (insb. bei Microsoft 365 Copilot)?
- Welche Datenschutzbestimmungen gelten hierfür?
- Welche Datenverarbeitung ist zu welchem Zweck geplant; was sind typische Use Cases und Risikoklassen?
- Ist eine DSFA erforderlich und wie kann sie umgesetzt werden?

11.2 Die Copilot-Varianten

Bei Drucklegung[470] bestehen die von Microsoft angebotenen „Copiloten" im Kern aus zwei Copilot-Varianten: **645**

- Der Microsoft 365 Copilot Chat: Dieser ist kostenlos und wurde früher auch als „Bing Copilot" oder „Copilot für Bing" bezeichnet. Zwischen-

470 Stand April 2025.

zeitlich hatte diese Variante die Bezeichnung „Microsoft Copilot" (ohne „365"). Es handelt sich um eine einfachere Copilot-Variante – meist ohne Zugriff auf eigene Daten des Anfragenden –, die grob einer Alternative für ChatGPT entspricht. Wie ChatGPT ist Microsoft 365 Copilot Chat primär auf Endnutzer/Konsumenten ausgerichtet, auch wenn beide natürlich auch für berufliche Zwecke eingesetzt werden.

– Der Microsoft 365 Copilot (mit „Chat"): Hierbei handelt es sich um ein Produkt, das Teil von Microsoft 365 ist. Dadurch ist es kostenpflichtig, wobei einige Teile in den M365-Plänen enthalten sind, andere hingegen zusätzlich gebucht werden müssen. Durch Zugriff auf die Daten des Mitarbeitenden bzw. seiner/ihrer Organisation sollen individuelle Ergebnisse möglich sein, etwa die Erstellung von Marketing-Unterlagen unter Nutzung der bislang verwendeten internen Unterlagen. Im Gegensatz zum einfachen Microsoft 365 Copilot Chat versteht sich der Microsoft 365 Copilot als B2B-Produkt.

646 Diese beiden Produktteile und ihre Vorgänger wurden bei Microsoft nicht immer stringent oder auch nicht stets offiziell so bezeichnet. Teilweise sind die Variationen und Kombinationen auch nur schwer in den Beschreibungen nachzuvollziehen:

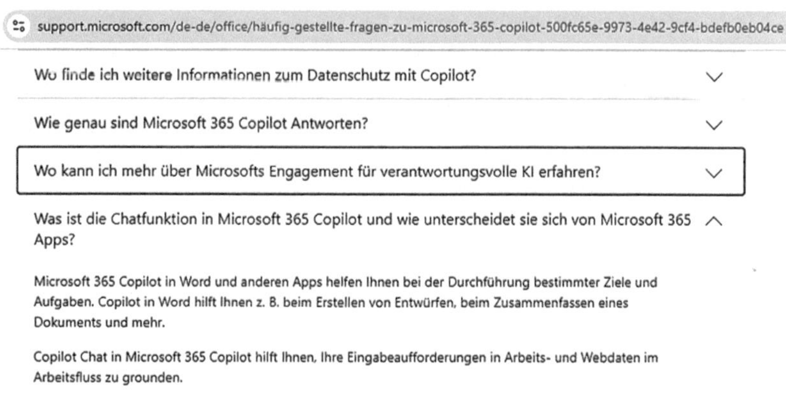

Abbildung 39: Beschreibung von Chatfunktionen in Microsoft 365 Copilot – nicht zu verwechseln mit Microsoft 365 Copilot Chat[471]

647 Darüber hinaus gibt es zahlreiche weitere Varianten von Produkten und Bezeichnungen. 2023 und 2024 wurden diese von Microsoft häufig in einer kreisförmigen Übersicht dargestellt, die einen Überblick über „Copilot in

471 https://support.microsoft.com/de-de/office/h%C3%A4ufig-gestellte-fragen-zu-microsoft-365-copilot-500fc65e-9973-4e42-9cf4-bdefb0eb04ce.

Products“ gab. Diese Übersicht scheint von Microsoft nicht mehr verwendet zu werden.[472]

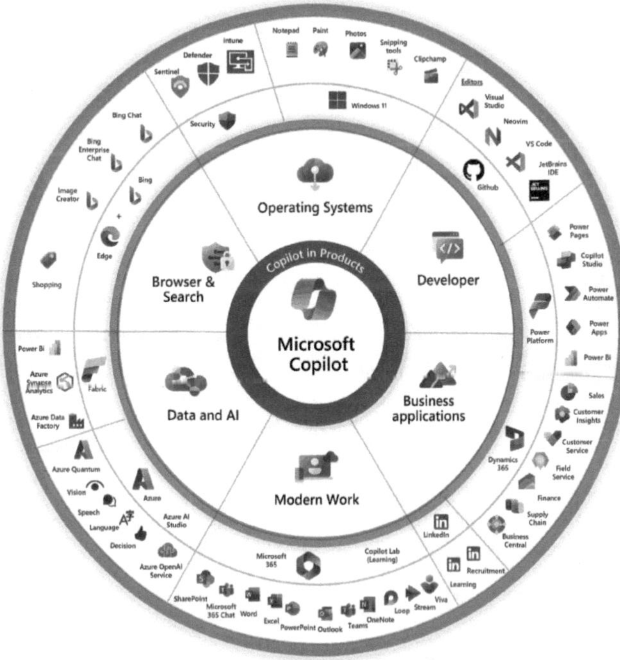

Abbildung 40: „Copilot in Products“ (© Microsoft)

Hier waren im linken, oberen Bereich die Nutzung im Rahmen der Produktgruppe „Browser & Search“ aufgeführt, die die Nutzung in Bing und in Bing Chat umfasste. Unten im Zirkel finden sich unter „Modern Work“ die Dienste von Microsoft 365. 648

Daneben gibt es immer wieder neue Produkte und Bezeichnungen, etwa „Copilot Vision“ zur Nutzung im Microsoft-Browser Edge.[473] 649

11.2.1 Microsoft 365 Copilot Chat

Der allgemeine Microsoft 365 Copilot Chat kann z. B. über https://copilot.microsoft.com/ genutzt werden. Dabei macht es einen großen Unter- 650

472 Die Grafik ist u. a. noch bei https://zubit.de/it-infrastruktur/copilot/ abrufbar.

473 https://www.microsoft.com/en-us/microsoft-copilot/blog/2024/12/05/copilot-vision-now-in-preview-a-new-way-to-browse/.

schied, ob und ggf. wie der User angemeldet ist (siehe „Anmelden“-Feld im Screenshot rechts oben).[474]

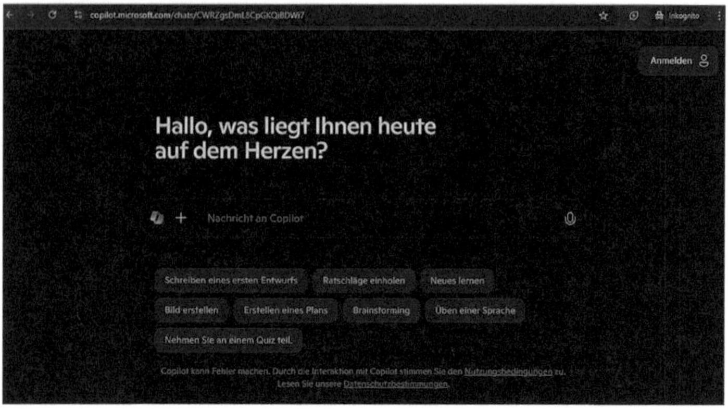

Abbildung 41: Screenshot: Nutzung von „Microsoft 365 Copilot Chat“ im Browser. Rechts oben erscheint das „Anmelden“-Feld

651 Alternativ kann der Copilot auch über Chat-Apps wie WhatsApp genutzt werden.[475] Hierbei ist für den User sicher, dass er nicht versehentlich mit einem Microsoft-Account eingeloggt ist:

Abbildung 42: Screenshot: Microsoft Copilot als WhatsApp-Kontakt

474 Siehe hierzu Kap. 11.3.5 (Rn. 682).
475 Der WhatsApp-Kontakt hierfür ist die US-amerikanische Telefonnummer +1 877-224-1042; weitere Zugangsmöglichkeiten siehe https://use365.ms/Copilot-WhatsApp.

11.2.2 Microsoft 365 Copilot

„Der“ Microsoft 365 Copilot ist im Vergleich zum Microsoft 365 Copilot 652
Chat weniger eindeutig zu präsentieren und zuzuordnen. Dies liegt zum einen daran, dass die Bezeichnung seitens Microsofts nicht immer eindeutig ist (hierzu Kap. 11.2.4, Rn. 657). Zum anderen liegt es daran, dass es diverse Copilot-Einbindungen in Microsoft 365 gibt. Eine Übersicht der Bezeichnungen und Funktionen z. B. von Microsoft 365 Copilot in Word, PowerPoint, Outlook, Teams oder Loop findet sich u. a. bei den Transparenzhinweisen zu Microsoft 365 Copilot.[476]

Lizenz- und kostenseitig ist ein wesentlicher Unterschied zum einfachen 653
Copiloten, dass der Microsoft 365 Copilot in der Regel nur mit einer Lizenz bzw. einem M365-Plan verwendet werden kann. Teile des M365-Copiloten sind in den üblichen M365-Lizenzen enthalten, andere Teile benötigen eine zusätzliche Lizenz.

In Bezug auf den Datenschutz ist wesentlich, dass der Microsoft 365 Copilot auf Daten des Users und seiner Organisation zugreifen kann.[477] Dies erfolgt vor allem durch die „Microsoft Graph“ genannte Funktion, die nicht Copilot-spezifisch ist.[478]

Die Funktionen, aber auch der Zugriffsmöglichkeiten, Datenverarbeitung, 654
Absicherung und Vertragsinhalte beim Microsoft 365 Copilot unterliegen zahlreichen und kurzfristigen Aktualisierungen.

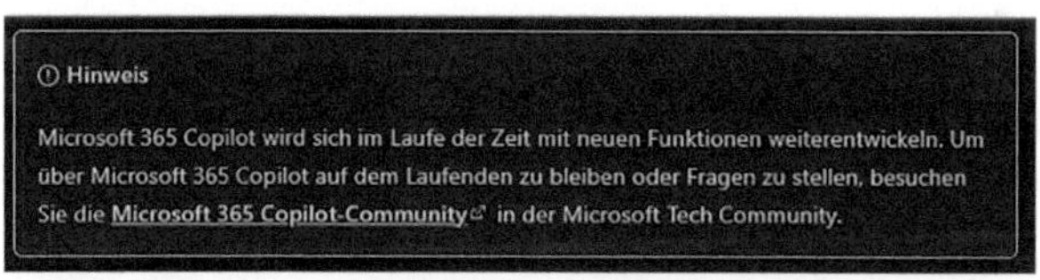

Abbildung 43: Hinweis auf laufende Änderungen bei Microsoft 365 Copilot[479]

---

476 https://learn.microsoft.com/de-de/copilot/microsoft-365/microsoft-365-copilot-transparency-note.

477 Siehe Kap. 11.1, zweiter Spiegelstrich (Rn. 644) und 11.2.4 (Rn. 657).

478 Siehe hierzu https://learn.microsoft.com/de-de/copilot/microsoft-365/microsoft-365-copilot-overview#copilot-works-with-microsoft-365-apps-graph-and-llms und https://learn.microsoft.com/de-de/microsoft-365-copilot/extensibility/overview-graph-connector.

479 https://learn.microsoft.com/de-de/copilot/microsoft-365/microsoft-365-copilot-privacy.

11.2.3 Umgang mit laufenden Änderungen der Copiloten

655 Auch beim Microsoft 365 Copilot Chat gibt es laufend Änderungen. Anfang Januar 2025 wurde nicht nur die Bezeichnung (ehemals Microsoft Copilot) geändert, sondern auch die von Microsoft anzuwendenden Datenschutz-AGB und die Zugriffsmöglichkeiten des Copilot Chat auf Daten, auf die der angemeldete Nutzer Zugriff hat.[480]Ein weiteres Thema sind Such-Anfragen aus den Copiloten, der Schutz von Prompts und weiteren Daten sowie die Frage nach der Verknüpfungen mit Web-Profilen;[481] hierzu u. a. Kap. 11.3.5 (Rn. 681).

656 Die detaillierte und stets aktuelle Darstellung ist daher eher Angelegenheit von Blogs oder Artikeln in Fachzeitschriften,[482] nicht aber eines Buchs. Sofern es für den Verantwortlichen auf diese Details ankommt, muss er den Umgang mit laufenden Änderungen organisatorisch berücksichtigen; eine einmalige Prüfung und Freigabe reicht nicht aus. Hierzu Kap. 11.4 (Rn. 690).

11.2.4 Unterscheidung in der Praxis

657 In der Praxis, also bei der Nutzung von Microsoft-Produkten, ist für den User nicht immer eindeutig, ob Microsoft Copilot 365 oder Microsoft 365 Copilot Chat genutzt wird:

658 In der Übersicht der Microsoft 365-Dienste wird nur die Bezeichnung „Copilot“ angezeigt.

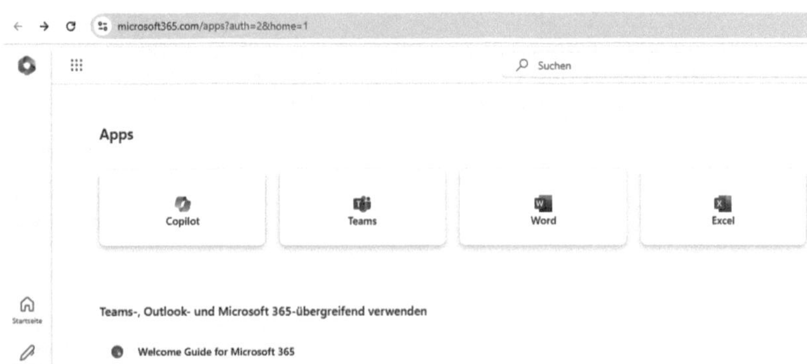

Abbildung 44: Screenshot: Anzeige der „Apps“ im M365-Portal

480 https://learn.microsoft.com/de-de/copilot/overview; https://learn.microsoft.com/de-de/copilot/faq.

481 https://learn.microsoft.com/en-us/copilot/microsoft-365/manage-public-web-access.

482 So z. B. *Koglin/Köllner*, DSB 2024, S. 186.

Nicht klar benannt: Microsoft Copilot oder Microsoft 365 Copilot? **659**

Abbildung 45: Screenshot: Häufig wird nur von „Copilot" oder „Microsoft Copilot" gesprochen

In der „Copilot"-Seite innerhalb von Microsoft 365 erschließt sich dem User allenfalls aus dem M365-Kontext, welchen Copilot er anheften soll. **660**

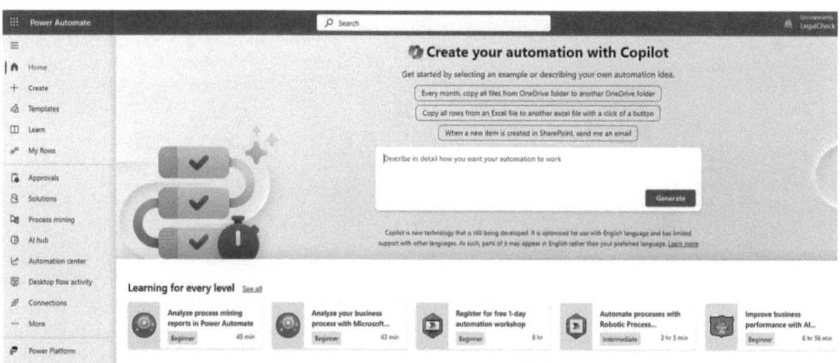

Abbildung 46: Screenshot von Copilot-Seite in M365

Auch in Diensten (Apps) wie PowerAutomate wird nur von „Copilot" gesprochen; gemeint ist (wohl) der Microsoft 365 Copilot **661**

Für eine datenschutzrechtliche Bewertung sollte jedoch nachvollziehbar sein, welches Copilot-Produkt genutzt wird. **662**

11.2.5 Zugriff des Microsoft 365 Copilot auf eigene und Unternehmensdaten

663 Zentraler Bestandteil des Microsoft 365 Copilot ist seine Zugriffsmöglichkeit auf bestimmte Daten, auf die der jeweilige Nutzer Zugriff hat. Dies können sowohl seine eigenen Dateien sein als auch Daten, auf die andere ihm Zugriff gewährt haben. Die Steuerung ist mit dem Microsoft Graph verbunden. Zu den Details existieren von Microsoft und von Dritten eine Reihe von Informations-Webseiten.[483] Hierzu bedarf es erheblichen Aufwands, um die Details zu verstehen und das Wissen aktuell zu halten. Zudem haben diese Erklärungen und Informationen keine klare und dokumentierte rechtliche Verbindlichkeit, wie es durch das DPA oder andere Vertragsbestandteile der Fall ist. Daher können diese „Learn-“Webseiten im Rahmen der datenschutzrechtlichen Betrachtung als erläuternde Materialien hinzugezogen werden, sollten jedoch nicht als alleinige und verbindliche Basis einer datenschutzrechtlichen Bewertung verwendet werden.

664 Im Rahmen einer solchen unverbindlichen und rein informativen Betrachtung werden folgende Darstellungen von Microsoft übernommen, die die Zugriffsmöglichkeiten und Zugriffsgrenzen (Dienstgrenze/„Service Boundary“) des Microsoft 365 Copilot beschreiben:

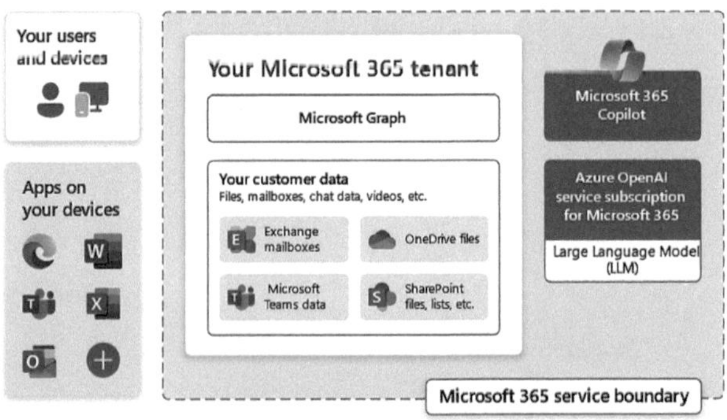

Abbildung 47: Screenshot (© Microsoft): Customer Data im Zusammenspiel von User, seinen Apps, Graph und M365 Copilot[484]

483 Siehe u. a. https://learn.microsoft.com/de-de/copilot/microsoft-365/ mit den Unterseiten https://learn.microsoft.com/de-de/copilot/microsoft-365/microsoft-365-copilot-architecture-data-protection-auditing und https://learn.microsoft.com/de-de/copilot/microsoft-365/microsoft-365-copilot-privacy sowie https://learn.microsoft.com/de-de/microsoft-365-copilot/extensibility/overview-graph-connector.

484 https://learn.microsoft.com/de-de/copilot/microsoft-365/microsoft-365-copilot-architecture.

Zu diesen Erläuterungen von Microsoft gehört auch die Grenzen der „Service Boundary“, mit der die Zugriffsmöglichkeiten des Microsoft 365 Copilot (in Abb. 48 im linken Kasten) gesetzt werden. Darüber kann nicht nur auf die Daten zugegriffen werden, auf die einem Mitarbeitenden z. B. über SharePoint oder Teams Zugriffsberechtigungen gegeben wurden, sondern auch auf „externe Daten“, die z. B. in Word geöffnet sind: 665

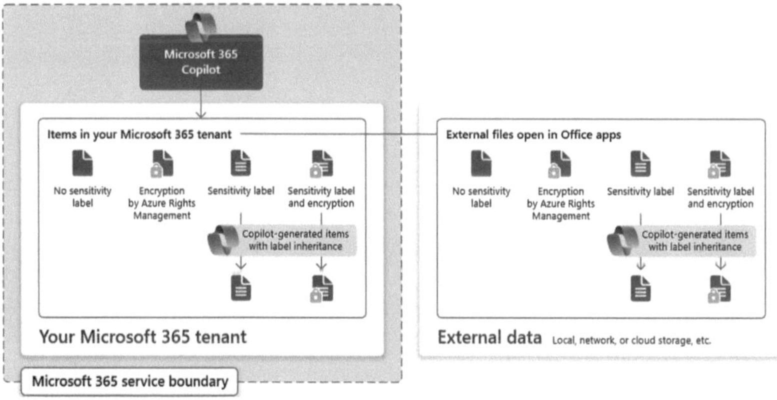

Abbildung 48: Screenshot (© Microsoft): Service Boundary und externe Daten[485]

Mit Microsoft-Diensten wie Purview und höheren Lizenzen wie dem E5-Plan sind weitere Einstellungen zu Zugriffsrechten, Data Loss Prevention und Retention möglich. Nicht nur wegen der höheren Kosten werden diese Möglichkeiten hauptsächlich von größeren Organisationen oder in Branchen mit einem besonders hohen Vertraulichkeitsniveau genutzt werden.

11.2.6 Zugriff des Microsoft 365 Copilot Chat auf eigene und Unternehmensdaten

Auch der Microsoft 365 Copilot Chat kann wie der Microsoft 365 Copilot auf eigene Daten und Unternehmensdaten zugreifen. Der zentrale Unterscheid hierfür ist, ob der Nutzer mit einem Entra-Account („Schul- oder Unternehmenskonto“) angemeldet ist. Hierzu heißt es von Microsoft auf den unverbindlichen Learn-Seiten:[486] 666

485 https://learn.microsoft.com/de-de/copilot/microsoft-365/microsoft-365-copilot-architecture-data-protection-auditing.

486 https://learn.microsoft.com/de-de/copilot/faq unter „Allgemein“.

> **Ersetzt Microsoft 365 Copilot Chat Copilot Microsoft for Entra-Kontobenutzer?**
>
> Ja. Ab dem 15. Januar 2025 werden Benutzer von Entra-Konten, die zuvor Microsoft Copilot (mit Unternehmensdatenschutz) verwendet haben, nahtlos auf Microsoft 365 Copilot Chat (auch als Copilot Chat bezeichnet) umgestellt. Copilot Chat umfasst die gleichen Funktionen von Microsoft Copilot (z. B Copilot-Seiten, Dateiupload, Web-Grounding, Schutz von Unternehmensdaten) sowie die Möglichkeit, Agents direkt aus dem Copilot Chat zu ermitteln, zu erstellen und zu verwenden.
>
> **Kann Copilot Chat auf Microsoft Graph-Daten zugreifen?**
>
> Wenn ein Benutzer nicht über eine Microsoft 365-Lizenz Copilot verfügt, Copilot kann Chat nicht auf die freigegebenen Unternehmensdaten, individuellen Daten oder externen Daten des Benutzers zugreifen, die über Microsoft Graph-Connectors indiziert wurden. Benutzer können Dateien jedoch direkt im Copilot Chat hochladen. Wenn ihre Organisation die Messung über Copilot Studio ermöglicht, können Benutzer außerdem auf Agents im Copilot Chat zugreifen, die gezieltes Grounding auf bestimmten SharePoint-Websites, freigegebenen Mandantendateien oder Daten von Drittanbietern bereitstellen. (…)

Bei dieser der Nutzung mit Entra-Account gelten dann der Enterprise Data Protection, also das DPA, und EU Data Boundary.[487] Zu den Konfigurationsmöglichkeiten bei Microsoft 365 Copilot Chat Rn. 669.

---

487 https://learn.microsoft.com/de-de/copilot/faq#privacy-protections-and-compliance; hierzu Kap. 11.3 (Rn. 670).

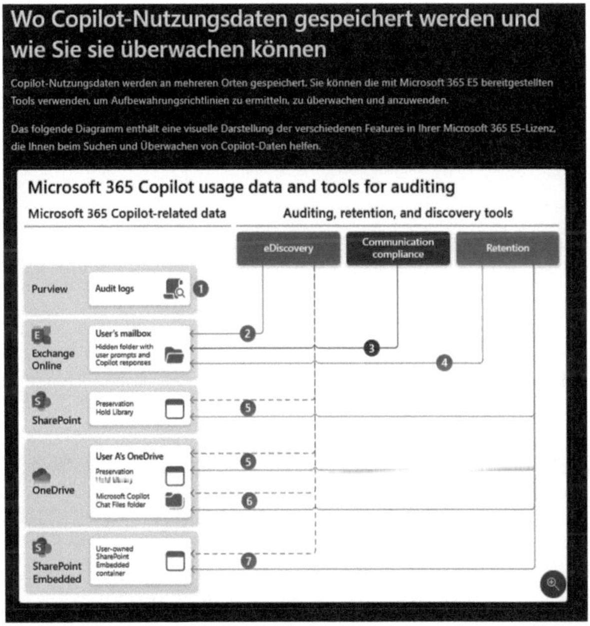

Abbildung 49: Screenshot: Weitere Möglichkeiten mit E5-Lizenzen[488]

11.2.7 Einstellungen zu Microsoft 365 Copilot (Chat) im Admin-Center und in Teams

Ein zentrales Portal zu den Einstellungen von Microsoft 365 ist das sog. „Admin-Center“. Hier können diverse Einstellungen vorgenommen werden; auch zu Copilot. Trotz des Bezugs zu Microsoft 365 beinhaltet dies auch Einstellungen zum (einfachen) Microsoft Copilot, der zum Microsoft 365 Copilot Chat wurde. Für den Administrator oder Nutzer kann hier unklar sein, welche Konfigurationen rechtlich Microsoft 365 Copilot Chat und welche Microsoft 365 Copilot betreffen: **667**

488 https://learn.microsoft.com/de-de/copilot/microsoft-365/microsoft-365-copilot-architecture-data-protection-auditing#where-copilot-usage-data-is-stored-and-how-you-can-audit-it.

Abbildung 50: Admin-Center von M365 mit der Beschreibung: „Verwalten Sie alles im Zusammenhang mit Copilot."

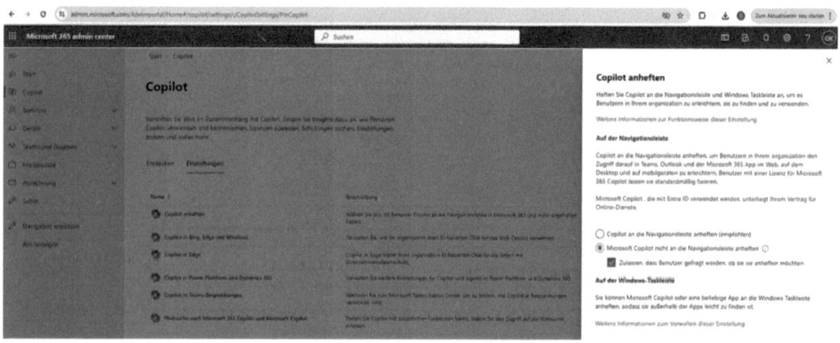

Abbildung 51: Daraus Auswahl: „Copilot anheften"

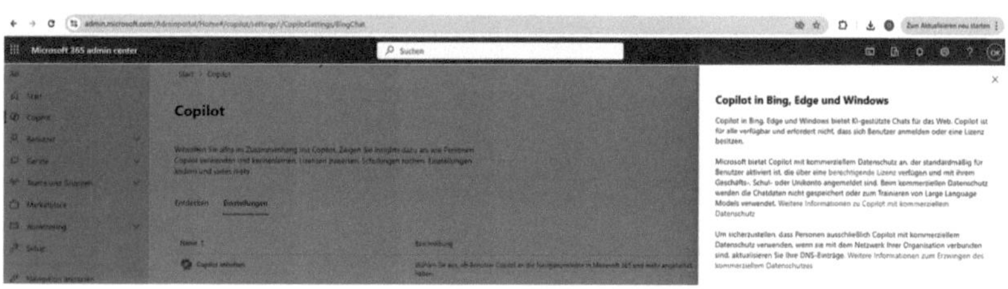

Abbildung 52: Daraus „Copilot in Bing, Edge und Windows" mit Hinweis auf „kommerziellen Datenschutz"

668 Das allgemeine Admin-Center umfasst nicht alle Einstellungen. Für einzelne Produkte wie Teams gibt es ein eigenes Admin-Center. Auch hier kann für den Administrator bzw. Nutzer unklar sein, auf welchen Copilot sich die Einstellung bezieht:

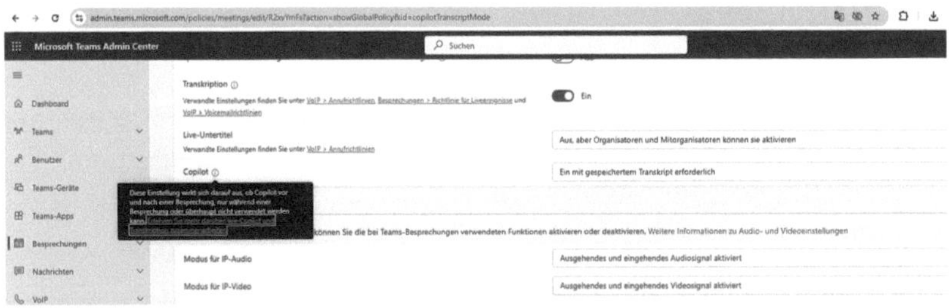

Abbildung 53: Screenshot: Admin-Center für Teams

Die Übersicht und Details zu den Einstellungen sowie ihre Interdependenzen mit anderen Funktionen und Einstellungen sind nicht immer sofort nachvollziehbar. Hierzu gibt es Informationsseiten von Microsoft:

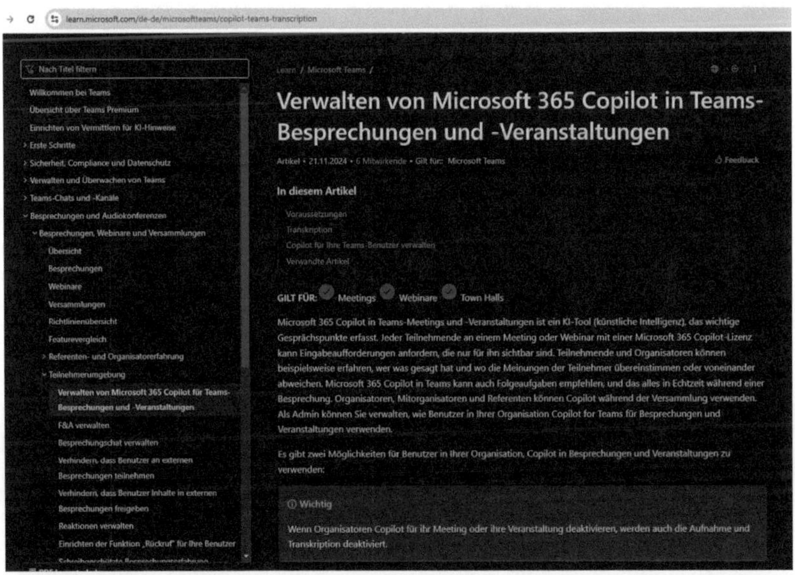

Abbildung 54: Screenshot: Erläuterungen zu den Microsoft 365 Copilot-Einstellungen der Transkriptions-Funktion für Teams-Videokonferenzen[489]

Zu der Geltung von Microsoft 365 Copilot Chat als Core Online Service siehe Kap. 11.3.3 (Rn. 676) sowie der Anwendbarkeit von EU Data Boundary und Enterprise/Commercial Data Protection siehe Kap. 11.3.4 ff. (Rn. 680 ff.). 669

489 https://learn.microsoft.com/de-de/microsoftteams/copilot-teams-transcription.

11.3 Datenschutzregeln von Microsoft für die Copilot-Varianten

670 Es ist also bisweilen herausfordernd, zwischen der Datenverarbeitung im Microsoft Copilot und der im Microsoft 365 Copilot zu trennen, und die (best)möglichen Einstellungen hierzu zu finden.

11.3.1 Geltung des Data Protection Addendum (DPA)

671 Die Datenschutzregeln von Microsoft hängen jedoch nicht allein vom verwendeten Microsoft-Produkt, also Microsoft Copilot versus Microsoft 365 Copilot, oder der Lizenz ab. Das Data Protection Addendum (DPA, siehe ausführlich Kap. 4.2, Rn. 199) gilt für alle „Products and Services“.[490] Ausnahmen gelten dabei für Daten, die lokal (oder in anderer Weise nicht bei Microsoft) verarbeitet werden, und bei den sog. Preview-Versionen.[491]

672 Über den Abschnitt „Processing of Personal Data; GDPR“ gilt für diese Daten, soweit Microsoft Auftragsverarbeiter oder Unterauftragsverarbeiter ist, Attachment 1[492] des DPA. In diesem Dokument werden vor allem die Verpflichtungen aus Art. 28 DSGVO sowie Art. 5 Abs. 2, 32 und 33 DSGVO festgelegt. Für Datenübermittlungen in Drittländer hat Microsoft konzernintern die EU-Standarddatenschutzklauseln (Modul 3) vereinbart, wie im DPA im Teil „Datenübermittlungen und Speicherstelle > Datenübermittlungen“ zugesagt wird.[493]

11.3.2 Copiloten als „Products and Services“ im Sinne des DPA und der Product Terms

673 Wie dargestellt gilt das DPA für alle „Products and Services.“[494] Gemäß den Definitionen des DPA fasst dieser Doppelbegriff die „Products“ und die „Professional Services“ zusammen. Letzte sind insb. individuelle Beratungsdienstleistungen. Der Begriff „Product“ enthält hingegen bereits „Online Services“. Die Leistungen, um die es bei der Betrachtung von Microsoft 365 und Copilot geht, sind also bereits im Term „Products“ und den darin enthaltenen „Online Services“ enthalten; der Teil „and Services“ aus der

490 DPA, Abschnitt „Scope“ bzw. in der deutschen Fassung „Umfang“.
491 Hierzu Kap. 4.2.3.6. (Rn. 226).
492 „Attachment 1 – European Union General Data Protection Regulation Terms“; in der deutschen Fassung „Anlage 1 – Bestimmungen zur Datenschutz-Grundverordnung der Europäischen Union“.
493 Siehe Kap. 4.2.3.1 (Rn. 206).
494 Kap. 11.3.1 (Rn. 671).

Doppeldefinition „Products and Services“ ist im Rahmen dieser Betrachtung ohne Bedeutung.

In den Product Terms sind in der Übersicht zu Microsoft 365 Varianten des Microsoft 365 Copilot aufgeführt:[495] **674**

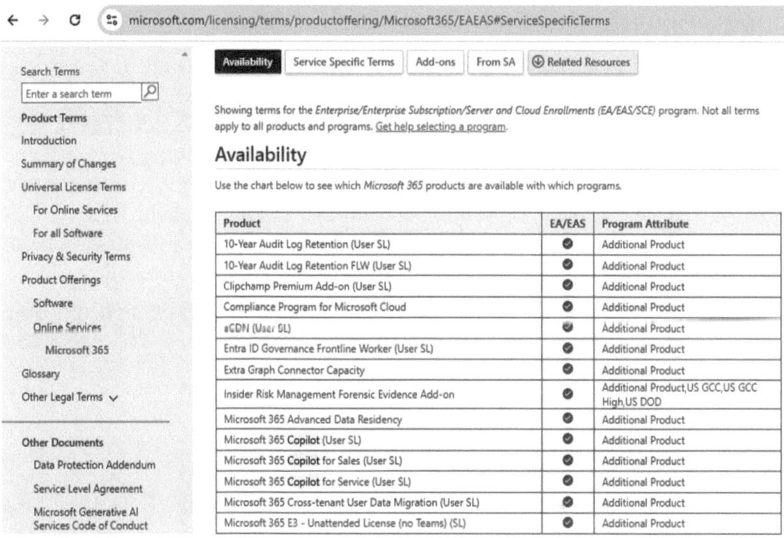
microsoft.com/licensing/terms/productoffering/Microsoft365/EAEAS#ServiceSpecificTerms

Search Terms
Enter a search term
Product Terms
Introduction
Summary of Changes
Universal License Terms
For Online Services
For all Software
Privacy & Security Terms
Product Offerings
Software
Online Services
Microsoft 365
Glossary
Other Legal Terms
Other Documents
Data Protection Addendum
Service Level Agreement
Microsoft Generative AI Services Code of Conduct

Availability | Service Specific Terms | Add-ons | From SA | Related Resources

Showing terms for the *Enterprise/Enterprise Subscription/Server and Cloud Enrollments (EA/EAS/SCE)* program. Not all terms apply to all products and programs. Get help selecting a program.

Availability

Use the chart below to see which *Microsoft 365* products are available with which programs.

Product	EA/EAS	Program Attribute
10-Year Audit Log Retention (User SL)	●	Additional Product
10-Year Audit Log Retention FLW (User SL)	●	Additional Product
Clipchamp Premium Add-on (User SL)	●	Additional Product
Compliance Program for Microsoft Cloud	●	Additional Product
eCDN (User SL)	●	Additional Product
Entra ID Governance Frontline Worker (User SL)	●	Additional Product
Extra Graph Connector Capacity	●	Additional Product
Insider Risk Management Forensic Evidence Add-on	●	Additional Product,US GCC,US GCC High,US DOD
Microsoft 365 Advanced Data Residency	●	Additional Product
Microsoft 365 **Copilot** (User SL)	●	Additional Product
Microsoft 365 **Copilot** for Sales (User SL)	●	Additional Product
Microsoft 365 **Copilot** for Service (User SL)	●	Additional Product
Microsoft 365 Cross-tenant User Data Migration (User SL)	●	Additional Product
Microsoft 365 E3 - Unattended License (no Teams) (SL)	●	Additional Product

Abbildung 55: Screenshot: Microsoft 365 Copilot in den Product Terms

Microsoft 365 Copilot Chat ist dort zunächst nicht aufgeführt. Zumindest über die Definition als Core Online Service scheint er aber als Service erfasst zu sein, zudem finden sich hier weitere Erläuterungen zur Datenverwendung (dazu sogleich). **675**

11.3.3 Copiloten als Core Online Services

Eine besondere Rolle spielt dabei die Qualifikation als „Core Online Services“ (in der deutschen DPA-Fassung: „Core-Onlinedienste“): Nur für sie (sowie für die hier nicht relevanten Professional Services Data) gelten die in Appendix A vereinbarten „Security Measures“, in der deutschen Fassung **676**

495 Siehe dort unter „Product Offerings > Online Services > Microsoft 365“, https://www.microsoft.com/licensing/terms/productoffering/Microsoft365/EAEAS#ServiceSpecificTerms.

„Anhang A – Sicherheitsmaßnahmen“,[496] also die umgangssprachlich als TOMs bezeichneten Maßnahmen.

677 Soweit ein Verantwortlicher sich auf die im DPA verankerte AVV **einschließlich** der TOMs berufen will bzw. muss, ist somit nicht nur die Definition des Copilot-Dienstes als „Product“ oder „Service“ erforderlich, sondern auch die Qualifikation als „Core Online Services“.

678 Die Zuordnung von Diensten als Core Online Services erfolgt in den Privacy & Security Terms.[497] Seit Herbst 2024 gilt nicht nur Microsoft 365 Copilot als Core Online Service (aufgeführt unter „Office 365 Services“), sondern (inzwischen aufgeführt unter „Microsoft Copilot“) auch der einfache Microsoft Copilot, sofern er mit einem Arbeits- oder Schul-Konto genutzt wird („used with a work or school account“). Hierfür ist erforderlich, dass der Nutzer sich bei der Verwendung des Microsoft Copilot entsprechend eingeloggt hat (siehe Screenshot in Abb. 41, Kap. 11.2.1, Rn. 650).

679 In diesen Fällen ist also insoweit nicht entscheidend, ob es sich um eine Datenverarbeitung mit dem Microsoft Copilot oder mit dem Microsoft 365 Copilot handelt.

11.3.4 Copiloten und EU Data Boundary

680 Die Zusage des EU-Data-Boundary-Programms lautet im DPA (Fassung vom 18.02.2025) wie folgt:

> **„Location of Customer Data**
>
> For the Core Online Services, Microsoft will store Customer Data at rest within certain major geographic areas (each, a Geo) as set forth in the Product Terms.
>
> For EU Data Boundary Online Services, Microsoft will store and process Customer Data, Personal Data, and store Professional Services Data at rest within the European Union as set forth in the Product Terms.“

---

496 Siehe die Einleitung von Attachment 1 bzw. Anlage 1 des DPA, in der englischen Fassung „Microsoft has implemented and will maintain for Customer Data in the Core Online Services and Professional Services Data the following security measures, which in conjunction with the security commitments in this DPA (including the GDPR Terms), are Microsoft’s only responsibility with respect to the security of that data.“

497 https://www.microsoft.com/licensing/terms/product/PrivacyandSecurityTerms/all#CoreOnlineServices.

11.3.5 Bing-Suchanfragen und Verwendung von Web-Daten

Durch die Copiloten können auch Suchanfragen ins „echte“ Internet gestellt werden. Hierzu wird naheliegenderweise nicht Google, sondern die Microsoft-Suchmaschine Bing verwendet. Dazu wird der in Copilot eingegebene Prompt nicht wörtlich als Suchmaschinen-Anfrage weitergeleitet, sondern die Anfrage wird selbst von Copilot generiert.[498] Aus dieser Erstellung und Weitergabe von Such-Informationen ergeben sich Fragen, da der Nutzer die exakte Suchanfrage nicht kennt und Bing Informationen aus Suchanfrage und Antwort weiterverwenden könnte – bis hin zur Verknüpfung zu Werbeprofilen und dem sog. Retargeting. **681**

Diesbezüglich gibt es von Microsoft in den Product Terms die folgenden Zusagen:[499]

> **Microsoft 365 Copilot- und Microsoft 365 Copilot Chat**
>
> **Handhabung von Daten**
>
> Diese Produkte ermöglichen die Freigabe von Daten, einschließlich Kundendaten, für andere Produkte, wie in der Produktdokumentation beschrieben. Wenn der Kunde Daten für ein anderes Produkt freigibt, unterliegen die Daten den für dieses Produkt geltenden Produktbestimmungen.
>
> **Abfragedaten**
>
> Sofern vom Kunden zugelassen, können Benutzer die optional über Bing als verbundenen Dienst verfügbare Webabfragefunktion gemäß den unter Allgemeine Bedingungen für Onlinedienste dargelegten Nutzungsbedingungen von „Bing“ verwenden. Ungeachtet des Vorstehenden unterliegen alle Bestimmungen, die für die Webabfragefunktion, Abfragen oder andere Daten (einschließlich aller personenbezogenen Daten) („Abfragedaten“) gelten, die von der per Entra ID authentifizierten Nutzung von Microsoft 365 Copilot und Microsoft 365 Copilot Chat an Bing gesendet werden, den folgenden Bestimmungen:
>
> – Microsoft hat keine Rechte an Abfragedaten über das zur Bereitstellung der Dienste erforderliche Ausmaß hinaus.
>
> – Abfragedaten werden nicht zur Verbesserung von Bing verwendet.

498 https://learn.microsoft.com/en-us/copilot/microsoft-365/manage-public-web-access#how-microsoft-handles-generated-search-queries.

499 https://www.microsoft.com/licensing/terms/de-DE/productoffering/Microsoft365/EAEAS unter „Microsoft 365 Copilot und Microsoft 365 Copilot Chat“.

- Abfragedaten werden nicht verwendet, um Werbeprofile zu erstellen oder das Nutzerverhalten nachzuverfolgen.
- Abfragedaten werden nicht an Werbetreibende oder anderweitig über Microsoft und seine Vertragslieferanten hinaus weitergegeben, die Bestimmungen unterliegen, die nicht weniger Schutz bieten als diese Bestimmungen.
- Abfragedaten werden nicht zum Trainieren von Grundlagenmodellen für generative KI verwendet.
- Abfragedaten werden als vertrauliche Kundeninformationen behandelt und durch entsprechende technische und organisatorische Maßnahmen geschützt.

Somit gibt es recht umfassende Schutzzusagen gegen die o.g. Bedenken. Der vierte Punkt scheint dabei in der englischsprachigen Fassung leicht abweichend zu sein („Query Data is not shared with advertisers or otherwise beyond Microsoft and its contracted suppliers who are subject to terms no less protective than these provisions"). Zu beachten ist, dass diese Zusage aus den Product Terms so nur bei Anmeldung mit Entra-Account gemacht wird.[500] EU Data Boundary und das DPA, also auch die Regelungen zur Auftragsverarbeitung, gelten nicht für die Bing-Suche.[501] Allgemein bleibt zu verinnerlichen, dass sich die Regelungen ändern können und kritische Daten nicht ohne Detailkenntnisse über die weiteren Abläufe in KI-Systemen verarbeitet werden sollten (zur Abgrenzung zu unkritischen Daten und entsprechenden Kategorien Kap. 11.4, Rn. 690).

---

500 Vgl. aber https://learn.microsoft.com/en-us/copilot/microsoft-365/manage-public-web-access#how-microsoft-handles-generated-search-queries zu einem weiteren Umfang.

501 https://learn.microsoft.com/en-us/copilot/microsoft-365/manage-public-web-access#how-microsoft-handles-generated-search-queries: The Microsoft Products and Services Data Protection Addendum (DPA) doesn't apply to the use of generated web search queries in Microsoft 365 Copilot, Microsoft 365 Copilot Chat, or the Bing search service. Also, HIPAA compliance and the EU Data Boundary don't apply to generated search queries.

11.3.6 Commercial Data Protection und andere Datenschutz-Programme von Microsoft

Unterhalb des Niveaus der „Enterprise Data Protection“, für die u. a. das DPA gilt, gibt es seitens Microsofts die auf Endkunden bezogene Klasse der „Consumer Data Protection“[502] und die der „Commercial Data Protection“.[503] Ursprünglich unterlag der einfache Microsoft Copilot als Consumer-Produkt diesem Datenschutzregime. Dabei wird keine Auftragsverarbeitung vereinbart, so dass Microsoft die eingegeben Daten (wohl) als eigener Verantwortlicher verarbeitet.[504] **682**

Im August 2024 hat Microsoft jedoch angekündigt, dass auch beim einfachen Microsoft Copilot das höhere Niveau des Enterprise Data Protection gelten soll, sofern der Nutzer sich mit einem sog. Entra-Account anmeldet.[505] Dies sind die meist als Schul- oder Arbeitskonto bezeichneten Accounts, die von den privaten Microsoft-Accounts zu unterscheiden sind. Diese Ankündigungen wurden bis Ende 2024 umgesetzt.[506] **683**

Mit der Möglichkeit, durch das LogIn und ohnehin im Microsoft 365 Copilot das höherwertige Niveau des Enterprise Data Protection zu erhalten, soll das Niveau der Consumer Data Protection hier nicht weiter betrachtet werden.[507] Siehe hierzu auch Rn. 681. **684**

11.3.7 Terms of Use & AI-Zusagen von Microsoft

Darüber hinaus gibt es weitere Zusagen von Microsoft. Bereits 2023 gab Microsoft ein „Copilot Copyright Committment“ bekannt, mit dem B2B-Kunden vor Klagen wegen Urheberrechtsverletzungen geschützt werden **685**

---

502 Siehe u. a. https://privacy.microsoft.com/dede/Privacystatement.

503 Siehe https://use365.ms/Copilot-CDP.

504 *Koglin/Köllner*, DSB 2024, S. 186 (186).

505 Meldung vom 15.08.2024, https://techcommunity.microsoft.com/blog/microsoft-365copilotblog/updates-to-microsoft-copilot-to-bring-enterprise-data-protection-to-more-organiz/4217152; später aufgenommen in https://learn.microsoft.com/en-us/copilot/privacy-and-protections.

506 Weitere Details siehe https://learn.microsoft.com/de-de/copilot/microsoft-365/enterprise-data-protection (Stand 09.11.2024). Zur Umsetzung in den Product Terms siehe Kap. 11.3.2 (Rn. 673).

507 Ausführliche Darstellung bei *Koglin/Köllner*, DSB 2024, S. 186 f.

sollten.[508] Dies wurde in der Folge als „**Customer** Copyright Committment“ erweitert.[509]

686 Mit diesem und weiteren Bedingungen (u. a. den Terms of Use für Copilot) sagt Microsoft Folgendes zu:[510]

- Kundendaten werden nicht zum Trainieren der Modelle verwendet;
- kein Zugriff auf Kundendaten durch andere Anwendungen;
- Chatdaten werden nicht gespeichert (beim Microsoft Copilot nur dann, wenn der User über ein Schul- oder Arbeitskonto eingeloggt ist).

11.3.8 Zusammenfassung

687 Somit ist zusammenzufassen:

- Die Nutzung des Microsoft 365 Copilot unterliegt in jedem Fall dem DPA einschließlich dessen TOMs, da es sich um einen Core Online Service handelt.
- Beim Microsoft 365 Copilot Chat ist dies nur dann der Fall, wenn der Nutzer über ein sog. Schul- oder Arbeitskonto („Entra-Konto“) eingeloggt ist.
- Die weiteren Details sind nicht immer eindeutig und teilweise für Verwechselungen anfällig. Sie unterliegen regelmäßigen Änderungen.

688 Der Verantwortliche muss also genau wissen, welches Produktteil mit welcher Lizenz bzw. welcher LogIn-Variante verwendet wird. Es kann also keine pauschale Freigabe oder DSFA für eine „Allgemeine Datenverarbeitung mit Copilot“ geben.

689 Sofern die Verarbeitung personenbezogene Daten enthält, sollten abhängig von deren Sensibilität und den damit verbundenen Risiken bestimmte Vorgaben und Einschränkungen gemacht werden. Das sollte in internen Vorgaben (Policies) entsprechend verankert und auch umgesetzt sein.

---

508 https://blogs.microsoft.com/on-the-issues/2023/09/07/copilot-copyright-commitment-ai-legal-concerns/; https://blogs.microsoft.com/on-the-issues/2023/09/07/copilot-copyright-commitment-ai-legal-concerns/; https://azure.microsoft.com/en-us/blog/microsoft-azure-ai-data-and-application-innovations-help-turn-your-ai-ambitions-into-reality/.

509 https://blogs.microsoft.com/on-the-issues/2023/09/07/copilot-copyright-commitment-ai-legal-concerns/; https://learn.microsoft.com/de-de/legal/cognitive-services/openai/customer-copyright-commitment.

510 https://learn.microsoft.com/en-us/copilot/privacy-and-protections.

11.4 Fallgruppen bei der Verwendung von Copilot

Zur Kategorisierung sollen nachfolgend drei Fallgruppen (Use Cases) gebildet und betrachtet werden. Dabei wird zwar auf die Klassifikationen der KI-VO Bezug genommen. Im Fokus steht hier aber die datenschutzrechtliche Perspektive der konkreten Datenverarbeitung, die im Rahmen dieser Betrachtung besonders an der Kritikalität der zu verarbeitenden Daten festgemacht wird. Auch wenn mit Copilot die Verarbeitung und Erstellung von Bildern und anderen Werken möglich ist, bilden die folgenden Use Cases den klassischen Anwendungsfall eines Prompts ab, um mit einem LLM Texte oder ähnliche Resultate wie PowerPoint-Dokumente erstellen zu lassen. **690**

11.4.1 Use Case 1: Unkritische Daten

Unkritisch ist es aus datenschutzrechtlicher Sicht zunächst, wenn Daten ohne Personenbezug in ein LLM gegeben werden. Aus Perspektive der Informationssicherheit ist freilich eine breitere Betrachtung der Frage erforderlich, welche Daten als unkritisch angesehen werden; auch Daten ohne Personenbezug können sehr vertrauliche und geheimhaltungsbedürftige Informationen enthalten. **691**

Häufig wird behauptet, nur Daten ohne jeglichen Personenbezug dürften ohne nähere Prüfung in ein LLM gegeben werden. Richtig ist jedoch, dass auch personenbezogene Daten mit einem unkritischen Risiko – hier verkürzt und datenschutzrechtlich unpräzise als „unkritische Daten" bezeichnet – für Prompts und ähnliche Zwecke (wie etwa als zusätzliche Daten im Rahmen von Retrieval Augmented Generation (RAG)) verwendet werden dürfen. Hierbei handelt es sich vor allem um öffentlich verfügbare Informationen sowie ähnlich unkritische Konstellationen; von den Zwecken her betrachtet dient die Verarbeitung häufig internen Recherchen, journalistischen, literarischen oder humoristischen Zwecken. **692**

So wie bestimmte Begriffe mit Personenbezug unkritisch in einer Suchmaschine eingegeben oder diese enthaltenden Textpassagen mit Online-Übersetzungstools verarbeitet werden dürfen, so ist es auch unkritisch, entsprechende Informationen in Prompts zu verwenden. Beispiele sind „Wann hat Boris Becker Wimbledon gewonnen?", „Wie heißt die Bundesdatenschutzbeauftragte?"[511] oder auch „Erstelle einen Limerick über Olaf Scholz, bei dem seine Verwicklung in die Cum-Ex-Fälle humoristisch mit der Augenklappe verknüpft wird, die er nach einem Unfall getragen hat." Der letzte Prompt enthält zwar auch Gesundheitsdaten i. S. d. Art. 9 DSGVO, dürfte aber allgemein als unkritisch angesehen werden. **693**

511 So ein Beispiel hierzu bei *Koglin/Köllner*, DSB 2024, S. 186.

694 Soweit keine Art.-9-Daten enthalten sind, wird hier regelmäßig ein berechtigtes Interesse als Rechtsgrundlage dienen können. Bei Behörden im Rahmen der Wahrnehmung ihrer Aufgaben (Art. 6 Abs. 1 S. 2 DSGVO) sollte Art. 6 Abs. 1 S. 1 lit. c oder e DSGVO einschlägig sein; in einigen Fällen könnte auch eine private Tätigkeit des jeweiligen Mitarbeitenden bzw. Bediensteten vorliegen. Im Beispiel des verletzten Altbundeskanzlers dürfte eine offensichtliche Öffentlichmachung im Sinne des Art. 9 Abs. 2 lit. e DSGVO vorliegen.[512]

695 Für diese Fallgruppe ist also auch eine Übermittlung an den AI-Dienstleister möglich, d. h. die Anfrage ist auch ohne AVV mit dem Anbieter zulässig. Sie kann problemlos in den üblichen AI-Chatbots gestellt werden, also auch im Microsoft Copilot ohne Login und ohne die damit verbundene Qualifizierung als Core Online Service und Geltung des DPA.

696 Im Sinne der KI-Verordnung (AI Act) liegt kein Risiko oder allenfalls ein begrenztes Risiko vor. Eine Datenschutz-Folgenabschätzung nach Art. 35 DSGVO oder eine Grundrechte-Folgenabschätzung nach Art. 27 KI-VO ist nicht erforderlich. Auch die Berliner Senatsverwaltung für Bildung, Jugend und Familie kam zum Ergebnis, dass bei einer unkritischen Copilot-Nutzung durch Lehrer keine DSFA durchgeführt werden muss.[513]

11.4.2 Use Case 2: Mittelkritische Daten

697 Um KI ernsthaft zu nutzen, wird die Nutzung in aller Regel über ChatGPT oder Microsoft 365 Copilot Chat in der Variante ohne Anmeldung hinausgehen, und dabei werden meist auch im größeren Umfang Daten einbezogen werden, die aus Sicht von Datenschutz und Informationssicherheit größere Relevanz haben als in der vorherigen Fallgruppe der „unkritischen Daten".

698 Dabei soll die Nutzung durch Microsoft 365 Copilot betrachtet werden. Wie oben dargestellt gilt für den Core Service das DPA mit der AVV und weiteren Zusagen. Datenschutzrechtlich werden die vom Nutzer eingegebenen Daten also nicht an einen Dritten übermittelt, sondern lediglich im Auftrag verarbeitet. Der Verantwortliche benötigt also „lediglich" eine Rechtsgrundlage für die eigene Verarbeitung.

512 Siehe hierzu sein Post auf X: https://x.com/Bundeskanzler/status/1698627434508063228.

513 Auskunft des SenBJF vom 02.12.2024, https://fragdenstaat.de/anfrage/einfuehrung-von-microsoft-copilot-in-schulen/956810/anhang/319764-name-antwort_geschwaerzt.pdf. Siehe hierzu Kap. 11.5 (Rn. 715).

11.4.2.1 Spezifische Risiken beim Microsoft 365 Copilot

Mehrwert und Gefahr der M365-Copiloten liegen darin, dass der Copilot auf Daten zugreifen kann, auf die der Nutzer im Rahmen seines M365-Accounts Zugriff hat. Dies ist sehr nützlich, wenn es sich um datenschutzrechtlich wenig kritische Daten handelt, etwa frühere Produktpräsentationen für potenzielle Kunden. Hieraus können ohne datenschutzrechtliches Risiko neue Produktpräsentationen erstellt werden, die auch neue Informationen wie eine aktuelle Preisliste einbinden. **699**

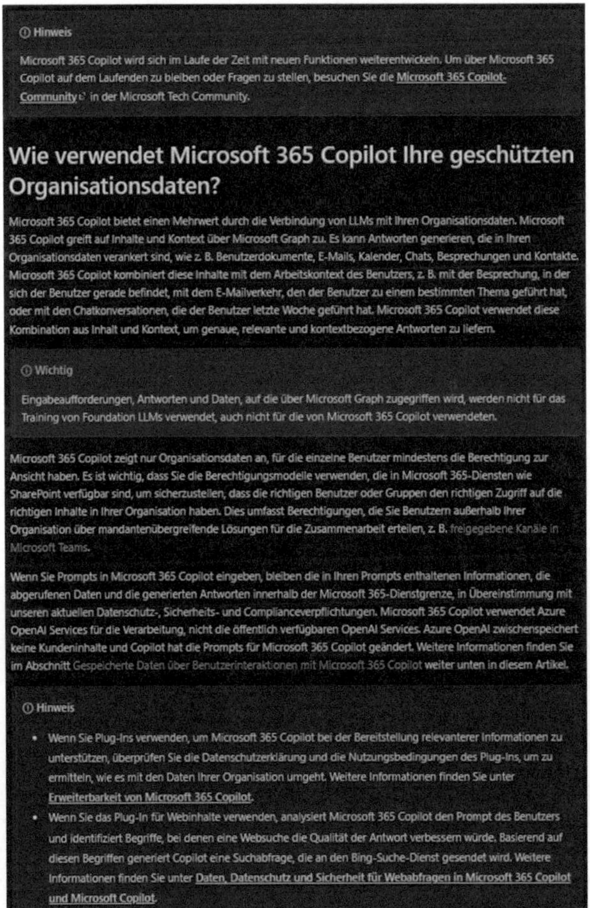

ⓘ Hinweis

Microsoft 365 Copilot wird sich im Laufe der Zeit mit neuen Funktionen weiterentwickeln. Um über Microsoft 365 Copilot auf dem Laufenden zu bleiben oder Fragen zu stellen, besuchen Sie die Microsoft 365 Copilot-Community in der Microsoft Tech Community.

Wie verwendet Microsoft 365 Copilot Ihre geschützten Organisationsdaten?

Microsoft 365 Copilot bietet einen Mehrwert durch die Verbindung von LLMs mit Ihren Organisationsdaten. Microsoft 365 Copilot greift auf Inhalte und Kontext über Microsoft Graph zu. Es kann Antworten generieren, die in Ihren Organisationsdaten verankert sind, wie z. B. Benutzerdokumente, E-Mails, Kalender, Chats, Besprechungen und Kontakte. Microsoft 365 Copilot kombiniert diese Inhalte mit dem Arbeitskontext des Benutzers, z. B. mit der Besprechung, in der sich der Benutzer gerade befindet, mit dem E-Mailverkehr, den der Benutzer zu einem bestimmten Thema geführt hat, oder mit den Chatkonversationen, die der Benutzer letzte Woche geführt hat. Microsoft 365 Copilot verwendet diese Kombination aus Inhalt und Kontext, um genaue, relevante und kontextbezogene Antworten zu liefern.

ⓘ Wichtig

Eingabeaufforderungen, Antworten und Daten, auf die über Microsoft Graph zugegriffen wird, werden nicht für das Training von Foundation LLMs verwendet, auch nicht für die von Microsoft 365 Copilot verwendeten.

Microsoft 365 Copilot zeigt nur Organisationsdaten an, für die einzelne Benutzer mindestens die Berechtigung zur Ansicht haben. Es ist wichtig, dass Sie die Berechtigungsmodelle verwenden, die in Microsoft 365-Diensten wie SharePoint verfügbar sind, um sicherzustellen, dass die richtigen Benutzer oder Gruppen den richtigen Zugriff auf die richtigen Inhalte in Ihrer Organisation haben. Dies umfasst Berechtigungen, die Sie Benutzern außerhalb Ihrer Organisation über mandantenübergreifende Lösungen für die Zusammenarbeit erteilen, z. B. freigegebene Kanäle in Microsoft Teams.

Wenn Sie Prompts in Microsoft 365 Copilot eingeben, bleiben die in Ihren Prompts enthaltenen Informationen, die abgerufenen Daten und die generierten Antworten innerhalb der Microsoft 365-Dienstgrenze, in Übereinstimmung mit unseren aktuellen Datenschutz-, Sicherheits- und Complianceverpflichtungen. Microsoft 365 Copilot verwendet Azure OpenAI Services für die Verarbeitung, nicht die öffentlich verfügbaren OpenAI Services. Azure OpenAI zwischenspeichert keine Kundeninhalte und Copilot hat die Prompts für Microsoft 365 Copilot geändert. Weitere Informationen finden Sie im Abschnitt Gespeicherte Daten über Benutzerinteraktionen mit Microsoft 365 Copilot weiter unten in diesem Artikel.

ⓘ Hinweis

- Wenn Sie Plug-Ins verwenden, um Microsoft 365 Copilot bei der Bereitstellung relevanterer Informationen zu unterstützen, überprüfen Sie die Datenschutzerklärung und die Nutzungsbedingungen des Plug-Ins, um zu ermitteln, wie es mit den Daten Ihrer Organisation umgeht. Weitere Informationen finden Sie unter Erweiterbarkeit von Microsoft 365 Copilot.
- Wenn Sie das Plug-In für Webinhalte verwenden, analysiert Microsoft 365 Copilot den Prompt des Benutzers und identifiziert Begriffe, bei denen eine Websuche die Qualität der Antwort verbessern würde. Basierend auf diesen Begriffen generiert Copilot eine Suchabfrage, die an den Bing-Suche-Dienst gesendet wird. Weitere Informationen finden Sie unter Daten, Datenschutz und Sicherheit für Webabfragen in Microsoft 365 Copilot und Microsoft Copilot.

Abbildung 56: Screenshot: Verwendung der „Organisationsdaten“ durch Microsoft 365 Copilot (© Microsoft)

700 Für Mitarbeitende aus Abteilungen mit besonders sensiblen Informationen, wie Recht, Compliance oder HR, und für regulierte interne Bereiche wie Betriebs- bzw. Personalrat, Geldwäschebeauftragtem und Datenschutzbeauftragtem mag die Vorstellung hingegen beängstigend sein, dass ein AI-Tool auf ihre sehr vertraulichen (und ggf. in ihrer Geheimhaltung besonders geschützten Daten) zugreift und diese munter mit anderen Informationen zu neuen Ergebnissen „mischt“. Nicht weniger Sorgen dürften sich Angehörige regulierter Berufe und Branchen machen, wie etwa Ärzte, Rechtsanwälte oder im Finanzsektor Beschäftigte.

11.4.2.2 Risikoreduzierung bei Microsoft 365 Copilot

701 Um von diffusen Bedenken und Teilwissen zu risikoarmen Lösungen zu kommen, gibt es mehrere Wege: Vermeiden, Kategorisieren oder detaillierte Ansätze.

702 Der Weg des **Vermeidens** – hier also eines internen Verbots von Microsoft 365 Copilot – erscheint oft als einfachste und risikoloseste Alternative. In Wahrheit beinhaltet sie aber das betriebswirtschaftliche Risiko, Mittel des Effizienzgewinns nicht zu nutzen. Hinzu kommt das Governance-Risiko, dass solche pauschalen Verbote häufig zu Schatten-KI führen, also zu nicht offiziell freigegebener IT, die meist deutlich mehr Probleme mit sich bringt als eine vernünftig gemanagte offizielle IT, selbst wenn bei letztere Restrisiken akzeptiert werden.

703 Der Weg des **Kategorisierens** besteht darin, typische Use Cases für die Nutzung von Microsoft 365 Copilot zu nutzen. Dabei kann zum Beispiel vorgegeben werden, dass die im obigen Beispiel (Rn. 699) gemeinten Marketing-Mitarbeiter den Microsoft 365 Copilot nutzen dürfen und vor Zusendungen an Dritte den Inhalt nochmals überprüfen müssen (was sie wohl ohnehin tun sollten). Für die in Rn. 700 beispielhaft genannten Mitarbeitenden mit besonders sensiblen Daten kann im Rahmen einer organisatorischen Anweisung (und in bestimmten Umfang auch durch zentrale Deaktivierung) verfügt werden, dass sie Microsoft 365 Copilot nicht ohne weitere Prüfung nutzen dürfen. Da gerade bei dieser Anwendergruppe davon ausgegangen werden sollte, dass sie KI-Ergebnisse nicht ungeprüft weiterleiten, stellt die reine Nutzung von Microsoft 365 aber wohl auch nur ein moderates Risiko dar: Die Sorge, mittels eines Klicks oder fehlinterpretierten Prompts würden gleich Daten aus Restrukturierungsprogramm, Sozialauswahl und Compliance-Verstößen neu kombiniert und einschließlich der Namen sogleich an Dritte versendet, dürfte etwas übertrieben sein. Denn auch Microsoft 365 Copilot kann nur auf diejenigen Daten zugreifen, zu denen der Account des Nutzers eine Berechtigung hat (zum Umfang Rn. 665 und Abb. 48).

Hierbei wird auch zu berücksichtigen sein, welche der sensiblen Daten überhaupt in Microsoft 365 und mit Zugriffsberechtigung des jeweiligen Mitarbeitenden gespeichert werden, und welche Daten primär in anderen IT-Systemen verarbeitet werden.[514] Ggf. kann Mitarbeitenden mit Zugriff auf sehr sensible Daten auch ein zweiter M365-Account eingerichtet werden, mit dem sie Microsoft 365 Copilot in einer „Sandbox" verwenden können. Dabei ist aber stets akribisch darauf zu achten, auf welchen Apps und Webseiten diese User mit welchem Account eingeloggt sind; es erscheint daher fehleranfällig. **704**

Der genaue und aufwändigste Ansatz ist – als dritter Weg – der **in die Details gehende Ansatz**. Hierbei sammelt der Verantwortliche genug Produkt-, Fach- und Rechtswissen an, um genau zu wissen, auf welche Daten Zugriff gewährt wird, und klärt alle weiteren relevanten Details. Hierbei kann z.B. über Purview, einen Microsoft-Dienst u.a. zur Klassifizierung von Daten, zur Zugriffsverwaltung und für Data Loss Prevention (DLP), eine Vielzahl von Einstellungen vorgenommen werden. Dies erfordert jedoch nicht nur ein einmaliges, sondern dauerhaftes Auseinandersetzen mit Microsoft 365 Copilot, DLP, den damit verbundenen Einstellungen und allen produktseitigen Aktualisierungen, sowie vor allem auch die tatsächliche Umsetzung in der Organisation, und zum Teil auch höherwertige M365-Lizenzen wie E5. **705**

Ein letzter Weg besteht darin, eine **Organisation ohne kritische Daten** oder zumindest ohne „unberechtigte" Kollegen zu sein: Ein Freelancer oder ein Kleinstunternehmern mit wenigen Mitarbeitenden hat – um beim obigen Beispiel (Rn. 700) zu bleiben – vermutlich keine Daten aus einer eigenen Sozialauswahl oder seiner Compliance-Abteilung. Hier ist vor allem sicherzustellen, dass Kundendaten nicht einbezogen oder zumindest nicht personenbeziehbar im Ergebnis enthalten sind. Dies kann in den meisten Fällen auch durch einen manuellen Check erfolgen. **706**

11.4.2.3 Datenschutz-Folgenabschätzung für Microsoft 365 Copilot in Use Case 2

Vor der Datenschutz-Folgenabschätzung (DSFA) ist im Rahmen der sog. Schwellwertanalyse zu prüfen, ob eine DSFA überhaupt erforderlich ist (hierzu ausführlich Kap. 7.2, Rn. 442). Ein Katalogfall von Art. 35 Abs. 3 DSGVO liegt in der Regel nicht vor. Auch die Sicht der Aufsichtsbehörden hierzu ist weder eindeutig noch – richtigerweise – pauschalierend.[515] **707**

---

514 Zur Trennung zwischen M365 und anderen IT-Systemen als „führendes System" siehe Kap. 2.2. (Rn. 27).

515 Siehe Übersicht „Orientierungshilfen-Navigator KI & Datenschutz (ONKIDA)" des LfDI BW (Stand 07/2024), dort Ziff. 10 https://www.baden-wuerttemberg.datenschutz.de/onkida/; ohne konkrete Thematisierung der DSFA-Erforderlichkeit EDSA,

708 Somit ist die Bewertung nach der Generalklausel des Art. 35 Abs. 1 S. 1 DSGVO vorzunehmen. Entscheidend ist, ob die Verarbeitung „voraussichtlich ein hohes Risiko für die Rechte und Freiheiten natürlicher Personen zur Folge" haben wird. Insbesondere bei Verwendung neuer Technologien ist dann eine DSFA durchzuführen. Dieses Merkmal ist bei „generative AI" sicherlich zu bejahen, aber nicht allein entscheidend („insbesondere").

709 Für die Risikobewertung relevant sind insb. Art, Umfang und Zweck der Verarbeitung. In typischen und einfachen Konstellationen der Nutzung des Microsoft 365 Copilot dürfte gut vertretbar sein, dass kein „hohes Risiko" i. S. d. Art. 35 DSGVO vorliegt. Dies gilt jedenfalls dann, wenn einer der in Kap. 11.4.2.2 (Rn. 701) dargestellten Wege zur Risikoreduzierung und die dort aufgeführten Beschränkungen umgesetzt werden. Sollte ein Verantwortlicher hingegen zum Ergebnis kommen, dass eine DSFA durchzuführen ist, wird für die Umsetzung auf Kap. 11.4.3 (Rn. 710) verwiesen.

11.4.3 Use Case 3: Sehr kritische Daten sowie Hochrisiko-KI i. S. d. Art. 6 KI-VO

710 Die Nutzung von Microsoft 365 mit sehr kritischen Daten, großen Mengen von kritischen Daten oder zu kritischen Zwecken geht nicht zwingend mit einer Einordnung als Hochrisiko-KI-System nach Art. 6 KI-VO einher. Bekanntlich haben DSGVO und KI-VO unterschiedliche Anwendungsbereiche und Schutzzwecke.

11.4.3.1 Bewertung als Hochrisiko-KI

711 Die namensgebende Intention von Microsoft, dass es sich nicht um ein abschließend entscheidendes Tool, sondern lediglich um einen unterstützenden „Co-"Piloten handelt, dürfte zumeist dazu führen, dass selbst die Nutzung des Copilot im Wege eines der in Anhang III der KI-VO genannten KI-Systeme nicht zu einer Einstufung als Hochrisiko-KI-System führt. Denn soweit es sich nur um einen unterstützenden Einsatz handelt, dürfte in aller Regel eine der Ausnahmen nach Art. 6 Abs. 3 UA 2 KI-VO[516] vorliegen, da es sich bei Aufgaben des Microsoft 365 Copilot typischerweise um eng ge-

---

Opinion 28/2024 on certain data protection aspects related to the processing of personal data in the context of AI models v. 17.12.2024, dort Rn. 17 nebst Fn. 15, wo lediglich auf die Guidelines der Art.-29-Arbeitsgruppe aus 2017 verwiesen wird.

516 Vgl. Art. 6 Abs. 3 UA 2 lit. a, b bzw. d KI-VO. Selbstverständlich kommt es auf den konkreten Anwendungsfall und nicht eine typisierende Betrachtung an. Insb. beim „Copilot Studio" von Microsoft, mit dem eigene Copilot-Anwendungsfälle gestaltet werden können, kann eine andere Bewertung angebracht sein.

fasste Verfahrensaufgaben, verbessernde oder vorbereitende Anwendungsfälle handelt.

11.4.3.2 Datenschutz-Folgenabschätzung

Unabhängig von der Bewertung seitens der KI-VO sollten im Use Case der sehr kritischen Verwendung des Microsoft 365 Copilot konkrete Maßnahmen zur Risikobewertung und -reduzierung festgelegt werden, die auch zukünftige Entwicklungen berücksichtigen. Mit der Einordnung als Use Case 3 dürfte in der Regel auch das Tatbestandsmerkmal, „voraussichtlich ein hohes Risiko für die Rechte und Freiheiten natürlicher Personen zur Folge" zu haben, erfüllt sein, zumal es sich um die Nutzung neuer Technologie handelt (Art. 35 Abs. 1 S. 1 DSGVO). Damit ist in aller Regel eine Datenschutz-Folgenabschätzung erforderlich. Im Bereich des Use Case 3 dürfte es dabei nicht ausreichen, formularartig auf typische Anwendungsszenarien Bezug zu nehmen und damit auf bestehende Muster (wie in Kap. 7, Rn. 437 ff.) zurückzugreifen. **712**

Anders als bei den sehr vorhersehbaren Nutzungen von Microsoft Word, Outlook oder Teams (zu deren Datenschutz-Folgenabschätzung siehe Kap. 7.3.2 ff., Rn. 467) sind die konkrete Nutzung von Microsoft Copilot und vor allem die damit verbundenen, für Art. 35 DSGVO relevanten Risiken schwer zu pauschalieren; erst recht für den hier behandelten Use Case der kritischen Fälle. Daher kann hierfür kein standardisiertes, formularmäßiges Muster einer DSFA zur Verfügung gestellt werden. **713**

Die Erfassung und Bewertung kann sich am Muster für die anderen M365-Dienste orientieren (siehe Kap. 7, Rn. 437 ff.). Für einige Fragen und Bewertungen in rechtlicher und risikoseitiger Richtung kann auf die Ausführungen in den in Kap. 11.5 (Rn. 715) aufgeführten Datenschutz-Folgenabschätzungen zurückgegriffen werden, die von Behörden oder anderen öffentlichen Institutionen publiziert wurden oder durch IFG-Anfragen bekannt werden. Wie bereits mehrfach dargestellt, sollte zudem ein zentraler Bestandteil sein, dass nicht nur eine einmalige Abschätzung und Freigabe durchgeführt wird, sondern ähnlich dem „Arbeitskreis M365"[517] zudem organisatorisch verankert wird, Änderungen an Produkt, Nutzungsumfang, rechtlichem Rahmen und die daraus resultieren Risikoänderungen zu verfolgen. **714**

517 Hierzu u. a. Kap. 7.3.2.5 (Rn. 476).

11.5 Datenschutz-Folgenabschätzungen zu Microsoft (365) Copilot

715 Bislang sind von staatlichen Stellen folgende Datenschutz-Folgenabschätzungen oder ähnliche Dokumente zu Microsoft Copilot und Microsoft 365 Copilot öffentlich bekannt geworden:

Stelle/Herausgeber:	**Information Commissioner's Office (ICO)**
Titel:	Data Protection Impact Assessment (DPIA) – Microsoft CoPilot 365
Version/Datum:	Release 0.3 (Draft), 23.10.2024[518]
Land:	UK
Format/Umfang:	pdf, 169 Seiten (Hauptteil 53 Seiten)
Verfügbarkeit:	Wohl nicht offiziell publiziert, herunterladbar über https://www.linkedin.com/feed/update/urn:li:activity:7272270639418241025/ oder über den Autor
Schwerpunkte/ Besonderheiten:	– Produktbezeichnung „Microsoft CoPilot 365“ nicht korrekt – Scope: Nutzung in einem Pilotprojekt beim ICO – Rechtsgrundlage: Art. 6 Abs. 1 lit. e UK GDPR (siehe S. 11) – Teile des Dokuments sind geschwärzt

Stelle/Herausgeber:	**Ministerie van Justitie en Veiligheid** **Strategisch Leveranciersmanagement voor de Rijksoverheid (SLM Rijk)** Offizielle englische Bezeichnung: Ministry of Justice and Security Strategic Vendor Management Microsoft, Google Cloud and Amazon Web Services (SLM Rijk)
Titel:	DPIA Microsoft 365 Copilot
Version/Datum:	1.1 vom 17.12.2024 (Public Version)
Land:	Niederlande
Format/Umfang:	pdf, 183 Seiten

518 Siehe die Versionstabelle auf S. 53; die Angabe „Version Number 0.1“ auf dem Deckblatt wurde offensichtlich nicht aktualisiert.

Verfügbarkeit:	Öffentlich https://slmmicrosoftrijk.nl/wp-content/uploads/2024/12/20241218-Public-version-DPIA-Microsoft-365-Copilot-for-SLM-Rijk.pdf = https://www.surf.nl/files/2024-12/20241218-dpia-microsoft-365-copilot.pdf
Schwerpunkte/ Besonderheiten:	– Das SLM Rijk ist das strategische Einkaufsmanagement, nicht die niederländische Aufsichtsbehörde. Es veröffentlicht seine Dokumente und übersetzt sie hierfür auch ins Englische. Auf diesem Weg wurde auch schon andere DSFAs und weitere Dokumente zu Produkten von Microsoft und anderen Diensten bereitgestellt.[519] – Sjoera Nas and Floor Terra from Privacy Company conducted a Data Protection Impact Assessment on the processing of personal data with Microsoft 365 Copilot in combination with a Dutch government Microsoft 365 E5 license.

Stelle/Herausgeber:	**Datatilsynet (Norwegische Datenschutz-Aufsichtsbehörde)** DPA (see answer by Vincent Willens), 31 pages pdf https://www.datatilsynet.no/regelverk-og-verktoy/sandkasse-for-kunstig-intelligens/ferdige-prosjekter-og-rapporter/ntnu-sluttrapport-copilot-med-personvernbriller-pa/avgrensning/
Titel:	Copilot med personvernbriller på
Version/Datum:	November 2024
Land:	Norwegen
Format/Umfang:	Website und pdf (24 S.)
Verfügbarkeit:	Öffentlich Website: https://www.datatilsynet.no/regelverk-og-verktoy/sandkasse-for-kunstig-intelligens/ferdige-prosjekter-og-rapporter/ntnu-sluttrapport-copilot-med-personvernbriller-pa/ Als pdf: https://www.datatilsynet.no/link/813e1831430d4c9b9b5b46aaee855bfc.aspx/download
Schwerpunkte/ Besonderheiten:	– Abschlussbericht zu Microsoft 365 Copilot – Erstellt von der norwegischen Aufsichtsbehörde in Zusammenarbeit mit der Universität NTNU

519 Übersicht bei https://slmmicrosoftrijk.nl/downloads-dpias/.

	– Es wird darin davon ausgegangen, dass beim Einsatz generative KI-Tools wie Microsoft 365 Copilot eine DSFA durchzuführen ist, da es sich um den Einsatz neuer Technologien handelt.

Stelle/Herausgeber:	**Land Berlin, Senatsverwaltung für Bildung, Jugend und Familie**
Titel:	Einführung von Copilot in Schulen
Version/Datum:	Auskunft des SenBJF vom 02.12.2024
Land:	Deutschland/Land Berlin
Format/Umfang:	Antwort auf IFG-Anfrage #319764
Verfügbarkeit:	IFG-Anfrage wurde gestellt über https://fragdenstaat.de/anfrage/einfuehrung-von-microsoft-copilot-in-schulen/ Die Antwort vom 02.12.2024 (2 pdf-Seiten) ist verfügbar über https://fragdenstaat.de/anfrage/einfuehrung-von-microsoft-copilot-in-schulen/956810/anhang/319764-name-antwort_geschwaerzt.pdf
Schwerpunkte/ Besonderheiten:	– Nach Medienberichten vom Oktober 2024 hat das Land Berlin für seine Lehrkräfte Microsoft Copilot „freigeschaltet".[520] – Daraufhin wurde eine entsprechende IFG-Anfrage über FragDenStaat gestellt. – Laut der Antwort vom 02.12.2024: – wurde „den pädagogischen Beschäftigten der öffentlichen Schulen in Berlin" der „Microsoft Copilot Edge im Unternehmensdatenschutz (EDP)" im Oktober 2024 zur Verfügung gestellt – ist dies „Bestandteil der notwendigen Lizenzen für die mobilen Dienstgeräte der pädagogischen Beschäftigten (MEG)" – wurde hierfür keine separate DSFA durchgeführt, da hiermit keine weiteren Daten verarbeitet werden als durch die Einführung der MEG – wurde keine schriftliche Stellungnahme der BlnBDI eingeholt – dürfen von den Nutzenden hiermit keine personenbezogenen Daten verarbeitet werden und darf Copilot nicht für die Bewertung oder Kontrolle von Prüfungen eingesetzt werden.

520 https://www.tagesspiegel.de/berlin/mit-copilot-von-microsoft-berliner-lehrer-bereiten-unterricht-jetzt-mit-kunstlicher-intelligenz-vor-12552278.html.

12. Kapitel: Anlagen

12.1 FAQ für Mitarbeitende und Öffentlichkeitsarbeit

FAQ zum Einsatz von Microsoft 365

Hintergrund

Wir planen, das SaaS-Produkt Microsoft 365 (im Folgenden auch M365) einzusetzen. Hierzu soll im [#**Bearbeiterhinweis**: Grobe, nicht zu voreilige Zeitangabe einfügen, z. B. „im 3. Quartal 2025"] zunächst ein Pilotprojekt starten. Zu M365 gab es verschiede, oft kritische Stellungnahmen deutscher und europäischer Datenschutz-Aufsichtsbehörden und die damit verbundene Berichterstattung in der Presse. Wir möchten mit diesem Dokument die Kritik entkräften und seinen Umgang mit M365 transparent dokumentieren. **716**

Was ist Microsoft 365?

Schon 2011 hat Microsoft begonnen, seine Office-Software (wie Outlook und Exchange für E-Mails und Kalender; daneben u. a. Word, PowerPoint, Excel und SharePoint) als sog. Software as a Service (SaaS) anzubieten. Hinzu kamen OneDrive als Speicherplatz in der Cloud, Teams für Videokonferenzen und „Collaboration" sowie viele weitere Produkte. Bei M365 müssen Unternehmen nicht mehr eigene Server betreiben und für deren IT-Sicherheit sorgen, sondern nutzen einen Service von Microsoft. **717**

Was meint „Cloud" konkret?

Früher wurde Software meist auf eigenen Servern betrieben, die in eigenen Büroflächen oder angemieteten Rechenzentren stehen („on premise"). Dabei musste man sich langfristig festlegen, wie viele Server bzw. welche Kapazität benötigt wird. Bei Cloud und Software as a Service kann man seinen Bedarf hingegen flexibel beim Anbieter abrufen; SaaS-Nutzung wird daher auch „skalierbar" genannt. **718**

Kommen alle meine Daten in die USA?

Cloud bedeutet nicht, dass der Kunde nicht weiß, in welchem Land seine Daten gehostet werden. Cloud-Server werden in hochprofessionellen Rechenzentren betrieben. Bei Microsoft 365 und vielen anderen großen Anbietern kann man auswählen und beschränken, welche Länder und Rechenzentren einbezogen werden sollen. Dies kann auch z. B. auf die EU beschränkt werden. Zudem hat Microsoft Programme wie „EU Data Boundary". Bestimmte Daten verlassen aber die EU. Dies sind zum einen z. B. die Informationen über den Empfänger von E-Mails, die zur Zusendung „in das Internet" übermittelt werden müssen. Zum anderen betrifft dies z. B. Diagnosedaten, die an Microsoft in den USA übermittelt werden können. Wir haben hierfür in **719** den M365-Konfigurationen restriktive Einstellungen gewählt. Allerdings können natürlich lokale oder ausländische Gesetze den Anbieter zwingen, Daten z. B. für ein Gerichtsverfahren zur Verfügung zu stellen.

Wer ist die DSK und was hat sie gesagt?

720 In Deutschland gibt es 18 Datenschutzbehörden (hinzu kommen noch konfessionelle Aufsichtsbehörden und weitere spezielle Zuständigkeiten). Diese stimmen sich, obwohl es gesetzlich nicht vorgesehen ist, inoffiziell in der „Konferenz der unabhängigen Datenschutzaufsichtsbehörden des Bundes und der Länder" ab, kurz Datenschutzkonferenz oder DSK. Die DSK ist daher keine Behörde und kann keine rechtlichen Maßnahmen verhängen. Ohnehin können auch die „echten" Aufsichtsbehörden Rechtsfragen nicht verbindlich entscheiden; dies obliegt aufgrund der Gewaltenteilung nur den Gerichten. Aber natürlich haben die Positionen der Aufsichtsbehörden eine große Relevanz.

721 Die DSK hat Ende November 2022 als Beschluss festgehalten, auf Basis der Vertragsdokumente von Microsoft könne nicht nachgewiesen werden, dass M365 DSGVO-konform betrieben werden kann. Es geht insoweit also nur um die Frage der formalen Nachweisbarkeit, nicht um die inhaltlichen Fragen. Mit letzteren hatte sich zuvor eine eigens von der DSK gegründete Arbeitsgruppe beschäftigt. Dabei wurden die Vertragsdokumente von M365 ausführlich analysiert und Gespräche mit Microsoft Deutschland geführt; die Ergebnisse wurden in einem ausführlichen und kritischen Gutachten festgehalten.

Ist die Kritik der DSK (noch) berechtigt?

722 Microsoft hat bereits zum 01.01.2023 die von der DSK kritisierten Datenschutzbedingungen (das sog. DPA) angepasst und damit die Kritik aus dem DSK-Beschluss ein großes Stück entkräftet. Ende Januar 2023 hat die DSK zudem die Frage, ob eine bloße Möglichkeit der Übermittlung von Daten in die USA dazu führt, dass eine Cloud-Anwendung datenschutzrechtlich unzulässig ist, verneint. Genauso wurde zuvor auch schon gerichtlich entschieden.

723 Insgesamt wurde die DSK-Entscheidung stark kritisiert – nicht nur von Microsoft oder Cloud-Anhängern, sondern u. a. auch von ehemaligen Führungskräften aus staatlichen Aufsichtsbehörden und in der juristischen Fachliteratur. Zudem verwenden auch zahlreiche Behörden M365, wie zuletzt auch durch eine Kleine Anfrage im Deutschen Bundestag transparent wurde. Diese Argumente können rechtliche Kritik an M365 nicht verbindlich entkräften. Sie zeigen aber, dass die Nutzung von M365 auch bei hohen datenschutzrechtlichen Ansprüchen vertretbar ist und die DSK-Auffassung nicht zwingend richtig ist. Eine solche juristische Unklarheit liegt übrigens bei sehr vielen neuen Rechtsfragen vor, gerade im Bereich der Digitalisierung.

Hiermit müssen Unternehmen und Rechtsabteilungen umgehen, Risiken reduzieren und eine Entscheidung treffen. 724

Wenn es Bedenken gibt, wieso verzichten wir nicht einfach auf die Cloud?

Auf fast jede neue Rechtsfrage gibt es zunächst keine klare Antwort. Das war zu Beginn des kommerziellen Internets die Frage, ob Verträge wirksam „per Mausklick" geschlossen werden können, und sind aktuell vielleicht Fragen zu ChatGPT. Die Fragen zur Cloud, dem sog. „Drittlandstransfer" von Daten in die USA und die damit zusammenhängenden Themen sind zwar nicht alle höchstrichterlich entschieden, aber seit über einem Jahrzehnt in der Fachwelt bekannt und ausführlich diskutiert. 725

Als innovatives und Technik-affines Unternehmen ist es nicht unsere Herangehensweise, bei neuen Themen zu warten, bis auch die letzten Bedenken vollständig und abschließend ausgeräumt sind. Wir wollen Cloud, Digitalisierung und KI einsetzen, um den Nutzen für unsere Mitarbeitenden und Kunden zu erhöhen. 726

Wie gehen wir weiter mit dem Thema um?

Die Rahmenbedingungen zu M365 ändern sich permanent: Wie dargestellt hat Microsoft schon sehr kurz nach der DSK-Entscheidung neue Vertragsbedingungen herausgegeben. Parallel haben wir die Reaktionen in der Fachwelt analysiert und mit spezialisierten Beratern gesprochen. Zugleich gibt es fachliche und technische Änderungen wie das „EU Data Boundary" von Microsoft, und vor einigen Monaten hat es einen neuen EU-Beschluss zum Datentransfer in den USA geben. 727

Daher verstehen wir den Einsatz von M365 nicht als einmalige Entscheidung, sondern als laufende Beobachtung und Evaluation. Im Rahmen der kontinuierlichen Verbesserungsprozesse von IT, Rechtsabteilung und Datenschutz wird der Einsatz von M365 fortlaufend neu bewertet und an den Konfigurationen und Sicherheitsfeatures gearbeitet. Und dies gilt nicht nur für M365. 728

12.2 Links und weiterführende Literatur

12.2.1 DSK-Dokumente zu M365

Dokumente der Konferenz der unabhängigen Datenschutzaufsichtsbehörden des Bundes und der Länder (DSK) im Rahmen ihrer Prüfung von Microsoft 365 durch die DSK-Arbeitsgruppe „Microsoft-Onlinedienste": 729

- Festlegung vom 24.11.2022: https://datenschutzkonferenz-online.de/media/dskb/2022_24_11_festlegung_MS365.pdf
- Protokoll der 104. DSK-Konferenz (22.-24.11.2022, Protokoll vom Februar 2022, dort TOP 26: https://www.datenschutzkonferenz-online.de/media/pr/20230202_Protokoll_der_104_DSK.pdf
- DSK, Zusammenfassung: https://datenschutzkonferenz-online.de/media/dskb/2022_24_11_festlegung_MS365_zusammenfassung.pdf
- DSK, Abschlussbericht: https://datenschutzkonferenz-online.de/media/dskb/2022_24_11_festlegung_MS365_abschlussbericht.pdf

12.2.2 Weitere Stellungnahmen der Datenschutzaufsicht

730 Weitere Stellungnahmen der Datenschutz-Aufsichtsbehörden zu Microsoft 365 und verwandten Themen:

- DSK-Beschluss vom Sept 2020, in: 3. Zwischenkonferenz der unabhängigen Datenschutzaufsichtsbehörden des Bundes und der Länder, TOP 9 – Protokoll vom 29.09.2020 https://www.datenschutzkonferenz-online.de/media/pr/20201030_protokoll_3_zwischenkonferenz.pdf
- Dokumente des LfDI BW nebst DSFA (via FragDenStaat https://fragdenstaat.de/anfrage/datenschutzfolgeabschatzungen/644906/anhang/DSFA_und_Anlagen.zip).
- https://www.kath-datenschutzzentrum-ffm.de/wp-content/uploads/Microsoft-365-04-2022-KDSZ-FFM.pdf
- Erzdiözese München/Freising, Januar 2023
- https://www.erzbistum-muenchen.de/ordinariat/datenschutzstelle/aktuelles/112395#:~:text=Das%20Thema%20wird%20ganz

12.2.3 Links und Literatur zu Microsoft 365

731 *(in chronologischer Auflistung)*

Heidrich, Datenschutzbehörden erklären den Einsatz von Microsoft 365 für rechtswidrig, c't 23/2020, https://www.heise.de/news/Datenschutzbehoerden-erklaeren-den-Einsatz-von-Microsoft-365-fuer-rechtswidrig-4931745.html

Hessel/Kiefer, Microsoft 365: Microsoft bewegt sich, die Datenschützer mauern unverhältnismäßig, https://www.heise.de/meinung/Microsoft-365-Microsoft-bewegt-sich-die-Datenschuetzer-mauern-unverhaeltnismaessig-7370920.html

Benedikt/Kranig/Schwartmann, Microsoft 365 – so sollte Datenschutzaufsicht nicht sein, FAZ v. 13.12.2022, https://www.faz.net/aktuell/wirtschaft/digitec/microsoft-365-so-geht-das-mit-dem-datenschutz-nicht-weiter-18526757.html

Koglin, Überblick über das Vertragswerk zu Microsoft 365 und Geschäftsführer-Haftung, Datenschutz-Berater 2022, S. 38 ff.

Koglin, Der DSK-Beschluss zu Microsoft 365 oder: Alternative Auslegungen – wie kann die Nutzung begründet werden?, Datenschutz-Berater 2023, S. 2 ff.

LegalCheck, Neue Datenschutzbedingungen für Microsoft 365 – was ändert das an der Kritik der Aufsichtsbehörden?, https://www.linkedin.com/pulse/neue-datenschutzbedingungen-f%25C3%25BCr-microsoft-365-%25C3%25A4ndert-/

Hessel/Kiefer, Der Abschlussbericht der Datenschutzkonferenz zu Microsoft 365 – eine kritische Bewertung, RDi 2023, S. 282 ff.

Koglin, Die neue aufsichtsbehördliche Handreichung zu Microsoft 365: Praxis-Tipps oder Non-Paper?, Datenschutz-Berater 2023, S. 252 ff.

Koglin, Microsoft Teams in öffentlichen Stellen: LfD Niedersachsen akzeptiert AVV mit Microsoft, Datenschutz-Berater 2024, S. 126 ff.

Hessel, Datenschutz bei der Nutzung von Microsoft 365, ZD 2024, S. 361 ff.

Koglin/Köllner, Der Verantwortliche und seine Copiloten: Datenschutz und Vertragsbedingungen bei den KI-Produkten von Microsoft, Datenschutz-Berater 2024, S. 186 ff.

Fleck, EDSB v. Microsoft/Kommission: Auftragsverarbeitung von Public Cloud Services vor dem Aus?, DSB 2024, S. 215 ff.

Breyer/Hirschel, Zehn Rechtsverstöße beim DPA für Microsoft 365 vom 2.1.2024 („DPA“) – Teil 1, K&R 2024, S. 555 ff.

Breyer/Hirschel, Zehn Rechtsverstöße beim DPA für Microsoft 365 vom 2.1.2024 („DPA“) – Teil 2, K&R 2024, S. 644 ff.

Quiel/Kukin, Übermittlung von Beschäftigtendaten nach dem Data Privacy Framework, ZD 2024, S. 667 ff.

Koglin, Das neue Data Protection Addendum von Microsoft: Verbesserung oder Non-Paper?, Datenschutz-Berater 2025, S. 65 ff.

Koglin in Koreng/Lachenmann, Freigabe und Einsatz von Software as a Service am Beispiel von Microsoft 365, Formularhandbuch Datenschutzrecht, G.VI.2., 4. Auflage 2025

12.2.4 Berichte über die Nutzung von Microsoft 365 und Azure in öffentlichen Stellen

732 MdB *Biadacz*, Kleine Anfrage, BT-Drucks. 20/4852

https://dserver.bundestag.de/btd/20/048/2004852.pdf

Bundesagentur für Arbeit, Nutzung von Teams

https://www.behoerden-spiegel.de/2023/12/12/bundesagentur-fuer-arbeit-nutzt-bald-microsoft-teams/

IT.NRW, Nutzung von M365 in NRW

https://www.behoerden-spiegel.de/2024/09/25/it-nrw-setzt-fuer-cloud-auch-auf-private-anbieter/

Ministerium für Inneres und Sport (Niedersachsen), Nutzung von Teams

https://www.lfd.niedersachsen.de/startseite/themen/auftragsverarbeitung_nach_art_28_ds_gvo/microsoft-teams-in-der-landesverwaltung-niedersachsen-231856.html

Justiz Bayern, Einsatz von Teams für Videoverhandlungen gem. § 128a ZPO

https://www.justiz.bayern.de/organisatorisches/datenschutz-video/index.php

Bundesrat (Schweiz), Bund führt Microsoft 365 ein

https://www.admin.ch/gov/de/start/dokumentation/medienmitteilungen.msg-id-93076.html